JN427424

아동상담 개정판

이 책은 저작권법에 따라 보호받는 저작물이므로 무단전재와 무단복제를 금지하며, 이 책 내용의 전부 또는 일부를 이용하려면 반드시 저작권자와 동문사의 서면동의를 받아야 합니다. 무단전재나 무단복제 행위는 저작권법 제136조(권리의 침해죄)에 의거, 5년 이하의 징역 또는 5천만 원 이하의 벌금에 처하거나 이를 병과할 수 있습니다.

개정판

아동상담 CHILD COUNSELING

류현수 저

동 문 사

최근 가족사회의 구조 및 다양한 가족구성원의 출현으로 각 가정에서 자녀관계에서의 문제점 및 갈등상황이 빈번하게 일어나고 있음을 알 수 있다.

사회의 다변화에 적응을 힘들어하는 유아 및 아동들의 이상행동을 이해하고, 이에 알맞은 상담방법 및 상담치료방법을 안내하고자 아동상담을 집필하게 되었다.

이 책은 아동상담의 개념과 상담의 필요성을 파악하고, 현장에서의 적용 방법을 이해하고 상담 유형을 살펴볼 수 있도록 구성하였다. 이 책을 통해 아동의 발달특성을 연령에 따라 살펴보고 발달에 영향을 미치는 변인요소인 가정환경과 또래환경 요소를 살펴봄으로써 아동에게 알맞은 발달지도방법을 이해할 수 있다. 그리고 아동 문제 요인을 발견하여 아동상담방법을 살펴보고, 상담과정을 익혀 영유아에게 적절한 상담 및 치료 과정을 안내할 수 있다. 또한 아동상담이론가의 이론적 접근을 살펴보고, 이론 유형에 따른 방법을 알아봄으로써 상담치료방법을 적용할 수 있다.

1장에서는 아동상담의 정의와 상담의 필요성 및 상담의 목표와 고려할 점에 대해서 설명하였다. 2장은 아동상담의 이해로, 아동상담의 문제 영역과 아동 문제 유형 및 아동상담자의 역할과 자질에 대해서, 3장에서는 아동의 발달특성에 따른 특징과 아동발달에 영향을 미치는 요인에 대해서 설명하였다. 4장은 아동상담과정의 관계와 상담과정에 대해, 5장에서는 아동상담이론 중 정신분석적·인간중심적·행동주의적·인지행동적·정서행동적 접근에 대해 설명하였다. 6장에서는 아동정신병리 유형과 진단에 따른 치료방법에 대해서, 7장에서는 아동상담 심리평가 유형 및 도구에 대해 설명하였다. 8장은 아동상담치료에서 실제 활용

머리말

되는 놀이치료, 미술치료, 모래놀이치료, 행동치료, 독서치료 등에 대해서 설명하였고, 9장은 아동상담과 부모상담방법으로 구성하였다.

아동상담은 다양한 가족사회의 변화와 출현으로 나타나는 아동의 문제와 가족사회가 함께 해결해 나가야 하는 문제 및 갈등에 관해 자세하게 설명하였다. 영유아 교육현장에서 교사 및 기관장이 실제 영유아의 문제를 발견하고, 이에 따른 적절한 상담방법을 적용하여 영유아상담 및 부모상담에 많은 도움을 줄 수 있도록 하였다.

2018년 5월

저자 류현수

머리말 _ 4

CHAPTER 01 아동상담

01. 아동상담의 정의 9
1) 상담의 개념 9
2) 상담의 필요성 14
3) 상담의 목표 및 고려할 점 18
4) 상담의 유형 22

CHAPTER 02 아동상담의 이해

01. 아동 문제의 이해 27
1) 아동상담의 문제 영역 27
2) 아동상담의 목표 28
3) 아동 문제 유형 31
4) 아동상담자의 역할과 자질 32

CHAPTER 03 아동의 발달특성

01. 아동발달특성 39
1) 태내기의 발달적 특징 39
2) 영아기의 발달적 특징 40
3) 유아기의 발달적 특징 42
4) 학령기의 발달적 특징 44

02. 아동발달영향 49
1) 부모와 아동발달 49
2) 또래와 아동발달 52

차　　례

3) 학교관계와 아동발달 53
4) 사회기관과 아동발달 54
5) 아동 문제와 발달 시기 56

CHAPTER 04 아동상담과정과 관계

01. 아동상담과정 57
1) 상담문의 단계 57
2) 접수 및 면접 단계 58
3) 초기 단계 69
4) 중기 단계 75

CHAPTER 05 아동상담이론

01. 아동상담의 이론적 접근 87
1) 정신분석적 접근 87
2) 인간중심적 접근 106
3) 행동주의적 접근 119
4) 인지행동적 접근 131
5) 정서행동적 접근 139

CHAPTER 06 아동정신병리

01. 아동정신병리 151
1) 아동정신병리의 이해 151
2) 아동정신병리의 분류와 진단 153
3) 영유아기 발달에 나타나는 정신병리 유형 159

CHAPTER 07 아동상담 심리평가

01. 상담시 심리평가 205
1) 심리평가 유형 205
2) 심리평가 도구 211

CHAPTER 08 아동상담치료의 실제

01. 아동상담치료 227
1) 놀이치료 227
2) 미술치료 272
3) 모래놀이치료 288
4) 행동치료 295
5) 독서치료 308

CHAPTER 09 아동상담과 부모상담방법

01. 부모상담 및 전문가와의 협력 323
1) 부모상담의 내용과 전략 323
2) 다양한 가족의 요구 이해하기 333
3) 부모 유형에 따른 상담전략 337
4) 전문가와의 협력 339

참고문헌 _ 342
찾아보기 _ 353

CHAPTER 01

아동상담

01 아동상담의 정의

1) 상담의 개념

(1) 상담의 정의

상담은 다양한 이론적 배경을 가지고 있기 때문에 한 마디로 정의내리기는 어렵다. 상담(counseling)이라는 용어는 라틴어의 'counsulere'에 어원을 두고 있는데, '고려하다', '반영하다', '조언을 구하다' 등의 다양한 의미를 가지고 있다. 현대적 의미의 상담은 윌리엄슨이 학생상담에 이용하면서부터 시작되었다(Williamson, 1939). 윌리엄슨은 "상담이란 두 사람의 대면 장면에서 이루어진다. 전문적 훈련과 기술이 있고, 상대방으로부터 신뢰를 받은 상담자가 내담자에게 적응상의 어려움을 자각하게 하고, 명료화시키며, 해결책을 제안하고, 결정을 내리는 데 도움을 주는 모든 노력을 포함한다. 즉, 상담이란 한 사람의 전인적 발달을 돕는 과정"이라고 정의하였다.

상담이 활용되는 영역이나 범위는 매우 다양하다. 상담을 보다 구체적으로 대상이나 해결과제에 따라 전문상담과 일반상담으로 나누기도 한다. 일반상담(general counseling)은 조언이나 개별적 의사소통을 갖는 것으로, 진학상담, 진로상담, 결혼상담, 고민상담, 법률상담, 병무상담 등을 들 수 있다. 전문상담(professional counseling)은 전문적 훈련을 받은 전문가가 내담자의 바람직한 변화를 이끌어내는 것으로, 주로 심리치료(psychotherapy)와 혼용되어 사용된다.

상담을 심리치료 영역까지 확대시킨 공로자인 로저스는 "상담은 내담자와의 지속적·직접적 접촉으로, 그 목적은 내담자가 태도와 행동을 변화할 수 있도록 돕는 것"이라고 정의하였다(Rogers, 1957).

미국상담학회에서는 "상담이란 훈련받는 전문가와 도움을 필요로 하는 사람이 신뢰 관계를 형성하는 과정이다. 이러한 과정은 내담자의 의미 있는 경험, 감정, 행동, 대처반응, 결과, 목적에 중점을 둔다. 상담은 평가하지 않고 위협적이지 않은 환경에서 내담자가 표현하는 생각이나 감정을 탐색하는 특별한 기회를 제공한다"고 정의하였다(America Counseling Association: ACA, 1990). 인간의 삶에 있어서 상담의 중요성을 강조한 아킨슨은 "상담이란 인성, 사회, 언어, 역량강화, 교육적 문제를 전문적으로 다루는 작업이다. 전문가는 내담자의 문제를 예방, 치유하고 긍정적 발달을 도모하는 역할을 한다"고 정의하였다(Atkinson, 2002).

국내에서 상담의 기초적 이론을 제시한 이장호는 "상담이란 도움이 필요한 사람이 전문적인 훈련을 받은 사람과의 관계에서 자신의 생활과정상의 문제를 해결하고, 생각·감정·행동 측면의 '인간적 성장'을 위해 노력하는 학습과정"이라고 정의하였다(이장호, 1994). 김익균 외는 "상담이란 내담자가 안고 있는 문제나 지향하고 있는 과제의 해결을 주로 심리적인 적응과정을 통해서 해결하려는 활동으로, 전문성을 가진 상담자가 내담자에게 상담, 조언, 정보제공, 지도 등을 원조하는 과정"이라고 정의하였다(김익균 외, 2007).

이상을 종합해보면 "상담은 전문적 훈련을 상담자가 상담과정을 통하여 내담자의 사고방식, 감정, 행동 등을 탐색하여 궁극적으로 내담자의 삶을 향상시키고, 현재 당면한 문제를 해결하려는 목적으로 하는 활동" 이라고 정의할 수 있다.

(2) 상담과의 혼용적 용어

상담은 전문적인 훈련 및 교육을 받은 상담자와 도움을 필요로 하는 대상과의 인간적인 관계를 통해 발달적 변화를 이끌어내는 과정이라 할 수 있다. 상담은 상담자, 상담을 받고자 하는 대상, 문제나 증상의 범위에 따라 쓰이는 용어들이 다양한데, 대표적으로 생활지도, 상담, 심리치료 등을 들 수 있다. 우선 생활지도(guidance)는 주로 교육장면에서 일반아동을 대상으로 긍정적 변화나 적응을 이끌어내기 위한 비교적 계획적이고 의도적인 지도활동으로 교육활동 중 한 부분이라 할 수 있다.

상담(counseling)과 심리치료(psychotherapy)는 명확히 구분하기가 쉽지 않기 때문에 거의 혼용하여 사용된다고 할 수 있다. 학문적 배경이나 법적 해석, 사회, 문화 등에 따라 상담과 상담치료를 구분하여 사용하기도 하지만, 상담자와 심리치료자의 임상에서의 역할이 명확히 구분되지 않기 때문에 혼용되는 경우가 많다. 또한 상담과 심리치료는 의학적인 용어인 치료(therapy)라는 용어와 혼용하여 사용되기도 한다. 치료(therapy)는 '질병이나 장애의 치료(treatment)'를 의미하는 것으로 가장 임상적인 용어라고 할 수 있는데, 최근 들어 교육학이나 심리학에서도 이 용어가 널리 통용되고 있다.

이처럼 상담과 심리치료는 혼용적으로 사용되지만 보다 엄밀하게 비교하면 다음과 같다.

상담은 주로 정상적인 생활을 영위하는 사람을 대상으로 하며, 다루는 문제는 상황적인 문제, 즉 현실생활에서 겪는 문제나 의식적 문제들로 인한 적응상의 어려움이 상담의 초점이 되며, 일반적으로 예방적·교육적 입장에서 적응력 향상이나 발달적 변화를 목표로 한다.

반면에 심리치료는 보다 심각한 정신적 문제를 겪고 있는 사람을 대상으로 한다. 인성적 문제나 무의식적 문제 또는 어린 시절의 트라우마

(trauma)로 인한 문제 등 심층적인 문제로 인한 부적응이나 갈등이 상담의 초점이다. 심리치료는 사후적·치료적 입장에서 무의식적 세계를 추적하여 갈등이나 부적응의 근원적인 부분을 해결하고, 내면의 심리적 변화를 이끌어내는 것을 목표로 한다.

서구의 일부 국가에서는 심리치료를 치료행위로 인정하고, 의료보험을 적용하지만 보편화되는 것은 아니다. 국내의 경우 대학 및 대학원의 전공이나 학회를 중심으로 '치료', '심리치료', '상담치료' 등의 용어를 사용하는 경우가 늘어나고 있지만, 지나치게 과장적이거나 전문성이 부족하여 법률적·의료적인 제약을 받고 있다.

표 1-1은 생활지도, 상담과 심리치료를 비교하여 대략적인 내용을 도표화한 것이다.

표 1-1 생활지도, 상담, 심리치료의 비교

	생활지도	상 담	심리치료
대상 호칭	개인	내담자	내담자 혹은 환자
관심 문제	학업, 또래 관계, 규율, 진학 등 학교문제 및 개인생활 문제	상황적·환경적 압력으로 인한 개인적·직업적·교육적 문제	일상생활의 장해를 초래하는 부적응 문제 및 인성 문제
문제 수준	일상적 수준	경미한 수준	심각한 수준
문제 영역	현실의 일상사	주로 의식	주로 무의식
대상자	아동	일반 개인	심리적 장애를 지닌 개인
장 면	학교 및 가정	학교 및 지역사회	병원 및 치료센터 등 임상장면
목 적	발달상 적응	현재 당면문제 해결	진단 및 치료
기 간	단기	비교적 단기	장기
전문가 교육	교육과정 포함	비교적 단기	장기교육

(3) 상담이론의 유형

최근 약 350~450여 가지의 상담 및 치료이론들이 상담장면에서 사용되고 있다(Seligman, 2006). 이러한 수많은 상담이론들의 인간관이나 성격이론, 상담 및 심리치료의 목표, 내담자의 주요 문제 등을 고려하여 유형화시키면 일반적으로 인지, 행동, 정서, 통합 접근의 4가지로 분류된다. 물론 상담자들이 모든 상담이론에 능통하고 상담기법들을 훈련하는 것은 불가능하다. 각각의 상담자는 지향하고 선호하는 상담 및 심리치료 양식이 있을 것이며, 아마도 이러한 양식에 관해 보다 심도 있는 교육과 임상훈련을 쌓았을 것이다. 하지만 보다 효율적인 상담이 이루어지게 하기 위해서 자신의 전문영역 이외의 상담 및 치료이론에 대해서도 끊임없이 관심을 갖고 연구해야 할 것이다.

다음은 근래 상담장면에서 상담자들이 선호하고 지향하는 대표적인 상담이론을 유형화시킨 것이다(Thompson & Henderson, 2007).

① 정서적 접근: 인간중심, 게슈탈트치료 외
② 행동적 접근: 행동치료, 개인심리학, 현실치료, 단기상담 외
③ 인지적 접근: 합리적 · 정서 · 행동치료(REBT), 정신분석, 교류분석 외
④ 통합적 접근: 통합치료, 가족치료, 집단치료 외

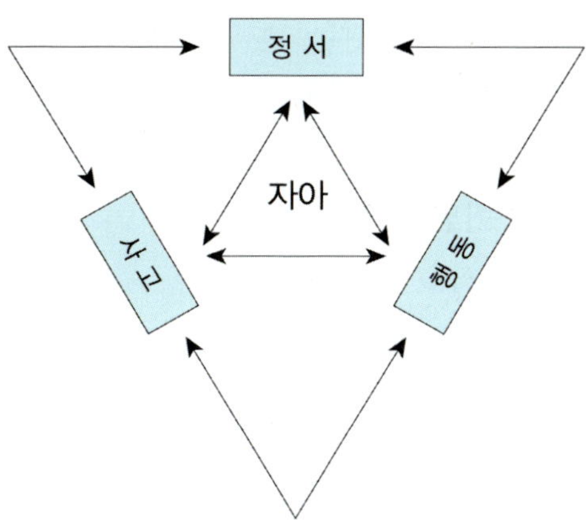

그림 1-1 상담이론의 분류(Thompson & Henderson, 2007)

2) 상담의 필요성

(1) 현대사회의 위기

최근 급변하는 사회경제 환경과 이에 따른 가족구조의 변화, 개인 가치관의 변화, 물리적 환경 변화 등으로 다양한 사회문제 및 가정문제가 양산되고 있다. 경제적 불평등, 고용기회 제한, 주택문제, 교육문제 등 현대사회가 당면하고 있는 다양한 문제들로 인하여 적응에 어려움을 겪는 부모들은 역기능적 가정을 형성하게 되고, 그러한 가정에서 자라나는 아동은 직·간접적으로 부정적인 영향을 받게 된다. 특히 아동은 발달특성상 부모의 양육과 보호를 절대적으로 필요로 하기 때문에 현대사회의 위기는 커다란 영향을 끼치게 된다.

미국 CDF(Children's Defence Fund, 2005)에서는 다음과 같은 통계자료를 통하여 현대사회에서의 아동 위기상황을 제시하고 있다.

① 매 9초마다 고등학생 자퇴
② 매 20초마다 범죄아동 체포
③ 매 13초마다 미혼모 출산
④ 매 35초마다 아동학대 및 방임 범죄
⑤ 매 1분마다 10대 부모 출산
⑥ 매 2분마다 저체중아동 출산
⑦ 매 4분마다 약물중독아동 체포
⑧ 매 8분마다 폭력범죄아동 체포
⑨ 매 19분마다 1세 미만 아동 사망
⑩ 매 41분마다 아동 사고사
⑪ 매 3시간마다 화재로 인한 아동 사망
⑫ 매 5시간마다 아동 자살
⑬ 매 6시간마다 학대 및 방임으로 아동 사망
⑭ 매 24시간마다 출산으로 산모 사망

(2) 아동상담의 필요성

아동상담은 신체, 정서, 인지, 언어, 사회성 등 발달과정에서의 문제점을 갖고 있거나, 가정이나 학교 등에서 적응에 어려움을 겪는 아동을 대상으로 하고 있다. 특히 아동기는 전인적 발달의 중요한 시기로 이 시기의 문제나 어려움이 긍정적으로 해결되지 못하면, 현재 생활에 부적응적일 뿐만 아니라, 미래의 삶에 부정적인 영향을 끼치기 쉽기 때문에 아동상담의 필요성이 강조되고 있다. 또한 현대사회의 변화 및 다양성은 아동상담의 필요성을 강조한다. 과거에는 상상할 수 없었던 많은 변화들이 가족환경에서 일어나고 있는데, 특히 가족 유형, 기능, 가치관, 생활주기 등에 영향을 미친다. 많은 변화들은 발전을 위한 긍정적인 요소를 포함하고 있으나, 어떤 면에서는 적응에의 어려움으로 인하여 아동 문제를 야기하며, 이러한 점들이 아동상담의 필요성을 갖게 하는데, 이를 구체적으로 살펴보면 다음과 같다.

① 다양한 가족 유형 출현

이혼가족 및 한부모가족, 조손가족, 계부모가족, 맞벌이가족, 별거가족 등 현대사회는 급속한 변화에 따라 전통적인 가족 유형에서 벗어나 이혼가족 및 다양한 가족 유형이 출현하고 있다. 물론 다양한 가족 유형이 모두 아동의 부적응을 심화시켜 문제행동을 야기하고, 그로 인해 상담을 필요로 하는 것은 아니지만, 일반적 가족 유형보다는 아동에게 적응의 어려움을 갖게 한다.

특히 이혼, 별거 등의 가족해체로 인하여 한부모가족이나 조손가족으로 가족 유형이 바뀌면서 경제면이나 정서면에서 어려움을 겪는 아동이 많아지고 있다. 통계청(2007) 자료에 의하면 2006년 인구 1,000명당 이혼건수인 조이혼율이 2.6건으로, 이는 1992년 조이혼율 1.2건보다 두 배 이상 증가한 것이다. 이혼은 경제적 혼란과 밀접한데, 그동안의 경제적 안정으로 IMF 외환 위기 이후 이혼율이 급증했던 2003년 3.5건에 비하면 많이 낮아졌지만, 현재 글로벌 경제 위기를 맞이하여 향후 또다시 상승할 것으로 예측되고, 어려움을 겪는 아동이 많아질 것으로 예상되며 상담의 필요성이 제기된다.

② 빈곤 문제

'가정소득이 최저생계비 이하'인 절대빈곤(absolute poverty)의 아동은 공식적인 통계자료는 없지만 '2004년 국민생활실태조사'를 기초로 하여 측정한 결과 8.5%에 이르고 있다(김미숙, 2006). 빈곤은 아동의 전인적 발달에 손상을 가져오기 쉽다. 바람직하지 못한 의식주 환경으로 인한 건강 문제, 교육적 기회의 제한 및 박탈, 왕따 등 또래 관계 문제, 문화·환경 접근의 어려움, 부적절한 부모양육 태도로 인한 학대 및 심리적 문제 등을 불러일으키기 쉽다. 절대빈곤 외에도 사회의 일반적 생활수준과 비교한 상대빈곤(relative poverty) 역시 경제적 지위를 중요시하는 현대사회 풍토에서 많은 아동들에게 낮은 자존감이나 불안, 우울 등의 정서 문제를 불러일으키게 한다.

③ 사회분위기 및 가치관 변화

경제중심, 무한경쟁, 영어중시, 개인위주, 정보경쟁 등 크게 변화한 현대사회의 분위기나 가치관의 변화는 가정환경에 크게 영향을 미쳐 상담이 요구되는 다양한 아동 문제를 양산하고 있다. 우선 사교육비 증가 등 경제적인 어려움이나 양육의 어려움 등으로 인하여 현재 1.20명의 낮은 출산율(유엔인구기금, UNFPA, 2008)이 보고되고 있다. 이러한 결과는 총 156개국 중 중국에 편입되어 있는 홍콩을 제외하고 세계(평균 2.54명)에서 가장 낮은 것이다. 또한 영어 강조의 사회적 분위기로 인하여 조기유학이 성행하고, 이러한 사회 현상으로 인하여 '기러기 아빠' 등의 단어가 생성되고 있다. 인터넷이나 모바일의 생활화에 따라 정보경쟁도 한층 치열해졌으며, 개인위주의 생활패턴 등은 가정의 기능에도 많은 변화를 가져오고, 이는 곧 가족구성원인 아동에게 영향을 끼치게 된다.

④ 학교 문제

현대사회의 여러 변화들은 학교 상황에도 많은 도전을 갖게 한다. 언제부터인가 공교육조차 인성교육보다는 성적을 강조하고 서열화하는 데 앞장서고 있다. 이처럼 극심한 경쟁체계를 강요하는 학교상황, 학업 문제, 또래 관계 문제 등으로 인하여 왕따, 성폭력, 교사와의 갈등을 겪는 아동이 점차 늘고 있다. 사교육이 활성화되면서 학원을 가지 않으면 친구도 사귈 수 없는 지경에 처해진 것이 우리의 현실이며, 교육기회의 양극화는 부의 양극화와 비례하여 사회적으로 문제화되고 있다. 이러한 학교상황에서 겪는 많은 어려움은 아동 문제를 심각하게 야기하기 때문에 아동상담의 필요성이 제기되고 있다.

⑤ 현대사회에서의 적응

많은 현대위기 속에서도 대부분의 아동은 가정과 학교, 지역사회의 양육과 보호를 통해 건강하게 자라나고 있다. 아동이 가족, 또래, 교사 등 주변 사람들과 원만한 대인 관계를 가지며, 가정이나 학교, 지역사회에서 잘 적응하고, 정신적·신체적으로 건강하게 성장·발달할 수 있는 환경을 부모나 사회가 제공해주어야 한다. 다음과 같은 사항은 현대사회에서 적응적인 아동을 양육, 보호하는 데 필수적으로 제공되어야 하며, 아동상담은 이러한 환경을 조성하는 데 도움을 주는 활동이다(Brazelton & Greenspan, 2000).

- 쾌적한 의식주 제공
- 적절한 보호와 안전 제공
- 개인적 차이를 고려한 발달적 환경 제공
- 바람직한 발달을 위한 신체운동적·인지적·정서적·언어적·사회적 기술 습득기회 제공
- 부모, 교사 등 주변 성인들이 제한, 구조적 환경, 훈육 등 제공
- 안정적, 지지적, 일관성 있는 지역사회 환경 및 자원 제공

3) 상담의 목표 및 고려할 점

(1) 아동상담의 기본 목표

대부분의 아동은 자신의 문제를 스스로 인식하지 못하며, 치료의 동기화도 약하다. 따라서 상담의 목표를 세우기 위해서는 면담이나 진단을 위한 검사 등을 통해 아동 문제에 대해 가능한 한 많은 자료 및 정보를 구하는 것이 중요하다. 그리고 부모나 아동을 상담목표 설정에 참여시켜 가장 어려움을 느끼는 주 호소 문제를 중심으로 상담목표를 설정한다. 아동상담의 목표에 대해 구체적으로 살펴보면 다음과 같다.

① 적응력 향상

아동상담은 아동이 자신이 어려움을 겪고 있는 문제나 처해진 상황에 대해 바르게 인식하는 것에서 출발한다. 언어발달이 미숙한 어린 아동들은 이런 점들에 대해 언어적으로 표현하거나 수용할 수 없을 수도 있기 때문에 언어 이외의 다양한 매체를 상담에 활용한다. 아동상담은 상담과정을 통해 문제나 어려움을 해결할 수 있는 방안을 모색하거나 내적 능력을 강화시켜, 자신과 자신을 둘러싼 주변 환경에 긍정적인 대처 능력을 길러준다. 또한 아동상담은 자신에 대한 이해를 높이고 합리적 사고를 격려하여, 주변 사람들이나 상황에 적극적으로 대처할 수 있는 능력을 길러준다. 궁극적으로 아동상담은 아동에게 어려움을 야기하는 주변 환경이나 문제 상황에 잘 적응할 수 있게 하는 데 그 기본 목표를 둔다.

② 전인적 발달

아동상담은 신체, 인지, 언어, 정서, 사회성 등 전인적 발달에 어려움을 겪는 아동을 대상으로, 전인적 발달을 향상시키고자 한다. 아동의 연령이나 정신능력에 비추어 특정발달영역에 문제가 있을 경우, 특별히 고안된 치료양식을 통해 정상발달에 도달할 수 있도록 도와줄 수 있다. 아동의 발달은 상호 유기적이며, 연속적이기 때문에, 어떤 특정발달영역이 정상발달에 도달하게 되면 다른 영역도 상호 연계적으로 전인적 발달을 도모할 수 있게 된다.

③ 심리적 건강

아동상담은 아동이 처해있는 상황이나 당면한 문제를 해결함으로써 심리적 건강을 회복하는 데 기본 목표가 있다. 현대의 아동들은 가정, 학교, 지역사회에서 오는 과중한 압박이나 스트레스로 인해 심리적 건강을 위협받고 있다. 또한 많은 아동들이 부모나 교사, 또래 등 대인 관계에서 갖는 어려움으로 인하여 심리적 문제를 안고 있다. 이러한 심리적 어려움은 공격, 떼쓰기, 주의력 결핍, 반항 등 외현화된 행동으로 표현되기도 하고, 우울, 불안, 위축 등 내재화 문제를 일으키기도 한다. 아동상담은 이러한 심리적 어려움에서 벗어나, 행복하고 안정적이며, 긍정적인 생활을 할 수 있도록 심리적 건강을 회복하는 데 기본 목표를 둔다.

(2) 아동상담에서 고려할 점

아동상담은 성인상담이나 청소년상담과는 기본적으로 다른 특성을 가지고 있다. 성인상담은 주로 본인의 욕구나 필요성 때문에 상담이 시작되며, 치료효과를 기대하고 극대화하고자 하는 동기로 인하여 대부분 치료과정에서 협조적인 태도를 취한다. 한편 청소년상담은 성인상담과 마찬가지로 본인의 욕구나 필요성 때문에 상담이 시작되기도 하지만, 학교, 부모, 법원 등에 의해 상담이 강제되는 경우도 많다. 그리고 청소년이 갖는 반항적 태도나 문제의 지속기간에 따라 비협조적인 태도를 취하기도 한다.

반면에 아동상담은 주로 부모나 교사, 주변 사람 등 타인의 권유나, 욕구, 필요성에 의해 상담이 시작되며, 상담 지속 여부의 권한을 주로 부모가 갖게 된다. 또한 아동에 대한 정보를 수집하며 상담목표를 세우고 치료과정에서의 효과를 거두기 위해서는 부모의 협력이 절대적이라 할 수 있다.

이와 더불어 아동은 발달과정 중이라는 것을 고려해야만 하며, 성인과는 달리 부모 및 교사 등 주변 인물로부터 받는 영향이 매우 크다는 것을 이해해야 한다. 또한 상담과정에서 언어 이외의 매개체를 이용할 필요성에 대해서도 살펴보아야 한다. 이러한 아동상담에서 고려할 점에 대해 보다 구체적으로 살펴보면 다음과 같다.

① 아동의 발달 수준을 고려해야 한다.

아동은 발달 수준에 따라 신체적·인지적·정서적·사회적·도덕적 기능에 많은 차이가 있다. 따라서 현재 아동이 적응에 어려움을 갖는 문제를 진단하고 치료계획을 세울 때 정상발달을 고려해야만 한다.

② 아동에게 상담에 대한 동기를 갖게 한다.

아동상담은 아동 스스로의 욕구에 의해서가 아니라 주로 부모나 교사 등 성인의 욕구에 의해 상담이 의뢰되기 때문에, 아동 자신이 문제를 지각하지 못하고 있는 경우도 많고, 상담에 대한 동기도 부족하다. 따라서 아동에게 상담초기에 상담의 필요성을 이해시키고 목표를 위한 동기를 갖게 하여 적극적인 참여를 이끌어내야 한다.

③ 부모상담 및 교육을 병행한다.

아동상담의 시작, 진행, 중단, 종결 등에 부모의 영향력은 절대적이다. 그렇기 때문에 부모에게 아동 문제에 대한 지식 및 정보를 제공하고, 아동 내면의 감정에 대해 이해하게 하는 것은 중요하다. 또한 아동 문제는 부모가 원인이 되는 경우가 많기 때문에, 부모의 양육태도, 의사소통 양식 등에 대해 살펴보는 부모교육을 실시한다. 간혹 부모 문제가 너무 심각한 경우에는 부모상담이나 가족상담을 함께 해야 한다. 하지만 아동상담과 부모상담은 비밀보장 등 여러 이유로 인하여 가능한 한 서로 다른 상담자가 진행하게 한다.

④ 아동상담을 위해 언어 이외의 다양한 매개체를 이용한다.

아동은 발달수준에 따라 언어능력이 미성숙하거나 내면적 언어를 표현화하는 데 미숙함을 가지고 있기 때문에, 바람직한 의사소통을 위하여 놀이, 미술, 음악, 동작 모래놀이 등 다양한 매개체를 이용하는 것이 바람직하다. 특히 어린 아동들은 인지특성상 구체적인 사고를 발달시키는 정서 및 행동을 언어화하는 데 어려움을 갖는다. 또한 언어능력이 뛰어난 아동의 경우에도 방어를 감소시키고, 무의식적 역동성을 살펴보기 위하여 다양한 매개체를 이용한다.

⑤ 아동상담내용에 대해 특별한 경우를 제외하고는 비밀보장이 필요하다.

아동상담도 성인상담과 마찬가지로 비밀보장의 문제가 중요하게 대두된다. 많은 아동이 상담과정 중의 내용에 대해 부모에게 알려질까 봐 두려워하므로, 상담 초기에 비밀보장에 대해 언급해주어야 한다. 또한 비밀보장의 제한점에 대해서도 이야기해주어야 한다. 특히 아동의 안전을 해칠 수 있는 사항에 대해서는 비밀이 지켜지지 않는다는 것에 대해 알려주어야 한다. 또한 부모가 상담내용에 대해 알고자 하는 욕구가 강할 때, 어느 수준까지 비밀을 지켜주어야 하는지에 대해 고려해야 한다.

⑥ 아동상담 진행과정에서 최소한의 제한점을 지키게 한다.

상담과정에서 상담자가 아동에게 수용적인 태도를 갖는 것은 매우 중요하지만, 모든 것을 허용한다는 것을 의미하는 것은 아니다. 특히 상담자나 아동에게 위해를 가하는 행동은 절대 허용해서는 안 된다. 감정은 무조건적으로 수용하되 행동은 최소한의 제한을 갖게 해야 한다. 이는 상담의 유지 및 효과를 거두기 위한 전제조건이라 하겠다.

4) 상담의 유형

(1) 아동상담의 범위

상담이 다루는 문제의 범위와 관련하여 상담과 밀접하게 연관된 용어는 생활지도(guidance), 심리상담(counseling) 그리고 심리치료(psychotherapy)이다. 이장호(1994)는 생활지도가 주로 교육장면에서 정상적인 대다수 학생을 대상으로 한 교도활동이라면, 상담은 문제를 가진 보다 소수의 사람들의 구체적인 생활과제 해결과 적응을 돕는 활동에 해당한다고 하였다. 반면 심리치료는 신경증이나 정신장애 같은 심각한 문제를 다루는 활동이다.

아동상담은 아동의 문제를 정상과 비정상으로 나누는 데 다소 어려움이 있으나 정상적인 사람은 상담에서, 비정상적인 사람은 심리치료에서 다룬다. 상담이 의식적인 수준에서의 문제를 주로 다룬다면, 심리치료는 성격적인 문제나 무의식적인 문제를 다룬다는 관점도 있다. 그러나 사람의 문제는 늘 복합적이고 상호관련성이 높아서 일시적이며 의식적이고, 현실적인 문제라 할지라도 대부분의 경우 무의식적인 갈등이나 성격적인 특성이 관련되어 있는 경우가 많아 더욱 면밀하고 심층적으로 다뤄야 할 필요가 있다.

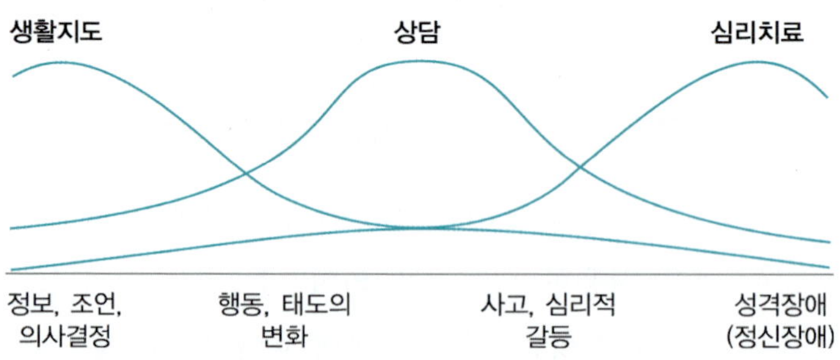

*출처: 영유아교사를 위한 아동상담, 강정원 외(정민사, 2009)

그림 1-2 상담의 범위 비교(이장호, 1994)

이런 맥락에서 김계현(1997)은 생활지도, 상담, 심리치료가 독립적으로 별개의 것이라기보다는 성격과 정도가 조금씩 다른 다양한 문제들 내에서 새로 중첩되기도 하나 다소 차이가 있는 활동으로 구분될 필요가 있다고 하였다. 누가 어디에서 상담을 하느냐에 따라 차이가 생긴다. 따라서 훈련받은 상담자가 자기 영역에 해당하는 문제들을 스스로 다룰 역량이 되는지 반성적으로 평가하며, 자신의 범위를 넘어설 때는 다른 전문가에게 의뢰해야 할 것이다.

(2) 아동상담의 유형

아동상담은 크게 상담의 대상, 즉 내담자 집단 크기, 상담 기간, 상담이 이뤄지는 기관 유형에 따라 나누어 볼 수 있다.

① 내담자 집단 크기에 따른 분류

상담이 이루어지는 활동 방식이나 상담의 유형은 개인의 치료적 경험에 있어서 차이를 가져온다. 아동상담은 상담자가 내담자인 아동과 단둘이서 하느냐, 여러 내담자와 하느냐에 따라 개인상담과 집단상담 및 가족을 대상으로 하는 가족상담으로 나누기도 한다.

일반적으로 아동을 대상으로 하는 상담과 같이 정서 문제에는 주로 개인상담이, 같은 어려움을 공유하고 있는 좀 더 나이 든 아동이나 청소년을 대상으로 하여 교육과 상담을 통해 사회적 기술을 습득하고 연마하도록 하기 위해서라면 집단상담이 효과적이다.

집단상담에서 내담자는 자기가 현재 겪고 있는 것을 아무도 이해하지 못할 것이라는 자신의 감정과 경험을 타인들과 서로 나눌 수 있다는 사실을 아는 것 자체로 힘을 얻을 수 있다. 더불어 내담자들에게 그들의 힘과 독립심을 주장하도록 허용하는 동시에 상담자의 리더십은 안전한 구조에서 오는 안정감을 제공한다. 상담을 받기 위해서 찾아온 어린 내담자들 중에는 어른들의 권위에 대하여 별로 좋지 않은 감정을 가지고 있을 수 있다. 이들은 자신과 비슷한 또래와 함께하며 집단에 의해서 주어지는 힘의 균형으로 불신감과 두려움을 감소시킬 수 있다.

아동 집단상담은 아동이 또래집단 내에서 새로운 사회적 기술을 연습할 수 있도록 해준다. 집단토의, 자기주장, 타인의 의견을 존중하는 대화 방법 등을 연습하게 된다. 감정이입, 존중, 상대방에 대한 관심 표현과 같은 공감기술 등을 배울 수도 있다. 또래에게서의 수용과 유대감, 소속감은 집단상담에서 얻게 되는 매우 큰 수확이다.

이장호(1994)에 따르면, 집단상담에서는 내담자들의 병리적 문제보다는 주로 발달의 문제와 생활의 문제를 다루며, 대인 관계에 관련된 태도, 정서, 의사결정과 가치문제를 다룬다고 하였다. 그러나 아동이 여러 사람 앞에서 이야기하는 것에 어려움을 느끼거나, 다른 사람의 인정과 주목에 대한 욕구가 지나치게 큰 경우에는 집단상담이 적합하지 않다.

개인상담이나 집단상담과는 다르나 아동에게 효과적인 상담의 형태가 가족상담이다. 가족상담은 가족원 전부 또는 일부가 상담에 참여하는 형태로서 개인의 문제행동에 초점을 두기보다는 가족의 역기능적인 상호작용을 개선함으로써 개인에게 미치는 부정적인 영향을 최소화하여 개인의 성장환경을 긍정적으로 제공한다.

우리나라에 본격적으로 가족치료가 보급되기 시작한 것은 1988년 가족치료학회가 결성된 이후로 볼 수 있으며, 최근에는 아동의 문제를 개선하기 위해 가족상담의 비중이 커지고 있는 추세이다. 개인상담과 가족상담 간의 가장 큰 차이점은 크게 3가지로 요약할 수 있다.

첫째, 병리적 초점에서의 차이이다. 개인상담에서는 문제의 원인을 개인의 정신 내적인 과정에 초점을 두지만, 가족상담에서는 그를 둘러싼 가족의 관계나 체계에 초점을 둔다.

둘째, 상담 대상의 차이이다. 개인상담에서는 개인이 자기 삶의 사건들을 어떻게 지각하는지에 초점을 두고 개인을 대상으로 하며, 부모나 주위 사람들과의 면담이 이뤄지나 1~2회에 그치고, 이것도 아동에 관한 정보를 수집하는 데 그친다. 이와 달리 가족상담은 내담자와 가족

간의 관계 변화에 관심을 두므로 아동의 가족체계가 상담 대상이라 할 수 있다. 그러나 반드시 모든 가족구성원이 상담의 단위로서 포함되는 것은 아니며, 내담자 아동과 그 문제에 영향을 미치는 가족구성원들이 대상이 되기도 한다.

셋째, 상담 기간의 차이가 있다. 개인상담에서는 상담자가 추구하는 이론적 관점에 따라 차이가 나기는 하나, 비교적 장기간의 상담을 필요로 한다. 그러나 가족상담은 아동을 둘러싼 역기능적 상호작용의 변화를 통한 아동 문제해결을 목표로 하여 구조화된 접근으로 6개월 내에 상담이 종결되는 것이 일반적이다.

② 상담의 장에 따른 분류

상담이 어디에서 실시되느냐에 따라 상담을 분류해 볼 수 있다. 박성수(1993)는 사회의 맥락, 즉 지역주민들이 지니고 있는 삶의 문제를 상담하기 위하여 사회 여러 분야에서 자발적으로 하고 있는 상담활동을 학교상담, 공공상담, 사회상담, 종교상담, 산업상담 등으로 나누었다. 이러한 공공기관을 중심으로 이뤄지는 상담은 정부부서 등의 행정기관으로부터 행정적·재정적 지원을 받아 달라진다고 볼 수 있다. 주로 사단법인, 재단법인, 사회복지법인 등과 같은 법인체의 형태를 취한다.

또한 사업자등록을 한 개인이 운영하는 사설 상담기관에서의 상담이 있다. 주로 개인병원, 아동상담소와 같은 곳에서 상담이 이루어진다. 임상심리전문가에 의한 대상별, 연령별, 문제영역별로 차별화된 질적인 상담을 제공받을 수 있으나 공공기관에서의 상담에 비해 비용이 많이 든다.

최근 과학기술의 발전에 따라 의사소통 과정에 서신, 전화, 팩스, 컴퓨터를 활용하게 됨으로써 인터넷 사이버상담이나 전화상담과 같은 온라인상담이 발달하게 되었다. 온라인상담은 컴퓨터 통신이 단순한 정보교환이나 의사소통의 수준을 넘어서서 인간의 내면세계까지 다루게 된 결과, 내담자의 문제를 해결하고 성장을 촉진하는 것을 돕는 과정까지 가능해졌다. 편리성, 경제성, 신속성, 시공의 제약 극복 등의 특징이 있지만, 실제적인 관계를 통한 상담이 아니라는 것과 단회적인 상담으로 흐르게 되는 등의 문제가 있다.

③ 상담 기간의 차이에 따른 분류

상담 기간에 따라 단기상담과 장기상담이냐는 상담의 횟수(회기)와 상담이 분류되는 것이 일반적이다. 경우에 따라 일주일에 2~3회 상담을 하기도 하고, 한 달에 1회를 하는 경우도 있기 때문이다.

단기상담은 짧게는 6~8회기로 종료되기도 하나, 15~25회기 이상을 하는 경우도 있다. 상담기간이 4개월 미만이고 15회기 이내인 상담을 단기상담이라 하고, 그 이상으로 실시될 때 장기상담으로 보는 것이 일반적이다.

장기상담은 상담비용이나 기간으로 인한 내담자의 부담이 있지만, 장기상담이 좋을지 단기상담이 좋을지는 아동 문제의 형성배경과 빈도, 강도 등을 고려하여 정해짐을 알 수 있다.

최근에는 아동이 겪는 어려움이나 갈등을 빠른 시일 내에 해결하기 위해 현재의 문제 해결에 초점을 두고 단기상담으로 실시되는 경우가 많다. 그러나 상담을 진행하는 과정에 영향을 미치는 다양한 외적 요인과 아동 자신의 내적인 요인을 다각도로 평가하여 결정해야 한다.

CHAPTER 02

아동상담의 이해

01 아동 문제의 이해

1) 아동상담의 문제 영역

아동상담에서는 아동의 건강한 발달을 위해 필요한 다양한 영역의 문제를 다루며, 아동이 발달과정 중에 일시적으로 보여 주는 발달상의 문제 역시 함께 다루게 된다. 아동의 문제를 다룰 때는 아동과 아동을 포함한 가족의 문제도 함께 다루어야 하며, 아동의 개인적인 특성, 즉 개별성을 최대로 고려한 접근법을 사용하는 것이 중요하다.

아동과 관련하여 아동상담자는 첫째, 대인 관계 갈등으로 부모, 형제, 교사 또는 또래와의 관계에서 오는 갈등 문제를 다루게 된다. 아동에게 중요한 타인과의 관계는 생활 전반에 지대한 영향을 미치게 되므로, 좋은 대인 관계 경험과 갈등을 해결하는 방법에 대한 도움이 절실하게 필요하다.

둘째, 개인 내적 또는 자기와의 갈등 문제를 다룬다. 아동은 자아개념이 발달하고 자아존중감이 발달하면서 자기 자신에 대한 다양한 내적 갈등상태에 놓이게 된다. 아동은 아동상담을 통해 긍정적인 자아개념을 발달시키고 내적 갈등을 해결할 수 있는 높은 수준의 자아존중감을 획득해 나가게 된다.

셋째, 아동은 아동상담을 통해 자신의 능력, 감정, 흥미, 가치관에 대해 보다 더 많이 배울 기회를 가지게 됨에 따라 자기 자신에 대한 정보를 획득하게 된다.

넷째, 아동상담에서는 아동 자신을 둘러싼 환경에 대한 정보를 획득하는 문제를 다루게 된다. 즉, 아동은 학교와 자신의 꿈을 이루는 다양한 정보와 기술을 상담을 통해 습득하게 된다.

마지막으로, 아동상담에서는 아동에게 부족한 다양한 기술을 전수하게 된다. 효과적으로 공부하는 방법, 자신의 욕구를 충족하는 방법, 친구를 사귀는 방법 등 특정한 기술을 배울 수 있는 기회를 제공한다.

2) 아동상담의 목표

아동은 다양한 영역에서 어려움을 호소하는 것과 같이 아동상담은 다양한 목표를 가지고 전문적인 활동을 진행하게 된다. 첫째, 아동상담은 아동의 건강한 성장에 최대한의 목표를 집중한다. 상담이란 도움을 필요로 하는 아동이 전문적인 훈련을 받은 사람과의 상호작용 관계속에서 문제를 해결하고, 인지적·정서적·행동적으로 변화하도록 노력하여 과거보다 더 적절한 삶을 자율적으로 살 수 있도록 하는 과정이다. 그러므로 아동상담을 통해 궁극적으로 기대할 수 있는 것은 아동의 성장발달의 촉진이라고 볼 수 있다.

둘째, 아동상담은 아동을 둘러싼 환경의 변화에 그 목표를 둔다. 즉, 아동에게 영향을 미치고 있는 주요한 환경을 아동의 발달과 성장에 도움이 되도록 개선시키는 일이다. 아동은 환경과 끊임없이 상호작용하지만 환경과 조화를 이루지 못하거나 혹은 환경의 영향으로 인하여 적응상의 어려움을 겪기도 한다. 가장 중요한 환경으로 부모를 들 수 있는데, 부모와의 상담을 통하여 아동에 대한 이해를 돕고 부모가 바람직한 양육태도를 가질 수 있도록 도와야 한다. 뿐만 아니라 다른 양육자, 교사나 친구관계에서 어려움을 가질 수도 있다. 이와 같이 아동에게 영향을 미치는 중요한 환경을 개선한다면 아동이 보다 빨리 정상적인 발달을 회복하고 환경에 잘 적응하는 데 도움이 될 것이다.

셋째, 아동상담의 중요 목표는 아동이 잘 적응하고 잘 기능하도록 돕는 것이다. 아동과 관련된 환경을 변화시키는 것은 중요한 일이지만 아동 스스로 환경을 극복하고 환경에 적응하며 환경 안에서 스스로 기능할 수 있도록 건강한 자아능력을 회복시켜 주는 것은 아동상담의 또 다른 방향의 목표가 된다고 할 수 있다. 아동이 스스로 삶을 변화시키고 성장해 갈 수 있는 무한한 능력을 가진 존재로, 스스로 기능하고 적응하는 존재로 성장하도록 조력하는 것이 무엇보다 중요하다.

마지막으로, 아동상담은 아동의 내적 세계를 회복하고 외상 경험을 치유하는 데 그 목표가 있다. 아동은 아동상담과정 동안 끊임없이 자신의 내적 세계를 들여다보고 스스로 외상 경험을 재현하고 재구성하는 작업을 진행할 것이다. 아동상담자는 아동이 자신의 세계를 탐색하고 과거 경험을 재구조화하고 재해석할 수 있도록 안전하고 신뢰로운 관계를 형성하고, 안전한 분위기와 일관성 있는 환경을 제공하도록 끊임없이 노력해야 할 것이다.

이외에도 아동상담은 다음과 같은 목표를 설정할 수도 있다. 첫째, 행동의 변화이다. 상담은 개인이 좀 더 생산적이고 행복한 생활을 하는 데 방해가 되는 행동을 감소시키거나 제거시키고, 만족스럽고 성공적인 생활을 하는 데 도움이 되는 행동을 형성키시거나 증가시키는 것을 목표로 한다. 상담의 목표는 보다 현실적으로 적응된 태도, 자기 자신에 대한 보다 편안한 감정 같이 보이지 않는 추상적인 것이 될 수도 있다.

둘째, 정신건강의 증진이다. 상담의 목표는 단순히 부적응행동의 수정이나 치료보다 정신건강을 적극적으로 촉진하는 데 있다. 정신적으로 건강한 사람은 책임감 있고 독립적이며 인격적으로 성숙한 사람이다. 그러므로 상담에서는 정신질환의 원인이 되는 여러 가지 병리적인 요소를 제거하고 수정하고자 노력한다. 그러나 병리적 요소의 제거 내지 수정보다 상담에서 더 중요하게 다루는 것은 정신건강을 증진하기 위해 아동의 정상적인 성장 발달을 촉진하는 것이다.

셋째, 문제의 해결이다. 아동에게 상담이 필요한 것은 그들에게 스스로 해결하기 어려운 문제가 있기 때문이다. 상담자를 찾아오는 사람들은 자신의 문제 해결에 상담자가 도움이 될 수 있다고 믿는다. 그러므로 상담은 아동의 문제를 해결하는 것을 목표로 하여야 한다. 효과적인 상담이란 아동과 상담자 간의 협력 관계에 의해서만 가능하기 때문에, 상담이란 어디까지나 아동의 자발적 요구에 의해 이루어지는 것이 원칙이다.

넷째, 개인적 효율성의 증진이다. 효율적인 인간은 "경제적·심리적·신체적 모험을 계획하고 이를 위해 시간과 정열을 투자하기 위해 자신을 헌신하며 그러한 모험을 기꺼이 감수한다"고 하였다. 효율적인 인간은 문제를 인지하고 해결할 수 있는 능력을 지니고 있으며, 독창적으로 사고할 수 있고 자신의 행동을 통제할 수 있으며, 좌절이나 적대적인 애매한 상황에서 적절하게 반응할 수 있다고 한다. 따라서 상담에 의해 생산적인 사고를 증가시키고 적응적인 인간관계를 형성하며, 다양한 문제 상황에 효과적으로 대처할 수 있는 능력을 기르게 되면 개인의 효율성은 증진될 수 있다.

다섯째, 현명한 의사결정이다. 상담에서는 개인이 선택하고 결정하기 위해 필요한 정보를 제공하고, 의사결정에 영향을 줄 수 있는 정서적인 문제나 심리적인 특성을 확인하고 분석하며 장애가 되는 면은 극복하도록 돕는다. 이러한 관점에서 상담이란 의사결정이 합리적이고 효율적으로 이루어질 수 있도록 원조하는 것을 목표로 한다.

여섯째, 잠재능력의 개발이다. 상담은 아동의 타고난 잠재능력을 개발하여 자기를 실현하는 사람이 되도록 돕는 것이다. 인간은 무한한 잠재력이 있지만 극히 일부만 활용하고 있다. 상담은 아동으로 하여금 자기탐색의 기회를 갖도록 한다. 자기 탐색의 과정을 거쳐서 자신의 능력과 특성을 발견할 수 있다.

일곱째, 긍정적 자아개념의 형성이다. 상담은 아동으로 하여금 긍정적 자아개념을 형성하도록 한다. 긍정적 자아개념을 갖게 되면 매사에 자신감을 갖고 행동할 수 있으며, 타인과도 원만한 관계를 유지할 수 있다. 또한 긍정적 자아개념은 삶을 보다 긍정적으로 바라보게 만든다.

3) 아동 문제 유형

아동상담은 아동의 욕구에 따라, 문제 내용에 따라, 상담에 참여하는 구성 인원수에 따라 그리고 아동이 사용하는 치료적 매체에 따라 유형화할 수 있다. 아동상담의 유형은 아동을 도울 수 있는 최적의 방법과 전략을 세우는 데 유용하게 활용될 수 있으므로, 치료목표를 달성하기 위해 적절한 형태를 선택하고 구조화하는 것은 중요한 상담자의 역할이 된다.

(1) 아동의 욕구에 따른 아동상담 유형

아동상담자는 아동의 욕구를 확인하고 이러한 욕구를 만족시킬 전략과 상담 유형을 결정하는 것이 중요하다. 전문 상담자는 아동의 욕구에 따른 상담 관계 유형을 구분하고 그에 따른 적절한 치료계획과 치료적 접근법을 활용한다. 즉, 아동의 욕구에 따라 문제예방상담, 발달과 성장상담 그리고 문제해결상담을 할 것인지를 결정해야 한다. 결국 아동상담자들의 상담활동은 조력을 필요로 하는 아동의 욕구에 상담목적을 달리해야 한다.

(2) 아동의 문제 내용에 따른 아동상담 유형

아동이 보여 주는 문제 유형은 수없이 많기 때문에 내용에 따라 치료 방향을 결정하고 상담 유형을 결정하는 것이 중요하다. 즉, 정신건강상담(다양한 정신적 문제, 심리적 문제, 사회적응 문제, 정서적 문제 등), 진로상담(적성 및 능력, 강점 및 자원 발견, 진로 인식, 진로 탐색, 진로 결정의 연속적인 과정에서 이루어지도록), 성상담(자위행위, 성욕구, 이성관계, 성희롱, 성폭력 등), 성장상담(보다 나은 삶을 위한 자기이해 및 성장을 위한 상담), 비행상담(애착욕구, 공격성, 분노 폭발, 소속감, 소외감, 질투 및 시기심, 학업 문제 등), 학습상담(학습습관, 학습방법, 학습기술 부족, 학업성취 문제 등), 물질남용과 중독상담(알코올, 니코틴, 약물, 게임 중독 등 자기 통제력의 상실과 부적절한 자기 파괴 습관, 자기 세계에 몰두하는 행동, 비현실적 사고 및 현실 부적응 문제 등) 그리고 가족문제상담(부모-자녀관계, 부부관계, 고부갈등, 가족폭력, 아동학대 등)으로 구분할 수 있다.

(3) 상담에 참여하는 구성 인원수에 따른 아동상담 유형

아동상담자는 아동이 갖는 특성과 참여 구성 아동의 욕구와 문제 형태에 따라 개인상담과 집단상담으로 구분하고, 각각의 상담 유형이 갖는 장·단점을 고려하여 접근하는 것이 중요하다.

(4) 치료적 매체에 따른 아동상담 유형

아동상담자는 아동을 조력하기 위해 사용되는 주요한 도구나 수단이 무엇인가에 따라 다양한 방식으로 진행할 수 있다. 즉, 일반상담, 놀이치료, 미술치료, 독서치료, 무용치료, 음악치료 그리고 원예치료 등 다양한 형태로 구분된다. 치료 매체는 아동의 세계를 이해할 수 있는 주요한 통로가 되므로 아동 중심으로 아동이 가장 편안하게 표현할 수 있는 것을 활용하는 것이 중요하다.

4) 아동상담자의 역할과 자질

(1) 아동상담자의 역할

아동상담자는 아동의 삶에서 특별한 성인으로 아동이 스스로 성장할 수 있는 방향으로 나아갈 수 있도록 조력하고 함께하는 사람으로 존재해야 한다. 아동의 변화과정에 대한 인내와 아동의 능력에 대한 진심 어린 존중은 아동과 함께 존재할 수 있는 아동상담자의 가장 중요한 덕목임과 동시에 중요한 아동상담자의 역할이 된다. 아동상담자는 편안하고 안전한 상담 환경을 조성하고, 아동과 친밀한 관계를 형성할 수 있는 전문성을 가질 필요가 있다. 이러한 전문성이 곧 아동상담자의 역할이 된다.

아동상담자는 아동과 함께하면서도 아동과 분리될 수 있어야 하며, 아동의 생활을 가깝게 경험하면서 아동이 보지 못하는 면을 세세하게 객관적으로 지각할 수 있어야 한다. 이는 감정이 동요되지 않으면서 아동의 감정에 공감하고 상담자와 내담자로서의 역할 수행이 이루어지도록 분위기를 조성하는 것을 의미한다. 결국 아동상담자는 아동의 주관적인 세계와 객관적인 세계의 그 중간, 즉 상담자의 자리에서 아동을 만날 수 있는 능력을 길러야 한다. 이 능력 역시 아동상담자의 중요한 역할이 된다.

(2) 아동상담자의 자질

아동상담자의 역할을 수행하기 위해서는 상담자의 인간적 자질과 전문가적 자질 그리고 윤리적 자질이 필요하다.

그림 2-1 아동상담자에게 필요한 자질

① 인간적 자질

아동상담자의 인간적 자질 중 대표적인 것은 상담자의 진실성이다. 아동과 의미 있게 접촉할 수 있는 매체는 진실성이다. 아동과의 관계에서 진실한 개방이 이루어진다면 아동은 스스로 자신의 이야기를 꺼내고 스스로 안전하게 치유하는 과정을 경험할 것이다. 둘째, 아동에 대한 깊고 따뜻한 관심은 무조건적인 긍정적 존중감을 갖도록 돕는 중요한 상담자의 자질이 된다. 셋째, 정서적 성숙으로 상담자는 자신의 정서를 통제하여 아동으로 하여금 안심하고 이야기를 꺼낼 수 있도록 침착성과 포용성을 기른다는 것을 의미한다. 칼 로저스가 제시한 이러한 자기 일치와 순수성 등을 갖추기 위해 상담자는 자신의 정서적 미성숙을 극복해야 한다. 정서적으로 미숙한 상담자는 자신과 비슷한 아동과 상담하게 될 때 처음부터 싫은 감정을 갖기 쉬우며, 그럼으로써 상담자와 내담자 간에 서로 좋은 감정으로 대하기가 어렵게 되며 불일치 상태에서 불안에 빠지기 쉽다. 따라서 심리적 안정감을 가지도록 끊임없이 자기 탐색과 자기 성찰이 필요하다. 그리고 마지막으로 아동상담자의 인간적 자질로 민감성이 필요하다. 민감성이란 신경질적이고 자기방어적인 성질의 것이 아니라 타인의 태도나 반응에 대한 민감성을 뜻한다. 처음 경험해 보는 관계 상황에 처한 불안하고 예민한 상태에 놓이는데, 내담자의 태도나 속마음을 읽는 민감성으로 아동이 마음 상하게 하지 않고 위협을 느끼지 않게 하는 것이 필요하다.

② 전문가적 자질

아동상담자에게 필요한 전문가적 자질이란 상담을 수행하는 데 필요한 학문적인 소양과 인간 이해에 대한 기본적인 기술을 구비해야 함을 의미한다. 여기서는 미국심리학회(APA: American Psychology Association) 산하 카운슬링 심리학 분과연구회에서 상담자들에게 요청된 내용들을 살펴보기로 한다.

- 성격에 대한 이해: 성격이론, 성격 발달, 이상성격의 특징, 성격과 사회문화적 요인과의 관계 등이 있다.
- 사회 환경에 대한 지식: 직업세계에 대한 이해, 사회복지기관의 활동에 관한 정보, 사회 환경과 개인행동과의 관련성에 대한 포괄적인 전문 지식을 배워야 한다.
- 개인의 진단평가: 개인의 여러 심리적 특성을 측정하고 평가할 수 있는 능력, 이를 위해 개인차의 이해, 측정이론, 각종 심리검사 실시와 이해, 투사법에 관한 지식과 기술을 익혀야 한다.
- 상담이론과 실제: 상담의 원리, 상담의 과정과 절차, 상담 사례연구, 면접방법 등
- 상담실습: 엄격한 감독을 받는 실습에 의해서 상담과정에 익숙해져야 한다.
- 연구방법과 통계적 기술: 모든 상담자에게 요구되는 것은 아니고 계속 연구를 할 사람에게 요구된다.
- 책임과 윤리: 상담에 수반되는 전문적인 윤리가 무엇인가를 이해하고 실천해야 한다.
- 기타 영역: 상담이 적용되는 분야에 대한 기본적인 이해, 즉, 학교상담자에게는 학교교육에 대한 지식, 놀이치료 상담자에게는 놀이에 대한 이해가 필요하다.

③ 윤리적 자질

아동상담자는 상담에 대한 전문적인 책임을 가진다. 첫째, 아동상담자는 비밀보장에 대한 책임을 가진다. 내담 아동의 사적 정보와 경험 내용에 대해 비밀을 보장하는 것은 매우 중요하다. 상담자는 내담자의 양해나 승인 없이는 면담 중에 알게 된 내용을 공개하지 않아야 하며, 비록 묻지 않더라도 이를 내담자에게 설명해 주어야 한다. 비밀보장의 책임은 내담자의 양해나 승인 없이는 면담 중에 알게 된 내용을 공개하지 않는다는 것을 의미한다. 그러나 예외적인 경우가 있는데 아동학대를

받고 있는 경우 사법당국이나 관련 기관에 통보해야 하고, 내담자가 상담자에게 해를 끼칠 경우 타인에게 해를 끼칠 수 있는 행동이 임박했다고 판단되는 경우에도 가족과 상의해야 한다.

둘째, 아동상담자는 자신의 한계를 인식하고 계속적인 훈련과 실습을 통해 전문성을 보완할 책임이 있다. 이를 위해 전공 분야의 공부를 체계적으로 마치고 공인된 자격을 얻기까지, 또한 그 후로도 상당 기간 선임전문가에게 슈퍼비전을 받을 책임이 있다. 이는 상담자 자신의 보호뿐만 아니라 내담자의 복지를 지켜 주기 위해서도 반드시 필요하다.

셋째, 상담내용에 관한 기록에 대한 책임이다. 기록에 대한 의무는 상담의 효과적인 진행과 다른 사람에게 인계할 자료를 제공할 때 필요하다. 상담에 관한 충분한 기록을 남겨 두지 않으면 상담을 효과적으로 진행하는 데 큰 지장이 생긴다. 사례를 슈퍼비전을 받을 때, 내담자를 불가피하게 다른 상담자에게 의뢰해야 하는 경우 그리고 아주 드물지만 법적인 문제가 생기는 경우를 대비해서라도 체계적이고 성실한 기록은 반드시 필요하다.

넷째, 상담 녹음과 관련해서도 책임이 따른다. 내담자가 원하지 않을 경우에는 훈련이나 연구목적상 아무리 필요하다고 해도 녹음을 하지 말아야 한다. 상담을 공부하는 과정에서는 특별한 경우를 제외하고는 모든 면접을 녹음해 두는 것이 바람직하지만, 녹음하는 취지와 녹음한다는 사실에 대해 내담자가 어떻게 느끼고 받아들이는지 충분히 의견을 교환하는 것이 중요하다.

상담자가 지켜야 할 윤리강령

상담과정에서 상담자가 지켜야 할 윤리강령으로 1961년 미국 APGA(American Personnel and Guidance Association)가 윤리강령제정위원회를 두고 상담자가 지켜야 할 강령을 제정·발표한 것이다. 이 내용은 그대로 우리에게도 적용될 수 있다.

- 상담자의 기본적인 의무는 그가 도움을 주려고 하는 카운슬리(counselee) 또는 내담자의 복지를 증진하고 그의 인격을 존중하는 것이다.
- 상담 관계와 그 관계를 통하여 얻어진 정보는 전문인으로서의 의무에 비추어 그 비밀이 유지되도록 해야 한다.
- 면접기록, 검사자료, 녹음테이프 등을 포함하는 상담에서 얻어진 제반 자료는 연구와 상담자 교육 외에는 사용될 수 없으며, 그것이 정당하게 사용될 때에는 카운슬러의 이름을 식별할 수 없도록 하는 조치가 강구되어야 한다.
- 상담 관계에 들어가기 전에 상담자는 어떤 조건 하에서 상담이 실시된다는 것을 피상담자에게 알려 주어야 한다.
- 상담자는 피상담자의 문제에 관하여 타인의 전문적인 자문을 받을 수 있다. 그러한 자문위원을 정할 때는 자문위원의 자격을 충분히 고려하여야 한다.
- 상담자는 자신의 능력의 한계를 느끼거나 더 이상의 전문적인 도움을 줄 수 없다고 판단될 때 상담 관계를 종결지을 수 있다. 그러한 경우 상담자는 적절한 전문가에게 위촉하여야 한다.
- 상담과정에서 피상담자가 타인을 해롭게 할 수 있는 조건을 발견하게 되면 그 사람에 대하여 책임이 있는 기관의 장에게 그 사실을 보고하여야 한다. 그러나 피상담자의 신분이 밝혀지지 않도록 해야 된다.
- 피상담자가 명백히 위급한 상황에 있게 될 때 카운슬러는 해당 기관의 장에게 이 사실을 보고하여야 하며, 또 상황에 따르는 응급조치를 취하여야 한다.

〈아동심리상담, 양서원〉

CHAPTER 03

아동의 발달특성

01 아동발달특성

1) 태내기의 발달적 특징

생후부터 18개월에 해당하는 시기는 생애 중에 가장 놀라운 속도로 발달하는 시기이다. 이 시기에는 몸무게, 키의 성장과 같은 양적 성장과 함께 뒤집기, 기기, 걷기 등의 보행 발달과 중요한 대근육 발달이 이루어진다.

프로이트는 입을 통하여 심리적 쾌락을 즐기는 시기를 구강기(oral stage)라고 명명하였으며, 에릭슨은 독립을 할 수 없는 어린 시기에 어머니의 따뜻하고 반응적인 돌봄을 통해서 기본적인 신뢰감(basic trust)을 형성해야 한다. 만일 기본적인 신뢰감보다 불신감을 더 많이 형성하게 된다면 세상에 대해 부정적인 인식을 갖게 될 수 있다고 하였다. 그러나 건강한 발달을 위해 중요한 것은 신뢰와 불신 간의 적당한 비율이다. 지나친 신뢰는 아동을 너무 순진하고 어리석게 할 수 있기 때문

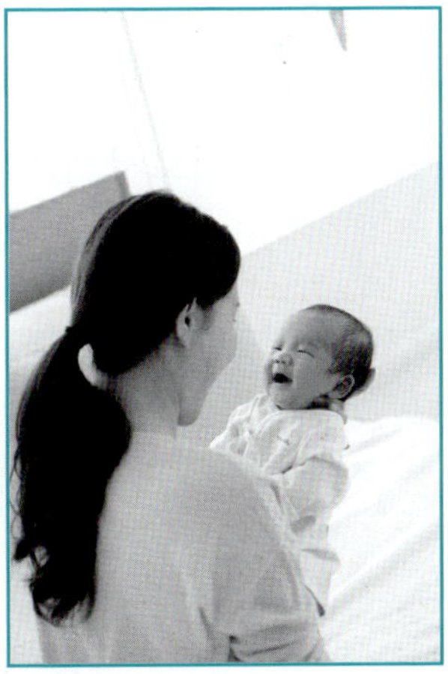

그림 3-1
어머니의 따뜻한 돌봄이 영아에게 안정적인 애착을 형성한다.

이다. 피아제는 이 시기를 감각운동기라 하여 자극을 감각기능을 활용하여 받아들이며, 이러한 자극에 대해 운동으로 반응을 보이며 인지능력을 발달시킨다고 하였다. 대상의 연속성, 즉 눈에 보이지 않는다 하더라도 사물이 존재함을 습득해야 차후에 상징적 사고가 가능하다고 하였다.

배냇미소를 보이다가 생후 2~3개월이 지나면 사회적 미소(social smile)를 보이게 되고, 이러한 아기의 반응은 어머니의 돌봄 행위를 증가시키게 된다. 이러한 상호작용을 통해 애착을 형성하게 된다. 영아의 기본적 욕구를 충족시켜 주기 위해 주 양육자인 어머니의 민감하고 따뜻하며 반응적인 돌봄이 일관성 있게 제공된다면 어머니와 안정적인 애착을 형성한다. 그러나 건강의 문제, 양육자와의 기질적 부조화, 매력적이지 못한 외모 그리고 양육자의 심리적·환경적 어려움은 영아의 안정적 애착 형성에 부정적으로 작용할 수 있다. 이 시기에 선천적 혹은 기질적 원인으로 인한 자폐증이 원인이 되거나 어머니의 우울증이나 학대 등으로 인해 애착 형성에 실패하는 경우 반응성 애착장애가 나타날 수 있다.

2) 영아기의 발달적 특징

19개월~만 3세에 해당하는 걸음마기는 독립적으로 이동할 수 있는 시기로서 넘어지지 않고 걸으며, 혼자 앉고 일어설 수 있게 된다. 아동이 자유롭게 되면 큰 공을 차고 받으며, 세발자전거를 타는 놀이를 즐기게 된다. 언어발달의 폭발적 시기로서 어휘력과 문장 구사가 성인과 의사소통이 원활해지기까지 발달하며, 일상생활에서 자주 겪게 되는 경험을 흉내 내는 성장놀이를 즐기게 된다.

그림 3-2 배변 훈련 중인 영아

프로이트는 이 시기를 항문기(anal stage)라고 명명하여 배변 훈련과 함께 항문 근육을 통제하면서 쾌락을 느끼게 된다고 하였다. 적절한 시기와 상황이 될 때까지 참았다가 배설할 때 부모와 주변에서의 사회적 승인도 받아 쾌감은 더욱 커지게 된다. 사회의 기대에 순응해야 하는 요구에 직면하게 되면서 점차로 타인의 기대와 사회적 규범을 자신에게 적용하여 통제하게 된다.

에릭슨의 걸음마기는 자율감 대 수치심의 시기로서 자율적이고 창의적인 사람이 되느냐 아니면 자기 회의로 수치스러운 사람이 되느냐의 갈등에 놓이게 되는 시기이다. 아직 완전한 독립을 할 수 없기 때문에 의존적이지만, 자유로운 선택의 자율성도 경험하게 된다. 그러나 때로는 이러한 자율성을 향한 투쟁이 완강한 거부나 떼쓰기 등으로 나타나게 된다.

피아제는 이 시기를 전조작기, 특히 전개념적 사고기라고 명명하였다. 이 시기에는 주변 환경에서 경험하게 되는 사물과 대상들을 내면화시킬 때, 자신의 감각이나 운동에 의존하지 않고 언어나 징표를 사용함으로써 상징적 사고가 가능해지게 된다. 또한 자기중심적 사고를 하여 타인의 입장을 고려하는 것이 어렵다. 영아가 아빠 생일 선물로 자기가 아끼는 꽃핀이나 팽이를 선물하는 것을 보면 얼마나 자기중심적인지 알 수 있다. 또한 모든 사물이 살아있다고 믿는 물활론적인 사고를 하여 자기를 넘어지게 한 의자를 “때찌!”하면서 때리기도 한다.

엄마 이외의 다른 가족, 친지, 이웃에게도 중다애착을 형성하게 되어 엄마와의 이별에 대해 덜 불안해하며 또래에게도 관심을 가지고 있으나, 활발한 상호작용을 한다기보다는 같은 공간 내에서 함께 있다는 것만으로도 즐거워하는 병행놀이 수준의 놀이를 한다.

첫돌 무렵까지는 자신과 타인을 구분할 수 없기 때문에 곤경에 처한 타인으로 인해 경험되는 자신의 고통스러운 감정이 실질적으로 타인 때문에 유발되었다는 것을 알지 못한다. 따라서 이 시기의 영아는 어려움에 처한 타인을 위로하기보다 손가락 빨기와 같은 행동을 통해 자신을 위로하려 애쓴다. 만 2세 정도에는 다른 사람과 자신이 별개의 독립된 개체로 존재한다는 것을 알게 된다. 그러나 곤경에 처한 다른 사람으로 인해 고통스러운 감정을 느낄 때, 그 고통의 원인에 대해 알지는 못한다. 따라서 어려움에 처한 다른 사람의 입장에서 문제를 해결하기보다 자신이 위로받을 수 있었던 방법, 예를 들어 과자를 준다든지, 뽀뽀해 준다든지 하는 행동을 통해 다른 사람의 문제를 해결하려 한다.

이 시기의 부모는 자율성을 존중해주는 동시에 한계를 설정해주어야 한다. 주변의 기대와 사회적 규범에 대해 순응을 통해 안정감을 느끼면서도 스스로 선택할 수 있는 기회를 제고하여 자율성을 경험하도록 한다. 그런데 이 시기에 한계설정에 실패하거나 자율성을 가지고 자기 조절에 실패하게 되면, 심한 떼를 부리며 식사를 거절하거나 어른의 요구에 대해 심한 반항을 하게 된다.

그림 3-3 영유아 시기에 자율성의 한계설정에 실패하면 떼를 쓰거나 심한 반항을 하게 된다.

3) 유아기의 발달적 특징

만 4~6세의 시기는 취학 이전의 시기로서 가족의 범위를 벗어나 인생의 첫 번째 사회적 관계를 경험하여 유치원, 어린이집과 같은 영유아 교육기관에서의 단체생활을 시작하게 된다. 신발 신기, 식사하기, 옷 입고 벗기 등과 같은 자조기술을 습득할 뿐만 아니라, 놀이 속에서 순서를 기다리거나 장난감과 놀이 시설을 공유하며 만족지연을 할 수 있게 되어 협력하기와 같은 사회적 기술을 익히게 된다.

그림 3-4 만 4~6세의 유아들은 가족의 범위를 벗어나 유치원, 어린이집에서 단체생활을 통해 사회적 관계를 경험한다.

프로이트는 남근기(phallic stage)라고 명명하였는데, 오이디푸스 콤플렉스와 엘렉트라 콤플렉스로 인한 이성 부모에 대한 선망과 동성 부모에 대한 성역할을 모방하는 시기로 보았다. 이러한 그의 가정은 이 시기의 성정체감 형성이라는 발달적 과업을 설명하는 데 기여하였다.

에릭슨은 이 시기에 유아가 세상을 향해 돌진하듯이 호기심을 가지고 탐색하며, 창조하고 시도하는 주도성이 발달하느냐 두려움과 죄책감으로 주저하느냐의 갈등이 발생한다고 보았다. 탐색과 주도성이 주변의 질책을 가져오게 된다면 죄책감으로 나타난다. 활발한 에너지로 목적을 정하고 이를 이루기 위해 활동하는 주도성은 때론 파괴성으로 인식되어 처벌을 받기도 한다. 호기심에서 출발한 성적 탐색은 사회적 비난과 처벌을 받게 되어 죄책감을 경험하기도 한다.

피아제는 이 시기를 특별히 전조작기 중 직관적 사고기로 보고 아직 논리적 사고가 미숙하다고 하였다. 그는 유아기에는 어떤 대상의 겉모양이 바뀌어도 그 속성이 바뀌지 않는다는 것을 인식하는 보존개념이 미숙하다고 보았다. 두 차원을 동시에 고려하지 못하고 한 차원에만 직관적으로 집중하는 실수를 보이다가 수(5~6세), 길이(6~7세), 무게·액체·질량·면적(7~8세), 부피(11~12세)의 순으로 보존과제에서 성공하게 되는 것으로 알려져 있다. 상위 차원(꽃)과 하위 차원(민들레) 간의 포함관계를 인식하는 유목화 과제와 높이의 순서에 따라 젓가락의 키를 맞추는 것과 같은 서열화 과제에서 미숙하지만 과제의 친숙도와 난이도에 따라 점차 성공의 가능성이 증가한다.

말하기와 듣기는 기능이 거의 완전하게 이루어져 성인과의 대화에 불편을 느끼지 않을 정도가 되어, 또래와의 관계를 형성하고 놀이를 즐기고 학습하는 데 매우 중요한 수단이 된다. 60개월이 되도록 문장의 길이, 복잡성, 정확성에 발전이 없거나 자기 연령수준에 맞게 자신을 표현하지 못한다면 언어발달의 지연을 의심하고 면밀한 평가가 필요하다.

또래들과 집단을 이루어 생활하면서 집단구성원으로서 책임감과 규율·도덕·윤리에 대한 인식으로 초자아를 형성한다. 따라서 가족과 학급 내에서 소속감을 느끼고 친밀감을 경험하는 것은 중요하다. 그러나 어머니에게 의존하기보다는 또래 관계를 갖고, 적절한 성역할을 포함한 사회화 과정을 익히며, 독립하려는 발달과업을 수행하지 못하거나 고착되면 분리불안이나 사회규범에 반한 행동 문제를 갖게 될 수 있다.

만 3~5세 유아는 자신이 곤경에 처한 다른 사람에게 감정이입이 되어 괴로워한다는 것을 알게 된다. 그러므로 이 시기 유아는 다른 사람을 괴롭히는 원인을 알아내어 이를 없애려고 노력한다. 그러나 어려움에 처한 사람이 가까이 있을 때만 감정이입을 할 수 있기 때문에 멀리 떨어진 사람의 고통에 대해서는 감정이입을 하지 못한다.

4) 학령기의 발달적 특징

7~12세 아동은 학교에 입학을 하면서 부모들의 가치관에 대해 질문하며, 또래 아동과 존경하는 다른 성인에게 인정받기 위해 다양한 행동과 태도를 취한다. 학교가 아동들에게 보상을 주는 장소이기도 하지만 교사와 또래로부터 받는 평가로 불안이 증가하므로 격려자로서의 부모 역할이 요구된다.

대·소근육의 운동기술이 더욱 정교하고 빠른 기능을 수행할 수 있게 되면서 경쟁적인 게임을 즐기게 되고, 글쓰기·악기 연주와 섬세한 활동을 할 수 있게 된다. 학교에서 또래와 보내는 시간이 부모와 지내는 시간에 비해 상대적으로 증가하면서 학교와 또래에게서 인정받기 위해 근면성을 발달시키는 시기이다.

학령기 아동의 신체 발달의 양상 중 두드러지는 것은 얼굴과 신체의 비율이다. 이전과 달리 머리의 윗부분이 아랫부분보다 빠른 비율로 자라 이마는 더 이상 튀어 나오지 않으며 얼굴 모습이 균형을 잡게 된다. 얼굴의 아랫부분이 커지고 코도 커져서 귀여운 어린아이의 외모에서 벗어난다.

대략 아동의 키는 1년에 평균 5~6cm 정도 증가한다. 키는 골격의 성장에 따라 커지며, 골격은 질병, 영양 상태, 운동 등의 영향을 비교적 덜 받기 때문에 규칙적으로 자란다. 몸무게는 일반적으로 1년에 10%의 비율로 증가한다. 몸무게는 질병, 영양, 운동과 같은 외부적 요인의 영향을 더 많이 받기 때문에 개인차가 크다.

머리 쪽으로 향해 있던 무게 중심이 낮아지면서 키와 몸무게의 균형이 잡히고 운동근육을 더 잘 통제할 수 있게 되어 안정적으로 설 수 있다. 팔과 다리가 길어지면서 신체의 비율이 달라진다. 신체의 전체적 비율과 균형의 변화로 인하여 아동은 기어오르는 것을 더 잘 할 수 있게 된다. 대소근육 기술의 통제와 협응이 놀랄 만큼 세련되게 발달한다. 움직임에 속도와 힘이 생기며, 더욱 민첩하고 균형이 잡히며 협응이 좋아진다. 시각은 완전히 발달하여 양 눈의 협응이 잘 이루어져 눈의 초점이 잘 맞게 된다. 유치가 빠지고 영구치가 나온다.

여아가 남아에 비해 지방세포를 조금 더 많이 가지고 있다. 저학년 시기는 남아가 여아보다 체중이 무겁고 키가 크지만, 고학년이 되면 여아가 남아보다 먼저 신체발달이 진행되어 이차성징이 나타난다.

학령기 아동은 유아기에 비해 자기중심성에서 벗어나 다른 사람의 입장, 인지, 사고 등을 추론해서 이해하는 능력이 발달한다. 타인의 위치에서 보이는 공간적 시각을 추론할 수 있는 공간조망능력이 9세 경이면 완성된다. 타인의 감정을 이해하는 감정조망능력이 아동기 초기에 완성된다. 초등학교 저학년 아동은 고통에 처한 다른 사람을 직접 보지 않아도 감정이입을 할 수 있다. 따라서 이 시기에는 다른 사람의 어려운 처지에 대해 말로 전해 듣기만 하여도, 그의 입장에서 문제를 해결할 수 있는 방안을 제시할 수 있다.

유아기에 습득의 어려움이 있었던 보존개념이 순차적으로 획득되는데, 양의 보존개념은 6~7세 경, 무게의 보존개념은 8~10세 경, 부피의 보존개념은 11~12세 경에 완성된다. 초등학교 저학년 아동은 기억력이나 주의력이 지속적으로 향상되며, 구체적인 경험을 통해 인지적 조작이나 논리적 사고가 가능하다. 지능의 여러 가지 측면이 발달하는 과정에서 탐색과 질문방법 등이 다양해지며 이를 통해 지능발달이 증진된다.

프로이트는 이 시기에는 남근기에 형성된 성역할과 사회적 규범을 내면화하면서 이성에 대한 호기심을 억제하는 잠재기(latency stage)를 보내게 된다고 하였다. 이성에 대한 관심보다는 주변에서 인정받고자 하는 욕구와 동성 또래와의 결속력과 우정의 발달에 더 많은 관심을 갖게 된다. 에릭슨은 이 시기에 세련된 역량과 기술을 발휘하면서, 성공감을 느끼는 것은 근면성 발달에 도움이 되지만 불인정과 실패가 반복되면 열등감이 자라게 되며, 이것은 장래의 일에 대한 태도와 작업습관에도 영향을 주게 된다고 하였다. 따라서 부모와 교사가 아동의 수준을 고려하여 적절한 과제를 제공하는 것이 중요하다.

학령기 아동은 가족의 애정을 느끼고 깊이 자각한다. 형제나 또래와의 놀이에 흥미를 가지고 잘 놀다가도 싸움을 하는 횟수가 잦다. 또래와의 접촉을 통해서 바람직하지 않은 면도 학습하며 공격성도 많이 배우게 된다. 화가 나 금방 울다가 금방 웃는 경우가 자주 있어 기분의 변화가 심하고, 화가 나면 아무 것이나 함부로 해버리는 충동적인 성향을 가지고 있다. 좋아서 눈물을 흘리는 것과 같은 다양한 인간의 정서를 느끼며 타인의 표정이나 행동을 읽고 이해하여 타인의 정서를 잘 파악할 수 있게 된다. 긍정적인 감정을 표현하고 부정적인 감정은 조절할 수 있는 능력을 발달시켜야 하는 시기이다.

학교에 가는 것을 싫어하거나 가지 않으려 하며, 두통·복통·목 아픔 등의 신체적 증상까지 보이는 학교공포증은 초등학교 저학년 시기에는 부모와 떨어지는 것이 불안하여 나타나기도 하지만, 고학년 시기에는 학교에서 경험한 좋지 않은 기억 때문에 나타날 수 있다.

부모를 의존하는 태도와 독립적 태도를 가지고 있으며, 다른 사람이 한 말과 행동을 자기방식대로 해석하기도 한다. 또래 관계에 비중을 많이 두면서 자기중심적인 사고에서 다른 사람의 입장을 이해하는 능력이 발달하며 사회적 기술도 세련되게 발달한다.

단체생활과 경쟁적 상황에서 자신의 입장을 인식하는 반면, 집단에 소속되려는 욕구가 매우 강하다. 집단 소속감은 학교나 집에서 자기 뜻대로 되지 않을 때 정서적 안정감을 준다. 규칙을 따르고 공동의 목표 수행을 위해 노력하며, 이러한 집단 활동 속에서 자아존중감이 높아진다. 집단 활동을 통해 동료 또는 단짝 친구로서의 역할을 경험하기도 하지만, 간혹 소속집단의 응집력이 지나치게 높아져서 다른 집단에 대한 경쟁과 적개심을 갖기도 한다.

아동의 사회적 기술과 또래 사이의 인기는 밀접하게 관련되어 있다. 사회적 수용도가 높은 아동은 보다 직접적이고 우호적인 의사소통을 하며, 낯선 상황에서도 자신에 관한 정보를 상대방에게 적극적으로 전달하고, 자신을 드러내 보이는 노력을 한다. 자기 주변의 힘 있는 인물, 예를 들어 교사나 부모를 동일시하려 한다.

초등학교 1학년 입학을 전후하여 새로운 것에 대한 기대감과 자신이 많이 컸다는 생각에 스스로에 대해 자부심을 갖게 된다. 학습의 장소이며 성취감을 발달시킬 수 있고, 놀이를 할 수 있는 생활의 장소로 학교를 받아들인다. 부모나 교사가 교육의 가치를 인정하고 자녀를 존중하면 아동들은 학교에 대해서 긍정적인 태도를 가질 수 있게 된다. 학교 시설이 좋고 교사들이 수용적이고 열성적이며 학교 운영방법이 민주적일 때, 아동들은 학교에 대해 긍정적인 태도를 갖는다. 또래집단과의 상호작용을 통해서 자기 자신에 대하여 새롭게 지각하고 사회성을 발달시킨다.

학령기 아동이 긍정적인 자아개념을 형성하기 위해서는 스스로 솔선하려고 하였을 때나 주변의 상황에 협력을 시도하였을 때 긍정적인 피드백을 얻는 것이 중요하다. 그러나 이러한 발달의 과업이 부정적으로 형성되었을 때 아동은 학교에서의 적응 문제를 갖게 되며, 주의력 결핍의 문제를 가지고 있는 경우에는 또래 관계와 학습의 문제를 함께 갖게 되어 병리가 발생하기 쉽다.

그림 3-5 긍정적인 자아개념을 형성하지 못하고 부정적으로 발달의 과업이 형성되면 아동은 학교에서의 적응 문제를 갖게 된다.

이와 같은 성장 과정에서 아동이 자신의 다양한 욕구에 대처하는 방식은 개인의 기질과 성장 경험에 따라 크게 세 가지의 형태로 나타난다. 즉, 욕구를 부정하거나 억압하면서 살아가든지, 자신이 아는 최대한의 방법을 동원하여 욕구를 관철하든지, 외부 세계와 단절하고 자신만의 세계에서 폐쇄적으로 살아가든지 하는 것이다. 아동은 가장 효과적이거나 위협이 되지 않는다고 여겨지는 대처방식을 선택하게 되고, 이 양식이 주변 상황에서의 기대와 상충될 때 문제 증상으로 드러나게 된다.

표 3-1 발달 단계에 따른 발달과업과 정신병리

구분	태내기	영아기	유아기	학령기
연령	0~18개월	19개월~3세	4~6세	7~12세
프로이트	구강기	항문기	남근기	잠재기
에릭슨	기본적 신뢰감 대 불신감	자율성 대 수치심	주도성 대 죄의식	근면성 대 열등감
피아제	감각운동기 (대상 영속성)	전조작기의 전개념적 사고기(상징적 사고, 자기중심적 사고, 물활론적 사고)	전조작기의 직관적 사고기(보존개념 미숙, 단순한 유목화와 서열화)	구체적 조작기 (가역적 사고, 복잡하고 세련된 유목화와 서열화)
발달이정표	사회적 미소, 낯가림	언어의 획득, 대소변가리기, 자기주장	초자아형성, 성역할학습, 자조기술 익히기, 사회화과정	지적 추구, 집단동일시
발달과제	애착 형성	분리 개별화	사회화	생산성
놀이	단독놀이	병행놀이	협력놀이	경쟁놀이
적절한 환경	따듯한 돌봄, 적절한 영향	자율성 존중, 한계설정	사회적 역할, 또래관계	지적 자극, 집단활동
심리사회적 행동양식	받고 주기	참고 배설하기	창조하고 시도하기	솔선적 시도와 협력적 시도
주요 인물	엄마	부모	가족	교사, 또래
병리	애착장애	떼 부림, 섭식장애	분리불안, 반항장애	주의력결핍과잉행동장애, 사회공포증, 학교공포증

*참조: 안동현(2005). 영유아기 정신건강. 2005년 삼성복지재단 학술대회 자료집. p143.

02 아동발달영향

1) 부모와 아동발달

가족 환경은 아동발달의 기초를 형성하는 데 있어 가장 중요한 요인이다. 특히 어린 시절에 가족이 미치는 영향력은 지대한 것으로 일생을 통해 그 영향을 미친다. 부모와의 애착 및 상호작용, 가족구조, 양육스타일 등은 아동의 정상발달과 이상발달을 결정짓게 하는 중요 요소가 된다.

(1) 가족 상호작용

가족의 상호작용, 특히 부모－자녀 간의 상호작용은 아동발달에 매우 중요하다. 부모－자녀의 상호작용에 문제가 있는 경우, 아동의 문제행동이 생기기 쉽다.

아버지는 대부분의 가정에서 보조 양육자로서 활동하는 경우가 많다. 하지만 현대에 들어 양성성이 강조되는 사회적 변화나 핵가족화 등의 가족 유형의 변화, 기혼여성의 취업 증가로 인하여 '아버지 역할의 재발견시대'라는 표현이 있을 정도로 아버지의 양육이 강조되고 있다(Lamb, 1997).

일반적으로 아버지는 어머니보다 양육에 참여하는 절대적 시간은 적지만, 자녀에게 미치는 영향은 어머니와 비슷하며, 유아의 욕구에 훨씬 민감하다고 보고된다(Parke & Tinsley, 1987). 놀이도 신체적인 활동이나 운동적인 활동에는 아버지가 보다 적극적인 편이다. 또한 성에 적합한 놀이를 격려하고, 딸에게 보다 보수적인 태도를 취하는 등의 전형적인 성역할을 강조하는 경우가 많다.

반면에 어머니는 전통적으로 자녀의 양육에 대해 책임지는 경우가 대부분으로, 아버지가 도구적 역할을 한다면 어머니는 주로 정서적 역할을 하게 된다. 또한 성 역할에 있어서도 보다 허용적인 태도를 갖고 있다(Lytoon & Romney, 1991).

(2) 가족체계

가족은 복합적이고 상호적인 체계로 이루어져 있다. 체계(system)란 여러 부분들이 모여 하나의 전체를 구성한다는 것이다. 가족체계는 밀접하게 연결되어 있으므로 가족구성원의 스트레스나 갈등, 긴장 등은 다른 가족구성원에게 영향을 미치게 된다. 즉, 문제행동을 보이는 아동이 가족 중 하나에게 적대적인 행동을 보인다면, 그 대상이 되는 인물도 분노를 일으키게 되고, 또다시 다른 식구들에게 그 분노를 표현하게 되는 등 서로 간에 영향을 끼치게 되기 때문에, 문제행동을 연구하는 데 있어 가족 환경을 체계적으로 살펴보는 것은 매우 중요하다.

(3) 양육태도

아동의 문제행동이나 인성발달에 있어 우선적으로 살펴보아야 할 것은 부모의 양육태도이다. 양육태도란 부모가 아동을 양육함에 있어서 보편적으로 나타내는 가치관, 신념, 태도 등을 말한다. 양육태도는 부모-자녀관계의 질을 결정하고, 자녀의 전인적 발달에 영향을 미친다. 양육태도는 다음 세 가지 문제와 관련지어 생각해 볼 수 있다. 첫째, 양육태도는 아동 개인적 특성과 발달 수준을 고려해야 한다. 둘째, 부모의 양육태도는 일방적인 경우도 있지만, 많은 경우에 상호작용적이다. 셋째, 문화권이나 소속된 사회계층에 따라 강조되는 양육태도가 달라질 수 있다.

양육태도는 체계적으로 이론화시킨 연구자에 따라 각기 유형을 달리한다.

① 시몬즈(Symonds, 1949)

양육태도를 거부-보호(reject-protect), 지배-복종(dominance-submission)의 유형으로 나누어 최초로 이론적으로 체계화시켰지만 너무 부정적인 측면을 강조하였다.

② 쉐이퍼(Schaefer, 1959)

30여 년의 종단연구를 통하여 애정-적대(love-hostility), 자율-통제(autonomy-control)로 유형화하였다.

③ 바움린드(Baumrind, 1967)

부모의 통제와 수용 수준에 따라 권위형(authoritative style), 지배형(authoritarian style), 허용형(permissive style)으로 유형화시켰다. 이는 표 3-2와 같이 도표화할 수 있다.

표 3-2 양육태도(Maccoby & Martin, 1983)

		통제수준	
		높음	낮음
수용수준	높음	권위적 규칙을 정하고 지킴 아동의 욕구를 고려함 독립심과 개성을 존중함	허용적 성숙된 행동을 거의 요구하지 않음 아동의 감정을 스스로 조율하게 함 아동의 충동적 행동을 용인함
	낮음	독재주의적 규칙을 엄격하게 적용함 심한 처벌을 내림	방임적 아동을 방치함 따뜻한 보살핌이 거의 없음

(4) 가족구조

현대사회에 있어 가족구조의 변화는 아동발달에 커다란 영향을 주고 있다. 흔히 우리는 가족이라 하면 부모와 자녀로 구성되어 있는 전통적인 핵가족을 떠올리게 된다. 하지만 최근 들어 우리 사회에 이혼이 급증하면서 거의 1/4에 해당하는 아동들이 부모의 이혼을 경험하게 되는 것이 현실이다. 이러한 변화된 가족구조는 아동의 욕구나 대처능력에 영향을 끼치기 때문에 아동 문제를 양산하기도 한다.

최근 사회적 변화에 의해 여성의 사회진출이 일반화되면서 자녀양육에 어려움을 호소하는 가정이 많아지고 있다. 하지만 어머니의 사회생활 여부보다는 어머니의 양육태도나 직장에서의 지위, 아버지의 양육참여, 아동의 특성 등이 복합적으로 아동발달에 더욱 영향을 끼친다고 한다(Gottfried, Gottfried & Bathurst 1988).

2) 또래와 아동발달

7세가 된 아동에게 "주변 사람 중 가장 중요한 사람이 누구냐?"는 질문을 해보면 누구나 가족을 언급한다. 하지만 10세가 된 아동에게 똑같은 질문을 해보면 가족 이외의 인물을 답하는 경우가 종종 생기고, 14세가 된 아동이라면 친구를 언급하는 경우가 적지 않게 된다(Levitt,

Guacci-Tranco & Levitt, 1983). 이처럼 아동이 성장할수록 또래와의 관계는 더욱 중요해진다.

또래 관계는 발달 연령에 따라 각기 다른 영향을 끼친다. 일반적으로 또래와의 관계를 통해 아동은 사회성을 기르고 가치관 형성에 도움을 받는다. 또한 자신을 다른 사람과 비교하는 데 기준을 삼으며, 정서적인 유대감을 주고받게 된다. 그리고 또래 관계는 행동의 모델이 되며 보호를 제공하기도 하고, 희생을 강요하기도 하며, 서로에게 강화와 처벌을 내리기도 한다. 서로에게 도움이 되는 우정을 쌓기도 하고, 상대를 적으로 돌려 적대감에 불타기도 한다.

또래 관계가 손상된 아동은 아동기에 많은 문제점을 드러낸다. 그러므로 아동이 또래 관계에서 어떠한 위치를 차지하고 있는가를 살펴보는 것은 매우 중요하다. 또래 관계에서 인기 있는 아동은 자신감이 있고 우호적이며, 책임감이 있고 이해적이다. 왕따 당하는 아동은 공격적이고 위축되어 있거나 남을 방해하는 경우가 많다.

3) 학교관계와 아동발달

아동의 삶에 있어서 학교는 무엇보다도 중요한 핵심적인 요소이다. 학교의 가장 중요한 기능은 지적능력의 배양과 사회에 적응하기 위한 지식이지만, 이러한 형식적 교육을 통해 아동은 공동체 생활에서 필요한 사회성을 익히게 된다. 교사와 학생의 관계, 학급구조, 교육, 규칙, 훈육방법, 기준, 개인의 역할 등을 경험하게 된다.

학교에서의 경험은 아동의 삶에 있어서 지속적으로 지대한 영향을 끼친다. 아동은 학교에서 학습 성취뿐만 아니라 가치관이나 자존감을 형성하고 성실성을 기른다. 또한 학교생활은 지속적으로 사회성 발달에 영향을 끼친다. 이렇게 학교생활은 아동에게 직접적으로 영향을 끼치기도 하지만, 일부는 학습동기나 학업에 대한 자신감, 학업에 대한 인식 등의 간접적인 영향을 주기도 한다.

아동의 학업 성취는 개인적인 특성 이외에도 학교 분위기나 학업 성취 장려, 적극적인 태도 등에 의해 많은 영향을 받는다. 이를 더 자세히 살펴보면 다음과 같다.

① 뚜렷한 목표와 가치관
② 교육에 대한 적극적 태도 장려
③ 모든 학생을 위한 기회의 제공
④ 학생의 피드백에 의한 개인적이고 구조적인 학습시간
⑤ 긍정적인 교사와 학생과의 관계, 교사의 모범적 태도
⑥ 학교 경영에 있어서 학생들의 참여 기회 제공
⑦ 적절한 칭찬과 격려를 통한 훈육과 최소한의 처벌
⑧ 바람직한 학교 환경

4) 사회기관과 아동발달

사회경제적 지위는 부모의 수입이나 학력, 직업 등 여러 가지 복합적인 요인에 의해 결정된다. 사회경제적 지위는 사회구성원을 계층별로 나누게 하며, 생활환경 조건, 사회적 상호작용, 가치관, 태도, 미래에 대한 기대, 기회 등 여러 가지 면에서 개인의 삶에 영향을 끼친다.

낮은 사회경제적 지위는 아동발달에도 커다란 영향을 끼친다. 빈곤층 아동은 사망이나 질병, 장애 등 많은 위험 요소를 안고 있다. 영아사망, 기형, 발달장애 등의 결정적 요인이 되는 태내기 및 출생 시 건강도 빈곤과 관련이 깊다. 부적절한 산모의 상태나 의료적 치료 역시 낮은 사회경제적 지위와 관계가 있다. 또한 빈곤층 아동은 낮은 지적능력, 공격성, 반사회적 행동, 약물남용, 우울증 등의 문제를 갖고 있다. 빈곤은 가정의 안정성을 해치고 스트레스를 증가시키며, 너무 어린 연령의 미혼모를 양산한다. 그리고 빈곤은 다양한 이유들로 인하여 세대를 전이하는 경우가 많다. 낮은 사회경제적 지위를 가지고 있는 빈곤층은 아동발달에 적절치 못한 환경을 제공하고 바람직한 발달을 저해하는데, 이에

영향을 끼치는 몇 가지 요인을 살펴보면 다음과 같다.

첫째, 빈곤층은 사회적 서비스나 다양한 사회적 지지에의 접근이 어렵다. 빈곤층은 사회로부터 고립되어 있는 경우가 많다. 아동양육에의 도움, 심리적 지지, 역할모델, 응급시 도움받기 등에 어려움을 겪는다.

둘째, 낮은 사회경제적 지위를 가진 부모는 자녀를 위한 목표나 가치관을 다른 계층과 다르게 가지기 쉽다.

빈곤층의 경우, 직업의 안정성이나 타인의 인정을 위한 사회성을 강조하는 경향이 있다. 이는 중류층 가정이 자녀들에게 삶을 스스로 조율할 수 있게 하고, 다른 사람에게 영향력을 가질 수 있게 하기 위해 선택이나 지적도전, 직업의 지위 등을 강조하고 있는 것과 차이가 있다. 이러한 차이는 자녀를 다루는 방법으로 나타난다. 일반적으로 사회경제적 지위가 낮은 계층의 부모는 보다 통제적이고 억압적이며 비난을 많이 하는 양육태도를 취한다. 또한 자녀들과의 대화가 적다. 반면에 사회경제적 지위가 높은 계층의 부모는 자녀와 보내는 시간이 많으며, 관심을 기울여주고 언어적인 격려를 많이 해준다. 이러한 계층에 따른 양육태도의 차이는 아동의 인지나 사회성 발달에 영향을 미친다.

셋째, 낮은 사회경제적 지위는 문화적 맥락에도 영향을 미친다.

당면한 사회경제적 지위가 지향하고 있는 신념과 가치관은 사회구조, 사회적 역할, 인간관계 등에 영향을 미치며, 아동의 사회성 발달에 영향을 미친다. 문화는 그 사회가 원하는 바람직한 인간상을 위한 목표설정뿐만 아니라 그 목표를 어떻게 달성할 것인가 하는 방법론적인 면에서도 영향을 미친다. 빈곤층은 다른 사회경제적 집단과는 문화적 맥락을 형성하고 세대를 전이한다.

5) 아동 문제와 발달 시기

아동 문제는 생애 사건이나 경험이 발달 시기에 따라 다른 영향력을 미친다. 프로이트, 아들러, 멜라닌 클라인 등 많은 연구자들은 생애 초기 경험의 중요성에 대해 강조하며, 미래 생애 전체 발달에 큰 영향을 미친다고 주장한다. 어머니와 영아 사이의 관계형성이 생애 전체 인간관에 원형을 제공하며, 사회성 발달에 영향을 미친다. 따라서 아동 문제 행동에서 영아와 어머니의 애착 형성이 중요하게 작용하고 있다는 것을 알 수 있다. 사회적 학습에서도 초기 학습이 이후 학습의 기초를 제공한다고 강조하였다.

그리고 생애 초기에는 발달의 결정적 시기가 있으며, 그 이후의 시기에 그 발달을 만회하기 어렵다고 보고 있다. 따라서 아동기에 부모들은 아동에게 가능성과 잠재력을 발달시킬 적절한 환경을 제공해야 한다. 아동발달의 최적 환경은 아동의 문제 행동을 초기에 예방하고 개입하는 보호요인으로도 작용하게 된다.

CHAPTER 04

아동상담과정과 관계

01 아동상담과정

아동상담은 성인상담과 마찬가지로 상담자가 지향하고 있는 상담이론이나 상담양식에 따라 상담과정이 달리 구성된다. 하지만 여기서는 일반적인 아동상담의 과정을 살펴보고자 한다. 주로 접수 및 면접 단계, 초기 단계, 중기 단계, 종결 단계로 나누어볼 수 있다.

1) 상담문의 단계

아동상담은 일반적으로 전화나 인터넷을 통해 아동 문제에 관한 상담을 문의하면서 시작된다고 할 수 있다. 이 단계에서는 단순히 문의를 끝내지 않고 임상적 상담으로 연결될 수 있는 동기를 부여해주는 것이 중요하다.

(1) 상담문의 단계의 특징

전화상담이나 인터넷상담은 본격적인 아동상담을 위해 상담기관을 방문할 수 있도록 도움을 주는 방향으로 진행되어야 한다.

이를 위하여 아동 문제에 대해 경청하고, 부모의 안타까운 마음을 위로해주며, 아동 문제에 대한 기초적인 정보만을 제공해야 한다. 하지만 아동 문제에 대해 지나치게 구체적인 질문을 한다든지, 문제를 금방 해결할 것이라고 호언장담하는 것은 바람직하지 못하다. 또한 아동 문제에 대해 단정적으로 진단하는 것도 삼가야 한다. 면담 및 심리검사를 거치지 않은 진단은 상담에 대한 의욕을 떨어뜨릴 뿐만 아니라, 아동에게 위험할 수도 있기 때문이다. 부모가 전화상담이나 인터넷상담을 통해 구한 잘못된 정보나 진단을 기초로 하여 편견적 해석을 할 수도 있고, 지속적으로 주변 사람이나 매체 등에서 왜곡된 정보를 구하여, 아동의 문제를 더욱 악화시킬 수도 있기 때문이다.

그러나 때로는 전화나 인터넷문의상담에서 즉각적인 개입이 필요할 때도 있다. 예를 들어, 자살이나 학대 등 위기상황에서 문의상담이 이루어진다면, 이러한 경우에는 긴급 조치를 통해 즉각적인 개입을 해야만 한다.

(2) 질문 내용

전화상담이나 인터넷상담에서는 아동 문제에 대한 관심을 표명하면서, 접수면접을 위한 최소한의 정보를 구해야 한다. 이 단계에서는 아동의 이름, 성별, 연령, 연락처, 아동의 문제 및 심각성에 관해 질문하고 기록해야 한다. 그리고 본격적인 상담에 들어가기 전에 접수면접에 관한 시간 약속, 접수면접 비용, 상담기관 위치 등에 관한 기본 정보를 제공해야 한다.

2) 접수 및 면접 단계

접수면접(intake interview)은 일반적으로 직접 부모와 아동이 상담기관을 방문하여 이루어진다. 접수면접은 부모면담 및 아동면담, 심리검사 등으로 구성된다. 접수면접은 상담기관의 방침에 따라 달라지기는 하지만,

일반적으로 아동과의 상담을 진행하는 상담자가 아닌 접수면접자가 따로 진행한다.

(1) 접수면접자

접수면접자는 부모가 처음 상담기관에서 만나는 전문가로 그 역할이 막중하다. 상담분야를 전공한 전문가이어야 하며, 상담기관의 방침에 대해 잘 이해해야 한다. 아동 문제가 상담기관에서 효과적으로 상담할 수 있는지 여부를 판단해야 하며, 그 상담기관에서 가능하지 않다는 판단이 들면 다른 기관이나 전문가에게 의뢰해야 한다.

또한 접수면접자는 부모에게 상담에 대한 기대와 동기를 부여할 수 있어야 한다. 접수면접자는 아동 및 아동을 둘러싼 주변 환경에 대해 탐색하고, 부모와 아동의 동의를 구해 상담계획을 세운다. 그리고 부모에게 상담과정에 대한 기본 정보를 제공하고, 상담시간이나 횟수를 협의하고, 상담비용에 대해 알려주어야 한다. 상담을 진행하면서 지켜야 할 내용에 대해서도 알려주어야 한다.

접수면접에서 협의된 내용에 관해서는 기록으로 남길 필요가 있는 경우 반드시 계약서나 동의서 2부를 작성하여 상담기관과 부모가 각각 한 부씩 나누어 보관하여야 한다.

효과적인 상담을 위하여 계약서나 동의서에 기록해야 할 내용은 상담기관의 방침에 따라 달라지기는 하지만 일반적인 것은 다음과 같다.

① 상담시간

상담시간은 반드시 지켜야 하며, 지각, 조퇴 등은 이유와 관계없이 개인적 손실로 감당해야 한다.

② 상담불참

일반적으로 상담회기에 참여하지 못할 상황이 생겼을 때 미리 고지해야 할 시기에 대해 알려주고, 어겼을 때 받는 불이익에 대해서도 알려준다.

③ 상담기록

상담내용이나 과정기록을 위해 녹음, 촬영, 기록 등이 이루어지는데 이에 대한 동의서가 필요하다. 또한 상담 효과가 학문적 목적 이외에는 이러한 상담기록을 사용하지 않을 것이라는 것을 알려주어야 한다.

(2) 부모면담

전화문의나 인터넷문의 등을 통하여 얻은 기본 정보를 가지고 면담에 임하는 접수면접자는 부모가 임상을 찾은 까닭에 대해 공감적인 경청을 해주면서 현재의 문제를 탐색하고, 아동 및 가족의 발달력 및 사회성에 관한 충분한 정보를 구해야 한다. 상담자는 필요하다면 반구조화된 접수면접지를 이용하여 가족환경이나 아동발달 등에 관한 정보를 구한다. 또한 심리검사나 행동평가 척도를 이용하여 아동 문제에 대해 정확한 진단검사를 실시한다.

① 부모면담의 진행

가. 면담 순서

일반적으로 아동상담에서는 부모면담이 아동면담보다 우선적으로 이루어지게 된다. 부모면담과 아동면담 중 어느 것을 먼저 하느냐는 각기 장단점이 있다. 부모면담이 먼저 이루어질 경우 아동 문제나 가족상황 등에 관한 정보를 구하기는 쉬우나, 아동에 대해 편견을 가질 우려가 있다. 특히 연령이 높은 아동의 경우, 성인에 대한 불신감을 갖고 있기 쉽기 때문에 성인끼리의 만남이 부모와 접수면접자와의 면담에 대해 부정적인 생각을 할 염려가 있다.

반면에 아동면담을 먼저 실시할 경우에는 아동이 현재 겪고 있는 문제나 어려움에 관한 기본 정보가 없으므로, 상담계획을 위한 정보를 수집하는 데 초점을 맞추지 못할 수도 있다.

나. 단독면담

대체적으로 부모들은 자녀가 없는 자리에서 아동 문제나 가족상황에 대해 훨씬 더 자유롭고 편하게 이야기하는 경향이 있다. 만약 부모면접을 하는 동안 아동이 방에 같이 있다면, 부모가 아동 문제나 정보에 관해 모호한 대답을 할 수도 있고, 부모가 갖는 절망감이나 혼란스러움을 제대로 표현하지 못하는 경우도 많다. 가장 좋은 방법은 아동을 동반하지 않고 부모 단독으로 상담기관을 방문하여 부모면담이 이루어지는 것이지만, 현실적으로는 그렇지 못한 경우가 대부분이다. 따라서 부모면담이 이루어지는 동안에 놀잇감이나 책 등을 비치한 대기실에 아동을 기다리게 하는 것이 일반적이다. 만약 상담기관에서 인력적 여력이 있다면 대기실에서 아동의 놀이나 태도 등을 관찰하는 것도 좋을 것이다.

② 부모면담의 내용

가. 상담의뢰 사유 및 아동 문제

부모면담의 주요 목적은 상담을 의뢰하는 이유 및 현재 아동이 가지고 있는 문제나 어려움이 무엇인가에 대해 정보를 구하는 것이다. 이는 상담을 위한 목적도 있지만, 부모에게 상담자와의 면담을 통해 자녀를 보다 잘 이해하는 데 도움을 줄 수 있는 정보를 제공하려는 것에도 그 목적이 있다.

나. 가족환경

부모의 사회인구학적 배경 및 결혼상태, 부부관계, 직업 및 직업만족도, 종교, 지역사회관계 등 현재 가족의 생활환경이나 기능 수준에 대해 살펴본다. 또한 부모의 원가족과의 관계, 부모가 원가족에서 성장할 당시의 문제점, 결혼에 도달하기까지의 과정 등에 대해 이야기를 나누어야 한다. 이러한 가족상황이나 부모환경 요인들은 대부분의 경우에 아동이 어려움을 겪게 하는 데 중요 요인으로 작용하기 때문이다.

다. 태내기 환경

많은 아동상담자들이 아동의 태내기 환경을 소홀히 하는 경향이 있다. 태내기의 부모 상황은 아동 문제의 근원적인 배경으로 작용하는 경우가 많다. 특히 어머니의 영양상태나 불안, 우울 등의 정서 문제는 자녀에게 많은 영향을 끼친다. 태내기 환경에 대한 정보는 자녀를 어떠한 환경에서 임신했는지에 대한 질문으로 시작하여 대화를 통해 정보를 구한다. 예를 들어, 혼전 임신이었는지, 허니문 베이비인지, 원하는 아이였는지(wanted baby/unwanted baby) 등에 관한 탐색을 통해 태내기 정보를 구한다.

라. 생애 초기 환경

생애 초기의 경험은 아동의 인성에 절대적 영향을 미친다는 이론은 프로이트나 아들러 등의 많은 심리학자들에 의해 주장되고 있다. 비록 기억하지는 못하지만 무의식 내에 자리 잡은 생애 초기 경험은 주로 부모를 통해 형성되며, 일생에 걸쳐 중대한 영향을 미친다. 특히 생애 초기는 애착(attachment)이 발달되는 중요한 시기로, 부모-자녀 관계를 탐색해보는 것은 아동 문제에 대한 이해를 돕게 한다. 또한 형제서열에 대한 정보 역시 상담자가 아동의 문제를 이해하는 데 도움을 준다(Hoopes & Harper, 1987).

마. 아동발달력

아동의 신체, 언어, 인지, 정서, 사회성 등 전인적 발달상황에 대한 정보를 구한다. 특히 영아 시기의 신체발달은 기타 발달을 가늠하는 좋은 단서가 되기 때문에 구체적으로 목가누기, 앉기, 걷기 등의 신체발달 상황에 관한 정보를 얻는다. 아동발달력을 위하여 구조화된 질문지를 이용할 수도 있다. 간혹 자녀발달에 대한 기억 회상이 어려울 수도 있으므로 아동상담자가 반구조화된 질문지를 이용할 수도 있다. 예를 들어, '목가누기'의 시점에 대해 기억하지 못할 경우에 "백일 즈음에 사진찍을 때 목을 제대로 가누었나요?"라는 질문으로 부모의 기억을 도울 수 있다.

아동발달력은 현재 아동 문제뿐만 아니라 상담계획, 상담진행 속도나 효과 등에 관해 미리 살펴볼 수 있는 기회를 제공해주기 때문에 매우 중요하다. 그러므로 아동상담자는 아동의 정상발달에 관해 충분한 지식을 가지고 있어야만 한다.

③ 부모면담의 일반적 질문사항

아동에 관한 충분한 정보를 얻기 위해 기본적으로 접수면접에서 부모에게 질문해야 할 사항들은 다음과 같다.

- 아동의 문제는 어떤 것이며, 가장 심각한 문제점은 무엇인가?
- 부모가 보는 아동의 성격은 어떠하며, 아동이 가진 강점은 무엇인가?
- 가족구성은 어떠한가?
- 다른 가족들 중에 그런 문제나 유사한 문제를 가진 경우가 있는가?
- 아동 문제에 관해 의학적 진단을 받아본 적이 있는가? 언제부터 그 문제를 심각하게 생각했는가?
- 아동이 신체나 언어 등 특정발달을 성취한 시기는 언제인가?

- 아동이 신체적 충격이나 심리적 충격을 받은 일이 있는가? 예를 들면, 이사, 분리, 죽음, 학대 등을 경험한 적이 있는가? 그리고 그러한 일들이 어떤 발달적 시기에 일어났는가?
- 아동이 스트레스에 어떻게 반응하는가?
- 부모의 양육스타일은? 어떠한 방식으로 아동을 다루고, 그에 대한 아동의 반응은 어떠한가?
- 최근 가족 상황은 어떠한가? 예를 들면, 재정적인 어려움이라든가 알코올중독, 가족폭력 등이 있는가?
- 아동에게 은연중에, 아니면 분명하게 요구하는 역할은 어떤 것인가? 다른 자녀들한테도 똑같은 것을 기대하고 있는가?
- 특별히 아동에게 마음 쓰이는 점이 있는가? 예를 들면, 미숙아로 태어났다든가, 어릴 때 질병에 노출된 적이 있어 각별히 신경 쓰이는가?
- 접수면접 동안에 부모의 언어나 태도에서 관찰되는 특별한 사항은 어떤 것인가? 부모가 함께 왔다면 부부 간의 상호작용은 어떠한가? 부부 간의 아동의 문제를 보는 시각이 일치하는가? 어느 쪽 부모가 주도권을 가지고 있는가? 가족동맹이 있는 것처럼 보였는가?

(3) 아동면담

일반적으로 부모면담에서 가능한 한 많은 정보를 얻은 다음에 아동면담을 하는 것이 바람직하다. 부모면담에서 강조되었던 아동 문제나 특성에 대해 주목하여 아동면담을 진행해야 하지만, 지나치게 편견을 가지고 아동상담을 진행하지 않도록 주의해야 한다.

① 대기실 관찰

아동상담기관에서는 대기실 역시 일종의 상담장소의 역할을 한다. 본격적인 면담이 이루어지기 전에 대기실에서의 아동을 관찰하는 것도 아동이나 가족에 관한 중요한 정보를 주는 경우가 많다. 우선 부모면담을 위해 대기실에 아동이 혼자 남겨질 때 분리불안을 보이는지에 대해 살펴본다. 만약 분리불안을 보인다면 심각도나 표현방법을 관찰하고, 부모의 대처방식에 대해서도 눈여겨보아야 한다. 이러한 대처방식이 아동 문제의 원인으로 작용하는 경우도 적지 않기 때문이다. 또한 분리불안 이외의 다른 문제행동은 보이지 않는가를 관찰할 필요가 있다.

대기실에서의 아동 관찰은 크게 부모와 함께 있는 경우, 부모면담을 위해 아동 혼자 대기실에 있는 경우 두 가지로 나누어 볼 수 있다. 부모와 아동이 함께 있는 때에는 부모-자녀 간의 상호작용이 어떠한지 주의깊게 살펴보아야 한다. 이러한 관찰을 통해 가족 역동성, 양육태도, 의사소통 양식, 가족체계 등에 관한 귀중한 정보를 얻을 수 있다.

부모면담이 진행되는 동안에 대기실에 아동이 혼자 있는 경우에는 대기실에 비치되어 있는 놀잇감이나 책 등에 호기심을 보이는지, 집중적인지, 산만한지를 살펴본다. 또한 낯선 상황에서 혼자 있을 경우의 행동이나 태도 등을 관찰하는 것도 의의가 있다.

② 아동면담

일반적으로 아동상담자는 원활한 아동면담을 위하여 부모에게서 구한 정보를 토대로 아동과의 면담에 임하지만, 편견을 갖지 않고 공정한 시각을 유지하도록 노력해야 한다.

아동면담은 가능한 한 아동만을 대상으로 진행해야 하지만, 너무 나이가 어린 아동의 경우에는 어머니와 함께 할 수도 있다. 이런 경우에 상담자는 어머니와 함께 있다는 사실은 무시하고, 아동에게만 초점을 맞추어야 하며, 혹시라도 어머니에게 말을 걸지 않도록 주의해야 한다. 아동은 자신이 비록 어머니와 함께 들어오자고 떼를 썼을지라도, 아동이 자신에게만 주목하길 바라고 있기 때문이다.

아동면담에서 어떤 아동은 극히 불안해하기도 한다. 아동이 상담자와 거리를 두고 앉아 있고 싶어 한다면 허용해주어야 한다. 하지만 상담자는 아동이 불안을 느끼지 않고 편안함을 가지도록 물리적 거리를 유지하면서도 아동의 눈높이를 맞추어 눈맞춤을 해주는 것이 좋다.

면담에 대한 불안이나 저항으로 인하여 상담자와 이야기를 나누지 않고 침묵하는 아동도 있다. 초보 상담자는 이러한 경우에 초조해지고 당황하기 쉽기 때문에, 아동의 대답이나 반응을 재촉하기 쉬운데 주의해야 한다. 아동의 반응을 이끌어내기 위해 지나치게 재촉하는 태도 대신에, 심각하지 않은 태도로 아동이 입고 있는 옷이나 신발에 관심을 보여 주거나, 인형을 집어 들고 인형에 대해 이야기해 준다든가 하는 가벼운 언급을 통해 아동의 관심을 끄는 것이 좋다. 이러한 행동들을 통해 상담자가 아동의 뜻을 존중해주면서도 주의를 기울이고 있다는 인식을 심어줄 수 있다.

아동에 대한 정보를 구하기 위해서 접수면접을 진행하는 상담자는 아동연령을 고려한 준비가 필요하다. 어린 연령의 아동이라면 구조화된 질문지보다는 동화나 놀잇감, 그림진단 등을 통해 이야기를 나누는 것이 좋다.

재미있는 이야기를 통해 질문을 던지고 답을 유도해내는 것도 좋은 방법인데, 그 예를 들어보면 다음과 같다.

> "알라딘과 램프 이야기를 알고 있니? 알라딘이 하루는 어디를 향해 걸어 가다가 램프를 발견했어. 그런데 그 램프는 네가 아는 요즈음 램프와는 약간 다르게 생긴 거야. 뭐랄까? 음, 주전자같이 생긴 건데 아주 더러웠어. 아주 오랫동안 땅 속에 숨겨져 있었기 때문이지. 그래서 깨끗이 하려고 문지르니까 마술처럼 갑자기 연기가 뿜어 나오고 요정이 뛰어 나왔어. 너, 요정에 대해서 알고 있니? 그 요정의 이름은 지니야. 알라딘에게 지니는 "고마워, 나를 구해줘서. 난 이 램프 속에 천년이나 갇혀있었어. 너무 고마우니까 세 가지 소원을 들어줄게. 뭐든지 원하는 것을 말해봐"라고 했단다.
> 자, 우리도 '알라딘과 램프' 이야기처럼 해보자. 난 지니고 넌 알라딘이라 생각하고 세 가지 소원을 말해보는 거야. 뭐든지 괜찮아. 어떤 소원을 가지고 있는지 말해볼래?"

대부분의 아동들은 "새로운 비디오 게임을 가지고 싶어요"라든가 "놀이동산에 가고 싶어요" 등의 대답을 한다. 하지만 어떤 아동은 "아파트로 이사 가고 싶어요", "좋은 차를 사고 싶어요"라고 대답하고, 그 이유를 엄마 혹은 아버지가 좋아할 것이라고 설명하기도 한다. 이러한 아동의 반응을 통해 부모와의 관계를 엿볼 수 있다.

어린 아동의 경우는 언어능력이나 인지능력을 고려하여 직접적인 질문이 구조화된 질문지를 이용하는 것보다는 놀잇감, 인형, 그림, 이야기 등 다양한 매체를 이용하여 정보를 구하는 것이 효과적이다. 때로는 놀이를 하면서 아동의 내면이나 욕구를 확인할 수도 있다.

상담자가 아동면담에서 중점적으로 살펴보아야 할 정보를 정리하면 다음과 같다.

가. 아동 문제를 확인한다.

간혹 발달상의 문제를 부모가 확대 해석하는 경우도 있으므로 부모가 호소하는 아동 문제가 발달 수준에 적절한지 살펴보아야 한다. 어떤 경우에는 부모가 전혀 언급하지 않는 아동 문제를 발견할 수도 있다.

나. 문제 원인을 살펴본다.

아동 문제를 야기하는 원인이 아동 개인 요인인지 부모를 포함한 환경 요인인지를 확인한다. 이를 위해 아동발달 수준이나 기능의 확인이 필요하며, 아동을 둘러싼 생태학적 체계를 점검해보아야 한다.

다. 아동의 시각에서 보는 개인적·가족적 특성을 살펴본다.

물론 부모면담을 통해 아동의 특성이나 가족 특성에 대해 정보를 구하지만, 아동의 시각 역시 매우 중요하다. 간혹 의사소통의 부재로 인하여 부모와 아동의 시각이 크게 다를 수도 있기 때문이다. 때로는 부모가 소홀히 하여 언급하지 않거나, 무의식적인 방어로 인하여 숨긴 정보가 있을 수도 있다.

라. 아동의 외모적 특징을 파악한다.

옷차림이나 안색, 용모 등을 통해 아동의 정서나 발달 수준을 살펴볼 수 있으며, 양육의 질을 파악할 수도 있다. 특히 첫인상은 매우 중요한데 시간이 지나면 첫인상이 흐려질 수 있으므로, 아동 및 부모의 첫인상을 기록해 두는 것이 좋다.

마. 아동의 장단점을 살펴본다.

아동의 장점은 효과적인 상담이 가능케 하는 자원으로 활용할 수 있다. 특히 자존감이 낮은 아동의 경우에 장점을 인정해주고 격려해 주는 것이 바람직하다. 단점은 대체하거나 극복할 수 있는 방안을 모색하여 최소화할 수 있어야 한다.

다음은 아동면담에서 보다 다양한 정보를 구하기 위한 일반적인 질문사항과 그 예에 관한 것이다.

- 기본적인 인적사항: "이름은? 몇 살이야? 어느 학교 다녀?"
- 또래 관계: "가장 친한 친구는 누구니? 친구가 많니?"
- 분노 조절: "언제 가장 속상하니? 속상할 때 어떻게 해?"
- 공포: "무서운 것이 뭐니? 어느 때 무서워?"
- 미래상: "크면 뭐가 되고 싶니? 왜 그 직업을 갖고 싶니?"
- 부모상: "넌 엄마, 아빠 중에서 누구를 닮았니? 엄마가 어떻게 바뀌었으면 좋겠니? 아빠는 어떻게 해주면 좋겠니?"
- 상상: "넌 무슨 공상을 자주 하니?"
- 꿈: "밤에 꾸었던 꿈 중에서 좋았던 꿈, 한 가지만 말해줄래? 그리고 무서웠던 꿈은 어떤 것이었니?"
- 동물화: "동물이 된다면 어떤 동물이 되고 싶니? 왜 그 동물이 되고 싶은데?"
- 소원: "세 가지 소원을 말해보라면 어떤 것을 말하고 싶니?"

- 바람: "길에서 백만 원을 주웠다면 무엇을 하고 싶니?"(Looff, 1987)
- 동반자: "지금 달에 갔다오기 위해서 우주선을 타고 있다고 생각해 봐. 네가 제일 높은 사람인데, 두 사람을 더 태울 수 있거든. 누굴 태우고 싶니?"(Looff, 1987)
- 성학대 의심: "어떤 아이하고 어른이 잠자고 있거든. 근데 어른이 아이한테 같이 놀자고 해. 너는 뭐하고 놀았으면 좋겠니?"

3) 초기 단계

초기 단계는 아동이 상담자가 어떤 사람인지, 상담실이 어떤 곳인지, 상담 과정이 어떤 것인지에 대해 알아가는 시기이다. 이 단계에서 달성해야 할 목표는 아동이 상담에 친근감과 평안함을 갖게 하도록 아동과의 관계형성을 위해 노력하는 것이다.

(1) 상담 안내 및 탐색

초기 단계는 아동과의 본격적인 상담이 시작되는 시기이다. 아동에게 있어서 상담장면은 학교상황이나 병원 의사를 만나는 것과는 매우 다른, 처음 접하는 새로운 환경이다. 누구나 새로운 환경에 접할 때, 약간의 불안과 기대를 가지고 있다. 특히 심리적인 어려움을 갖고 있는 아동의 경우에 불안이 심하여 상담에 저항할 수도 있기 때문에, 편안하고 안전한 분위기를 느낄 수 있도록 상담에 대한 안내가 이루어져야 한다.

상담자는 아동의 인지능력이나 발달능력을 고려하여 상담에 관해 안내해야 한다. 우선 상담자는 아동에게 상담실이 아동을 위한 방으로, 이 방에서 아동이 원하는 것을 마음껏 할 수 있다는 것을 알려준다. 단 몇 가지 제한이 있지만, 그것은 천천히 일러주겠다고 안내해주는 것이 좋다.

아동을 위한 상담실에는 특별히 놀이치료 양식을 취하지 않더라도 놀잇감을 준비해놓아야 한다. 특히 상담 초기에 라포(rapport) 형성이 이루어지기 이전에 아동은 놀잇감을 탐색하면서 상담환경에 친근감을 느끼게 된다. 아동에게 있어서는 우선적으로 놀잇감에 대해 탐색하는 것이 상담자와 직접 상호작용하는 것보다는 훨씬 흥미롭고, 덜 위협적이기 때문에 많은 아동들이 놀잇감에 관심을 보인다. 만약 공간적 여유가 있다면 연령이나 발달수준에 맞게 상담실을 구분하고, 그에 맞는 놀잇감을 준비하는 것이 좋다.

(2) 초기 단계의 상담기법

관계 형성하기, 수용 및 존중, 주의집중, 경청, 공감 등은 보다 효과적인 상담을 위하여 초기 단계뿐만 아니라 상담 전반에 걸쳐 이용되는 기본적인 상담기법이라 할 수 있다.

① 관계 형성하기

효과적인 상담이 진행되기 위해서는 아동이 새로운 환경에 잘 적응할 수 있도록 상담자가 따뜻하고 신뢰감을 주는 분위기를 조성하여 친근함과 편안함을 가질 수 있게 해야 한다. 이를 위해서 우선적으로 상담자와 아동 간의 라포(rapport)가 형성되어야 한다. 라포란 두 사람 간의 신뢰를 바탕으로 한 따뜻하고 우호적인 분위기를 뜻한다.

상담자가 아동에게 편안하고 안전한 관계를 제공함으로써 아동이 마음의 문을 열고 자신의 문제를 표현, 통찰, 해결할 수 있다. 즉, 상담자는 아동과의 관계를 통해 허용, 따뜻함, 안락함, 자신감을 북돋아줌으로써 아동과 함께 문제해결을 향한 여행을 하게 된다(Cattanach, 1992). 아동은 상담자와의 관계에서 상담자가 보여 주는지, 격려에 의해 그들의 고통에 직면할 수 있게 된다.

상담의 효과란 결국 상담자와 아동 간의 관계(relationship)에서 오는 것이다. 관계는 신뢰와 존중에 기초를 두고 있다. 상담에 있어 가장 중요한 요소는 상담자와 아동 간의 관계형성으로, 치료적 과정이나 인간관계의 발달에 있어서 가장 중요한 영향을 끼친다(Moustakas, 1959).

아동과의 상담은 아동과 함께 여행을 떠나는 것과 같은 것이다. 길을 따라가다 무엇을 만날지 알 수 없다. 때로는 반드시 우회해야 하는 상황에 부딪힐 수도 있다. 이를 극복하기 위해서 무엇보다도 상호신뢰를 바탕으로 한 관계형성이 필수적이다.

아마도 심리적 고통을 겪고 있는 아동의 경우에 자신의 고통을 주변 사람들에게 호소했었지만, 주변 사람의 방임이나 무시로 인하여 결국은 포기해버리고 마음의 문을 닫아버렸을 것이다. 만약 도움을 줄 수 있는 성인이 적극적으로 지지, 보호, 자유를 보장해준다면 아동은 상담과정을 통해 자신의 고통을 표출할 수 있을 것이다. 즉, 상담자와의 관계에서 수용과 안전, 존중을 받을 수 있다면 아동은 자신의 고통에 대해 표현할 수 있을 것이고, 상담의 치료적 과정은 그때부터 시작되는 것이다.

② 수용 및 존중

수용(acceptance)은 아동에게 상담과정에서 자신이 안전하고 보호받고 존중받고 있다는 것을 알게 한다. 상담자는 아동이나 상담자에게 해를 끼치지 않는 한 아동이 표현하기를 원하는 어떠한 것이라도 수용하고 존중하는 태도를 보여 주어야 한다. 아동은 존중한다는 것은 공격적인 방법, 수줍어하고 위축된 방법 등 어떠한 방식으로라도 아동이 자신을 표현하는 방식을 수용해주어야 한다(Axline, 1964).

상담 회기에서는 안전과 보호를 해치지 않는 범위 내에서는 아동이 하는 행동이나 말은 무엇이든 허용해 주어야 한다. 즉, 아동의 행동이나 말, 그 어떤 것이라도 받아들일 수 있어야 한다. 상담자가 이러한 수용적 태도를 보여 줄 때, 아동이 놀이나 언어를 통해 자신의 경험을 드러내게 하여 궁극적으로 치료적 효과를 거두게 된다. 그렇기 때문에 이는 아동에 대해 존중 과정이라 할 수 있다.

수용이란 상담자가 아동에게 "너를 믿고 이해해, 받아주고 존중해줄게, 네 말에 귀 기울이고 있어"라는 뜻을 보여 주는 것이다(Moustakas, 1955).

그러한 수용적 태도를 접하게 되면 아동은 상담자에 대해 어떤 기대를 갖기 시작하면서 호감을 느끼게 되고, 상담자를 특별하게 생각하며 상담자와 함께 상담과정을 즐기게 된다.

③ 주목하기

주목하기(attention)는 상담자가 아동에게 관심을 갖고 아동이 모든 것에 집중하는 것을 뜻하는 것으로, 아동상담의 기본 조건이라 할 수 있다.

아동이 수용받고 존중받는다는 느낌을 받게 하기 위해서 상담자는 아동의 일거수일투족을 집중하여 관찰해야 한다. 아마도 누구나 상대방이 자신에게 제대로 관심을 보여 주지 않았을 때 무시당하고 소외당한 듯한 느낌을 받고, 기분 나빠진 경험을 해본 적이 있을 것이다. 반대로, 상대방이 자신에게 관심을 가져주고 자신에게 주의집중해줄 때, 특별한 어떤 것을 해주지 않아도 그저 함께 있어주는 것으로도 편안해지고 위로받았다는 경험을 가지고 있을 것이다.

주목하기는 어려운 기법으로 느껴지지 않을 수도 있겠지만, 실제 상담 회기 내내 아동에게 전심으로 집중하기란 쉽지 않다. 주목하기는 아동에게 전심으로 함께 하는 것이다. 관심집중을 통해 아동의 욕구, 정서, 내면적 흐름, 무의식적 표현 등을 민감하게 파악할 수 있다.

④ 경청

경청(listening)은 아동의 언어적·비언어적 표현을 주목하여 듣는 것으로 상담에서 가장 중요한 요소 중 하나이다.

언어적 표현은 아동이 자신의 생각, 팩트(fact), 감정 등을 음성언어로 나타내는 것이다. 경청을 위해서는 음성언어의 표면적 의미뿐만 아니라 음성 톤의 강약, 고저, 떨림, 유창성 등에 주의하면서 들어야 한다.

비언어적 표현은 얼굴 표정, 안색, 눈동자 움직임, 자세, 손발의 움직임, 생리적 반응 등 비음성언어로 표현된다. 유능한 상담자는 민감성을 가지고 아동의 비언어적 표현을 경청할 수 있어야 한다.

언어적 표현과는 반대로 비언어적 표현이 나타나는 경우도 많다. 예를 들어, "아빠와 친해요, 잘해줘요"라고 말하면서 목소리가 떨리거나 작아지면서 안절부절 못하는 손 움직임이 보인다면, 음성적 언어와는 달리 아빠를 두려워하는 등 부정적인 생각을 품고 있을 수도 있다.

아동에게 경청받고 있다는 느낌을 주기 위해서 상담자가 취해야 할 태도는 다음과 같다.

가. 아동과 가깝게 앉는다.

경청을 위해서 아동과의 물리적 거리를 고려해야 한다. 불안감을 야기할 정도로 밀착되는 것은 곤란하지만 부담을 주지 않으면서 아동을 관찰할 수 있도록 가깝게 앉아야 한다. 만약 아동과 상담자 사이에 탁자가 있다면 탁자의 크기나 아래 부분의 모양에 신경써야 한다. 지나치게 큰 탁자는 물리적 거리를 멀게 하므로 경청하는 데 어려움을 느끼게 한다. 또한 탁자의 아래 부분은 개방식이어서 아동의 손이나 발의 움직임을 관찰하는 데 불편함이 없어야 한다.

나. 아동을 향해 몸을 약간 기울인다.

아동을 향한 자세는 경청할 때 중요하다. 꼿꼿이 몸을 세우고 있으면 상대방에게 관심을 기울이지 않는 듯이 보이며, 지나치게 아동에게 가깝게 밀착되면 불안을 야기할 수 있다. 물론 아동에게 공감의 뜻을 나타내거나 위로를 건네는 경우에는 가깝게 밀착될 수 있겠지만, 대체적으로 약 50cm 정도의 간격을 두고 몸을 기울여 경청해야 한다.

다. 부드러운 눈맞춤(eye contact)을 한다.

눈은 마음의 창이라는 진부한 표현이 아니더라도 많은 것을 전달한다. 미묘한 감정이나 자아강도 등의 내적 역동성이나 기를 눈을 통해 알 수 있다. 심리적 갈등이나 고통이 심하거나 내적 기운이 떨어질 때는 눈맞춤이 힘들어진다. 때로는 상담자가 지나치게 강한 눈맞춤을 보여 주면, 아동이 부담을 느끼거나 두려워할 수도 있다. 따라서 아동에게 경청하고 관심을 기울이고 있다는 표현으로서의 눈맞춤은 온화하고 따뜻함을 느낄 수 있도록 부드러워야 한다.

라. 조용히 들어준다.

많은 상담자들이 저지르기 쉬운 오류 중 하나가 아동을 도와주어야 한다는 생각에 아동의 언어적·비언어적 표현을 방해하고 상담자의 의견을 제시하는 것이다. 말없이 들어주는 것만으로도 아동은 큰 힘을 얻는다. 인간중심 이론의 로저스는 비지시적 상담이라는 용어로 상담자들의 지시적 태도에 대해 부정적인 입장을 표명하였다(Rogers, 1942). 상담에 의뢰되는 많은 아동들이 지시적이고 훈계적인 성인의 태도에 위축되어 있다. 적어도 상담에서는 아동에게 충분히 말할 수 있는 기회를 제공해야 한다. 이러한 태도로 경청할 때 아동은 자신의 깊은 내면의 감정까지 표현하게 된다.

마. 적절한 반응을 보여 준다.

상담자가 열심히 듣고 있다는 것을 아동이 느낄 수 있도록 반응을 보여 주어야 한다. 이러한 반응에는 언어적·비언어적 신호가 모두 포함된다.

언어적 반응으로 '음', '아', '그래', '그랬구나' 등의 감탄사나 느낌을 전하는 말을 사용한다. 하지만 이러한 언어적 반응은 아동이 경청받고 이해받는다는 느낌을 가질 수 있도록 적절하게 사용해야 한다. 습관처럼 언어적 반응을 보이거나 건성으로 언어적 반응을 하게 되면, 아동에게 신뢰를 잃을 수도 있기 때문에 상담자는 자신의 언어적 반응을 체크해볼 필요가 있다.

비언어적 반응으로는 아동의 말을 들으면서 가끔씩 고개를 끄덕이거나 얼굴표정, 몸의 자세 등을 통해 경청하고 있다는 반응 등이 있다. 고개를 끄덕이는 것은 아동에게 공감하고 이해하고 있다는 반응으로 주로 사용된다. 아동이 기쁘고 즐거운 경험에 대해 이야기하면 미소를 지어 공감의 반응을 하고, 반대로 슬픈 일이나 힘든 경험에 대해 이야기하면 얼굴을 찡그려 이해하고 있다는 반응을 보여 줄 수 있다. 또한 손을 어루만져 준다든가 등을 두들겨주는 등의 신체표현을 통해 공감적 반응을 보여 줄 수 있다. 이러한 반응들은 자신이 경청받는다는 자신감을 갖게 하여 자존감을 향상시킨다.

바. 표현을 격려한다.

아동이 자신의 내면적 감정이나 갈등, 어려움 등을 표현하는 데 있어 주저하는 경우도 있다. 그럴 때 상담자는 표현을 격려하는 말을 해주어야 한다. 아동의 걱정이나 어려움에 대해 걱정하고 있다는 뜻을 전해주는 말을 들려준다. 예를 들면, “괜찮아, 좀 더 얘기해볼래?”, “넌 어떻게 생각하는데?” 등의 말로 표현을 격려한다.

4) 중기 단계

아동상담을 초기와 중기로 명확하게 구분하기는 어렵다. 아동 문제의 심각도나 치료양식 등에 따라 중기 단계에서 나올만한 내용이나 변화가 초기에 나오는 경우도 있다. 혹은 상담기간에 따라 초기와 중기 단계가 모호한 경우도 있다. 하지만 초기 단계에서 아동이 상담자와 관계를 맺고, 조심스럽게 자신의 문제를 드러내기 시작한다면 중기 단계는 본격적으로 아동의 내면 깊은 곳의 무의식적인 욕구나 충동을 탐색하며, 치료적 효과가 나타나는 시기라 할 수 있다.

(1) 내면 탐색

중기 단계는 상담목표로 설정했던 주호소 문제를 해결하기 위해 아동 내면의 무의식적 세계까지 탐색한다. 상담자는 자신이 지향하는 심리학적 이론을 바탕으로 상담을 진행하기 때문에 탐색의 방법은 각기 달라질 수 있다. 예를 들어, 행동주의 심리학을 지향하는 상담자라면 강화와 처벌의 행동주의 기법들을 사용하여 아동이 보이는 문제행동을 해결할 것이다. 반면에 인간중심 심리학을 지향하는 상담자라면 공감, 일치, 무조건적인 존중 등의 상담자의 특성을 강조하는 상담을 해나갈 것이다. 하지만 어떤 상담이론을 지향하든지 간에 중기 단계는 상담자와의 관계에서 충분히 안전하고 보호받는다는 느낌을 갖고 치료효과가 나타나기 시작하는 단계이기 때문에, 아동 내면의 상처, 고통, 투쟁, 공포 등이 임상 장면에서 나타난다. 따라서 중기 단계에서 상담자는 아동이 상담을 통해 안전하고 무사하게 보호받고 있다는 것을 느낄 수 있도록 반응해야 한다. 간혹 내면의 감정 표출로 강렬해지면 저항이 나타나기도 한다. 아동이 보여 주는 상담의 저항에 대해 상담자가 인정하고 수용·존중해 주며, 안정과 보호를 확신시켜 주면 아동은 마침내 자신에게 일어났던 폭력의 상처나 고통에 직면할 수 있게 되는 것이다(Barlow, Strother & Landreth, 1985).

이렇게 직면을 마치고 나면 자존감과 기능의 수준이 향상되기 시작한다. 이제는 아동을 힘들게 했던 문제가 더 이상 괴로움을 주지 못하기 때문에 내면화된 권위감과 자아가치로 정체성을 향상시킬 수 있어 상담효과가 극대화된다.

(2) 중기 단계의 상담기법

앞에서도 언급하였지만 상담의 초기와 중기 단계를 분명하게 구별하기 힘들기 때문에, 제시되는 상담기법은 초기 단계에서도 사용될 수 있다. 다음은 중기 단계에서 사용되는 일반적인 상담기법들이다.

① 공감

공감(empathy)은 다양하게 묘사되는 용어로 감정이입으로 표현되기도 한다. '타인의 신발을 신고 걷기', '타인의 참조틀(frame of reference)로 들어가기' 등의 표현은 공감을 잘 설명하고 있다. 즉, 공감이란 상담자가 아동의 사고, 의미, 감정, 문화, 경험 등의 내적 참조틀을 존중, 배려하고 있다는 것을 표현하는 것이다.

아동은 진정으로 이해받고 싶어 한다. 상담자가 비판이나 비난, 편견 없이 공감해준다면, 주변 사람들이 자신을 받아들여주지 않으며, 충분히 보호받지 못하여, 심지어는 미워한다고 생각하여 마음의 상처를 지닌 아동이 마음의 문을 열기 시작한다. 그리고 깊은 내면의 상처나 고통을 꺼내보이게 되어 궁극적으로 치유에 이르게 한다.

공감은 때로는 동정(sympathy)과 혼동되기도 하는데 주의해야 한다. 동정은 불쌍히 여기는 것으로 아동을 희생자로 여기지만, 공감은 함께 극복하도록 힘을 실어주는 긍정적인 상담기법이기 때문이다.

② 반영

반영(reflection)은 상담의 핵심기법이다. 아동의 사고나 감정, 행동, 언어 등을 상담자가 다른 용어로 반응해주는 것으로, 공감과 유사한 의미로 사용된다. 공감은 상담장면의 중요한 용어이기도 하지만 일상의 상호작용에도 활용되는 보편적인 심리현상인 반면에, 반영은 상담영역의 전문용어라 할 수 있다.

일부 아동들은 감정표현에 어려움을 느낀다. 그 이유는 다양하다. 첫 번째는 내적인 힘이 미약하여 감정을 인정하고 직면하기 어렵기 때문이다. 두 번째는 비밀스런 내적 감정을 드러낼 만큼 상담자에 대한 신뢰가 돈독하지 못할 수도 있다. 세 번째는 우리나라 정서상 감정을 드러내어 표현한다는 것이 익숙하지 않은 경우가 많기 때문이다.

유능한 상담자는 아동이 표현하고자 하는 내용이나 감정을 정확한 타이밍에 적절한 용어를 사용하여 반영한다. 아동상담자들은 아동이 말하는 내용에 있는 감정을 표현하는 단어에 민감하게 반응하여 반영해주어야 한다.

다음은 감정표현의 단어를 정리한 것이다(김계현, 2002)(아동상담, 고인숙 외).

가. 기쁨 및 즐거움

기쁘다	좋다	만족스럽다	괜찮다
행복하다	편안하다	황홀하다	짜릿하다
끝내준다	살 맛 난다	흐뭇하다	자신감
날아갈 듯하다	유쾌하다	평화롭다	시원하다
기분 좋다	즐겁다	안심된다	상큼하다
신난다	자유롭다	시원하다	산뜻하다

나. 애정 및 호의

사랑	반하다	감격하다	사랑스럽다
사랑받는다	존경심	열정	인정받는다
관심이 있다	평화스럽다	다정하다	매력적이다
고맙다	유혹적이다	따뜻하다	정을 느낀다
가깝다	친하다	설렌다	감사하다

다. 편안함 및 안정

편안하다	느긋하다	차분하다	마음 편하다
진정하다	평화롭다	조용하다	고요하다
침착하다	안전하다	자유	확신

라. 분노 및 미움

화난다	신경질난다	분노	격분을 느낀다
울화가 치민다	귀찮다	골치 아프다	눈에 핏발이 선다
억하심정	미치겠다	열 받는다	짜증난다
괘씸하다	답답하다	배신감	속이 부글부글 끓는다
경멸	환멸을 느낀다	무시당한다	속상하다
세상이 싫다	마음에 안든다	억울하다	불쾌하다
서운하다	반감이 생긴다	불만이다	나쁘다
유감스럽다	역겹다	안 좋다	적개심이 생긴다

밉다	혐오스럽다	싫다	약 오른다
괴롭히고 싶다	토할 것 같다	열 받는다	기분 더럽다
싫증난다	구역질난다	지겹다	죽겠다
숨 막힌다	한이 맺혔다	고통스럽다	욕하고 싶다
공격적이다	밥맛 떨어진다	증오심	성질난다

마. 슬픔 및 걱정

슬프다	우울하다	불행하다	외롭다
상처받았다	가슴 아프다	절망스럽다	서럽다
처량하다	불쌍하다	측은하다	앞이 안 보인다
캄캄하다	가엾다	버림받았다	버려졌다
아무 소용없다	모욕당했다	실패감	가슴이 찢어진다
공허감	가슴이 저린다	좌절감	안타깝다
소외감	속 썩는다	한스럽다	뒷전이다
앞이 안 보인다	비탄	침울하다	울적하다

바. 욕심

욕심난다	질투	부럽다	찝찝하다
거만하다	배 아프다	약 오른다	참을 수 없다
부족하다	긴장한다	잘하고 싶다	경쟁심
고집스럽다	성에 안 찬다	호기심	갖고 싶다

사. 경계

놀랍다	당황하다	당혹감	곤혹스럽다
충격	흥분	어지럽다	머리칼이 곤두선다
긴장하다	조심하다	신경이 날카롭다	초조하다

아. 두려움

무섭다	공포스럽다	오싹하다	소름 끼친다
불안하다	겁난다	전율을 느낀다	위협적이다

자. 수치심

창피하다	부끄럽다	수치스럽다	미안하다
죄송하다	죄책감	죄의식	한심하다

③ 질문

아동상담에서 질문(question)은 유용한 정보를 얻는 데 효과적이다. 질문에 대한 아동의 대답은 아동 문제를 규명하고 원인을 분석하며, 아동을 이해할 수 있게 한다. 그리고 아동을 둘러싼 환경을 탐색함으로써, 자원을 확인하여 문제 해결을 위한 방안을 모색할 수 있게 한다.

하지만 질문은 사용하는 데 세심한 기술이 필요하다. 과도한 질문이나 심문하는 듯한 질문, 비난의 뜻을 가진 질문 등으로 인하여 간혹 상담을 회피하게 될 수도 있다.

아동상담에서 아동에게 저항이나 방어를 일으키지 않으면서 정보를 얻기 위한 효과적인 질문으로 대표적인 것은 '요술(magic)'이란 문구를 사용한 질문이다. 예를 들어, "만약에 요술방망이가 있어서 세 가지 소원을 들어준다면, 어떤 소원이 있니?"라고 질문을 한다면 별다른 저항이나 방어 없이 응답할 것이다.

반면에 "왜"라는 질문은 상담장면에서 가능하면 피해야 한다. 아동이 그 질문에 이유를 모를 수도 있고, 알고 있더라도 언어적으로 설명하지 못할 수도 있기 때문이다. 또는 방어로 인하여 답을 거부하기도 한다.

아동상담에서는 다음과 같은 점에 주의하여 질문을 사용해야 한다.

가. 개방형 질문을 사용한다.

개방형 질문은 상담에서 아동의 사고, 감정, 개인적 의미 등의 표현을 이끌어내기 때문에 중요하다. 개방적 질문들은 주로 '어떻게', '무엇', '언제', '어디' 등의 단어로 시작된다. 예를 들어, "그 일이 일어났을 때 기분이 어땠어요?"라고 물으면 그 당시의 기분을 다양하게 답할 것이다.

나. 가능하다면 폐쇄형 질문을 피한다.

폐쇄형 질문은 '예', '아니오'의 답을 요구한다. 간혹 특정 정보나 정확성을 기하기 위해 폐쇄형 질문을 사용할 수는 있으나, 정서나 기분 등을 묻는 경우에는 폐쇄형 질문을 삼가야 한다. 예를 들어, "엄마한테 혼났을 때 화났니?"라는 질문은 '예', '아니오'를 강요하는 폐쇄형 질문이다. 폐쇄형 질문은 답을 강요하기 때문에 아동의 저항에 부딪힐 수도 있다.

다. 부드러운 목소리로 짧게 질문한다.

아동에게 강한 목소리의 질문은 위협이나 비난으로 느껴지기 쉬우며, 지나치게 길면 질문의 핵심을 파악하지 못할 수 있다.

라. 한 번에 한 가지씩 질문한다.

아동은 연령에 따라 미성숙한 인지로 인하여 많은 것을 질문하면 어떤 질문이 있었는지 기억하지 못할 수도 있다.

④ 요약

요약(summarizing)은 아동이 길게 말한 내용을 짧게 정리하여 주거나, 여러 회기에 걸친 아동의 진술들을 모아서 간략하게 진술해주는 것이다. 특히 아동은 인지적 미성숙으로 인하여 자신이 진술한 내용의 핵심을 파악하지 못하는 경우가 많기 때문에 아동상담에 있어서 요약이 중요하게 작용한다.

요약은 아동에게 고통을 야기하는 문제에 대해 스스로 통찰에 이르도록 도와준다. 예를 들어, 지나치게 말썽을 많이 피워서 의뢰된 어떤 아동이 상담 회기마다 에피소드는 다르지만 사람들이 자신을 힘들게 한다고 이야기를 하였다. 어떤 때는 아빠 서재를 정리해 드려다가 서재를 흐트러트려 야단을 맞았으며, 짝꿍이 좋아서 장난을 걸었는데 그 아이는 화를 냈다는 등의 경험을 여러 회기에 걸쳐 이야기하였다. 이러한 사례에서 상담자는 "철수는 엄마, 아빠를 도와드리려고 했고, 친구랑 잘 지내고 싶은 착한 마음이 있었는데 마음대로 안 돼서 속상했구나"라고 요약을 해주고 주위 사람들에게 인정받을 수 있는 방법을 함께 모색해 보도록 한다.

⑤ 침묵

침묵(silence)은 많은 아동상담자를 힘들게 하지만, 때로는 상담에 유용하게 사용될 수도 있다.

상담에서의 침묵은 상담자의 침묵과 아동의 침묵 두 가지로 나누어 볼 수 있다. 우선 상담자의 침묵은 비지시적 상담이나 경청이 강조되는 경우에 유용하게 사용된다. 사실 아동들은 일상에서 부모나 교사의 언어적 훈육에 익숙해져 있기 때문에 일부 아동의 경우에 상담자가 아무 말 없이 이야기를 들어주는 것에 당황할 수 있다. 또는 대화의 주체가 되어야 한다는 것에 불안감을 느낄 수도 있다. 따라서 앞의 경청에서 언급한 대로 잘 듣고 있다는 표현을 위해 감탄사라든가 고개 끄덕임 등의 언어적·비언어적 표현으로 아동이 침묵으로 불안해하지 않게 한다.

반면에 아동의 침묵은 상담자를 힘들게 하는 요인으로 작용하기 쉽다. 아동상담에서 대화가 끊기고 침묵으로 빠져들면 많은 상담자들이 초조함을 느낀다. 아동의 침묵은 다양한 상황에서 사용되는데, 상담자는 침묵의 이유에 대해 민감하게 파악하여 적절한 반응을 보여 주어야 한다.

아동의 침묵은 주로 다음과 같은 경우에 사용된다.

가. 사고나 감정을 정리하기 위해 침묵이 이용된다.

이러한 경우에 상담자는 조용히 기다려 주는 것이 좋다. 하지만 침묵이 너무 길어질 때는 혼란스러워하는 아동의 마음을 반영시켜 주는 진술을 해주는 것이 좋겠다.

나. 내면의 고통이 너무 심할 경우에 그 감정에 압도되어 침묵할 수도 있다.

이러한 경우에 아직 내면의 고통에 직면할 역량강화(empowerment)가 덜 되어 있으므로 화제를 전환시키는 것도 좋은 방법이다.

다. 언어나 인지발달의 미성숙으로 침묵할 수도 있다.

무엇을 이야기해야 할지, 어떤 것부터 이야기해야 할지 잘 모를 때 침묵할 수도 있는데, 상담자는 이러한 경우에 질문이나 스토리 등을 사용하여 이야기의 실마리를 끌어낼 수 있다.

라. 자존감이 낮거나 심리적으로 위축될 경우에 침묵한다.

이야기를 꺼내면 수치스러운 상황이나 당황스러운 상황으로 빠져들 수도 있다는 생각을 하는 경우에 침묵이 생길 수도 있다. 상담자는 격려, 지지 등을 통해 아동이 좀 더 편안한 마음이 될 수 있도록 환경을 조성해 주어야 한다.

마. 상담에 대한 저항으로 침묵한다.

자신의 문제를 인정하고 다루는 것을 꺼려하는 경우에 상담에 저항하게 되고, 저항의 표현으로 침묵하게 되는 것이다. 이러한 경우에 역할놀이(role play)나 퍼펫(puppet) 등을 사용한 놀이를 이용하여 저항을 극복해 나가는 것이 좋다.

⑥ 전이 및 역전이

전이(transference)는 아동이 자신의 중요 인물에게 가진 미해결적 감정을 상담자에게 투사시키는 것이다. 전이는 치료적 효과를 거두기 위한 조건으로 정신역동상담에서 특히 중요하게 다루어진다.

전이는 주로 부모와의 관계에서 미해결된 부정적·긍정적 감정, 즉 사랑, 분노, 불안과 연관된 생애 초기의 갈등을 상담자에게 재경험하는 것이다. 전이로 인하여 상담자에게 부모상을 투사시켜 분노를 터트리거나, 사랑을 갈구하는 태도를 보이게 된다. 때로는 상담자에게 지나치게 의존적인 태도를 보이기도 한다.

반면에 역전이(countertransference)는 상담자가 자신의 주변 사람에게 가진 미해결적 감정을 아동에게 투사시키는 것이다. 상담자가 일으키는 역전이는 아동에 대한 특별한 감정을 투사시키기 때문에, 상담의 객관성을 잃게 되어 상담의 저해요인이라 본다.

⑦ 직면

직면(confrontation)이란 아동이 잘 모르고 있거나 인정하지 못하는 생각이나 감정을 피하지 않고 바라보도록 하는 상담기법이다. 직면은 현재의 문제와 과거의 경험을 연관시킬 수 있으며, 말이나 행동, 감정의 불일치를 살펴볼 수 있게 한다. 때로는 직면을 이용하여 아동이 모르는 내적인 자원이나 감정을 확인할 수 있다.

하지만 직면은 대부분의 아동이 알면서도 받아들이지 못하는 충동, 욕구, 사고, 감정이므로 이를 바라볼 수 있는 내면의 힘이나 상담자와의 신뢰가 전제되어야 한다. 만약 아동이 내면의 힘이나 상담자와의 신뢰가 부족할 때 억지로 직면시킨다면 상담을 회피하게 될 수도 있다.

⑧ 통찰

통찰(insight)은 아동이 상담과정에서 무의식 속에 있는 자신의 문제나 어려움의 원인을 스스로 깨닫고, 해결방안이 어떤 것이라는 것을 이해하며 수용하는 상담기법이다.

상담과정의 통찰을 통해 다음과 같은 효과를 얻을 수 있다.

- 부모나 교사, 또래와의 관계를 새로운 시각으로 보게 된다.
- 과거의 사건이나 상황을 새로운 시각으로 이해한다.
- 자신의 문제나 행동이 어떤 이유에서 비롯된 것인지, 어떤 의도를 가졌는지를 이해한다.
- 내면의 욕구나 충동을 이해하여 자아에 대한 인식이 달라지고 자존감이 높아진다.

CHAPTER 05

아동상담이론

01 아동상담의 이론적 접근

1) 정신분석적 접근

지그문트 프로이트
(1856~1939)

지그문트 프로이트는 비엔나의 한 가정에서 7남매의 맏이로 태어났다. 그는 가난한 모직 상인 아버지 슬하에서 경제적인 어려움을 겪었다. 그는 학창시절에 7년 동안 수석을 할 만큼 우수한 학생이었고 의과대학에 입학하였으나, 유태인이었기에 전공을 선택하는 데 제약을 받았다. 그는 생리학과 신경학을 공부하면서 에너지 보존법칙을 인간의 성격 형성이론에 접목하여 정신분석학을 창안하게 되었다. 정신분석을 연구하면서 최면술에 의존하던 히스테리 환자의 치료를 자유연상과 꿈 분석을 통하여 치료하였다. 『꿈의 해석』이라는 저서를 출판하면서 정신분석이 세상에 알려지게 되었다. 그 후 정신분석이론과 실제를 연구한 모임은 비엔나 정신분석학회로 발전하였다. 그 후 정신분석학회는 활발한 연구를 통해 많은 학자들을 배출하면서 전 세계에 정신분석을 알리게 되었으나, 다른 견해를 갖는 학자를 배척하는 태도를 보이기도 하였다. 프로이트는 턱암으로 인해 수술을 받으면서도 연구에 몰두하였고 2차 세계대전 중인 1939년 3월 23일 89세로 세상을 떠났다.

프로이트는 인간의 성격 형성 과정과 정신구조를 최초로 체계화하였다. 그의 이론은 인간 행동의 동기와 무의식을 규명하였고, 생애 초기 경험이 인간의 성격성에 미치는 영향을 밝힘으로써 심리학의 새로운 지평을 열게 되었다. 이후에 프로이트의 정신분석이론은 자아심리학, 대상관계이론, 자기심리학으로 더욱 발전하였고, 아들러의 개인심리학, 융의 분석심리학 등 다른 심리학 이론이 탄생하는 모태가 되기도 하였다.

정신분석이론에서 인간은 비합리적이고 결정론적 존재이다. 인간 행동은 기본적인 생물학적 충동과 본능을 만족시키려는 욕동(drive)에 의해 동기화된다(이형득, 1997). 이것은 인간 행동의 비합리적인 힘, 무의식적인 동기, 생물학적 그리고 생애 초기의 심리성적 발달에 의해 전개되는 본능적 충동에 의해 결정된다. 인간의 본능에는 삶의 본능과 죽음의 본능이 있는데 삶의 본능은 리비도(libido)라고 하며, 이것은 성적 에너지와 인간 행동 동기의 원천이다. 삶의 본능은 즐거움을 추구하며 삶에서 쾌락을 얻는 것이고 이것이 삶의 목표가 된다. 죽음의 본능은 공격적이고 파괴적인 욕구인데 이것은 이후에 멜라니 클라인에 의해서 이론적으로 확장되었고, 대상 관계이론으로 발전하게 되었다.

(1) 주요 개념

정신분석이론은 역동적이며 결정론적인 특징을 갖고 있다. 생애 최초 6년 동안의 경험에 의식과 무의식이 갈등을 겪게 되는데, 의식세계에서의 갈등, 불안, 개인이 수용하기 어려운 경험에 의해 원초아, 자아, 초자아의 상호작용으로 성격이 형성된다. 인간이 생활하고 성장하면서 본능은 억압이나 방어기제를 통해 현실생활에 적응될 수 있는 형태로 변형되거나 무의식에 남게 된다. 이렇게 생성된 무의식은 인간 행동의 원인이 된다. 따라서 정신분석적 상담과정에서는 무의식을 의식화하여 자신의 행동과 욕구를 통찰하고 갈등을 해결하게 하고 현실에서 적용 가능한 방식으로 행동을 변화시킨다.

① 리비도(libido)

리비도는 정신에너지로 전 생애에 걸쳐서 다양한 쾌락을 추구하고 심리성적 발달에서 리비도가 어디에 고착되는가에 따라 발달 단계가 달라진다. 즉, 리비도는 에너지가 신체의 한 부분에 점유되는 형태로 나타나는데, 구강에 집중되는 경우에는 구강의 욕구 충족과 만족이 인간 행동의 동기가 된다. 따라서 인간의 성격구조 형성에는 리비도가 어디에 고착되어 있으며, 그 시기에 욕구를 어떻게 만족시켰는가가 성격 형성에 있어서 주요한 변인이 된다.

② 원초아(id)

성격의 최초 체계이며 생득적인 것으로 인간의 심리학적 에너지의 원천이며 본능적인 것을 말한다. 원초아는 쾌락의 원리를 따르고 이것은 고통을 피하고 쾌락을 얻으며 긴장 감소를 목적으로 한다. 원초아는 본능적인 충동에 의해 생기는 정신에너지(psychic energy)를 즉각적으로 방출하기 때문에 충동적이고 자기중심적인 특성을 지닌다. 원초아는 대부분 인식되지 않으며 무의식적 과정에 의해 행동으로 표출된다.

③ 자아(ego)

자아는 현실 원리에 의해 움직이며 원초아의 요구를 현실세계와 연결지어 판단하고 외부와 자기 자신의 관계를 중재한다. 또한 현실적 조건과 초자아의 제약에 맞추어서 현실 원리에 따라 본능의 욕구를 표현하고 만족시킨다. 또한 본능적 욕망을 실현하기 위해서는 환경적 조건이나 적절한 대상물이 나타날 때까지 억제 혹은 지연시킨다. 이 과정에서 자아는 방어기제를 활용하게 되고, 방어기제는 원초아와 초자아 사이를 중재하고 현실에 적응시키는 역할을 하게 된다.

④ 초자아(superego)

초자아는 개인의 사회화 과정을 통해서 발달되는 것으로 사회적 규범, 행동기준이 내면화된 것을 말한다. 초자아는 부모에게서 계승되는 전통적인 가치나 도덕적 판단, 사회의 이상 등을 나타내게 되고, 어린 시절 부모, 교사 그리고 주변의 인물들과 상호작용하는 과정에서 형성된다. 초자아는 양심과 자아 이상의 두 가지 하위체계로 나뉜다. 양심은 부모가 나쁜 행동이라고 말하는 것, 꾸중이나 벌을 받는 것 등 처벌과 관련되어 있는 반면, 자아 이상은 부모가 인정하고 상을 주는 것으로부터 형성되는 것이다. 자아 이상은 목적과 포부를 설정하고 자아 존중을 할 수 있게 하게 한다. 초자아는 부모의 기대와 통제에 의해 발달되기 시작하지만, 부모의 통제에서 아이 자신의 통제로 변화될 때 충분하게 발달하게 된다.

⑤ 의식(consciousness)

의식은 한 개인이 현재 각성하고 있는 모든 행위와 감정을 포함한다. 의식은 인간의 모든 생활에서 아주 일부에 국한되며 잠시 동안만 의식되고 나머지는 무의식으로 사라져버린다.

⑥ 전의식(preconsciousness)

전의식은 이용 가능한 기억으로 불리는데 이것은 조금만 노력을 기울이면 의식으로 떠올릴 수 있는 생각이나 감정을 말한다. 전의식은 의식과 무의식을 연결시켜 주며 정신분석적인 기법을 통해 무의식이 전의식으로 떠오르고 이것이 의식화될 수 있다.

⑦ 무의식(unconsciousness)

무의식은 인간 행동의 동기가 되며, 무의식의 내용은 개인이나 사회에서 허용하기 어려운 생각이나 감정, 충동이 억압된 것이다. 이러한 무의식의 내용은 개인으로 하여금 갈등을 경험하게 하고 이것을 억압하기 위해 다양한 방어기제를 사용한다. 무의식은 꿈, 실수, 실언, 농담을 통해 나타나기도 한다.

(2) 성격발달이론

프로이트의 성격발달이론은 신체적 성숙과 관련이 있다. 정신에너지인 리비도가 집중적으로 투입되어 만족을 얻는 신체 부위의 발달에 따른 변화를 5단계로 나누었다. 각 발달 단계의 경험은 개인의 성격적 특성을 이루게 되며 이상성격은 발달 과정에서 이루어지는 리비도의 고착과 퇴행에 의해 형성된다. 또한 불안을 다루기 위해 방어기제를 사용해도 해결할 수 없을 때 심리적 방어를 한다.

안나 프로이트는 아동의 정상적인 심리성적 발달을 방해하는 환경을 두 가지로 보았다. 첫째, 아동의 기본적인 발달 욕구가 박탈되는 경우이다. 부모의 돌봄이 질적으로 낮은 수준이거나 부모 자신의 정서적 문제를 겪어 바람직한 양육이 이뤄지지 않을 때이다. 두 번째는 부모나 그 외 돌봐주는 사람들이 아동을 지나치게 과보호하여 의존적으로 키우거나, 과도하게 통제하여 공격적이거나 반항적인 성격을 형성하게 하는 경우이다.

① 구강기(oral stage: 출생부터 약 18개월까지)

리비도가 구강에 집중되는 시기로 빠는 행동(구강 전기)과 씹거나 깨무는 행동(구강 후기)으로 쾌감을 얻는다. 이 시기는 유아가 빨기 행동을 통해서 성적 기쁨을 충족시키고 이것이 충족되지 못하면 구강기에 고착(oral fixation)이 되며 성격 형성에 영향을 미친다. 구강기 고착으로 인해 과도한 음식물에 대한 집착, 지나친 흡연이나 음주, 타인에 대한 과잉의존, 애정거부 등의 어려움이 나타날 수 있다.

② 항문기(anal stage: 2~3세)

이 시기에는 배변훈련을 통해 독립성, 개인의 힘, 자율감을 획득하고 부정적 감정을 수용하고 처리하는 방법을 배운다. 이 시기에는 대변을 참거나 배설하는 행위를 통해 쾌락을 충족시키기 때문에 부모의 배변훈련 양상이 자녀의 성격을 특징짓는 요인이 된다. 배변의 쾌감과 부모의 통제 사이에서 유아는 배설욕구를 통제할 수 있게 된다. 대표적인 항문기적인 성격의 특징으로는 고집이 세고 완고하며 인색하고 강박적 성격발달(억압에 대한 소극적 분노)과 함께 반대로 정돈하지 못하고 지저분하며 어지럽히는 행동이 나타나게 된다.

③ 남근기(phallic stage: 3~5세)

이 시기는 초자아를 형성하게 되는 시기이다. 남근기에는 성적 에너지가 더 강해지고 적극적이다. 남근기의 주된 이슈는 이성 부모에게 느껴지는 무의식적인 근친상간 욕구(오이디푸스 콤플렉스, 엘렉트라 콤플렉스)이다. 이 욕구는 동성 부모를 동일시하고 성 정체감을 형성하며 세대 간의 차이를 수용하면서 해결된다. 특히 남아의 경우에는 거세불안(castration anxiety)을 느끼면서 이를 감소시키기 위해 아버지를 동일시(identification)한다. 동일시 과정은 아버지의 생각, 태도, 행동을 모방하면서 아버지를 닮아가게 되고 성 정체감을 형성한다. 또한 동일시 과정을 통해 아버지를 자신이 도달할 이상으로 여긴다. 여아의 경우에는 남근 선망(penis envy)을 가지게 되고 3~4세경의 여아는 남근이 없다는 사실에 실망한다.

프로이트는 여아는 거세불안이 없으므로 어머니를 두려워할 이유가 없고, 이를 해소하기 위한 동일시 기제가 약하기 때문에 남아에 비해 초자아가 약하게 형성된다고 하였다. 프로이트의 이 같은 주장은 시대적인 문화를 반영하는 것으로서 이후에 성적 편견이라는 이유로 비판의 대상이 되고 있다.

④ 잠재기(latency state: 7·8세~청소년기)

잠재기는 성격구조(원초아, 자아, 초자아)가 공고해지면서 학동기에 접어들어 다른 사람과의 관계를 중요하게 여기는 관계 형성에 에너지를 집중시킨다. 따라서 이 시기에는 학업, 운동, 친구관계 등의 비성적 활동에 집중하면서 성적 동기는 상대적으로 억압된다.

⑤ 생식기(genital state: 청소년기 이후)

생식기관의 성숙과 이차 성정이 나타나면서 이성에 대한 관심과 성적 충동이 다시 증가한다. 사춘기의 생리적 변화의 결과라 할 수 있다. 정액 분비와 월경의 시작으로 아이를 낳을 수 있는 신체적 능력을 갖추게 된다. 구강기, 항문기, 남근기는 자신의 리비도로부터 쾌감을 느끼는 자기애적인 시기인 반면, 생식기에는 타인과의 진정한 관계를 발달시키게 된다. 자기애적인 아동에서 사회화된 성인으로 비로소 옮겨가는 시기이다.

(3) 정신병리와 방어기제

정신분석 상담이론에서는 정신병리가 성격구조의 구성 요인인 본능, 자아, 초자아 간의 갈등에서 불안이 야기되고 불안을 다루기 위해 자아 방어기제의 과도한 사용으로 인해 생긴다고 본다.

불안은 현실적 불안, 신경증적 불안, 도덕적 불안으로 나뉘게 된다. 현실적 불안은 외부환경에 실제로 위협이나 위험이 존재할 때 나타나는 정서적 반응이다. 예를 들어, 사나운 동물, 자연재해, 시험 등에 대한 불안 등이고, 현실적 불안이 지나치면 현실적 대처능력을 약화시킬 수 있다. 신경증적 불안은 본능적 충동이 의식화됨으로써 자아가 본능을 통제할 수 없어 위협당할 때 나타나는 반응이다. 원초아, 자아, 초자아의 세 가지 성격구조들 간에 갈등이 일어나면서 나타난 불안을 다루기 위한 자아 방어기제의 과도한 사용이 심리적 증상을 형성하는데, 이를 신경증(neurosis)이라고 한다. 도덕적 불안은 자아가 초자아의 벌을 받을 위협이 있을 때 나타나는 정서적 반응이다. 본능이 비도덕적 생각이나 행동을 나타내면 초자아가 수치심과 죄책감 등을 느끼게 되면서 도덕적 불안이 생긴다. 도덕적 불안은 양심에 받아들여질 만한 행동을 하게 하는 원천이다.

심리적 증상은 무의식적 충동을 자아가 효율적으로 방어하지 못하고, 이에 대처하기 위한 최후의 수단으로 형성된다. 아동이 고통스러운 현실을 접했을 때 심리적 증상을 보인다면, 자아를 보호하고 고통스러운 현실을 극복하기 위함이기도 하다. 그러나 심리적 증상의 정도가 심각하면 현실 적응에 어려움을 줄 수 있다. 예를 들어, 싫어하는 체육시간이나 걱정되는 시험이 다가오면 배가 아프다는 신체적 고통을 호소하는 아이 또는 동생에 대한 적대감을 억압하고 너무 착한 형 노릇을 하는 아이 등이 있다.

인간은 사회문화가 허락하지 않는 본능(id)의 출현과 초자아(superego)의 지나친 통제 압력에 대한 불안으로부터 자신을 보호하기 위해 방어기제를 사용한다. 자아(ego)는 본능이 표출되는 것을 막기 위해 의식화를 차단하거나 충동이나 강도를 약화시키거나 왜곡시킨다. 모든 방어기제는 의식하지 못한 채 불안에서 벗어나기 위해 여러 가지를 함께 사용한다. 이것은 인간이 자기를 보호하고 현실에 적응하기 위해 활용하기도 하지만, 과도한 사용과 지나친 집중은 현실의 합리적 판단을 어렵게 하여 부적응을 가져온다. 적절하지 못한 방어기제 사용으로 인한 부적응은 성격형성에도 중대한 영향을 미쳐서 성격장애를 일으키기도 한다.

① 합리화(rationalization)

가장 보편적인 방어기제이다. 자기 행동과 생각의 진정한 이유나 동기를 감추고 그럴듯한 이유로 합리화하는 것이다. 신포도반응이라고도 하는데 높이 매달린 포도를 먹고 싶지만 손이 닿지 않자 그 포도는 시어서 먹지 않는 것이라고 둘러댄 우화에서 비롯된 것이다.

② 억압(repression)

불안을 회피하는 가장 기본적이고 직접적인 방식이다. 용납할 수 없는 충동을 자아가 완전히 차단하여 의식할 수 없게 억압한다. 그러나 억압된 내용은 해결된 것이 아니고 무의식 속에 남아서 현재 행동의 동기로 작용한다. 충격적인 경험이나 스트레스를 유발하는 사건을 억압하여 신경증적인 행동, 신체화 장애의 근본원인이 된다. 마음에 상처를 깊게 남겼던 과거의 사건을 기억하지 못하거나 유치원에 가기 싫어하는 아이가 배가 아프다고 하는 경우에서 볼 수 있다.

③ 동일시(identification)

자아가 약하여 의식의 기능을 강화하고자 할 때, 다른 사람의 태도, 신념, 가치 등을 자기 것으로 택하여 다른 사람의 특성을 자신의 성격에 흡수하는 것이다. 이러한 동일시는 초자아를 형성시키는 데 유익하다. 성찬식에서 빵과 포도주를 나누면서 예수 그리스도의 피와 몸이라 여기며, 예수 그리스도를 닮고자 하는 경우를 예로 들 수 있다.

④ 투사(projection)

자신이 받아들일 수 없는 충동이나 태도, 행동 등을 다른 사람이나 환경 탓으로 돌리는 것이다. 자신이 수용할 수 없는 결점이나 욕구나 관심이 다른 사람에게 속한 것으로 지각하고, 이를 비판함으로써 불안을 감소시켜 자신을 보호하는 것을 말한다.

⑤ 부정(denial)

현실을 왜곡하는 다른 방어기제와 달리 현실 자체를 부정하는 것을 부정이라 한다. 억압이 자신의 충동에 초점을 맞춘 것과는 반대로 부정은 외부세계의 현실에 초점을 맞추어 부정한다. 부정은 기억에서 그 현실을 완전히 차단해 버린다. 사랑하는 사람의 죽음을 인정하지 않고 장례를 치루지 않은 채 곁에 시신을 그대로 두고 있는 경우에 해당한다.

⑥ 반동 형성(reaction formation)

사회적으로 용인될 수 없는 충동의 표출을 막기 위해 그 충동을 의식수준에서 억압하여 완전히 정반대로 나타내는 것이다. 부정적인 감정을 숨기면서 타인에게 잘해주어 자신의 무의식적 충동이나 공격성을 감추는 경우이다. 자녀를 부담스러워하는 어머니가 과잉보호하면서 자신의 감정을 위장하는 태도이다.

⑦ 전이(displacement)

높은 수준의 불안을 해소하기 위해 위협적인 대상보다 약한 대상에게 자신의 충동이나 감정을 해소하는 것이다. 예를 들어, 종로에서 뺨 맞고 한강에서 화풀이하는 것이다. 부모에게 억울하게 야단맞은 아이가 자기 집의 강아지를 때리는 행동으로 약한 대상에게 자신의 감정을 해소하거나 꿈에서 부모에게 화풀이를 하며 무의식적으로 자신을 보호한다.

⑧ 고착(fixation)

성격 발달의 단계를 거치는 과정에서 어느 일정한 단계의 좌절이나 불안이 지나치면 해결하기 더 힘든 다음 단계로 이동하기보다는 현재의 발달수준에 머무는 것이다. 예를 들어, 부모에게서 독립하는 것이 불안한 아동이 의존적 행동을 지속적으로 보이는 것을 말한다.

⑨ 퇴행(regression)

현재의 과제에 대한 불안이 지나치거나 좌절이 두려워 이전 발달 단계로 다시 돌아가 미성숙하고 부적절한 행동을 통해 불안을 극복하려는 태도를 말한다. 대표적으로 동생이 태어난 아동이 아기처럼 행동하거나 대소변을 못 가리는 행동을 보이는 경우이다. 이러한 현상이 과도하게 지속되면 심리성적 발달에 부정적인 영향을 줄 수 있다.

⑩ 감정의 고립(isolation of affect)

충격적인 기억이나 사건에서 오는 극도의 불안을 감소시키기 위해 그것에 대한 사실 인지에서 감정을 분리시키는 것이다. 자신에게 일어났던 두려웠던 혹은 충격적인 사건을 보고하면서 자신에게 일어났던 일이 아닌 듯이 아무런 감정의 표현도 보이지 않는 행동이 그 예이다. 자연재해나 사고를 당한 경우에 불안이나 슬픔, 두려움을 느끼기보다 무표정한 얼굴로 아무런 감정 반응을 나타내지 않는 태도에서 볼 수 있다.

⑪ 취소(undoing)

수용할 수 없는 생각이 떠오를 때 이를 되돌리기 위해 상징적 행동을 수반한 마술적 생각을 하는 것을 말한다. 이것은 행동을 하고도 안 한 것처럼 가장하고 다시 처음부터 하는 것을 의미한다. 예를 들어, 비도덕적인 충동이나 행동을 하려는 욕구가 생길 때마다 보도블록 금을 밟지 않는 사람이 있다. 그 사람이 만약 우연히 보도블록 금을 밟는다면 걸어온 길을 다시 돌아가서 보도블록 금을 밟지 않고 걸으려고 시도한다. 그리하여 이전에 했던 행동을 안 한 것처럼 가장하는 것이다.

⑫ 신체화(somatization)

불안이나 내적 충동이 올라올 때 신체적인 반응 감정을 은폐하는 행위인데, 중년 부인에게서 전형적으로 나타나고 건강에 대한 염려가 심한 사람들에게서 병이 없는데도 불구하고 기능이 안 되는 현상을 볼 수 있다. 신체화는 고통스러운 감정을 신체적 고통으로 변형시키는 것으로, 받아들일 수 없는 감정이나 걱정, 염려 등을 항상 신체적 고통으로 호소하면서 주변의 동정이나 관심을 집중시킬 수 있다. 명절증후군이나 신경성으로 인한 위장장애를 겪는 경우이다.

⑬ 승화(sublimation)

본능이 신경증적인 행동으로 전이되지 않고, 오히려 사회적으로 바람직한 행동으로 나타나는 것을 말한다. 예를 들면, 프로이트는 르네상스 시대의 유명한 누드화들은 성적 충동이 승화되어 나타난 것이며, 문명과 예술의 발달이 이러한 승화의 결과라고 하였다.

(4) 정신분석이론의 발달

프로이트에 의해 창안된 정신분석이론은 이후에 자아심리학과 대상관계이론으로 발달하게 된다. 정신분석학은 대부분의 정신병리의 기원을 여아 3~4세, 남아 5~7세에 겪는 오이디푸스 갈등에 두었으나, 실제 임상장면에서는 그보다 이른 시기에 정신병리의 원인이 있는 것으로 보았다. 따라서 출생 초기의 경험과 관련되는 것으로 보이는 병리와 자아발달 측면을 설명할 이론의 필요성이 부각되면서 대상 관계이론이 시작되었다.

대상 관계이론은 고전적 정신분석이론과 같이 유아 발달의 초기 단계를 중시한다는 점은 공통적이다. 그러나 대상 관계이론은 만 3세 이전 단계(preoedipal)를 강조하여 어머니와 아이의 이자관계가 삼자관계(어머니, 나, 아버지), 내적 외적 대인 관계로 발전하는 과정을 강조하였다. 그리고 인간이 행동을 하게 되는 동기를 프로이트는 추동이라도 하였으나, 대상 관계이론은 대상과 관계를 맺으려는 것이 인간 행동의 동기라고 보았다. 따라서 생애 초기에 모자 관계에서 형성된 내재화된 대상표상, 내적인 대상 관계가 개인의 발달과 대상을 선택하고 관계하는 양식에 중요한 영향을 미친다고 하였다. 여기에서는 많은 대상 관계 학자의 이론 중에서 영아의 심리적 탄생을 통해 어머니와의 분리개별화 과정을 연구한 말러의 이론을 소개한다.

표 5-1 프로이트와 대상 관계이론의 비교

구분	프로이트이론	대상 관계이론
인간 행동의 동기	추동(drive) 중심	관계 중심
정신병리 원인	오이디푸스 단계(3~5세)	전 오이디푸스 단계(0~3세)
대상 관계	리비도적 대상	대상 자체에 의미 부여
대상 관계 추구	2차 추동	1차 추동
초자아 형성시기	오이디푸스 시기에 초자아 형성	초자아의 초기형태가 이미 존재함
주요 대상 관계	아버지와의 관계	어머니와의 관계

마가렛 말러는 10년 간 어머니와의 상호작용과 함께 생후부터 세 살까지 아이들에게서 일어나는 성장과정을 분리개별화 과정(separation-individuation)이라고 했다. 그녀는 분리개별화 과정을 유아의 심리적 탄생이라고 하면서 신체적 탄생은 모체로부터 출생하면서 이루어지나, 심리적 탄생은 생후 어머니와 아이와의 상호작용에 의해 독립된 개체로 심리적인 탄생을 한다고 하였다. 분리개별화 과정이 만족스럽게 진행되면 아이는 어머니에게 대상항상성(한결같은 사랑을 주는 어머니)이라는 이미지를 통합하고 좋은 내적 대상을 가지고 어머니와 분리가 가능하고, 어머니 이미지를 내재화하여 자아 개념이 안정적으로 자리 잡는다고 했다. 유아의 심리적 탄생 과정인 분리개별화 과정은 다음과 같다.

① 정상적 자폐 단계(0~3개월)

이 시기 영아의 생리적 특성은 수면시간이 길고 자극에 반응이 제한적이고 생득적인 반사반응이 지배적이다. 이 단계는 정상적 자폐 단계로 정상적인 단계이고 대상이 없는 시기이다. 마치 알이 껍질 속에 있는 것처럼 안전하게 자신을 보호하기 위해 외부세계와 차단되어 있고 오직 욕구 만족이나 긴장 감소 또는 완화에만 관심을 가지는 시기이다. 그리고 외부대상을 인식하는 능력은 부족하여 어머니와 자신을 한 몸으로 인식하는 시기이다.

② 정상적 공생 단계(2, 3개월~4, 5개월)

공생 단계 초기에는 나와 대상(어머니)을 구별하지는 못하지만, 희미하게 인식하는 시기로 어머니와 자신을 한 몸으로 인식하고 전능감을 경험하는 시기이다. 영아는 대상 이전의 시기이고 미소반응이 나타나지만 내외를 구별하지 못하는 시기이다. 그리고 신체 발달로 신경계가 성숙하여 기억과 인지, 운동 협응 기능이 발달한다. 따라서 어머니와의 경험을 조직화하는 시기여서 좋은 경험과 나쁜 경험이 나누어지는 시기이기도 하다.

③ 분리개별화 단계(5~36개월)

- 분화기(5~7개월): 분화기 또는 부화하는 시기로 영아는 신체 발달로는 5개월부터 감각이 발달하고 사물에 관심을 갖는다. 이동이 가능해지면서 환경을 탐색하게 되고 어머니의 무릎 위를 벗어나게 된다. 외부를 구별하게 되면서 낯가림이 시작되고 어머니와 타인을 구별하고 외부에 대한 차이를 발견한다.
- 연습기(7~16개월): 운동발달로 인해 영아가 이동이 가능하고(기기, 서기, 걷기) 탐색하기에 자유로움이 생기고 신체적인 분리를 경험한다. 영아는 주변을 탐색하면서 돌아다니다가 어머니에게 돌아와서 분리로 인한 불안한 정서를 재충전하고 불안과 긴장을 해소한다. 이때 어머니는 아이가 분리되는 것에 긍정적인 반응과 안전한 환경을 마련해 주어야 한다. 이 시기 아이의 행동은 기질과 어머니의 양육방식에 의해 생성된다. 아이의 신체 이동과 이에 대한 어머니의 반응을 통해 자율성, 숙달욕구, 독립심이 생성된다. 영아에게는 자기애가 최고가 되는 시기이고 자신의 능력에 집중하는 때이다.
- 재접근 단계(16~24개월): 영아는 신체적인 분리를 통해 분리불안이 나타나면서 다시 어머니에게 돌아오는 행동을 반복하게 된다. 분리와 접촉이 번갈아가면서 나타나고 영아의 자율성이 신장되지만, 어머니의 통계와 통제에 대한 갈등을 경험한다. 영아는 어머니에게 통

제에 대해 반항을 하기도 하고 원하는 바를 요구하려는 욕구가 동시에 공존한다. 이를 통해 사랑해주는 어머니와 욕구를 차단하는 어머니 사이에서 갈등하고 불안을 느끼게 되면서 양가감정이 시작된다. 즉, 어머니가 좋기도 하고 싫기도 한 존재로 선과 악을 분리하여 생각한다. 영아는 양가감정과 선과 악의 통합을 통해 정서적인 성숙이 일어나게 되고, 어머니의 양육에서 적절한 화해와 타협을 통해 현실적인 자율성을 인식하고 과대망상적인 자신감을 버릴 수 있다. 그러나 이 시기를 어머니와의 갈등에서 불안정하게 보내면 정신병리가 발생하며 경계선 성격장애의 근본원인이 된다고 했다.

- 대상항상성 시기(24~26개월): 영아가 좋은 어머니와 나쁜 어머니를 통합하는 시기로 아이의 마음속에 대상항상성이 형성되어 좋은 어머니의 이미지가 아이 마음속에 내재화되어 있는 상태가 된다. 그리고 타인에 대한 안정된 개념을 형성하게 된다. 대상항상성을 내면에 가진 사람은 어머니에 대한 이미지와 관계가 좋기 때문에 관계에서 경험하는 현실적인 갈등이 적다. 어머니의 좋은 면과 나쁜 면이 통합되어 있어 양가감정을 극복할 수 있고 퇴행 경향이 적다. 그리고 위기나 좌절을 경험할 때 내면에 가진 좋은 어머니상을 이용하여 정서적 안정을 스스로 찾을 수 있다. 마지막으로 스스로 위안을 할 수 있고 좌절에 대한 인내가 가능하다.

말러의 분리개별화 단계는 영아가 유아로 성장하면서 대상항상성을 갖고 내적인 좋은 대상을 가지면서 심리적으로 어머니와 분리가 가능하게 되는 것이다. 이것이 가능하기 위해서는 모자간에 이루어지는 경험의 내용이 중요하다.

(5) 상담목표 및 과정

프로이트가 말하는 건강한 사람은 진정 사랑할 수 있고 일할 수 있는 사람이다. 이렇게 사랑하며 일하며 살아가야 할 개인의 적응을 방해하는 요소는 무의식의 충동과 본능적 욕구를 억압하고 미해결된 과제들로 인한 불안이다. 정신분석학적 상담에서는 무의식의 의식화가 상담의 목표라 할 수 있다. 억압된 내적 갈등을 찾아 내담자가 스스로 자기 문제의 원인을 통찰하여 의식수준에서 새로운 적응적인 행동을 하도록 돕는다.

정신분석 상담과정에서 내담자는 과거에 경험했던 감정, 갈등, 욕망 등을 현재 상황에서 반복하려 한다. 내담자는 과거에 자신과 관계를 맺었던 중요한 인물에게 느꼈던 감정을 상담자에게 옮겨 느끼는 전이를 경험한다. 흔히 아동상담에서는 부모와의 관계를 상담자와의 관계에서 재연하면서 상담자에게서 이전에 부모에게 느꼈던 감정을 느낀다. 따라서 상담자는 내담자가 과거의 시간과 미해결 과제를 상담현장에서 생생하게 경험하도록 도와주어야 한다.

상담자는 전이 관계를 촉진시키기 위해 중립적인 자세를 취한다. 내담자의 말을 경청하고 해석을 하며, 상담자에게 긍정적·부정적 전이가 일어나도록 한다. 상담자는 그 내용을 잘 담아두고(contain), 수용하며(holding) 내담자 스스로 자기 문제를 통찰할 수 있게 돕는다. 상담과정에서 상담자가 내담자에게 역전이를 느끼지 않도록 조심해야 한다. 역전이는 상담자 자신의 억압된 무의식을 내담자에게 전이하는 현상을 말한다. 치료적 도움을 주는 전이 형상과 달리 역전이 현상은 상담자 자신에 대한 통찰이 부족한 경우에 치료를 방해하는 요소가 된다. 따라서 상담자는 지속적이고 깊이 있게 자기분석을 함께 병행해야 한다.

상담의 초기 단계에 상담자는 내담자의 문제를 파악하고 문제를 이해하기 위해서 내담자에 대한 다양한 정보를 수집한다. 이 과정에서 상담자는 내담자의 언어적·비언어적인 정보를 잘 관찰하고 이것을 내담자를 이해하는 데 활용할 수 있다. 자신의 무의식을 들여다볼 수 있도록 하는 상담은 내담자와 상담자 간에 전이 관계를 촉진하게 한다. 긍정적·부정적 전이의 발달은 상담장면에서 미해결 과제의 통찰과 함께 의식수준에서의 자기이해를 하게 한다. 상담 속에 전이가 해결되면 생활에서 훈습의 과정을 거쳐서 자신의 행동은 스스로 조절하고 일반화하게 된다. 이 과정에서는 상담 초기 내담자에게 나타난 증상이 약화되고, 내담자에게 억압되었던 기억이나 욕구가 재구성된다. 이 시기에 내담자는 더 이상 상담의 필요성을 느끼지 않게 된다. 다음은 정신분석 상담에서 사용되는 주요 상담기법들이다.

① 자유연상(free association)

자유연상은 무의식에 있는 생각과 갈등을 의식수준으로 끌어올리기 위해 사용되는 기법이다. 상담자는 내담자에게 떠오르는 것을 여과 없이 그대로 말하도록 한다. 내담자가 자유롭게 연상하려고 노력하는 동안 상담자는 중립적인 태도를 취한다. 내담자의 자유연상을 정확히 해석하기 위해 상담자는 내담자의 감정과 말의 이면에 주의를 기울이고 몸짓, 어투까지도 고려한다.

그림 5-1 파우치에 편안히 누워 자유연상을 하게 하려는 프로이트

② 정화(catharsis)

내담자는 무의식 속에 있던 억압된 것을 표출할 때 강렬한 정서적 감정을 발산한다. 억눌린 것들을 말로 표현하면서 기억 속에 남아 있던 고통스러운 갈등과 감정이 효과적으로 발산되면서 치료적 효과를 얻는다. 예를 들어, 심리적으로 심한 고통을 겪었던 이유가 비밀 때문이었다면 상담자에게 고백하여 불안을 감소시키고 정서적 안정을 찾을 수 있다.

③ 꿈의 해석

프로이트에 의하면 꿈은 무의식에 이르는 지름길이다. 그는 평상시에 의식수준으로 들어올 수 없었던 무의식의 본능적 욕구가 수면 중 자아의 기능이 약해진 틈을 타서 왜곡되거나 상징화되어 위장된 모습으로 나타난다고 믿었다. 그러므로 상담자는 내담자의 꿈을 해석하여 내담자의 무의식에 억압되고 잠재된 본능을 알 수 있다.

④ 통찰(insight)

상담자는 상담을 하면서 내담자의 무의식 속에 숨겨진 것들의 의미를 정확하게 해석하면, 내담자가 그 의미를 통찰하여 자기 문제의 원인을 이해함과 동시에 문제 해결을 위해서 여러 가지 방법이 있음을 인식한다.

⑤ 저항(resistence) 다루기

내담자가 상담 중에 내면의 갈등을 인식하고 해결을 위해 수반되는 일시적 고통의 정서반응을 회피하며 저항하기도 한다. 상담의 어려운 난관이기도 하지만 저항을 통해서 내담자를 더 깊이 이해할 수 있는 기회가 되기도 한다. 상담시간에 늦거나 어기기, 상담 도중 어떤 화제에 대해 일부러 피하거나 다른 주제로 바꾸기, 문제를 더 깊이 파고들지 않으려고 계속 반복적으로 말을 하거나 침묵을 지키는 것 등의 형태로 나타난다. 저항을 활용하여 치료적 효과를 거두기 위해서는 내담자가 자신의 방어기제와 저항의 원인 및 영향을 스스로 이해할 수 있도록 한다.

⑥ 아동상담에의 적용

정신분석학적 상담이론과 기법을 아동에게 적용하기에는 어려움이 있다. 아동은 언어 표현력에 제한이 있으므로 언어를 대신할 수 있는 다양한 매체를 활용하도록 하며, 상담과정에 부모를 참여시키도록 한다. 아동상담자는 아동이 언어적·비언어적인 방법으로 자신을 표현할 수 있는 다양한 놀잇감들을 준비한다. 놀이에 함께 참여하여 아동이 자신의 생각과 감정을 표현할 수 있도록 부드럽게 이끌어 가면서 놀이 안에서 아동의 과거와 현재를 관련지어 분석하고 해석하는 능력이 요구된다. 아동이 하고 있는 놀이의 의미를 알려주고, 아동이 자신의 문제에 직면하여 원인을 인식할 수 있도록 도와준다.

프로이트의 딸 안나 프로이트는 아동을 대상으로 한 상담에 놀이를 도입하였으며, 부모와 교사의 협력을 주장하였다. 아동의 갈등 적응 전략과 방어에 대한 해석, 불안을 활동화시키는 치료기법과 함께 아동의 자아 기능을 발달시키는 교육적인 기법을 활용하였다.

멜라니 클라인(1882~1960)

도날드 위니컷(1896~1971)

그 이후 여성정신분석학자 멜라니 클라인은 대상 관계이론을 주창하였다. 성인의 아동기를 분석대상으로 삼았던 프로이트와 달리 클라인은 아동을 직접 연구대상으로 삼았다. 그녀는 아동들이 본능 통제보다는 사회적 관계의 형성에 더 큰 관심이 있다고 보고 상담자와의 관계 형성의 양상에 큰 의미를 두었다. 또한 아동의 놀이는 성인의 자유연상과 같은 치료적 효과를 갖는다고 하였다.

도날드 위니캇 역시 아동상담의 기법으로 무의식과 소통하는 수단으로서의 놀이를 중요시하였으며, 특히 수용해주는(holding) 환경의 중요성과 모성적 역할에 초점을 맞추었다. 즉, 내담자의 불안과 두려움을 상담자가 잘 알고 있다는 것을 전해주면서 내담자에게 의지가 되어 주고 따뜻한 배려로 긴장을 완화시켜 주는 환경의 치료적 효과를 강조하였다.

이러한 정신분석적 상담이론과 기법을 아동상담에서는 부모면담에 적용한다. 부모와의 상담을 통해 양육자와 현재의 환경에 대한 정보를 얻는다. 부모-자녀 관계나 부모의 양육상의 문제에서 비롯된 경우에 부모들은 불안하고 긴장할 수 있으며 때로는 방어적 태도를 취할 수 있다. 그러므로 상담자는 아동의 부모와 좋은 관계를 맺도록 노력해 상담과정에서 부모의 협력이 필요함을 인식시킨다.

2) 인간중심적 접근

인간중심 상담(person-centered counseling)은 정신분석학적 접근과 함께 정서적 접근의 대표적인 상담이론이다. 인간중심 상담이론은 1940년대 로저스에 의해 시작된 후 현재에도 계속 발전하여 다양하게 적용되고 있다. 그는 상담에서 허용적이고 수용하는 분위기를 강조하면서 비지시적(non-directive) 상담이라고 칭하였다. 내담자의 자기감정 인식을 상담의 목표로 하고 언어적·비언어적 표현을 반영하고 명료화하는 데 초점을 두었다. 내담자의 주관적 세계를 상담자가 인식하고 상담의 시발점임을 강조하면서 내담자 중심(client-centered) 상담이라고 이름을 바꾸기도 하였다. 후기에는 인간이 진정한 자기가 되는 과정에 초점을 두면서부터 인간중심 상담이론으로 불리기 시작했다. 인간중심 상담에서 상담자는 내담자의 주관적인 내적 세계를 이해해야 한다. 이러한 입장은 정신분석에서 과거의 경험이 현재의 행동을 결정한다는 입장과는 달리 인간은 현재의 나로서 긍정적이고 변화 가능한 존재로 여기는 것과 차이가 있다. 이후 액슬린은 인간중심의 상담이론을 아동상담의 이론적 기틀을 잡는 데 활용하였다(Axline, 1947).

칼 로저스
(1902~1987)

로저스는 1902년 미국 일리노이 주에서 기독교 가정의 5남 1녀 중 넷째 아들로 태어났다. 그의 가정은 경제적으로 부유한 편이었으나 종교적인 윤리규범이 엄격하여 친구관계를 자유롭게 형성하기가 어려웠고 도시생활의 유혹을 경계한 부모가 시골 농장으로 이주를 하여 청소년기를 농촌에서 보냈다. 그는 대학에서 농학을 전공하였다가 1922년 중국에서 개체된 국제 기도학생연합회에 참여하면서 다양한 문화와 종교를 체험하게 되었다. 그 후 사학에 관심을 가지면서 역사학으로 학위를 받고 심리학과 정신의학에 관심을 가지면서 임상 및 교육심리학으로 석·박사학위를 받게 되었다. 그 후 심리상담을 하면서 상담에서 내담자 중심치료를 출판하였고, 이후에 자신의 이론을 인간중심 상담으로 명명하게 되었다. 그는 자신의 이론을 교육, 정치, 사회활동에 적용하기에 힘썼고 세계평화에 기여하여 노벨평화상 후보로 지명되기도 했다.

(1) 주요 개념

인간중심 상담에서 유기체는 자기실현을 하려는 욕구를 가진 인간을 뜻한다. 유기체는 자기실현의 동기를 지니고 사고와 감정을 가지고 행동할 뿐만 아니라 자기 자신에 대해 지각(self-perception)할 수 있다. 따라서 자신의 문제를 해결할 수 있는 내적 능력이 있고 적절한 환경 속에서 자신의 성장과 잠재력을 합리적으로 실현할 수 있다. 인간의 성장을 위한 잠재력의 실현은 무비판적으로 진실한 이해와 수용의 관계속에서 발휘될 수 있다. 현실적인 노력은 긍정적이고 능동적인 변화를 일으키는 주체가 된다. 다음은 이러한 변화를 가져오는 인간중심 상담의 주요 개념이다.

① 현상학적인 장(phenomenal field)

유기체가 내적·외적으로 경험하는 주관적 실재(subjective reality)를 말한다. 유기체가 중요하다고 여기는 것은 객관적인 외적 현실(external reality)이 아니라, 그가 지각한 내용으로서의 주관적인 현실이다. 그러므로 현상은 주관적이고 개인적 의미로 결정되는 것이다. 현상학적 장은 개인의 내적 준거체계(internal frame of reference)에 의해 의미를 갖게 되며, 공감적 추론에 의해서 다른 사람에게 전달된다. 유기체인 인간이 현실적으로 행동할 때에는 있는 그대로의 실재와 자신들의 지각된 경험들을 비교·점검해 보려 한다.

② 자아(self)

타인과의 상호작용을 통해 개인의 전체 현상학적 장(phenomenal field) 또는 지각적 장(perceptual field)로부터 분화된 부분이다 이것은 타인이 아동의 행동을 어떻게 지각하고, 그것에 어떻게 반응하는가의 결과로서 '나'라는 개념이 형성된다. 이러한 경험은 긍정적일 수도 혹은 부정적일 수도 있다. 실제로 자아개념이란 자기 자신, 자신의 힘, 자신의 약점 등에 관해 가지는 일련의 가설들이라 할 수 있다. 이러한 가설들이 현상학적인 장으로부터 만들어지고 긍정적 경험과 부정적 경험을 통해서 조건부 가치를 지니고 이를 통해 자아의 행동이나 가치가 형성된다.

③ 심리적 문제

타인으로부터 인정받고자 하는 긍정적인 자기 존중의 욕구와 자신이 경험하는 타인의 평가 간에 불일치가 커지면, 불안을 경험하게 되는데, 이것이 심리적 문제를 일으키게 된다. 인간중심 상담을 통해서 내담자의 자아개념과 유기체적 경험 간의 불일치 문제를 제거하고, 자아에 대한 위협과 방어기제를 제거하여 충분히 기능하게 한다.

④ 관계

인간의 자기실현은 유기체의 현상학적 장에 자신을 있는 그대로 수용해주며 존중해주는 관계속에서 이뤄진다. 긍정적인 관계 형성을 위해 무조건적이고 온정적인 태도로 반응하기, 문제를 해결하는 내담자의 능력 존중하기, 공감적으로 반영하기, 감정이입하기 등은 중요하다.

⑤ 완전하게 기능하는 사람(fully functioning person)

인간중심 상담이론에서 성격은 일생 동안 변화될 수 있다고 본다. 성격이 잘 형성되면 자아 기능이 향상되고, 신체적 측면과 정신적 측면의 기능이 일치되어 현상학적인 장에서 완전하게 기능할 수 있게 된다. 완전하게 기능한다는 것은 자신의 잠재력과 재능을 충분히 활용할 수 있으며, 자신과 자신의 모든 경험에 대해 완벽한 지식을 갖게 되는 것을 말한다. 그러나 로저스는 완전하게 기능하는 사람은 실제로 존재할 수 없지만 모든 인간이 이를 향해 나아간다고 하였다. 완전하게 기능하는 사람은 경험과 자기감정에 대해 개방적이며, 자신의 모든 실존적 삶을 중요하게 생각하며 살아간다. 타인의 기대에 근거하여 의사결정을 하기보다는 자신의 경험에 귀를 기울이고 결정한다. 자신의 행위의 결과에 대해서 자신이 책임을 갖고 있으므로 자유로운 선택의 주체로서 기능하며, 무슨 일이 이루어지든 그것은 자기 자신에게 달려 있다고 믿는다. 자신의 욕구를 충족시키면서도 사회문화에 단순히 동조하지도 않는다. 그가 처한 환경적 조건을 창조적으로 조절한다.

(2) 정신병리

사람은 최상·최적 상태로의 성장 가능성을 가지고 태어났으나, 그 가능성을 발견하지 못하고 외부에서 주어진 가치조건과 체계에 맞추어 살게 될 때 심리적 문제를 겪는다. 아동은 사랑과 관심을 받으려는 욕구가 강해서 주변에서 인정을 더 많이 받으려 한다. 어른들의 가치에 따른 생각과 행동으로 존중받는 지속적인 경험은 자신의 것이 아니라 어른들의 가치체계를 내면화하게 한다.

외적으로 부여된 가치의 조건에 따라 살게 되면서 경험하는 자아불일치는 위협과 불안을 발생시킨다. 자아불일치 상태에서 아동은 자아 개념을 유지하려는 노력으로 방어한다. 방어는 경험의 의미를 왜곡(distortion)시키거나 경험의 존재 자체를 부인(denial)하는 형태로 나타난다. 아동이 환경 속에서 불일치 경험을 계속한다면, 심각한 부적응이 발생하게 되고 이것이 너무 심하면 현실 왜곡으로 인해 자아의 기능이 힘들게 된다.

(3) 상담목표 및 과정

인간중심 상담에서는 내담자가 현재 봉착하고 있는 문제의 해결에 초점을 두기보다는 그가 완전히 기능하는 인간이 되도록 돕는다. 즉, 자기 경험에 대해 개방적이어서 스스로를 신뢰하고 외적인 준거보다는 내적인 준거에 의해 자신을 평가하며, 자기실현(self-actualization)을 하려는 사람이 되도록 하는 것을 상담의 목표로 삼는다. 따라서 상담을 하면서 내담자 스스로 삶의 목표와 문제를 명료화시키는 능력을 키우도록 한다. 상담의 목표와 방향, 진행 속도 등은 모두 내담자에 의해 결정되기 때문에 상담자는 내담자를 재촉하지 않는다.

상담자의 역할은 내담자의 성장에 도움이 되는 분위기를 조성하는 것이다. 상담자는 내담자와의 관계에서 진실한 태도를 가지고 내담자의 주관적 세계를 이해하려고 해야 한다. 그러기 위해서는 내담자와 치료동맹이 잘 맺어져야 하고 진실되고 평등한 관계 안에서 상담이 이루어져야 한다. 이것을 뒷받침해 주는 상담자 태도는 진실성, 무조건적인 긍정적 관심, 정확한 공감적 이해이고, 이러한 태도는 치료의 본질적인 부분인 동시에 상담기법으로 활용된다. 다음은 인간중심 상담자가 취해야 할 태도이다.

① 진실성(genuineness)

상담 관계에서 순간순간 경험하는 자신의 감정이나 태도를 있는 그대로 솔직하게 인정하거나 솔직하게 표현하는 상담자의 태도를 말한다. 내담자의 관계속에서 상담자가 보이는 진실성은 순수한 인간관계를 형성하고, 내담자를 개방하게 하여 자기탐색을 촉진하게 된다. 이러한 상담자의 태도는 내담자가 자신의 감정과 태도를 자유롭고 솔직하게 표현하도록 촉진한다.

② 무조건적인 긍정적 관심(unconditional positive regard)

내담자가 어떤 감정이나 태도에 처해 있든 간에 무조건적이고 긍정적이고 수용적인 태도로 대한다. 내담자를 판단하지 않는 것 이상으로 내담자에게 긍정적인 존중을 표시하는 것까지를 의미한다. 수용과 이해는 내담자에게 전달되어 자신이 수용되고 이해받고 있다는 것을 인식하게 될 때 비로소 치료적 가치가 생긴다.

③ 정확한 공감적 이해(accurate empathic understanding)

상담자가 내담자의 내면을 마치 자신의 내면세계인 것처럼 느끼게 되는 것을 말한다. 정확한 공감적 이해는 내담자로 하여금 있는 그대로 자신에게 접근할 수 있도록 격려, 지지하고 내담자는 자신의 존재와 경험 간의 불일치성을 인지하게 한다. 정확한 공감적 이해가 완전하게 일어날 수는 없지만, 내담자를 이해하려는 상담자의 태도에 의해 상담은 긍정적인 효과를 얻게 된다.

이상과 같은 상담자의 태도는 상담과정 내내 일관성 있게 유지되어야 한다. 인간중심 상담의 상담과정이 편의상 일곱 단계로 분류되어 설명되지만 각 단계는 연속적인 변화의 과정이다. 상담은 잘 진전되다가도 어느 단계에서는 퇴보를 보이는 경우도 있으나 상담회기 전체를 보았을 때는 다음과 같은 양상이 있다.

- 1단계: 처음 내담자가 상담을 받으러 와서 자신의 문제에 해결을 원하고 있으나, 의사소통이 원활하게 이뤄지지 않는다. 이 단계에서는 개인적인 의미와 감정이 인식되거나 수용되지 않는다.
- 2단계: 내담자는 여전히 문제의 원인을 외부에서 찾으며 개인적인 책임으로 받아들이려고 하지 않는다. 따라서 내담자들이 자발적으로 상담을 받으러 오지만, 상담의 진전이 느리게 진행되어 중단이 되는 경우가 발생한다.
- 3단계: 내담자는 전체적이지는 않지만 부분적으로 자기 경험 내의 모순을 인정한다. 상담자는 내담자가 자신의 문제와 관련된 감정을 자유롭게 표현하도록 격려한다.
- 4단계: 상담자의 공감적이고 수용적인 태도를 통해 내담자는 분노감, 증오감, 혐오감을 강하게 표현한다. 내담자는 자신의 경험 내에서 모순을 발견하게 되고, 이를 자기 책임으로 느끼기 시작한다. 상담자는 내담자가 부정적 감정을 표현하면 이를 수용, 인정하며 명료화해준다. 상담자는 내담자가 말하는 표면적인 내용보다는 내면에 깔려 있는 감정에 반응해야 한다. 내담자는 자신이 부정적 감정을 가지고 있음을 인정하고 자신의 한 부분으로 받아들일 수 있도록 노력한다.
- 5단계: 부정적 감정이 표출되면 성장을 지향하는 긍정적 충동이 표현되기 시작한다. 부정적 감정을 충분히 표현하면 사랑, 사회적 욕구, 자기존중과 같은 긍정적 감정이 나타난다. 이러한 긍정적 충동은 부정적 감정이 표출되기만 하면 자연스럽게 나타나는 것이 아니라, 부정적 감정이 표현되면서 불일치와 갈등이 해소될 때 나타나게 된다.

- 6단계: 내담자는 자아이해, 자아수용과 같은 통찰이 생기면서 감정을 즉시 경험하고 경험과 관련된 긍정적·부정적 감정을 저항하거나 부정하지 않고 모두 수용한다. 내담자는 주관적으로 자신의 문제를 직면한다. 상담자는 도적적 가치나 윤리적 판단을 배제한 가치중립적 태도로 내담자를 수용·인정한다.
- 7단계: 내담자가 통합적으로 긍정적 행동을 취한다. 내담자는 선택에 대한 두려움을 덜 느끼고 자신의 행동에 대한 자신감을 갖는다. 또한 이전에 보이던 상담자에 대한 의존이나 자신의 행동에 대한 자신감을 갖는다. 또한 이전에 보이던 상담자에 대한 의존이나 불안이 사라진다. 내담자가 상담을 종료하기를 원하는 것을 인식하고 상담을 종료한다. 상담자는 상담의 종료와 관련된 내담자의 감정을 수용하며 다룬다. 내담자가 독립적이 되고 자신에 대한 광범위한 통찰이 생기며 문제 상황에서 스스로 해결할 수 있는 힘이 생기게 되는 시점이 상담 종료를 원하는 때이다.

(4) 상담기법

인간중심 상담에서는 상담자와 내담자 사이의 관계에 초점을 두므로 상담 관계 그 자체가 변화가 이루어질 수 있는 상담기법이 된다. 따라서 공감적 이해, 무조건적·긍정적 존중, 일치는 상담의 기본 태도인 동시에 구체적인 상담기법이 된다.

① 단순한 수용(simple acceptance)

내담자와의 대화와 에피소드를 격려하는 언어적 혹은 비언어적 반응이다. 내담자의 정서나 신념 따위를 아무 비판 없이 수용한다.

내담자: 올 때 길이 많이 막혔어요. 여기 오기 정말 싫어요.

상담자의 단순한 수용: (조용히 공감의 눈빛으로 고개를 끄덕인다) 길이 막혀서 오는 길이 지루했겠다.

② 반영(reflection)

내담자의 메시지에 담겨 있는 정서를 해석하고 되돌려주어 내담자의 자기 인식을 돕는다. 내담자의 메시지 가운데 내용과 정서가 명확히 구분되는 것은 아니지만 정서에 초점을 맞추어 되돌려준다. 정확한 정서 되돌려주기는 내담자로 하여금 자신의 깊은 속을 이해받고 있다는 느낌을 심어주어 내담자의 자기 개방 수준을 심화시킨다. 단순히 말의 내용이 아니라 자신이 표현하고 싶은 깊은 속내를 꼭 집어 이해하고 있다는 느낌은 상담자에 대한 친밀감을 배가시키는데, 그 결과 더 적극적으로 자신의 내면을 드러내게 된다. 내담자의 느낌과 감정의 세계가 개방되면 그만큼 문제의 전모를 파악하기가 쉬워지므로 상담이 더 원활하게 이루어질 수 있다.

내담자: 아빠는 자기 얘기만 해요. 자기만 제일 중요하고 자기가 항상 중심이라고 생각해요. 그래서 함께 있으면 줄곧 아빠 혼자 말씀하세요. 난 아예 대꾸할 생각도 안 해요.

상담자의 내용 반영하기: 아빠의 자기주장이 너무 심해서 아예 대화를 피하고 싶구나.

내담자: 네. 아빠가 당신 말씀만 하지 말고 내 말도 들어주었으면 좋겠어요. 왜 그렇게 사람이 자기만 생각하고 잘난 척하는지 이해가 안 돼요.

상담자의 정서 반영하기: 아빠에 대해 실망도 많이 하게 되고 자꾸 원망스럽고…….

내담자: 네. 아빠 얘기만 일방적으로 들어야 하니 몹시 답답하고 대화가 통하지 않아 무척 괴로워요.

③ 명료화(clarification)

내담자가 전달하는 바를 잘 이해하지 못했을 때나 표현한 내용을 더 정교하게 정확히 점검하고 싶을 때 명료화를 사용한다. 상담 중에 불명확한 대명사, 애매모호한 어휘, 여러 의미를 가진 어구, 앞뒤 관계가 불명료한 경우, 논리의 비약이 심해서 생략된 부분이 많은 경우에 명료화 기술을 적용한다. 명료화시킴으로써 상담자는 검증되지 않은 가정과 추리에 의해 선불리 결론에 도달하지 않도록 하는 동시에 내담자로 하여금 상담자가 자신의 말을 정확히 이해하고 있고, 전력을 다해 자신의 말에 집중한다는 신뢰감을 심어줄 수 있다. 그러나 명료화 기술을 너무 자주 활용하면 대화의 자연스러운 흐름을 막게 되므로 빈도를 적절히 조절한다.

④ 개방적 질문(open-ended question)

내담자와 함께 나누는 감정, 사건, 경험을 더 깊이 공감하고 파악하기 위해 사용한다. 단정지어 '예/아니오'의 대답을 요하는 질문은 내담자 스스로 요약하고 정리할 수 있게 하고, 개방적 질문은 내담자에게 함께 나누는 이야기와 상황이 중요하다는 것을 나타내준다. 구체적으로 내담자 스스로 자기탐색을 할 수 있게 한다.

내담자: 엄마를 더 이상 만날 수 없어요. 동생은 많이 울었어요.
상담자의 개방적 질문: 그래, 동생은 울었구나. 엄마 생각하면 네 마음은 어떠니?

⑤ 직면(confrontation)

상담과정에서 내담자가 은연중 대화 속에서 모순, 불일치, 왜곡, 게임, 변명, 회피 등 각종 방어기제 등을 사용하여 자신을 은폐하려 할 때 사용한다. 상담자는 내담자의 대화 속에 숨어 있는 이런 혼란들을 드러내어 직면시킴으로써 내담자가 더 효율적으로 기능하도록 도울 수 있지만 내담자는 심리적으로 위축될 수 있다. 따라서 직면기법으로서 모순된 언행을 지적하는 일, 직면에 대한 내담자의 반응을 분석하는 일은 모두 내담자를 새로운 통찰로 이끌어 바람직한 변화를 유도하는 수단으로 활용되어야 한다. 상담자의 분노를 표출하거나 뚜렷한 목적 없이 직면 기술을 사용하는 것은 절대 금해야 한다.

내담자: 맨날, 완전히 동생은 엄청 많이 울어요. 그래서 저도 쪼금 울었어요.

상담자의 직면: 너도 동생도 엄마 생각하면 눈물이 나는구나. 그래서 동생처럼 실컷 울고 싶었구나.

⑥ 자기노출(self-disclosure)

상담자가 자신에 대해 어떤 것을 내담자에게 공개하여 내담자가 그것을 공유하게 하는 것이다. 자기노출을 통해 상담자는 자신의 생각, 가치, 느낌, 태도 그리고 여러 가지 정보를 내담자에게 드러내 보인다. 또 상담자도 내담자와 비슷한 경험을 겪었고 비슷한 느낌을 갖는다는 것을 보여 주기도 한다. 자기노출은 무엇을 해야 좋을지 모르는 내담자, 자신을 솔직하게 드러내기를 망설이는 내담자에게 도움이 된다. 그러나 자기 문제로 힘들어하고 있는 내담자에게 또 다른 부담이 되어서는 안 된다. 시기와 상황, 내담자의 상태를 고려해야 한다. 너무 자주 사용하지 말아야 한다. 자주 사용하면 내담자의 자기 문제 탐색을 방해하거나 상담자에게로 주의가 옮겨지게 된다.

내담자: 글쎄요. 그럴 때도 있고, 더 짜증날 때도 있고. 어떨 땐 소리도 지르고…….

상담자의 자기노출: 그래. 나도 울다가 소리 지르고 싶을 때 있어.

⑦ 즉시성(here and now)

내담자는 흔히 현재 자신이 대인 관계에서 겪는 문제에 직접 부딪치기보다는 과거에 집착하는 경향이 있다. 특히 부모상담에서 이러한 경향이 두드러진다. 과거사로 지나치게 초점이 되어 이야기되면 상담은 구체적이고 현실적인 문제를 젖혀둔 채 내담자의 과거에 대한 푸념과 넋두리로 채워질 가능성이 많다. 이럴 경우 상담자는 부모-자녀 관계에서 내담자가 경험했던 내용이 지금 현재의 상황에 어떻게 반영되고 있는지, 현재 내담자의 문제와 어떤 관련이 있는지를 질문함으로써 지금-여기로 되돌아올 수 있게 된다. 지나간 옛날이야기에 지나치게 탐닉하는 내담자들이 상담에서 지금-여기를 충분히 경험하는 것은 긍정적 효과를 가져올 수 있다.

내담자: 예전에 엄마랑 아빠랑 싸울 때 우리는 도망갔어요. 여기저기 막 다녔어요.

상담자의 즉시성 강조: 최근에도 그런 적 있었니? 어제 엄마와 아빠가 싸웠을 때는 어떻게 했니?

⑧ 침묵(silence)

내담자가 열심히 자신을 표현하고 있거나, 특별히 응대할 내용이 떠오르지 않을 때, 몸짓으로 대화하는 것이 바람직하다고 생각될 때 침묵을 지키며 내담자의 이야기 속으로 몰입해 들어간다. 입을 열어 말을 하지 않을 따름이지 상담자의 온 신경을 내담자에게 쏟아가며 열심히 귀 기울여 듣는 상태가 침묵이다. 따라서 내담자의 입장에서 보면 상담자가 비록 말은 하지 않지만 내담자의 말을 듣고 있으며 좀 더 듣기를 원한다는 것을 나타내주어야 한다. 또한 내담자가 생각을 정리하여 표현하도록 기다려 주는 끈기가 요구된다. 간혹 내담자가 상담자를 시험하기 위해 곤혹스러운 질문을 할 때는 침묵으로 응하는 편이 좋다. 침묵을 지킴으로써 상담자는 거짓말을 하지 않아도 되고 내담자의 시험을 피하는 효과도 얻을 수 있다. 그러나 상담자가 침묵반응으로 일관하는 것은 문제가 있다. 상담자는 필요하다고 판단될 때, 예컨대 내담자가 간절히 응답을 원하는 질문을 던질 때나 열심히 듣고 있음을 짧은 어구로 표시하고 싶을 때 침묵에서 벗어난다.

내담자: 엄마는 몰라요.

상담자: (표정으로 묻는다)……?

내담자: 아빠가 말하지 말랬어요.

상담자: (눈으로 내담자를 바라보고 고개를 끄덕인다) 그랬구나.

내담자: …….

상담자의 침묵: …….

(5) 아동상담에의 작용

인간중심 상담을 아동에게 적용하는 것은 몇 가지 어려운 점이 있다고 지적받아 왔다. 활동량이 많고 집중시간이 짧으며 언어 표현력이 풍부하지 않은 어린 아동들은 빠른 행동상의 변화를 계획하기 어렵다는 면에서 발달적 특성을 고려한 접근을 필요로 하였다. 그럼에도 불구하고 인간중심 상담이론은 아동의 성장 잠재력, 자기치유능력에 대한 신념으로 발전하여 아동중심 놀이치료의 철학으로 자리 잡게 되었다.

대표적인 인간중심 아동상담자 랜드리스는 인간중심 상담이론을 아동상담의 원리에 적용하였다(Landreth, 1991). 즉, 아동을 상담할 때에는 아동과 따뜻하게 보살피는 관계를 발전시키고 무조건적으로 수용하며, 다른 모습이기를 바라지 않는다. 아동이 완전하게 자신을 탐색하고 표현할 수 있도록 안전하고 허용적인 분위기를 만들어주고 아동의 감정에 민감하며, 자기 이해력을 발달시킬 수 있도록 아동의 정서를 부드럽게 반영해준다. 아동 스스로 문제를 해결할 수 있는 능력이 있음을 존중하여 그렇게 할 수 있는 기회를 허용한다. 아동의 내적 자기 안내를 신뢰하며 상담의 점진적 과정을 이해하고 서두르지 않는다. 치료적 제한을 설정하여 아동이 책임을 수용하도록 돕는다.

상담자는 부모상담 시에도 아동에게 했던 것처럼 부모를 존중하며 수용해준다. 아동의 문제가 부모-자녀 관계의 맥락에서 일어나기 때문에 부모들에게도 아동과 같은 도움이 필요하다. 거의 모든 부모가 자신이 아동의 문제와 관련이 있다는 인식을 하고 아이를 돕기를 원하기 때문에 부모참여는 상담에 많은 도움을 준다. 그러나 부모참여의 정도는 아동의 연령, 아동의 문제에 따라 다양해질 수 있다.

3) 행동주의적 접근

스키너(1904~1990)

반두라(1925~)

행동주의적 상담은 행동치료 또는 행동수정으로 불리며, 1950년대 정신분석과 더불어 가장 주류를 이루는 이론 중의 하나이다. 행동주의는 여러 학자들의 이론이 하나의 치료적 접근으로 활용되고 있다. 행동주의 접근에 기여한 학자로는 고전적 조건이론의 파블로프, 조작적 조건형성이론의 스키너, 사회학습이론의 반두라가 있다. 조작적 조건화 과정에 해당하는 행동수정과 고전적 조건화 과정에 해당하는 행동치료는 인간의 행동이 학습에 의해 형성되고, 환경이나 조건에 의해 형성된다고 보고 외현적 행동뿐만 아니라 정서나 공포도 학습된다고 전제한다.

그렇기 때문에 문제행동이 유발되는 동기가 인간 내면에 있다는 다른 접근과는 상당한 차이가 있고, 문제행동에 대한 해결 방식도 학습으로 해결한다. 행동주의 접근은 많은 학자에 의해 실험 연구된 방식이 일반화된 법칙으로 사용되면서 문제행동이나 사례에 따라서 다양한 접근과 방식으로 활용되고, 상담이나 심리치료뿐만 아니라 교육, 산업체, 재활 프로그램 등에서 다양하게 활용되고 있다.

행동주의에서의 인간은 환경에 반응하는 개체로서 자신을 변화시키고 통제하는 데 스스로 중심이 될 수 없는 수동적인 존재이다. 환경에 영향을 미치는 인간의 능력을 고려하지 않는다는 비판에 따라 최근의 행동주의 상담가들은 인간관을 변화시키고 있다(Bandura, 1974).

첫째, 인간행동은 부분적으로 환경을 창조할 수 있고 환경도 인간행동에 영향을 미칠 수 있다. 둘째, 인간은 자기조절을 할 수 있는 능력이 있다. 셋째, 환경과 서로 영향을 주고받는 인간은 자기를 지도할 수 있는 능력이 있다. 이러한 견해는 종래의 인간을 결정론적이고 기계적으로 보는 관점에서 인간의 자유나 의지 선택, 자신의 행동을 스스로 선택할 수 있는 능력을 가진 존재라고 하는 인간의 능동적 측면을 강조하는 경향으로 변화하고 있다.

표 5-2 행동주의 상담에 기여한 학자와 이론

행동주의 학자	이론
파블로프 (1849~1936)	실험을 통해 수동적 조건형성 과정을 밝히면서 반사가 중성자극으로 조건화될 수 있음을 증명하였다. 인간의 행동은 환경을 적절히 조작하면 원하는 학습을 성취할 수 있음을 시사하였다. 예) 개에게 물린 경험이 있으면 강아지에게도 공포가 생김
손다이크 (1874~1949)	효과의 법칙을 발견하여 인간의 행동이 유익한 효과를 낼 그 행동은 미래에 반복될 가능성이 크다. 특정 행동을 한 후에 긍정적인 보상이 주어지면 이후에도 그 행동이 지속된다. 예) 심부름을 한 후 용돈을 주면 심부름 하는 행동을 유지시킴
왓슨 (1878~1958)	모든 인간의 행동은 환경사건에 의해 통제될 수 있다고 하였다. 환경자극이 반응을 유발한다는 자극-반응심리학을 주창하였다. 환경이 아동발달에 가장 중요한 요인으로 보고 자극과 반응을 주의깊게 통제하면 아동을 원하는 대로 양육할 수 있다고 하였다. 예) 버릇없는 아이의 경우에는 엄격한 자녀양육방법을 사용하기
스키너 (1904~1990)	파블로프의 수동적 조건형성과 손다이크의 조작적 조건형성의 차이를 설명하였다. 인간행동의 조작적인 행동의 기초 원리를 자세히 설명하면서 인간행동을 실험을 통해 분석하였다. 따라서 행동이 유지되는 것은 만족스러운 결과가 발생하였기 때문이라 하였고, 이에 중요한 요인은 강화라고 했다. 예) 토큰 강화, 스티커 모으면 상품 주기
반두라 (1925~)	사회학습이론을 말하면서 강화가 없이도 인간행동이 외적 자극에 의해 조절되기도 하고, 강화되기도 하며 행동조절 기능은 인지중개과정이라고 하였다. 그리고 행동은 모델링을 통해 학습이 되고 행동, 인지과정, 환경요인의 영향을 밝히면서 행동 변화의 주체는 개인이라고 규정하였다. 예) 관찰과 모방을 통해 공격성, 성역할 행동을 학습하는 과정

(1) 주요 개념

행동주의적 접근은 성격의 구조나 발달, 역동보다는 행동의 변화에 관심을 가지고서 외현적으로 변화 가능한 행동의 수정을 목표로 삼는다. 행동의 변화는 유전적 기초 위에 자극, 반응, 반응의 결과, 인지 구조의 상호관계에 의해 이루어진다. 과거에는 행동의 변화를 설명하는 데 있어서 자극에 대한 반응과 결과, 반응과의 상호연관성에 중점을 두었으나, 최근에는 인지적인 측면이 강조되어 행동을 스스로 변화시킬 수 있다는 측면에 초점이 맞추어지고 있다. 또한 인간의 행동 변화는 다른 사람들의 행동을 관찰하면서 행동이 학습되기도 한다. 그리고 외적 보상에 의해서만 행동이 변화하기보다 내적인 규제에 의해서도 행동이 변화한다. 이러한 내적인 변화는 자신의 행동을 평가하고 자기를 강화하고 처벌하는 것을 통해 이루어질 수 있다.

① 고전적 조건형성

반응을 유발하지 않았던 중립자극이었던 것이 조건화 과정을 거치면서 자동적인 반사반응이 되는 것이다. 파블로프의 실험에서 개는 음식을 보면 침을 흘리면서 반응을 한다(Pavlov, 1928). 그는 개에게 음식을 주기 전에 종(중립자극)을 쳐서 소리를 들려주고 음식을 주었다. 개는 처음에는 종소리에 반응하지 않지만, 이러한 자극이 계속 주어지면 무조건 자극(UCS: unconditioned stimulus)인 음식을 제시하기 전에 종소리(조건자극)만 들어도 무조건반응(UCR: unconditioned response)인 침을 흘리게 된다. 이 실험에서 중성자극이었던 종소리가 음식과 함께 제시되면서 조건자극(CS: conditioned stimulus)으로 변화하였다. 이러한 과정을 적용하여 소거(extinction), 자극일반화(stimulus), 자극변별(stimulus discrizonation)을 행동수정에 활용하고 있다.

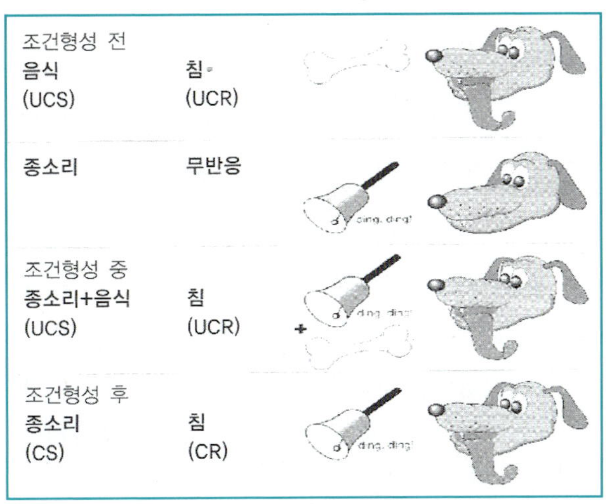

그림 5-2 고전적 조건형성의 과정

② 조작적 조건형성

원하는 자극을 얻기 위해서 스스로 환경을 조작하거나 변화시키는 것이다. 스키너는 '스키너 상자'라는 작은 상자를 만들어 작은 쥐를 넣고 음식과 지렛대를 제시하였다(Skinner, 1938). 지렛대를 누르면 먹이가 주어지게 되자 쥐는 지렛대를 누르면 음식이 나온다는 것을 알고, 점차 지렛대를 누르는 횟수가 많아지게 되었다. 쥐가 만족해하는 음식이 강화물로 주어지는 실험에서 스키너는 바람직한 행동을 적절한 강화물을 통해서 형성시킬 수 있음을 발견하였다.

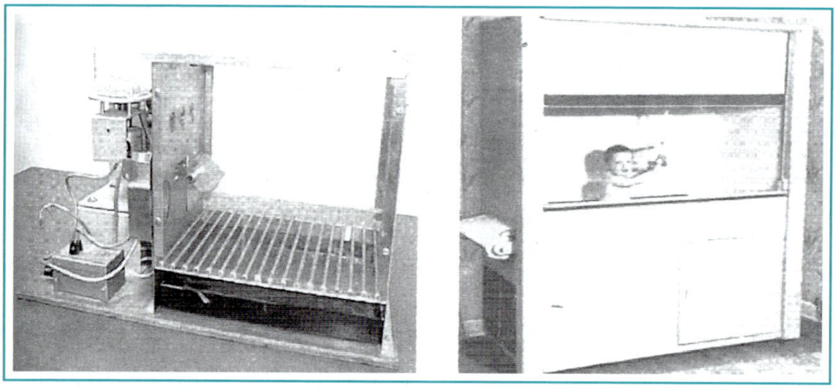

그림 5-3 조작적 조건형성 이론을 검증을 위한 스키너 상자와 실제 아기상자

③ 모델링

사회적 환경 속에서 모방을 통하여 학습하는 것을 말한다. 인간의 행동 대부분은 조건이 제시된 상황에서 행동을 습득하기보다 관찰을 통해서 학습된다. 따라서 행동을 모방하는 대상이 되는 모델이 중요하다. 모델링을 통한 학습은 강화를 받지 않아도 행동이 유지된다. 또한 모델을 관찰하는 관찰자에게는 모방하려는 동기가 발생해야 하고, 관찰자의 특징에 따라서 모델의 효과와 모델 제시 방법은 달라질 수 있다. 행동수정에 적용하는 기법으로는 관찰학습, 대리적 강화 등이 있다.

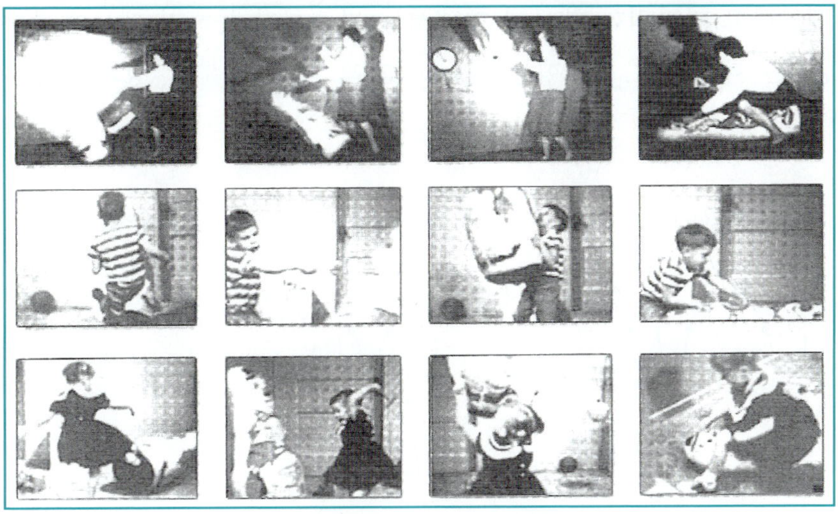

그림 5-4 어른의 폭력행동을 모델링함을 증명한 반두라의 실험

④ 강화

정적 강화는 내담자가 바람직한 목표행동을 했을 때 긍정적인 사건을 출현시켜 목표행동의 빈도를 증가시키는 것으로, 행동주의 상담에서 가장 빈번히 사용되는 방법이다. 부적 강화는 목표했던 바람직한 행동을 했을 때 아동이 싫어하는 자극을 제거해 주는 것이다. 부적 강화는 지속적인 정적 강화로 긍정적 보상이 효과가 없을 때 활용할 수 있는 방법이다. 예를 들어, 등교 전에 방을 깨끗이 정리하면 아동이 싫어하는 수학학습지의 분량을 줄여 준다거나, 점심에 싫어하는 반찬을 먹지 않아도 되는 것이다.

⑤ 소거

강화된 행동에 대해 강화를 줄여서 강화행동의 빈도를 감소시키는 것이다. 소거는 행동의 출현을 감소 혹은 제거시키는 좋은 방법이지만 효과가 점진적으로 나타나기 때문에 파괴적이거나 심한 방해와 같이 다급한 문제에는 적합하지 않다. 소거는 잘못된 행동결과에 대해서만 결과를 제공하고 바람직한 행동에 대해서는 가르치지 못하기 때문에 소거과정에서는 대안적인 적응행동(바람직한 행동)에 대한 충분한 강화가 동시에 활용되어야 한다.

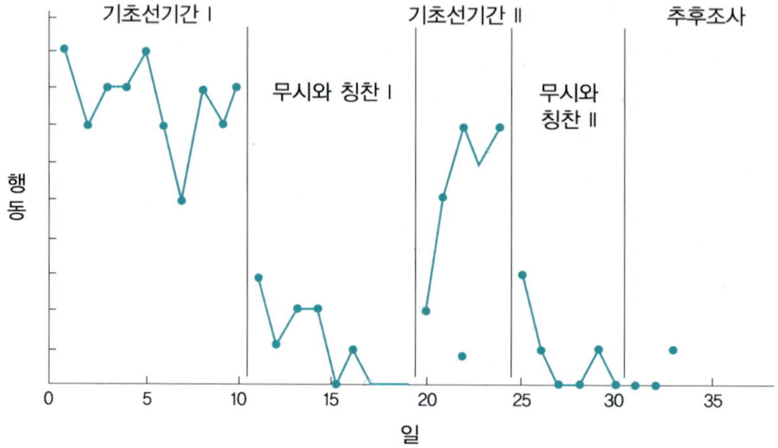

*출처: 이성진·홍준표(1988). 행동수정의 원리. 서울: 교육과학사. p.48.

그림 5-5 문제행동의 소거를 위한 기초선 측정과 행동수정의 효과

⑥ 토큰경제

바람직한 행동에 대한 칭찬이나 물건으로 보상해주는 긍정적인 강화의 방법이 효과가 없을 때 강화물로 사용하는 체계적인 강화 프로그램이다. 스티커나 상표 등의 토큰을 바람직한 행동에 대해 일차적으로 강화하고, 후에 토큰들을 모아 희망하는 후속 강화물(음식, 놀잇감, 희망활동)로 교환된다. 목표행동을 했을 때 얻어지는 토큰의 수, 토큰으로 바꿀 수 있는 후속 강화물의 선정 그리고 후속 강화물로 교환할 수 있는 토큰 수는 아동의 발달수준과 행동 특성에 따라 적절히 결정한다. 문제행동의 변화를 지속적으로 유지하는 데 바람직한 방법이다. 목표행동의 결과에 대해 즉각적인 보상을 줌과 동시에 후속 강화물(토큰으로 바꿀 수 있는 물건이나 활동)의 큰 만족을 얻기 위해 토큰을 모아가는 과정은 욕구와 만족을 지연시킬 수 있다.

⑦ 벌

바람직하지 않은 행동 후에 혐오적인 사건을 출현시키거나 긍정적인 사건을 제거함으로써 바람직하지 않은 행동의 빈도를 감소시키는 것이 벌이다. 그러나 벌은 바람직하지 않은 행동에 대한 반응이기 때문에 벌의 내용이 중요하다. 벌은 내담자에게는 혐오스러워야 하지만, 벌이 흥밋거리를 제시하면 행동수정에 대한 효과가 감소한다.

(2) 정신병리

행동주의 상담에서는 이상행동이나 정상행동 형성과 유지의 과정이 동일하다고 본다. 행동주의에서는 특정한 행동을 이끌어내고 유지키시고 제거하는 환경적 반응이나 사건들 간의 상호작용과 관련성을 강조한다. 인간의 사고·정서·행동 모두가 내담자를 둘러싼 자극과 반응 간의 연결을 통해 조건형성을 한다. 정신병리는 이러한 조건형성 과정을 거쳐 잘못 학습된 습관이 환경의 규범이나 가치와 부조화할 때 나타나는 행동양상이다. 따라서 행동주의 상담자는 이상행동의 원인을 행동이면의 무의식에서 찾고 진단명에 의미를 두지 않는다.

(3) 상담목표 및 과정

행동주의 상담은 포괄적이고 모호한 궁극적인 진술로 상담의 목적을 진술하기보다는 구체적으로 관찰 가능한 행동의 서술로 목표가 진술되어야 한다. 또한 내담자에 따라 각기 다르게 진술되어야 한다. 즉, 내담자에 따라 각기 다른 행동목표로 진술된다는 것은 상담목표가 개별화되고 개인에게 적절해야 힘을 말한다. 따라서 상담목표는 내담자 자신이 자신에게 구체적으로 유의미하도록 정해야 한다. 행동주의 상담에서 상담의 목표는 내담자가 수정하고 싶은 행동을 명확히 구별하고 상담 전략이나 구체적인 방식을 선택하는 데 준거를 제시하며, 상담목표가 사전에 규명된다. 그래야 목표 달성 여부를 평가하는 데 준거로 사용할 수 있기 때문이다.

① 상담 관계 형성의 단계

행동주의 상담이 기계적이고 인간을 대상화한다고 하지만 상담 관계의 형성이 다른 이론 못지않게 중요하다. 상담 초기에 내담자와 상담자의 관계 형성은 앞으로의 해결과제를 수행하는 데 큰 힘이 된다. 따라서 다른 상담이론에서 적용되는 상담자의 긍정적이고 온정적인 태도, 내담자에게 공감하는 태도가 일반적으로 적용된다. 특히 상담 관계가 강조될수록 상담의 효과가 긍정적이다.

② 문제행동 규명과 목표행동 결정의 단계

상담자와 내담자 간의 신뢰 관계가 형성된 후에는 문제행동을 규명한다. 문제행동에 대해 내담자가 인식한 행동은 구체적으로 동사의 형태로 기술되어야 한다. 문제행동을 규명한 다음에는 목표행동을 결정한다. 상담자는 내담자가 목표행동을 정의하고 조작하도록 돕는다. 문제행동이 주변의 기대에 부응하지 못한 것 때문인지 아니면 정상적인 규준에 비추어 일탈된 행동인지를 밝힌다. 이 평가는 문제행동뿐 아니라 내담자 환경규준도 함께 포함한다. 이때 내담자가 여러 가지 문제행동을 보이더라도 그중 한 가지만을 목표행동으로 정해 행동수정을 실시하는 것이 효과적이다. 문제행동 중에서 목표행동은 일상생활 부적응에 크게 영향을 주는 행동, 보상을 받아 그 빈도가 증가될 수 있는 행동이다. 즉, 아동이 그 행동을 유발할 가능성이 큰 행동으로 결정하는 것이 바람직하다.

③ 현재의 상태 파악의 단계

현재의 행동 빈도와 강도를 측정하여 기초선을 파악한다. 문제가 되는 어둠의 행동을 직접 관찰하여 문제행동의 빈도를 파악하면 문제행동의 강도에 대한 주관적인 평정도 이루어져야 한다. 기초선을 치료개입이 있기 전과 개입 중, 개입 후의 행동을 비교하는 데 기준이 되므로 치료효과를 측정하는 근거가 된다.

④ 상담목표의 설정

상담목표 설정 시 내담자가 현재 보이는 상태를 충분히 반영하되 내담자가 적극 참여하게 행동목표를 설정한다. 행동목표를 정하는 준거는 내담자가 바라는 목표여야 하며 상담자가 도와주고 싶은 목표여야 한다. 또한 상담목표는 측정할 수 있는 행위여야 한다. 또한 내담자에 의해 수행될 구체적인 행동으로 진술되어야 하고, 바라는 행동 수준, 행동이 일어나는 조건을 함께 진술해야 한다.

⑤ 상담기술의 적용

내담자의 행동에 계속 영향을 미치고 그 행동을 유지하는 환경 조건에 초점을 두고 내담자의 행동수정을 도울 수 있는 기술을 구성·적용한다. 한 가지 문제행동을 목표로 고안된 상담은 평가 자료를 토대로 하여 적합한 행동수정기법을 선택한다. 행동수정기법을 실시하는 데 행동이 나타나는 빈도를 정확히 기록하면서 목표행동의 증가에 적합한 기법을 실시하게 된다. 즉, 바람직한 행동을 증가시킬 수 있는 다양한 강화와 바람직하지 못한 행동을 감소시키기 위한 벌과 대안(무시하기, 권리 박탈, 타임아웃, 소거와 차별, 강화 등)을 내담자의 상황에 따라 적절하게 적용한다.

⑥ 상담결과의 평가

구체적으로 진술한 상담목표와 내담자의 구체적인 행동에 기초하여 상담을 평가한다. 상담평가는 상담이 진행 중일 때도 이루어져 적용기법이 비효율적일 때는 다른 기법으로 대체시키는 데 활용하기도 한다. 중간에 실시하는 평가는 내담자의 행동을 이해하는 데 중요한 정보가 되고, 새로운 기법을 적용함으로써 목표행동에 도달할 수 있는 근거가 되기도 한다. 상담기간 중에 변화된 행동을 유지시킬 수 있는 계획을 세운다. 바람직한 행동의 변화가 지속되고 다른 상황으로 일반화될 수 있는 전략을 계획한다. 예를 들어, 불안이 심한 아동이라면 앞으로 불안한 상황을 잘 다룰 수 있도록 대처기술을 직접 가르치는 데도 관심을 가져야 한다.

⑦ 상담의 종결

강화물이 없이도 목표행동이 유지되고, 다른 상황에서도 목표행동이 일반화될 때 행동수정의 실시를 종료한다. 상담이 종결된 후에도 이러한 상태가 지속되고 있는지를 상담자가 추후 상담을 통해 점검한다.

(4) 상담기법

다음은 행동주의 상담에서 주로 사용하는 기법이다. 불안을 제거하기 위한 체계적 둔감법이나 바람직한 행동이 획득되고 유지되도록 하기 위해 사용하는 다양한 방법들은 다음과 같다.

① 체계적 둔감법

상담자는 내담자 정보를 토대로 불안을 유발하는 자극을 모은다. 불안 유발자극의 강도나 빈도 면에서 위계적 순서로 배열한다. 아동이 이완을 느낄 때 불안을 느끼게 하는 자극을 점진적으로 체계적으로 제시하면 불안이 제거된다.

② 자기표현 훈련

주로 과도한 자기억제로 인한 불안을 감소시키기 위해 자기가 말하고 싶은 것을 말하도록 훈련시키는 과정이다. 자기표현 훈련과정에서는 우선 내담자에게 사람은 스스로 결정할 권리와 자신의 생각과 감정을 표현할 권리가 있음을 인식시켜야 한다. 이러한 자기권리에 대한 인식이 생기면 문제의 대인 관계 상황에서 필요한 자기표현 행동을 상담자의 지시에 따라 연습한다. 즉, 비위협적인 상담 장면에서 먼저 연습을 한 다음 실제 생활 장면에서 활용하게 한다.

③ 행동수정

최종 행동목표를 설정하고 현재 아동이 그 목표행동과 얼마나 유사한 행동을 할 수 있는지 파악한 후 최종 목표에 이르기까지의 단계들을 나눈다. 내담자에게 가장 쉬운 단계부터 수행하도록 요구하고 성취하면 그 행동을 강화한다. 점차로 최종 목표에 이를 때까지 꾸준히 계속 지도한다.

④ 행동연습

실제 상황에서 행동하기 전에 연습 상황에서 새로운 행동을 연습하게 하는 것이다. 실제보다 편안한 상황에서 연습해보도록 돕는다. 상담자는 새로운 행동의 시도와 목표달성 시 강화와 지지를 해준다. 역할극은 행동연습의 좋은 예이다. 개방적이고 부담없는 분위기를 조성한 후 주어진 역할을 연습하게 한다. 그 역할이 바라는 행동에 좀 더 근접할 수 있도록 격려와 평가를 해준다. 내담자가 이러한 역할연습을 하면서 경험한 것들을 실제 생활 장면에서 활용한 후 함께 긍정적인 부분에 대해 평가한다.

⑤ 행동계약

정해진 기간 동안 내담자가 할 행동을 분명하게 명사하여 그것을 지키기로 약속하는 것이다. 일반적으로 이행, 불이행의 수준, 기간에 관한 상세한 내용으로 구성된다. 잘 지켜지면 기준에 따라 강화를 즉시 제공한다. 일반적으로 체중관리, 알코올중독치료 등에 다양한 방법으로 사용된다. 계약내용 밑에는 내담자와 상담자 그리고 보호자의 서명을 한 후 잘 보이는 곳에 게시하거나 정해둔 곳에 잘 보관한다.

(5) 아동상담에의 적용

행동주의 상담은 문제에 기저의 원인을 다루지 않고 문제의 증상에만 중점을 두는 피상적인 형태의 치료라는 비판을 받아왔다. 행동의 원인을 심층적으로 해결하지 않았기 때문에 또 다른 문제행동 증상이 나타날 수 있다. 또한 아동들의 자율적 통제에 대한 언급 없이 외적 보상에 의해 행동을 유지하는 것에 대해 반대의견이 많다. 마지막으로 행동주의 상담은 다른 상담이론에 비해 상대적으로 내담자와 상담자 관계 형성의 효과보다는 기계적이고 비인간적이라는 비난을 받아 왔다.

행동주의 상담이 효과적이기 위해서는 처음에는 외적 강화에 의해 바람직한 행동을 유발한 후 점차 아동이 스스로 만족하여 외적 강화물 없이도 목표행동을 수행하는 내재적 동기화의 단계까지 이어져야 한다고 제안한다. 행동주의 상담은 분명하고도 체계적인 상담과정을 제공하므로 상담자에 의해 내담자에게 맞추어 설계된 치료프로그램을 실행할 수 있다는 장점이 있다. 그러나 프로그램의 실행과정에서 전문가에 의한 정기적인 평가와 자문이 반드시 필요하다. 또한 아동의 환경에서 중요한 구성원들이 협력상담자의 역할을 하도록 한다. 문제행동의 예방뿐 아니라 상담 후에도 지속시키기 위해 부모훈련과 부모교육을 병행하는 사례가 많다.

4) 인지행동적 접근

사진의 왼쪽이 벡(1921~)이다. 로드아일랜드의 프로비던스에서 태어났고 어려서부터 몸이 약해 투병생활을 오래하였다. 그 영향으로 학교생활을 오래하지는 못했고 투병으로 인해 공포, 두려움, 불안에 대한 경험을 많이 하게 되었다. 이러한 경험을 토대로 이를 치유하는 심리치료이론을 만들게 되었다. 브라운대학과 예일대학에서 의과대학을 졸업하였고 정신의학에 관심을 가지면서 인지치료를 주창하였다. 인지치료는 우울증의 부정적인 신념이나 인지적인 왜곡을 이해하는 데 많은 도움이 되었고, 이를 치료하는 데 현재 많이 활용되고 있다. 사진의 오른쪽은 엘리스(1913~2007)이다. 미국 피츠버그 출생으로 뉴욕에서 주로 살았으며 어려서는 신장염과 당뇨로 인해 투병생활을 했다. 그는 건강을 관리하면서 스스로 활력 있는 삶을 살게 되었고 심리상담에 관심을 보이면서 심리학자가 되었다. 초기에는 정신분석에 심취하였다가 정신분석이 인간행동의 변화에 어려움이 있음을 알게 되었다. 그래서 엘리스는 행동변화의 효과적인 방법을 찾기 위해 인본주의적·철학적·행동적 심리상담치료를 결합하여 합리적 정서치료를 만들어냈다. 합리적 정서치료는 성인교육이나 연구를 통해 많이 알려졌고, 인간의 신념과 정서의 관계 밝혀 정서적 혼란을 예방하고 제거하는 데 효과적인 치료법으로 활용되고 있다.

인지행동치료의 토대가 된 인지적 접근(cognitive approach)의 효시는 기존의 정신분석학이나 행동주의이론과는 전혀 다른 인간관을 제시한 조지 켈리에 의해서이다(George Kelly, 1955). 그는 "사람들은 자신의 삶에서 일어나는 사건들을 이해하려는 욕구와 동기를 갖고 있으며, 인지적 수단을 동원하여 이런 목표를 추구한다"고 하였다. 인간은 자신이 처한 환경을 표상하는 역량을 가진 능동적인 존재이다. 이러한 새로운 흐름은 미국 펜실베이니아대학의 정신과에서 우울증을 치료하던 벡에게 이어져서 '인지치료(cognitive therapy)'라는 용어로 구조화되었고, 단기적이며, 현재지향적인 심리치료이론과 기법으로 정립되었다.

인지행동치료가 1970년대 중반에 처음 소개된 이후, 짧은 기간 동안 인지행동치료는 유럽 및 북미를 비롯한 전 세계에 널리 보급되었다. 우리나라에서도 임상장면 곳곳에서 인지행동치료를 시행하는 임상심리학자, 정신과의사를 비롯한 정신보건 전문가들이 증가하고 있다.

인간은 합리적이고 올바른 사고와 비합리적이고 올바르지 못한 사고, 모두를 할 수 있는 인지도식을 가지고 태어난다. 인간이 비합리적으로 생각하고, 자기파괴적 습관과 비현실적 욕망을 지니며, 인내하지 못하는 경향은 문화와 가족에 의해 더 악화된다. 이러한 심리적 문제를 자초하는 인지도식은 어린 시절의 경험과 부모, 교사 등 성장시킨 사람에게서 사고성향이 길러지므로 매우 중요하다. 인간의 인지, 감정, 행동은 서로 상호작용을 한다.

인지행동치료에서는 인간의 감정이나 행동이 어떤 사건이나 상황 자체 때문이 아니라 그것에 대한 자신의 '주관적인 해석'에 의해서 영향을 받는다고 가정한다. 똑같은 일에 대해서 사람들은 같은 반응을 보이지 않고, 각기 다른 개인적 의미를 느낀다고 본다. 그리고 모든 심리적 문제의 이면에는 왜곡되고 역기능적인 생각과 믿음이 자리잡고 있다고 전제한다.

벡은 인간이 가지는 역기능적인 인지도식은 성장 후에도 일상생활에서 스트레스 사건을 경험할 때 부정적인 내용의 자동적 사고를 하기 때문에 심리적인 문제가 발생한다고 보았다. 따라서 인지행동치료에서는 사고, 판단, 결정, 분석, 행동 등의 인지적 접근이 강조된다.

(1) 주요 개념

사람의 행동과 정서는 그가 세계를 어떻게 구조화하느냐에 따라 결정된다. 구조화, 즉 세상을 어떻게 보느냐는 그 사람의 인지에 달려있다. 인지는 의식화되는 언어적 및 영상적 생각이며, 개념(과거 경험에서 형성된 생각의 틀)에 근거한다. 한 개인의 인지구조는 대개 체질적 요인과 과거 경험(어린 시절 부모와의 이별, 학업적 성공이나 실패)에 의해 형성된다.

① 인지매개 가설

우리의 감정이나 행동이 인지에 의해 결정된다고 가정하는 것이다. 즉, 각 개인은 자기 주위에서 일어나는 사건에 수동적으로 반응하는 것이 아니라 능동적으로 그 사건에 의미를 부여하고 반응한다. 어떤 경험을 했을 때 각자에게 중요한 것은 현상에 대한 객관적인 실재(objective reality)보다는 자신이 현상에 대해 능동적으로 의미를 부여하여 구축한 주관적 – 개인적 실재(personal reality)라고 할 수 있다.

② 자동적 사고(automatic thought)

우리의 감정과 행동에 결정적인 영향을 미치면서도 쉽게 의식되지는 않는 사고이다. 말 그대로 자동적으로 드는 생각이고, 매우 신속하게 스치고 지나가는 생각이어서, 우리 스스로는 자신이 그러한 생각을 했는지조차 잘 인식하지 못하는 '스쳐 지나가는 생각'이 바로 자동적 사고이다. 모든 사람이 자동적 사고를 하기에, 자동적 사고를 한다는 것 자체는 문제가 되지 않을 수 있으나, 우리가 자동적 사고를 인식하지 못하고 무비판적으로 수용한다는 것은 문제가 된다.

어떤 사람이 정서적인 문제를 갖고 있는 경우 이를 해결하려면 그 자신도 모르게 '스쳐 지나가는 생각'을 정확히 인식하고, 이를 현실적으로 평가해보아야 한다고 강조한다. 체계적이고 효과적인 훈련과 노력을 하여 현실적이고 합리적인 것을 선택하는 것이 바로 인지행동치료이다. 이것은 단지 생각을 긍정적으로 하거나 결심을 새로이 하는 것을 넘어서서 자기 내면의 감정과 행동을 좌우하는 스쳐 지나가는 생각, 즉 자동적 사고를 고쳐 나가야 하는 것이다.

(2) 정신병리

인지행동치료에서는 아동의 부적응행동을 잘못된 사고과정의 결과로 본다. 치료의 주요 과제는 아동의 잘못된 사고과정을 스스로 통제함으로써 문제 상황에 대처할 수 있도록 대안적 방법을 가르치는 것이다.

인지행동치료는 부정적 사고와 부적응력 신념을 인식하고 변화시키는 것을 강조한다. 사람들이 느끼고 행동하는 방식은 자신의 경험을 자각하고 구조화시키는 방식에 의해 결정된다고 믿는다. 인간의 감정과 행동은 객관적 현실보다는 주관적으로 구성한 현실에 의해서 결정된다고 보고 자기 자신, 다른 사람, 주변 세상 그리고 미래에 대한 왜곡된 구성과 집착 때문에 고통스럽다고 하였다.

인지행동치료에서 심리적 문제의 원인이 되는 인지적 왜곡이란 다음과 같다.

- 임의적 추론: 지지할 만한 적절한 증거도 없이 결론에 도달하는 것
- 선택적 추론: 전체에 근거하지 않은 부분적인 세부사항을 근거로 결론을 내리는 것
- 과잉 일반화: 단 하나의 사건을 근거로 형성된 극단적인 신념을 유사하지도 않은 다른 경우에 부적절하게 적용하는 것
- 확대와 축소: 어떤 것의 실제 가치보다 더 크게 또는 더 작게 지각하는 것
- 개인화: 관련지을 만한 근거의 타당성 없이 외적 현상과 자신을 관련짓는 것
- 명칭화: 불완전성과 과거 실수에 근거해 자기정체감을 형성·묘사하고 이를 자신의 진정한 정체감으로 정의하는 것
- 극단적 사고: 흑백논리로 사고하고 해석하며 경험을 어느 한 극단으로 범주화하는 것

정상적인 반응을 하는 사람은 비판적인 사고과정을 통해 현실을 정확히 지각해야 한다고 하였다. 사고와 인지과정에 문제가 있기 때문에 정신병리가 나타난다고 믿는다. 따라서 인지행동치료에서는 단기간의 구조화된 치료기법으로 상담자와 내담자가 함께 치료목표를 달성하기 위해 노력해야 함을 강조한다.

(3) 상담목표 및 과정

인지행동치료의 목표는 내담자의 왜곡되었거나 경직된 생각을 찾아내어 이를 현실적이고 타당한 생각으로 바꾸는 것이다.

인지적 관점에서 인지행동치료는 내담자가 중심 도식에 이르는 자동적 사고를 이용함으로써 생각하는 방식을 변화시키고, 도식을 재구성하는 사고를 시작하도록 변화시키는 과정이다. 내담자는 상담이 진행됨에 따라 점차적으로 자신이 어떤 사건에 반응할 때 객관적인 현상 그대로의 사건에 반응하는 것이 아니라, 자신의 주관적 인식으로 해석된 사건에 반응한다는 것을 깨닫는다. 내담자가 이런 부정적으로 순환하는 인지의 틀에 갇혀 있음을 실제로 인식할 수 있게 한다. 그리고 더 나은 다른 융통성 있는 관점을 갖도록 새 인지반응, 새 행동반응을 연습시킴으로써 우울과 불안의 문제들을 경감시킨다.

행동주의적 관점에서 인간의 행동은 정상행동을 벗어난 행동이면, 이는 신체의 기능 변화를 동반한 사고·감정의 장애가 학습된 결과이다. 이런 잘못된 행동을 학습이론에 따라 체계적으로 교정하여 증상의 해소 및 건설적인 행동으로 다시 학습하고 훈련하는 과정이 인지행동치료이다. 다음은 인지행동치료의 주창자인 벡의 상담과정이다.

① 사례 개념화의 단계

인지치료를 시작하기 전에 내담자의 상태를 평가하면서 내담자가 인지치료에 적합한지 판단한다. 인지치료는 비구조화된 치료법이지만, 치료과정에서 내담자 문제의 성격, 상담자의 계획, 상담의 진전 상황 등에 따라 융통성 있게 달라질 수 있다.

② 치료 관계 형성의 단계

치료동맹이 형성되면 내담자가 호소하는 문제를 구체적이고 체계적으로 탐색하여 명료화한다. 상담목표는 내담자와 합의하여 설정하고 내담자가 인지치료 원리를 알 수 있도록 간략하게 설명한다. 치료 초기에 설정되는 상담목표는 내담자가 가장 시급하게 해결하기를 원하고 변화 가능성이 높은 것을 택한다. 이 시기에는 상담에 대한 저항과 부정적인 반응이 탐색될 수 있으며 이에 대한 반응을 다루어 준다.

③ 인지치료적 개입의 단계

내담자의 주요 증상이나 문제를 상담목표로 설정하였으면 그와 관련된 자동적 사고에 초점을 맞추어 하나씩 집중적으로 다루어 나간다. 자동적 사고의 탐색을 위해 기록지를 사용하여 자신의 감정 변화나 그와 관련된 사고 내용에 대한 자기 관찰을 하도록 한다. 기록된 내용을 보고 직접적으로 논박하기보다 소크라테스식 대화법을 통해 내담자 스스로 자신의 사고 내용을 평가해 보도록 한다. 이 시기에는 내담자가 스스로 일상생활에 적용해 보도록 기록지를 활용해 꾸준히 반복하는 것이 중요하다. 내담자의 문제에 따라 행동수정을 적용할 수 있다.

인지치료 전반에 내담자의 문제가 어느 정도 해결되면 자동적 사고의 바탕을 이루는 좀 더 근원적이며 심층적인 역기능적인 신념에 초점을 맞추어 나간다. 이것은 인지적 취약성의 역할을 하는 역기능적인 신념을 변화시키는 것이 같은 심리학적인 문제를 경험하지 않게 하는 좀 더 근원적인 치료방법이기 때문이다.

④ 종결의 단계

상담목표로 정했던 내담자의 심리적 문제가 호전을 보이고 안정된 상태가 되면 종결을 준비한다. 인지치료 종결 시에는 종결 후 예상되는 문제 및 상황을 예견하고 그러한 상황에 대한 인지치료 기법의 적용계획을 함께 논의한다. 인지치료는 일종의 학습과정으로 평생 동안 지속되는 과정임을 인식하고, 내담자가 실생활에서 활용할 수 있게 돕고 2~3개월 후에 생활에서 적응 상태를 확인해본다.

(4) 상담기법

인지행동치료에서 상담자는 교육자인 동시에 자문가이며, 때로는 코치역할을 해야 한다. 내담자의 문제에 대한 해답을 제공하는 대신 문제해결 과정에서 해결책을 명확히 고르고 선택하도록 내담자를 돕는다. 내담자가 상담자의 코치를 받아 자신의 해결책에 도달하면 스스로 긍정적인 피드백을 얻게 되고, 상담자의 격려와 칭찬을 통해서 내담자의 문제해결 과정에 해결자가 아닌 협력자로서의 위치를 지킨다. 재 귀인하기, 인지왜곡 명명하기, 흑백논리에 도전하기, 파국에서 벗어나기, 장단점 열거하기, 인지적 예행연습하기 등의 기법을 활용한다. 아동들은 일일 자기생활 관찰표 작성하기, 시간 계획표 작성하여 지키기, 점진적인 과제 수행표를 만들어 실행하기, 긍정적 경험을 체험하고 평가하기, 스트레스 대처하기, 긴장이완법 훈련하기, 사회적 기술 훈련하기, 의사소통기술, 문제해결 기술, 자기주장, 역할연습하기 등의 훈련을 한다. 그러나 이러한 인지행동치료 학습과 훈련에서 중요한 것은 의미가 수반되지 않은 기계적 학습은 효과가 없다는 것이다. 본인이 스스로 자기진술의 개인적 의미를 갖고 내면화하기 위해서는 모델의 역할이 중요하고 이를 실천하려는 내담자의 충분한 노력이 있어야 한다.

① 인지적 중재

자기대화(inner speech)와 자기교시훈련(self-instruction training)을 통한 인지평가를 명료화하고 더 적응적인 사고법을 익히도록 중재한다.

② 행동적 중재

인지적 중재기술과 함께 모델링, 역할극, 표출 경험, 이완훈련, 조건강화 등을 훈련한다.

③ 스트레스 다루기

스트레스가 유발되는 상황에서 표출을 효과적으로 할 수 있도록 한다. 스트레스 수준과 표출과제를 좀 더 높은 단계로 조정하되 회피는 인정하지 않는다.

(5) 아동상담에의 적용

아동을 대상으로 한 인지행동치료에서는 놀이와 구조적인 활동을 통해서 의사소통을 한다. 이때 상담자와의 활동과 놀이는 아동의 어려운 문제를 해결하는 데 결정적인 역할을 하며, 치료과정에서 상담자의 적극적인 개입을 강조한다. 인지치료는 상담자가 아동에게 조절, 숙달, 행동변화에 대한 책임의 소재를 알리고, 변화의 열쇠는 아동 자신이라는 것을 알려주어서 왜곡된 사고과정과 비합리적 신념 등을 수정하고 정체감을 형성하도록 돕고 자신에 대한 이해를 발달시킨다. 아동에게 모방을 할 수 있도록 적절한 모델링을 제공해주는 것으로 아동이 모방할 수 있게 한다.

인지행동치료는 가족 간의 상호작용을 강조한다. 사람들은 자신의 최초 가족에 대한 도식에서 출발한 가족체제에 대한 도식이 그가 가족체제에 대해서 생각하고 느끼고 행동하는 방식에 큰 영향을 미친다.

인지행동치료에서 가족상담의 목표는 가족의 상호관계에 역기능을 일으키는 문제행동을 수정하고 바람직한 행동을 증가시키는 것이다. 그리고 행동의 변화뿐만 아니라 서로의 행동에 부정적인 영향을 미치는 비현실적 기대, 비합리적 신념 그리고 인지적 오류 등을 수정하여 의사소통과 문제해결 기술의 향상을 통해 문제해결과 가족 관계의 발전을 가져오게 하는 것이다. 또한 어린 자녀를 둔 부모들에게 사회학습이론과 행동수정기법을 교육함으로써 부모가 행동수정 원리를 사용해서 자신의 문제와 자녀의 행동을 수정시켜서 긍정적인 행동을 증가시키는 것을 목적으로 부모훈련 프로그램을 수행하기도 한다.

5) 정서행동적 접근

합리적 정서행동치료(Rational Emotive Behavior Therapy: REBT)는 엘리스에 의해 창시되었다. REBT는 인간의 심리적 고통은 어떤 사실에 의거해서가 아니라 비합리적인 사고방식으로 생긴다고 보았기 때문에, 이성적·인지적·지성적 사고과정을 강조하고 있다.

(1) 엘리스의 생애

앨버트 엘리스(Elbert Ellis: 1913~2007)는 1913년 미국 피츠버그(Pittsburgh)에서 3형제의 맏이로 태어나 4살 때 뉴욕으로 이주하였다. 아버지는 소규모 사업으로 인하여 자주 집을 비우곤 하였다. 어머니는 조울증 환자로 자녀를 거의 돌보지 못하였다. 그래서 7살 때부터 엘리스는 두 살 어린 남동생과 네 살 어린 여동생까지 돌보아야만 했다. 게다가 엘리스는 신장에 문제가 있어 어린 시절, 여덟 차례나 병원에 입원하여야 했다.

이러한 어려움을 극복하기 위해 엘리스는 가정환경의 비참함에 대해 생각하지 않으려고 노력하였으며, 대신에 자신의 능력과 가치에 대해 매우 긍정적인 사고를 유지하려고 노력하였다(Ellis, 1997). 하지만 불우한 어린 시절의 경험은 그의 결혼생활에도 영향을 미쳤다. 그는 결혼을 두

번 했는데, 지속 기간이 극히 짧았다. 첫 번째는 결혼 무효선언으로 끝이 났고, 두 번째는 3년 만에 끝났다. 그 이외에도 수많은 여자들과 짧은 만남을 가졌는데, 항상 여자와의 관계에서 갈등과 혼란을 경험했다.

엘리스는 1934년 뉴욕시립대학(City University of New York)에서 경영학 학위를 취득 후 동생과 함께 의류사업을 벌이기도 하였는데, 사업이 곤경에 처하면서 우울증으로 고생하기 시작하였다.

그 후 1942년 콜롬비아(Columbia)대학의 박사과정에 임상심리 전공으로 입학하여, 1947년 박사학위를 받고 뉴저지(New Jersey)의 정신위생병원에서 일을 하는 한편 정신분석 훈련을 받게 된다.

1947년 「텔레파시와 정신분석: 최근 연구에 대한 비평(Telepathy and Psychoanalysis: A Critique of recent finding)」이라는 논문을 통해 심리학의 비과학적 신비주의와 맹목적 추종에 관해 비판하기 시작하였다.

1950년부터 2년간 뉴저지 주정부기관에서 수석 심리치료사로서 일을 하였고, 이후 민간 임상센터에서 작업하면서 성에 관한 많은 저서를 남겼다. 대표적으로 성문제 저서인 『미국인의 성적 비극(The American Sexual Tragedy, 1954)』과 『죄책감 없는 성(Sex Without Guily, 1958)』, 『성적 해방의 사례(The Case for Sexuality Liberty, 1965)』 등은 당시 결혼생활로 고민하는 미국인이나 가족치료 영역에 커다란 영향을 끼친다.

임상에서 한동안 정신분석을 활용하던 엘리스는 1954년 자신의 임상경험과 학문적 경험 등을 토대로 정신분석학에 반기를 들고, 자신을 합리적 치료사(Rational therapist)라고 칭하기 시작하였다. 1955년에는 다시 합리적 정서치료(Rational Emotive Therapy: RET)로 수정하였고, 1990년대 이후에는 여기에 행동을 첨가시켜 현재의 합리적 정서행동치료(Rationl Emotive Behavior Therapy: REBT)로 수정하였다.

엘리스는 저서 『신경증 환자와 사는 법(How to Live with Neurotic, 1957)』을 통해 REBT를 처음 소개하였으며, 1958년에는 미국심리학회(American Psychological Association)에서 REBT에 관한 논문을 발표하였다. 하지만 당시에는 행동주의로 대표되는 경험주의 심리학이나 프로이트학파의 정신분석학이 대세를 이루었기 때문에 별다른 호응을 얻지는 못했다.

1959년 엘리스는 연구소(The Institute for Rational Living)를 설립하여 훈련과 상담, 연구에 헌신해왔다. 엘리스는 전성기 때 일주일에 80명이나 되는 개인상담자를 만나고, 매주 다섯 집단을 운영하며, 매년 200여회의 강연과 워크숍을 개최하였다. 또한 엘리스는 60여 권의 책과 700여 편의 논문을 출판하여 REBT 연구와 보급에도 노력을 아끼지 않았다. 80세를 넘겨서도 아침 9시부터 밤 10시까지 일하였는데, 일주일에 개인치료 사례수가 70개가 넘었으며, 4개의 집단치료 등 활발한 임상활동을 전개하였다. 또한 일 년에 한 권 이상의 저술활동을 하면서 90세가 넘을 때까지 REBT 현장에서 활동한 엘리스는 2007년 94세로 세상을 떠났지만, 그의 REBT 연구소는 현재 뉴욕주립대학교의 비영리 심리치료센터로 운영되며 REBT 연구 및 보급에 힘쓰고 있다.

(2) 인간관

REBT에서는 인간은 선하지도 악하지도 않은 존재로 보았다. 합리적인 신념으로 사고 및 행동할 때는 선한 존재지만, 비합리적 신념을 가지고 반응할 때는 주변인을 두렵고 악한 존재라고 보았다.

REBT의 사상적 배경은 그리스 스토아학파 철학에 기초하고 있다. 스토아학파의 에픽테토스(Epictetus, AD 50~135)는 "인간의 마음을 어지럽히는 것은 사건 그 자체가 아니라, 사건에 대한 자신의 판단"이라고 하였다. 즉, REBT는 지금-현재 상황 및 상황에 대한 개인 반응방식을 중요시하는 현상학적 입장을 취하고 있다. REBT에 의하면 인간은 외부의 조건에 의해서라기보다는 스스로가 정서적 혼란을 일으키는 여건을 만든다. 특히 정서적 혼란을 가져오는 생각을 스스로 만들어내고, 그것에 따라 정서적 어려움을 겪는다.

하지만 REBT에서는 인간을 선택권을 가진 능동적 존재로 생각한다. 자신의 생각, 감정, 태도, 행동을 스스로 통제할 수 있으며, 선택할 수 있는 존재라고 보았다. 인간은 자신의 사고나 정서, 행동 과정을 바꿀 수 있는 능력이 있고, 자신의 잘못된 신념을 건설적 사고나 가치로 대체함으로써 이전과는 다른 방식으로 행동할 수 있다. 즉, 엘리스는 인간은 자기와 대화할 수 있고(self-talking), 자기를 평가할 수 있으며(self-evaluating), 자기를 유지할 수 있는(self-sustaining) 존재인 능동적 존재로 여겼다.

(3) 이론적 배경

① 정서

정서(emotion)란 감정의 상태이다. REBT에서는 사고의 결과로 정서가 나타난다고 보고 있다. 즉, 어떠한 것을 나쁘다고 생각하면 나쁜 느낌을 받게 된다는 것이다. 그러므로 REBT에서는 내담자에게 합리적인 생각을 갖도록 도와주는 것이 핵심 과제이다.

엘리스는 정서를 적절한 정서와 부적절한 정서 두 가지로 구분한다. '무엇하기를 좋아한다', '어떻게 하기를 바란다' 등으로 표현되는 적절한 정서(adaptive emotion)에는 행복, 호기심, 사랑 등의 긍정적 정서뿐만 아니라 불쾌감, 걱정, 초조 등의 소위 부정적 정서도 포함한다. 이는 부정적 정서 역시 더 나쁜 결과를 초래하는 것을 방지하며, 바람직한 방향으로 나가도록 도와준다고 보았기 때문이다. 즉, 적절한 정서는 삶의 중요한 목표를 성취할 수 있도록 도움을 주는 경향성을 갖고 있다고 보았다.

반면에 '반드시 어떻게 해야 한다', '반드시 무엇이어야 한다' 등으로 표현되는 부적절한 정서(maladaptive emotion)는 절대적인 명령이나 요구와 관련된다. 이는 격렬한 부정적 감정, 즉 적대감, 절망감, 무가치감 등을 갖게 한다. 부적절한 정서는 바람직하지 못한 상황을 바꾸는 데 전혀 도움이 되지 못할 뿐만 아니라, 상황을 더욱 악화시키며, 삶의 중요한 목표 성취에 방해가 되는 경향성을 갖고 있다고 보았다.

엘리스는 인간의 비합리적 신념은 부적절한 정서의 원천이라고 보았다.

② 비합리적 신념

인간의 신념은 합리적 신념(rational beliefs)과 비합리적 신념(irrational beliefs)으로 나뉜다. 합리적 신념은 건강한 삶을 영위하게 하는 사고이며, 비합리적 신념은 부적절한 정서를 불러일으켜 정신문제를 갖게 하는 신념이다.

인간의 비합리적 신념은 순환적 과정을 갖는다. 즉, 비합리적 신념을 가진 사람은 자기혐오와 죄책감을 갖게 되고, 그것이 자기파괴적 행동으로 나타나며, 타인에 대한 의심과 미움을 갖게 한다. 또한 그러한 반응을 받은 타인 역시 자신에게 비합리적 행동을 하기 때문에, 자신의 비합리적 신념으로 더욱 굳어지게 되는 것이다.

REBT에서는 인간의 비합리적 신념은 일부는 기질 등 생득적 요인이지만, 대부분은 부모나 교사 등 중요한 주변 인물을 통한 문화환경적 요인으로 생긴다고 보았다. 인간은 생득적으로 자기실현의 경향성과 자기파괴적인 경향성의 양면적인 성향을 가지고 있으며, 이는 합리적·비합리적인 사고와 관련되어 있다.

가. 대표적인 비합리적 신념(Ellis & Harper, 1975)

- 주위의 모든 사람들로부터 항상 인정과 사랑을 받아야 한다.
- 모든 면에서 반드시 유능하고 성공해야만 한다.
- 악하고, 야비한 행위를 한 사람은 반드시 처벌을 받아야 한다.
- 원하는 대로 일이 진행되지 않는다면 끔찍한 파멸이 올 것이다.
- 인간의 불행은 외부조건 때문이며, 인간의 힘으로는 통제할 수 없다.
- 위험하거나 두려운 일은 일어난다면 벗어날 수 없으며, 엉망이 될 것이다.
- 삶의 난관이나 책임에 직면하는 것보다는 회피하는 것이 더 쉽다.

- 과거는 모두 중요한 것이며, 현재 행동과 운명은 과거 경험이나 사건에 의해 결정되고, 과거의 영향에서 벗어날 수 없다.
- 끔찍한 현재 상황에서 완벽한 해결책을 즉각적으로 찾지 못한다면 결국 파멸하고야 말 것이다.
- 나 자신의 즐거움에 대해 소극적이거나 관심이 없을 때 또는 별다른 변화 없이 일상을 보낼 때가 가장 행복하다.
- 정서적·인지적 장애를 안고 있는 내 아이는 이 세상을 살아가는데 너무 힘들 것이며, 결국 삶의 의미를 찾지 못할 것이다.
- 내 아이가 원하는 대로 무엇이든지 다 해줄 수가 없기 때문에 나는 무능력하다.

나. 비합리적 신념의 유형(Crawford & Ellis, 1989)

- 자기 패배적 신념(self-defeating belief): 현재의 삶을 회피하고 죄책감에 빠지며, 삶의 기본적 목표 성취와 본능적 욕구 충족을 방해한다.
- 독단적 신념(dogmatic belief): 경직되고 편견이 심하며, 비현실적인 선호(preference)나 욕구를 갖는다.
- 반사회적 신념(antisocial belief): 자신이 속해있는 사회집단에 해를 끼치거나 파괴한다.
- 비현실적 신념(unrealistic belief): 현실을 왜곡되게 인식한다.
- 모순적 신념(contradictory belief): 거짓 전제로부터 시작되어 갈등을 야기한다.

다. 임상군의 비합리적 신념(Ellis & Dryden, 1997)

- 이분법적 사고
- 운명론
- 비관적 관점
- 도약적 결론 및 비인과적 사고
- 부정적 관점
- 완전성 및 신경성

- 경시적 사고
- 감정적 사고
- 낙인 및 과장된 사고
- 극히 개인적 사고
- 거짓
- 완벽성

라. 아동의 비합리적 신념(Waters, 1982)

- 다른 사람들이 나를 좋아하지 않는다면 끔찍할 것이다.
- 만약 실수한다면 나는 나쁜 아이가 될 것이다.
- 모든 것이 내 마음대로 되어야 하며, 항상 원하는 대로 되어야 한다.
- 모든 일은 순조로워야만 한다.
- 세상은 공평해야 하며, 나쁜 사람은 꼭 처벌받아야 한다.
- 나의 감정을 드러내서는 안 된다.
- 어른들은 완벽해야만 한다.
- 정답은 오직 한 가지뿐이다.
- 나는 항상 이겨야만 하며, 진다면 끔찍할 것이다.
- 아무 것도 기대하지 않아야 한다.

마. 부모의 비합리적 신념(Waters, 1982)

- 내 아이가 나를 좋아하지 않는다면 끔찍할 것이다.
- 다른 사람이 내 양육방식에 대해서 비판한다는 것은 참을 수 없다.
- 내 아이는 전부 나의 책임이며, 만일 아이가 미운 행동을 한다면 기분이 나쁠 것이다.
- 나는 완벽한 부모가 되어야만 하며, 모든 상황에서 올바른 행동을 해야만 한다.
- 내 아이는 항상 내가 원하는 대로 따라와야 한다.
- 만일 내 아이에게 무슨 힘든 문제가 생긴다면, 나 역시 끔찍할 것이다.

- 아이들은 부모와 다른 의견이나 생각을 가져서는 안 된다.
- 내 아이는 나를 화나고 우울하며 불안하게 만든다.
- 내 아이가 나의 생각대로 성장하지 않는다면, 나는 부모로서 실패한 것이다.
- 아이를 키우는 것은 항상 즐거워야 한다.

③ ABCDE 단계

ABCDE 단계를 통해 비합리적인 사고가 부적절한 정서와 행동에 고착되는 것을 살펴볼 수 있는데 그 내용은 다음과 같다.

가. 촉발사건(Activating Event)

개인에게 정서적 혼란을 야기하는 어떤 사건이나 상황을 말한다. 예를 들어, “영어 시험을 망쳤다”는 것은 촉발사건이다.

나. 신념체계(Belief System)

환경적 자극에 대해 개인이 갖게 되는 태도 또는 사고방식으로 합리적 신념과 비합리적 신념으로 나뉜다. 예를 들어, 합리적 신념을 가진 아동은 ‘이번 시험은 망쳤지만, 다음 번에는 열심히 공부해서 좋은 성적 받아야지’라고 생각하는 것은 불합리한 신념체계에 의한 것이다.

다. 결과(Consequence)

촉발사건에 대한 개인의 신념체계로 인해 느끼게 되는 정서적 결과로 적절한 정서와 부적절한 정서가 있다. 예를 들어, ‘기분 나쁘지만, 다음 시험을 위해 더욱 기운내야지’라는 적절한 정서이며, 반면에 ‘너무 우울해’ 등의 부적절한 정서를 가질 수도 있다.

라. 논박(Dispute)

상담자가 내담자의 비합리적 사고방식에 대해 살펴보고 설득하는 과정으로 비합리적 신념을 수정해 나간다.

마. 효과(Effect)

논박을 통해 합리적인 사고방식으로 대처하게 하여 얻게 되는 긍정적인 효과로 현실적 적응으로 나타난다.

④ REBT 기본 원칙 및 목표

가. 기본 원칙

- 인지는 인간정서를 결정하는 데 가장 중요한 요소이다. 인간은 생각하는 것에 따라 느낀다. 사건이나 주변 사람들이 기분을 좌우하는 것이 아니라 개인이 스스로 인지에 의해 기분을 느끼는 것이다.
- 역기능적 사고는 정서적 어려움을 갖게 하는 주요 결정요인이다. 역기능적 정서상태와 정신병리적 요인들은 역기능적 사고과정을 갖는다. 역기능적 과정은 지나치게 과장되거나 축소적이며, 비논리적이고 근거 없는 가설에 의존하며, 그릇된 연역적 추론, 절대적으로 경직된 사고 등에 의해 일어난다.
- 정서 문제에서 벗어나기 위해서는 개인의 사고를 분석해야 한다. 정서는 사고에서 생겨난 것이므로 개인의 사고를 분석하는 것은 정서적 어려움에서 벗어나기 위한 출발이다.
- 비합리적 사고는 유전적 요인과 환경적 요인 모두가 작용한다. 인간은 비합리적 사고를 갖는 선천적 경향성이 있으며, 이는 생득적·문화환경적 요인에 의해서 학습된다.

- 비합리적 사고는 자기주입(self-indoctrination)이나 리허설(rehearsal) 등으로 유지된다. 현재 비합리적 사고를 고수하는 것은 그것이 어떻게 획득되었는가 하는 것보다는 유지하기 위해 어떤 역기능적 태도를 가지고 있는지를 살펴보아야 한다.
- 쉽지는 않지만 현재 신념은 변화될 수 있다. 비합리적 신념은 자신의 생각을 수정하거나 인지적·도전적 노력에 의해 변화될 수 있다.

나. 기본 목표

REBT의 기본 목표는 문제행동이나 정서적 어려움의 배후에 있는 비합리적 사고방식을 변화시켜, 삶에 대해 보다 현실적이고 합리적인 가치관을 갖게 하는 것이다(Ellis, 1984). 이를 위해 구체적인 목표는 다음과 같다.

- 자기관심(self-interest): 정서적 안정을 가진 사람은 자신에 대한 긍정적 관심과 흥미를 가지고 있다.
- 사회적 관심(social-interest): 인간은 사회를 벗어나서 살 수 없는 존재로 사회적 관심을 가지고 소속되고자 하며, 다른 사람의 권리를 존중하며 도덕적으로 행동할 수 있어야 한다.
- 자기지시(self-direction): 건강한 사람은 자신의 의지대로 생각하고 행할 수 있다.
- 관용성(tolerance): 자신과 다른 의견이나 행동 등도 포용적으로 받아들이는 관용성이 있어야 한다.
- 융통성(flexibility): 건강한 개인은 유연한 사고를 갖는다. 경직되고 편협되고 편견적 자세를 가지고서는 행복한 삶을 유지하기 어렵다.
- 자기수용(self-acceptance): 건강한 사람은 타인이나 상황에 대해 완벽한 확실성을 요구하기보다는 약간의 가능성을 보고 노력하는 사람이다.

- 불확실성 수용(acceptance of uncertainty): 건강한 사람은 타인이나 상황에 대해 완벽한 확실성을 요구하기보다는 약간의 가능성을 보고 노력하는 사람이다.
- 참여(commitment): 대부분의 사람은 자신을 둘러싼 환경에 자신이 중요한 인물로 참여할 때 행복을 느낀다.
- 위험수용(risk taking): 정서적으로 안정되어 있는 사람은 위험 부담을 선택할 수 있으며, 원하는 것에 대해 모험할 수 있다.
- 현실적 이상(non-utopianism): 건강한 사람은 자신이 원하는 것은 무엇이든 가능하다는 것이 비현실적이라는 것을 깨닫고, 도달할 수 없는 비현실적인 완벽의 세계에 집착하는 데 시간을 낭비하지 않는다.
- 자기책임(self-responsibility): 건강한 사람은 어려움에 처했을 때 타인이나 환경탓을 하기보다는 자신의 사고, 감정, 행동에 대해 책임진다.

CHAPTER 06

아동정신병리

01 아동정신병리

1) 아동정신병리의 이해

인간의 발달은 생명이 시작되는 순간에서부터 죽음에 이르기까지의 전 생애를 통해 이루어지는 모든 변화의 양상과 과정을 의미한다. 발달적 변화의 과정에는 신체, 운동기능, 지능, 사고, 언어, 성격, 사회성, 정서, 도덕성 등 인간의 모든 특성들이 포함된다(송명자, 1995). 이러한 특성은 발달의 양상을 부분적으로 나타내지만, 각각의 요소는 통합되어 더 발전된 형태로 나타난다. 이러한 이유로 아동에게 정서적·신체적·인지적 영역 등에 이상이 생겼을 때에는 발달에 근거하여 이상 유무를 판단하게 된다.

이와 같은 관점에서 아동정신병리를 이해하는 과정을 '발달정신병리학'이라 하고, 이는 일생에 걸친 정신병리 발생을 이해하는 과정이다. 또한 발달정신병리학은 개인의 발달을 이해하기 위해 하나의 우산 아래 다른 이론적인 관점을 결합한 통합적 접근이다(Achenbach, 1990). 발달정신병리학은 아동기라는 특수성을 고려하여 발달적인 관점을 취하고 있으며, 발달적 관점은 아동에게 나타나는 다양한 징후를 해석하는 데 기준이 된다. 발달적 관점이란 아동이 발달과정 중 어느 단계에 있고 앞으로 어떻게 발달이 진전될 것인가를 추론하고 개입방법을 고려하는 것이다. 그렇기 때문에 아동의 이상발달이나 이상행동이 발달적 변화에 적응적인지 혹은 이상인지, 정상발달인지 이상발달인지를 판단한다.

아동의 문제행동에 대해서도 행동양상의 빈도, 행동의 결함, 행동의 정도, 행동에 미치는 요인을 파악하게 된다. 만약 어느 한 아동에게 이상행동이 나타나면 우선 정상적 발달경로가 무엇이고 어떻게 이탈되었는지를 파악하고, 동시에 개인 발달과정, 개인 기질, 환경적인 요인, 환경이 어떻게 문제행동을 발생시켰고 유지시키고 있는가를 부모면담이나 다양한 통로를 통해 정보를 수집하여 분석한다. 그리고 아동이 지닌 이상행동을 변화시키기 위한 개입목표를 세우고 개입방법을 계획하고 실행, 평가하는 과정을 거치게 된다. 아동이 성장한 후에도 과거의 문제가 현재에 영향을 미치는 정도에 관심을 가지면 추후 발달과정에까지 관심을 갖는다.

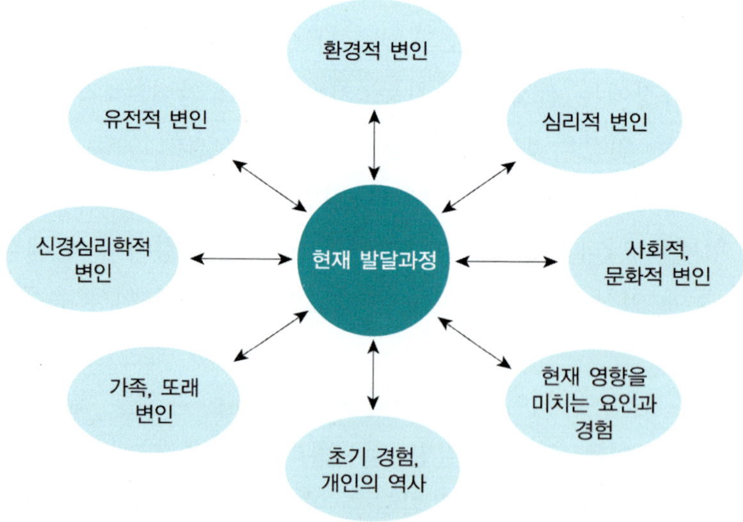

*출처: 청소년이상심리학(2005), Abnormal Child and Adolescent Psychology · Jean E. Dumas · Wendy J. Nilsen, 임영식 · 김혜원 · 설인자 · 조아미 · 한상철(공역), 시그마프레스.

영유아기부터 아동기 후기까지의 발달과정에서 특정 장애가 나타날 수 있는 원인은 내재적 요인과 맥락적 요인으로 볼 수 있다(이현진 외 역, 2004). 아동에게 나타나는 정신병리는 생득적으로 획득된 생물학적 요인에 의해 발생하거나, 후천적으로 획득된 사회적 환경의 영향으로 인해 발생하거나 혹은 이 두 가지의 상호작용 결과이다. 개인의 생득적인 요인이 취약하더라도 환경적인 여건에 의해 정신병리가 완화되기도 하지만, 환경적인 여건이 열악하여 부정적인 경험이 반복될 경우에는 정신병리가 심한 형태로 지속되어 성인기까지 이어질 수 있다.

따라서 아동정신병리는 개인 내적인 요인, 환경적인 요인, 유전적인 요인, 양육 환경 등이 어떻게 상호작용하며, 어떻게 문제행동을 잘 발생하게 하였고, 문제행동을 유지시키는지를 파악해야 한다. 그리고 아동에게 지속적으로 부정적인 영향을 미치는 위험요인과 보호요인을 알고 아동에 대해 다각적으로 지원하는 것이 중요하다. 이 장에는 발달정신병리학을 근간으로 기술되어 있으나, 지면의 한계로 인해 많은 부분을 축약하여 기술했음을 참고하기 바란다.

2) 아동정신병리의 분류와 진단

아동정신병리를 진단하기 위한 분류 체계의 역사는 짧지만 지속적인 임상경험과 연구를 통해 개선되고 있다. 아동정신병리는 단순히 증상에 따라 맞는 약을 처방하는 수준으로 다룰 수 없는 복잡하고 미묘한 문제이다. 진단목표는 증상을 명료화하여 병리를 상세히 진술하고, 현장에서 유용하게 활용하고, 이를 통해 임상에 있는 의사, 교사, 치료사 등의 의사소통을 원활하게 하는 것이다.

아동에게 나타나는 이상행동은 현재 아동이 발달 중에 있기 때문에 정상발달 과정 중에 나타나는 부적응행동인 경우도 있고, 정신병리로 진단 내릴 정도로 심각한 양상을 보이는 경우도 있다. 이러한 양상이 아동의 행동이 나타나는 시기의 문제일 수 있으나, 지속성에 따라 그 판단은 달라지며 선천적인 기질과 후천적인 환경의 문제를 충분히 고려해야 부적응행동의 지속, 빈도, 정도를 알 수 있다. 따라서 아동의 경우에는 정신병리에 대한 문제를 체계적으로 분류하는 것은 쉽지 않은 작업이면서 진단명 이외에 개입방법이나 예후를 탐구하는 것까지 진단에서 이루어져야 할 내용이다.

진단은 아동의 부적응행동에 대해 증상에 따라 범주로 진단하는 분류적 접근이 있고, 문제행동의 정도에 따라 분류하는 차원적 접근이 있다. 분류적 접근은 이상행동이 나타나는 양상에 따라 진단명을 붙이는 것인데, 현재 많이 활용되는 DSM체계에서 볼 수 있다. 아동이 나타내는 문제행동은 단일 증상으로만 나타나기보다 개인의 차이에 의해 다양한 양상으로 나타나는 점을 설명하기 어렵고, 증상의 정도가 충분히 고려되지 않는 단점이 있다. 또한 다른 원인을 가진 동일한 증상에도 같은 진단명이 붙을 수 있다. 그러나 병리에 대한 고유의 특징을 기술하고 유목화하고 치료계획과 이후의 평가에서 효과성을 검증하는 데 필요한 접근이다.

진단의 또 다른 방법인 차원적 접근은 아동이 보이는 증상이나 문제행동의 정도에 따라 분류하는 것이다. 차원적 접근에서는 증상의 특성이나 다양성을 인정한다. 따라서 증상이 평균 이상인지 혹은 아닌지를 판단하여 증상의 지속성에 대해 설명할 수 있다. 그러나 차원적 접근은 개인의 증상만이 아니라 환경적인 변인이나 시간에 따른 맥락적인 영향을 모두 통합하는 데 어려움이 따른다. 그렇지만 아동정신병리를 증상별로 분류하는 것은 다양한 증상을 통해 통일적인 기준을 마련한다는 데 그 의미가 있다. 진단을 통해 증상에 따른 진단명과 개인의 특수성 모두를 고려한 적절한 개입은 치료는 물론 아동기 이후의 발달을 도모하게 된다. 이러한 이유로 인간의 정신장애 분류는 중요한 작업이고, 아동에게 나타나는 증상을 반영한 지속적인 연구에 대한 필요성이 강하게 제기되고 있다.

현재까지 발전되어 온 진단 분류체계는 크게 ICD체계, DSM체계,

DC: 0-3체계이다. 이러한 진단 분류체계는 아동에게 나다니는 아동발달을 고려하여 이상행동을 진단했다는 데 의미가 있다. 그러나 이러한 진단체계들은 영아기, 아동기, 장애를 표상하는 데 한계가 있고, 각 진단의 분류와 증상이 중복되거나 심리적 양상을 설명하는 데 어려움이 있고, 아동을 파악하는 데 맥락적·발달적·관계적인 특성을 충분히 반영하는 데 한계가 있다.

(1) ICD-10

ICD 진단체계는 WHO(세계건강기구)에서 만든 것으로, 초기에는 인간이 갖는 신체적 장애만을 다루었다. 이후 1940년대에 이르러 ICD의 여섯 번째 개정에서 비로소 정신장애 부분을 추가했고(APA, 1994), 1948년부터는 정신장애를 주요 질환으로 포함시켰다. 현재 이 진단체계는 열 번째 개정에 이르고 있다. ICD 체계는 인간의 모든 질병이나 장애를 다루고 있어 정신장애를 분류하는 데 부적절하다는 평가를 받고 있다.

(2) DSM-IV

DSM(Diagnostic and Statistical Manual of Mental Disorders)은 정신장애에 대한 체계적인 분류체계의 필요성이 대두되면서 미국 정신의학회가 1952년에 처음으로 만든 정신장애에 대한 진단 및 통계 편람(DSM-I)이다.

이후 DSM 체계는 임상에서 나타나는 사례와 경험을 토대로 여러 번의 개정과정을 거쳤다. 1980년대 초반에 개정된 DSM-III부터 정신장애의 범주 중 아동에 대한 정신장애를 더 많이 포함하였다. 아동의 행동양상에 대한 정신분석적인 해석보다 행동양상을 상세하게 기술하여 아동과 청소년의 중요 장애를 기술하는 공통된 진단명과 관찰 가능한 진단 기준을 제시하였다. 또한 진단방식에도 변화를 주었는데, 진단방식을 다축체계로 하여 아동이 가질 수 있는 심리적 장애를 구체화하고, 취약한 영역이나 결함이 발생할 수 있는 환경적인 맥락을 광범위하게 다루어 개인적인 여건을 포괄적으로 기술할 수 있도록 하였다.

현재 1994년에 발간된 DSM-IV는 진단체계에 다축체계를 직접 적용하여 경험적 연구를 바탕으로 아동들이 보이는 일반적인 유형의 증상을 폭넓게 다루고 있다. 현재는 DSM-IV가 개정된 DSM-IV-TR(Text Revision)이 출판되어 사용되고 있다(APA, 2000a).

DSM-IV 진단체계에서 활용되는 다축체계는 임상가가 치료를 계획하고 결과를 예견할 때 도움을 주도록 서로 다른 영역의 정보를 다루고 있다. DSM-IV의 다축 평가에는 5개의 축이 포함된다. 각 축에서 다루는 내용은 다음과 같다(APA, 1994).

① I축: 임상적 장애, 임상적인 관심을 초점이 될 수 있는 기타조건 - 아동의 장애를 구체화한다.
② II축: 인격장애, 정신지체-I축에 포함되지 않은 장애로 평생 만성적으로 나타나는 장애이며, I축에 영향을 지속적으로 미칠 수 있다.
③ III축: 일반적인 의학적 상태-심리적인 결함과 관련될 수 있는 의학적인 상태를 구체화하기 위해 기술한다.
④ IV축: 심리사회적 및 환경적 문제-장애를 포괄적으로 이해할 수 있도록 돕는다. 심리사회적 환경에는 주요 지지집단, 사회적 환경, 교육적 문제, 직업적 문제, 주거 문제, 경제 문제, 건강, 법적 문제, 범죄 등이 있다.
⑤ V축: 현재 기능수준에 대한 전반적인 평가로 1~100범위 내에서 점수로 평정(GAF)을 하게 된다. GAF 지수는 현재 나타내는 기능수준을 점수화한 것이다.

다축체계에 의한 평가는 심리장애의 상세한 특징들을 제공하게 되고, 단일한 문제를 평가하는 데 초점이 모아졌을 때 간과될 수 있는 여러 가지 정신장애, 일반적인 의학적 상태, 사회적·환경적 문제, 개인의 기능 수준에 대해 관심을 가진다. 그리고 이를 통해 포괄적이고 체계적인 평가를 할 수 있도록 돕는다.

표 6-1 전반적 기능평가척도(GAF)

점수	상태
1~10	자신이나 타인을 심각하게 해칠 지속적인 위험. 개인위생을 유지함에 있어서 지속적인 무능, 심각한 자살행동이 있음
11~20	자신이나 타인을 해칠 약간의 위험. 최소한의 개인위생, 의사소통의 광범위한 손상
21~30	망각과 환각에 의해 심하게 영향을 받는 행동 또는 의사소통과 판단에 있어 심각한 손상
31~40	현실 검증력과 의사소통에서의 장애(예: 말이 비논리적이고 모호하고 부적절함). 일, 학교, 가족 관계, 사고, 정서 등 주요 방면에 손상이 있음
41~50	심각한 증상(예: 자살생각, 심한 강박증). 사회적·직업적, 학교기능에서 심각한 손상(예: 친구가 없거나, 일정한 직업이 없음)
51~60	중간 정도의 증상(예: 무감정 정서, 일시적 공황상태). 사회적·직업적, 학교기능에서 중간 정도의 어려움
61~70	가벼운 증상(예: 우울, 최소한의 불면증). 사회적·직업적인 어려움이 약간 있음(예: 일시적 무단결석, 가정 내 훔치기)
71~80	증상이 있다면 심리적인 스트레스로 인한 예상 가능한 반응정도. 학교와 사회에서 기능손상은 아님
81~90	최소한의 문제로 약간이 증상이 있으나(예: 시험 전 약간 불안), 모든 영역에서 잘 기능하고 있는 상태임
91~100	전반적 생활에서 최우수기능. 긍정적인 특질로 타인의 모범이 됨

*출처: American Psychiatric Association(APA)(1994). Diagnostic and Statistical manual of mental disorders(4th ed). DSM-IV. Washington D.C.: Author.

DSM-IV는 꾸준한 개정이 지속되고 있지만, DSM-IV 범주가 아동의 치료에 대한 요구를 충분히 충족시키지 못하고 특정한 장애 기준들의 경우에는 경험적 적절성이 부족하다는 비판을 받고 있다. 또한 여러 가지 장애를 일으키는 주변의 상황적·맥락적 요인들이 강조되지 않았고, 특이한 가족 관계를 갖고 있는 영아나 어린 아동의 정신건강이나 발달 문제를 깊게 다루고 있지 못하는 한계가 있다.

(3) DC: 0-3

DSM-IV가 영유아의 정신건강과 발달 문제를 충분히 다루고 있지 못한다는 한계를 보완하기 위하여 DC: 0-3(Diagnostic Classification: 0-3)가 개발되었다. 이는 임상적 영아프로그램을 위한 미국의 영유아가족국립센터(National Center for Infants, Toddlers and Families)에서 개발되었으며, 영아나 아동이 가족 내에서 적극적으로 관계를 맺도록 하는 것을 강조하였다. 즉, 영유아와 양육자 사이의 상호작용 형태, 영유아나 아동발달에 가족 관계가 미치는 양상, 양육태도가 영유아의 부적응적인 행동에 미치는 영향 등을 진단의 준거로 삼고 있다. 이처럼 DC: 0-3는 다른 분류체계와 달리 초기의 관계 문제에 대한 중요성을 강조하였고, 진단적 접근과 관계적 접근을 통합할 필요성을 인식하고 있다. 영유아를 둘러싼 이러한 관계 문제를 양적인 기준과 질적인 기준을 함께 고려해서 적용해야 할 것을 강조하고 있다.

표 6-2 DC: 0-3와 DSM-IV의 진단분류

	DC: 0-3	DSM-IV
축 I	〈주요 진단〉 • 관계와 의사소통의 장애 • 중다체계 발달장애 • 조절장애 • 섭식행동장애 • 수면행동장애 • 외상적 스트레스장애 • 정서장애 • 불안장애 • 기분장애 • 정서 표현의 혼재성 장애 • 성정체감장애 • 반응성 애착장애 • 적응장애	〈임상적 장애〉 • 학습장애 • 운동기술장애 • 의사소통장애 • 광범위성 발달장애 • 주의력 결핍 및 파괴적 행동장애 • 유아기 또는 소아기 급식 및 섭식장애 • 틱장애 • 배설장애 • 유아기 청소년기의 기타 장애 분리불안장애 선택적 함구증 반응성 애착장애 상동증적 운동장애 달리 분류되지 않은 유아기, 소아기, 청소년기의 장애
축 II	• 관계장애 분류 동요 혼란 장애	• 인격장애 편집성 인격장애, 분열성 인격장애, 분열형 인격장애, 반사회성 인격장애, 경계성 인격장애, 히스테리성 인격장애, 자기애적 인격장애, 회피성 인격장애, 의존성 인격장애, 강박성 인격장애, 달리 분류되지 않는 인격장애 • 정신지체
축 III	• 다른 의학적 · 발달적 상태	• 일반적인 의학적 상태
축 IV	• 심리학적 스트레스 인자	• 심리사회적 · 환경적 문제
축 V	• 기능적 · 정서적 발달 수준	• 정반적인 기능 평가

※ 참고: DSM-IV에서 유아기, 소아기, 청소년기에 흔히 처음으로 진단되는 장애.

그러나 DSM-IV와 마찬가지로 아직 검증이 충분히 이루어지지 않았고, 신뢰도와 타당도가 명확하지 않다는 이유로 비판을 받고 있다. 이 진단체계는 계속적인 개선의 필요성에도 불구하고, 영아기의 초기 문제와 가족 관계에서의 잠재적인 연속성을 연구할 필요를 시사하고 있다는 점에서 중요한 의미가 있다.

3) 영유아기 발달에 나타나는 정신병리 유형

영유아기 발달에 나타나기 쉬운 정신병리를 구분하기 위하여 일차적으로 DSM-IV에서 유아기, 소아기, 청소년기에 처음으로 진단되는 장애로 구분한 것을 참고하였다. 또한 DSM-IV에서 분류되어 있지 않은 영아기의 정신장애는 이차적으로 DC: 0-3의 분류 준거를 따라 설명하였다.

(1) 주의력 결핍 및 과잉행동장애(ADHD)

주의력 결핍 및 과잉행동장애(Attention-Deficit/Hyperactivity Disorder)는 아동이 지나치게 충동적, 과잉활동, 부주의로 인해 사회적·정서적인 문제와 학업수행에 문제가 있는 상태를 말한다. 유형은 과잉행동-충동성 우세형, 혼합형, 부주의 우세형으로 나뉘고 행동양상에 차이가 나타난다.

ADHD 증상은 보통 3~4세에 시작되며, 과잉활동-충동행동의 증상이 먼저 발생하는 경향이 있다. ADHD의 증상은 대부분 발달과정 동안 계속되며, 유병률은 5% 정도로 여아보다는 남아에게서 더 많이 발생한다. 발생빈도가 남아에게서 높게 나타나는 이유는 진단준거가 행동양상으로 나타나는 특징이 두드러지기 때문이다. 여아들의 경우에는 부주의 양상이나 과잉행동이 있어도 여자아이의 특성으로 인해 ADHD로 판명나지 않는 경우가 있다. 그렇기 때문에 여자아이들에 대해서도 주도면밀한 관찰이나 진단 시 주의가 요구된다.

ADHD 발생 요인은 뇌기능 손상으로 행동 억제에서의 어려움과 자기조절의 부족으로 파악되고 있다. 간혹 ADHD 증상을 보이는 아이들 중에는 정서적인 영향으로, 즉 불안이나 우울, 방임으로 인해 행동양상이 비슷한 경우가 있다. 이러한 경우에는 생육사나 과거력과 행동이 발생된 경위를 관찰하여 구별할 수 있다. 그러나 ADHD의 정확한 감별은 개인력, 개인정보, 문제행동의 양상과 함께 주의력 검사 도구를 통한 평가에 의해서 가능하고, ADHD로 진단될 경우에는 정도에 따라서 약물치료가 병행된다.

ADHD의 두 가지 주요 증상은 부주의와 과잉행동, 충동성이다. 아동기, 특히 학령기 전기의 아동들이 환경과 사물을 활동적으로 탐색하고, 매사에 원기왕성하며, 쉽게 충동적으로 반응하는 것은 정상적인 과정이다. 그러나 이러한 특징이 정상발달과정에서 나타나는 행동보다 지나치게 활동적이며, 부주의하고, 충동적이다. 그래서 아동의 증상이 어느 정도이고 이러한 양상으로 인해 학교생활, 학습 일상에서 얼마나 문제를 일으키는가를 살펴보아야 한다.

ADHD 행동특성 중 부주의는 아동이 한 가지 작업에 정신을 집중하기 힘들고 다른 아이들에 비해 주의폭이 짧은 것이 특징이다. 부주의한 아이들은 자신이 흥미없어 하는 과제에는 주의를 집중하기 어려워하고 새로운 것을 학습할 경우에는 더 집중하기 어려워한다. 그리고 부모나 교사의 이야기를 끝까지 듣지 못하고 쉽게 산만해지거나 잘 잊어버리기, 공상에 빠지기, 과제를 끝내지 못하고 지겨운 일에 대해 관심을 빨리 잊어버리는 모습을 나타낸다(Barkley, 1996; Milich & Lorch, 1994).

충동성은 불확실한 애매한 상황에서 아동이 선택해야 할 자극이 여러 가지 주어졌을 경우에 부정확하고 빨리 반응하는 것으로서, 비조직화, 성급한 사고, 결과를 고려하지 않고 행동하는 것을 말한다. 이러한 특성은 부주의하고 과잉행동하는 양상으로 나타난다. 충동성은 행동을 선택하고 실행하는 과정이 너무 빠르거나 주변 환경을 고려하지 않은 채 행동하거나 만족 지연이 어렵거나 당황하면 심한 좌절을 느끼고 화를 내는 태도를 나타낸다.

과잉행동은 끊임없이 움직이거나 몸부림치고 뛰어다니고, 보이는 것을 모두 만지고, 안절부절 못하고 다양한 행동을 격렬하게 하는 등 과장되거나 상황에 부적절한 행동을 나타내는 것이다.

따라서 ADHD의 이러한 특성으로 인해 문제해결이 미성숙하고, 무책임하게 행동하고 학업수행에서는 과제 수행의 기복이 심하고, 다른 곳에 시선을 자주 빼앗기고 집중을 오래하지 못하여 학업수행에 문제를 나타낸다. 대인 관계에서 지나치게 말을 많이 하지만, 자신의 행동을 통제하고 조절하는 데 필요한 말은 또래에 비해 적게 하고(Berk & Potts, 1991), 자신의 사고를 조직화하고 표현하는 데 어려움이 있어 말의 논리성이나 의사전달력이 떨어진다. 정서적인 측면은 부정적인 정서를 통제하기 어려워 행동이 과격하고, 유혹을 뿌리치지 못하고, 만족을 지연시키지 못한다(Hinshaw, Heller, & McHale, 1994). 그렇기 때문에 다른 사람의 활동을 방해하거나, 순서를 기다리지 못하며, 대화를 방해하여 또래 관계나 사회적 관계를 그르치는 경우가 많다.

ADHD는 연령에 따라 그 양상이 다르게 나타나는데, 영아기에 활동량이 많고 잠이나 식사, 배설 등의 주기가 불규칙하다. 새로운 것에도 쉽게 접근하고 반응강도가 높고 한 가지 일에 오래 열중할 수 없고 감각자극에 대해 둔감하다. 그러나 영아기에는 활발한 움직임이 정상발달 요인이기 때문에 문제로 받아들여지지 않는다. 유아기에는 높은 활동수준의 특성과 불복종이 나타나고 주의집중시간이 짧으며 외부자극에 의해 산만해지고 무모한 행동을 하기 시작한다. 학령기가 되면 엄격한 규칙을 지켜야 하는 복잡한 환경에 놓이기 때문에 문제가 더욱 두드러진다. 특히 학업성취나 과제를 마무리하는 문제, 자기통제 결여, 행실의 문제(파괴성, 공격성, 반항성 등), 정리정돈의 미숙과 또래와의 갈등이 나타난다. 청소년기가 되면 학업문제와 함께 문제해결 기술의 결여, 더 강도 높은 문제행동, 낮은 자존감이 나타나고 과잉행동은 줄어들지만, 주의력의 문제는 지속적으로 나타난다(조수철, 1993).

ADHD는 증상으로 인해 자신의 행동 의도와는 무관하게 외부로부터 가혹한 판단, 벌, 도덕적 비난, 사회적 거부, 위험의 노출 등 자신들을 해롭게 하는 많은 위험을 경험하게 된다. 따라서 학령기로 가면서 ADHD의 증상 중 과잉활동-충동적 행동은 감소하나, 반항적 행동과 사회적 공격행동이 나타나며, 청소년기와 성인기에까지 지속적으로 부정적인 영향을 줄 수 있다.

ADHD 아동은 다양한 공병현상을 가지게 되는데, 반항성장애, 품행장애, 불안장애, 우울, 틱, 뚜렛장애 등이 수반될 수 있다.

표 6-3 과잉행동-충동성 우세형, 혼합형, 부주의 우세형의 비교

	과잉행동-충동성 우세형, 혼합형	부주의 우세형
적응 수준	적응행동이 적절하지 않거나 낮은 적응 수준을 보임	어느 정도 적절함
발생 연령	생애 초기에 나타나지만, 3~4세까지는 정상 행동과 구별이 어려움	학령기 초기에 나타남
타인 지각	아이를 다루기 어렵고 멋대로 행동한다고 생각됨. 부정적이고 극단적인 행동이 나타남	몽상가로 사회적 관계에 수동적, 무관심함. 사회적 규칙이나 기대를 잘 모름
발달 경로	공격적·파괴적인 행동이 수반될 때 만성화되기 쉬움. 학업성취도가 떨어지고 특수교육이나 청소년기 중퇴가 많음. 성인이 되었을 경우에 반사회적 성격장애가 되는 경우가 20%임	만성화되는 경우는 적으나, 학업이 어렵고 성취가 떨어짐. 종종 청소년기가 되어 문제가 감소하기도 함
반항성장애, 품행장애 동반	50% 정도가 수반됨	일반적이지 않음
불안, 기분장애 동반	일반적이지 않음	어느 정도 일반적임
가족 특징	ADHD, 반사회적 행동, 약물남용 문제를 가진 가족이 일반적임	불안장애, 우울장애를 가진 가족이 일반적임
동료관계	동료의 거부로 인해 사회적으로 고립됨	사회적인 소외가 있으면 스스로 회피하기 때문에 발생한 것임

*출처: 청소년이상심리학(2005). Abnormal Child and Adolescent Psychology. Jean E. Dumas, Wendy J. Nilsen. 임영식, 김혜원, 설인자, 조아미, 한상철(공역). 시그마프레스.

DSM-IV에 제시된 ADHD 진단 기준

A. (1)이나 (2) 중의 한 가지

(1) 부주의에 관한 다음 증상 가운데 여섯 가지(또는 그 이상) 증상이 최소한 6개월 이상 부적응적이고 발달 수준에 맞지 않는 정도로 지속되어 있다.

부주의

① 흔히 세부적인 면에 대해 면밀한 주의를 기울이지 못하거나 학업, 직업 또는 다른 활동에서 조심성 없는 실수를 저지른다.
② 흔히 과제나 놀이활동에서 주의를 지속하는 데 어려움이 있다.
③ 흔히 다른 사람이 직접 말을 할 때 경청하지 않는 것으로 보인다.
④ 흔히 지시를 완수하지 못하고, 학업, 잡일, 작업장에서의 임무를 끝내지 못한다.
⑤ 흔히 과업이나 활동을 조직화하는 데 어려움이 있다.
⑥ 흔히 지속적인 노력을 요구하는 과제(학업 또는 숙제 같은)에 참여하기를 피하고, 싫어하고, 저항한다.
⑦ 흔히 과제나 활동에 필요한 물건들(예: 장난감, 학교 숙제, 연필, 책 또는 도구)을 잃어버린다.
⑧ 흔히 외부의 자극에 의해 쉽게 산만해진다.
⑨ 일상적인 활동을 잊어버리는 일이 흔하다.

(2) 과잉행동-충동에 관한 다음 증상 가운데 여섯 가지(또는 그 이상) 증상이 최소한 6개월 이상 부적응적이고 발달 수준에 맞지 않는 정도로 지속되어 왔다.

과잉행동

① 흔히 손발을 가만히 두지 못하거나 의자에 앉아서도 몸을 움직인다.
② 흔히 앉아 있도록 요구되는 교실이나 다른 상황에서 자리를 떠난다.
③ 흔히 부적절한 상황에서 지나치게 뛰어다니거나 기어오른다(청소년 또는 성인에서는 주관적인 느낌의 좌불안석으로 제한될 수 있다).
④ 흔히 조용히 여가활동에 참여하거나 놀지 못한다.
⑤ 흔히 '끊임없이 활동하거나', '모터로 움직이는 것'처럼 행동한다.
⑥ 흔히 지나치게 말을 많이 한다.

충동성

① 흔히 질문이 끝나기도 전에 성급하게 대답한다.
② 흔히 차례를 기다리는 것이 어렵다.
③ 흔히 다른 사람의 활동에 방해하고 간섭한다(예: 대화나 게임에 참견한다).

B. 결함이 있는 일부 과잉행동-충동 또는 주의결핍 증상이 7세 이전에 있었다.

C. 증상에서 오는 결함이 두 가지 또는 그 이상의 장면에서 나타난다(예: 학교 혹은 작업장, 가정에서).

D. 사회적·학업적·직업적 기능에 임상적으로 심각한 결함 증거가 분명하게 나타난다.

E. 증상이 광범위성 발달장애, 정신분열증 또는 기타 정신증적 장애의 결과 중에 만 발생하지 않으며, 다른 정신장애(예: 기분장애, 불안장애, 해리성장애 또는 인격장애)로는 잘 설명되지 않는다.

유형에 기초한 진단부호

- 주의력결핍/과잉행동장애, 복합형: 지난 6개월 동안 진단기준 A1, A2 모두를 충족.
- 주의력결핍/과잉행동장애, 주의력결핍 우세형: 지난 6개월 동안 A1은 충족, A2는 충족시키지 않는다.
- 주의력결핍/과잉행동장애, 과잉행동-충동 우세형: 지난 6개월 동안 A2는 충족, A1은 충족시키지 않는다.
- 부호화할 때 주의할 점: 현재 증상을 갖고 있지만, 완전 기준을 충족시키지는 않는 경우(특히, 청소년과 성인) '부분 관해'가 기재되어야 한다.

ADHD 치료개입 방안은 다양한 약물치료, 행동변화치료 및 교육적 중재가 필요하다. ADHD 아동과 부모가 장애에 보다 효과적으로 대처하고 주된 증상을 보다 잘 관리할 수 있도록 도와줄 수 있다. ADHD는 수행상의 장애이기 때문에 치료적 개입은 실제 상황(예를 들어, 교실, 가정 등)에서의 수행수준에 맞출 필요가 있다(Barkley, 1998). 치료가 효과적이기 위해서는 아동의 발달수준과 아동 및 가족의 개인적인 강점과 욕구에 민감해야만 한다.

ADHD 약물치료는 학교와 가정에서 ADHD 증상을 관리하고, ADHD 행동을 유발하는 자연 상황에서 주의력 향상과 충동성 및 활동성 감소를 나타내는 데 도움이 된다. 또한 교육적 중재로 교실에서의 파괴적인 행동을 관리하기, 학업적 수행을 증가시키기, 문제해결에 필요한 계획능력을 향상시키기, 자기 조절적 행동을 지도하기, 긍정적인 또래경험이 필요하다. ADHD 아동은 충동성으로 인해 또래 관계에서 갈등을 초래하는 경우가 많기 때문에 긍정적인 또래와 성인과의 상호작용을 고무시키기 위한 사회적 기술 습득이 필수적이다. 그렇기 때문에 사회성 증진프로그램과 특히 집단프로그램이 유용하다. ADHD 아동의 특성으로 인해 부모-자녀 간에 갈등이 많은 경우가 일반적이다. 따라서 부모교육을 통해 파괴적인 행동의 관리, 부모-자녀 갈등의 완화, 친사회적 행동과 자기 조절적 행동의 고무 및 부모가 자녀의 다루기 어려운 행동에 대한 대처법을 익히도록 한다.

(2) 반항성장애

반항성장애(Oppositional Defiant Disorder)는 나이에 적합하지 않게 과민하거나, 적대적이며, 반항적이고, 도전적인 행동 패턴을 보이는 아동에게 진단이 내려진다. 반항성장애는 부모나 교사에게 거역, 불복종하여 문제를 일으키지만, 품행장애는 위의 행동과 더불어 사회적인 규범, 법을 어기고 타인의 권리를 침해하여 법적인 문제까지 일으키게 된다.

반항성장애 증상이 나타나기 시작하는 시기는 8세 이전이고, 청소년기 초기를 넘기지 않는다. 발병은 점진적이고 몇 개월 또는 몇 년의 경과를 걸쳐서 나타난다. 전형적인 아동기의 행동과 비슷하기 때문에 버릇이 없거나 공격적이거나 말을 안 듣는다고 생각한다. 그렇기 때문에 이러한 행동이 '비행, 반항'이라는 정신과 진단이 된다는 인식을 하기 어렵다.

반항성장애는 DSM-IV에서 "권위 있는 인물에 대해 반복되는 거부적·도전적·불복종적·적대적 행동이 적어도 6개월 이상 되고(진단 기준 A), 화내기, 거절하기, 논쟁하기 등 행동이 빈번하게 발생하는 것이 특징이다"(APA, 1994)라고 하였다. 거부적이고 도전적인 행동은 지속적인 고집, 지시에 대한 저항, 타인과 타협, 협상, 양보하지 않는 태도로 표현된다. 적개심은 어른이나 친구에게 직접적으로 표현되고 고의성을 띤 언어적 공격, 괴롭힘 양상으로 나타난다. 그러나 품행장애(CD)에서 나타나는 심각한 신체적 공격성은 나타나지 않는다.

반항성장애 아동의 적대적인 행동에는 불복종과 반항, 낮은 인내심, 분노나 분개하기, 다른 사람 탓하기 등이 있다. 불복종은 이유를 막론하고 자신의 행동을 제한하는 것에 대해 강하게 거부하는 태도를 말한다. 다른 사람의 요구를 수용하지 않고 어떤 일을 강요받거나 욕구대로 행동을 하지 못하면 분노가 심하게 발작하거나 급격하게 화를 낸다.

반항은 지시하는 일에 대해 의도적으로 무시하거나 반대로 하는 행동을 말하는데, 이러한 행동을 통해 다른 사람을 화나게 하거나 방해하고 괴롭히는 것을 즐기는 듯한 태도를 보인다(Arsenio, Cooperman, & Lover, 2000).

반항성장애 아동들은 인내나 좌절에 대한 내성이 약하고, 이로 인해 분노발작하게 되고 파괴적인 행동을 한다. 자신의 일에 대해 다른 사람의 탓으로 돌리면서 책임지지 않는 태도를 보이고 다른 사람의 행동을 적대적으로 해석하여 공격적인 방식으로 문제를 해결하기 때문에 또래와 갈등을 빚거나 거부당하여 사회적응에 부정적인 영향을 미쳐 장기적인 성장 발달에도 영향을 미친다(Coie & Dodge, 1997).

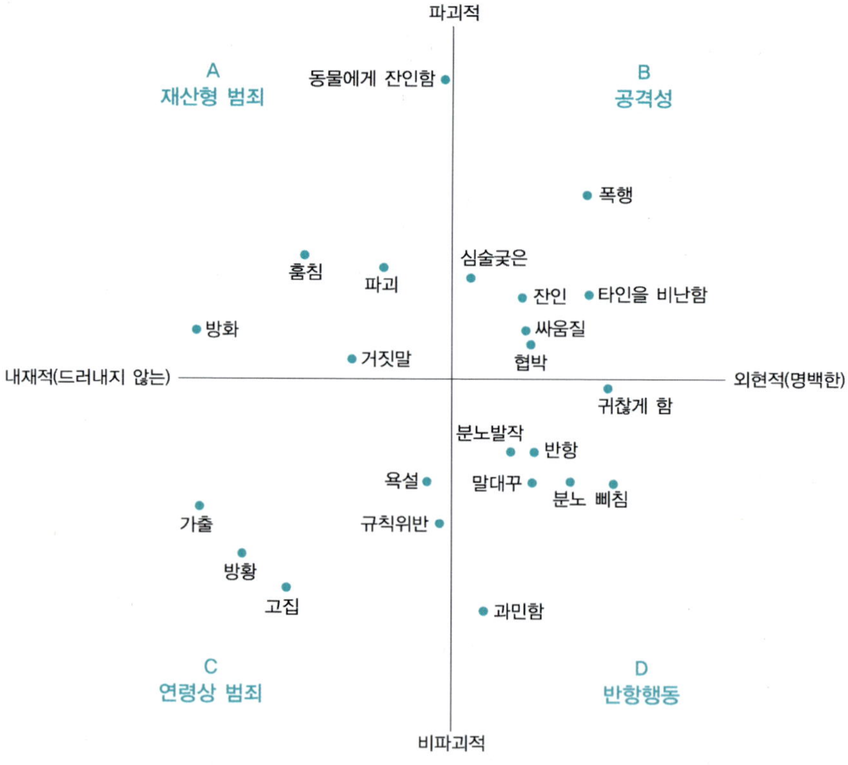

그림 6-1 품행문제의 두 가지 차원: 외현-내재 및 파괴-비파괴(Frick et al., 1993)

반항성장애 아동은 잘 알고 있는 특정 성인이나 상황에 대해 적대적인 경향을 띠고 초기에는 집에서 나타나지만, 시간이 지나면서 다른 장소에서도 나타난다. 또한 반항성장애 아동들은 자신의 행동이 반항이나 도전이라고 생각하지 않고 자신의 행동이 불합리한 요구나 환경에 대한 반응이라고 정당화한다. 학령기 아동들은 자존심이 낮고, 감정의 기복이 심하고 좌절에 대한 내성이 약하고 술, 담배, 불법약물을 조기에 사용한다. 일시적 반항성장애는 학령기 이전의 소아와 청소년에게는 매우 흔한 증상이기 때문에 발달 시기 동안 반항성장애를 진단하려면 신중해야 한다.

반항성장애의 공병현상으로는 ADHD가 제일 많고, 약물과 알코올남용, 기분장애, 불안장애, 사회적인 적응의 문제를 수반할 수 있다.

DMS-IV의 반항성장애 진단 준거

A. 거부적·적대적·도전적 행동 양상이 적어도 6개월 이상 지속되고, 다음 중 적어도 네 가지(또는 그 이상)가 존재한다.
① 흔히 버럭 화를 낸다.
② 흔히 어른과 논쟁한다.
③ 흔히 적극적으로 어른의 요구나 규칙을 무시하거나 거절한다.
④ 흔히 고의적으로 타인을 귀찮게 한다.
⑤ 흔히 자신의 실수나 잘못된 행동을 남의 탓으로 돌린다.
⑥ 흔히 타인에 의해 기분이 상하거나 쉽게 신경질을 낸다.
⑦ 흔히 화내고 원망한다.
⑧ 흔히 악의에 차 있거나 앙심을 품고 있다.
주의: 나이가 비슷하고 동일한 발달 수준에 있는 다른 사람에게서 전형적으로 관찰되는 것보다 반항적 행동이 더 빈번하게 발생될 경우에만 진단 기준을 고려한다.

B. 행동 장애가 사회적·학업적·직업적 기능에 임상적으로 심각한 장해를 일으킨다.
C. 이 행동은 정신증적 장애 또는 기분장애의 기간 중에만 나타나지 않는다.
D. 품행장애의 진단 기준에 맞지 않아야 하며, 18세 이상이라면 반사회성 인격장애의 진단 기준에 맞지 않아야 한다.

반항성장애 치료방안은 가정에서 부모가 아이의 파괴적인 행동을 관리하고, 아동을 훈육하거나 일관성 있는 양육태도를 유지하도록 돕는 데 필요한 부모교육이 필수적이다. 이 교육을 통해 부모는 아동양육에 정보와 자신감을 얻고 다른 부모와의 교류를 통해 지지적인 관계를 형성할 수 있다. 반항성장애를 지닌 아동의 공격적인 행동, 파괴적인 행동이 나타나는 상황에 대한 자기조절력을 높이는 것을 목적으로 인지행동치료를 적용한다. 인지행동치료는 대인관계능력이나 대안적인 행동을 익히고 자기조절력을 높이는 데 효과적이다. 그러나 반항성장애 아동의 증상이 ADHD 증상과 같이 나타나는 경우, 위기상황이나 단기치료에서 약물치료를 사용한다. 약물치료는 정서적인 안정을 도모하여 급작스럽게 부정적인 정서로 변하는 것을 조절하는 데 효과적이다. 그러나 약물을 사용할 때는 신중해야 하고 의사의 처방이 반드시 필요하다.

(3) 불안장애

불안장애(anxiety disorder)는 아동기와 청소년기의 가장 흔한 정신장애로, 불안의 경험이 생활에 지속적으로 나타날 때 발달에 부정적인 영향을 미치게 된다. DSM-IV에서는 아동기의 불안장애를 9가지로 구분하고 있다. 불안장애는 증상에 따라 분리불안장애, 공황장애, 광장공포증, 과잉불안장애, 사회적 공포증, 특정 공포증, 강박증, 외상 후 스트레스 장애, 급성 스트레스 장애로 나누어진다.

불안은 개인이 미래의 위험이나 불행을 미리 걱정하고 염려함으로써 초래된 긴장감, 강한 부정적 정서에 의한 감정상태이다(Barlow, 1988). 불안에는 강한 부정적인 정서와 공포가 있는데, 부정적인 정서로는 슬픔, 분노, 죄의식이 있다. 불안은 위험을 지각하고 그에 따른 반응으로 미리 계획하고 준비하여 스스로 문제를 다루고 해결하게 되어 자신을 안전하게 지키는 긍정적인 측면이 있다. 반면에 불안을 통제하기 어렵고 벗어나지 못하여 신체적·정서적·행동적인 반응으로 불안을 나타내어 생활에 부적응을 초래하기도 한다. 그러나 대부분의 불안장애가 두드러진 특징을 갖지 않으며, 다른 사람이나 재산에 피해를 거의 주지 않고 개인적인 어려움으로 머무르기 때문에 간과하기 쉽다. 아동에게 나타나는 과도한 불안은 발달과정을 방해하기 때문에 아동의 불안 중에서 정도와 나타나는 양상에 따라 불안과 과도한 불안을 구별하고 이를 해소하기 위한 적절한 개입이 필요하다.

표 6-4 DSM-IV에 나타난 불안장애

불안장애 종류	증상
분리불안장애	부모나 애착대상으로부터 분리되거나 집에서 떨어졌을 때 나타나는 과도한 불안을 말한다.
일반화된 불안장애	최소한 6개월 이상 지속되는 심한 불안이나 근심, 걱정이 특징이고 걱정이 과도하여 떨림, 근육긴장, 두통, 메스꺼움 등과 같은 신체증상을 동반한다.
특정 공포증	어떤 특정한 공포 대상이나 상황에 노출되었을 때 유발되는 심각한 불안이 특징이고, 회피적 행동이 나타난다.
사회 공포증	어떤 특정한 사회적 상황이나 활동 상황에 노출되었을 때 유발되는 심각한 불안이 특징이고 흔히 회피적 행동으로 대응한다.
강박장애	불안을 유발하는 강박적 사고(심한 불안이나 고통을 일으키는)나, 강박적 행동(불안을 중화하는 데 기여하는)이 특징적으로 나타난다. 불안을 감소시키기 위한 의식화된 행동이 나타난다.
공황장애	예기치 못한 반복적인 공황발작이 특징이며, 이 장애는 지속적인 염려감을 불러일으킨다. 갑작스럽고 극심한 염려감, 두려움, 공포감이 비정기적으로 일어나는 것으로, 곧 죽을 것 같은 느낌을 동반하고 이러한 발작이 있는 동안에는 숨이 가쁘고, 심계항진이 있으며, 가슴의 통증이나 답답함, 질식할 것 같은 느낌, 미칠 것 같은 두려움이나 자신을 조절할 수 없을 것 같은 두려움 등의 증상으로 나타난다.
광장공포증	즉각적으로 피하기 곤란한 장소에 있거나 상황에 처해 있을 때 공황발작이나 공황과 유사한 증상이 일어난다면 도움받기 어려운 상황에 있게 될 것이라는 불안이나 회피를 나타낸다. 사람이 많은 역, 집 밖이 될 수 있다.
외상후 스트레스 장애	극심한 충격 사건을 재경험하는 것이 특징이며, 과민한 각성 증상, 외상과 연관되는 자극에 대한 회피를 동반한다.
급성 스트레스 장애	극심한 충격적인 사건 직후 그 후유증으로 나타나는 외상후 스트레스 장애와 유사한 증상을 지니고 외상후 4주 이상 지속되지 않는다.

(4) 분리불안장애

분리불안장애(separate anxiety)는 집이나 주요 애착대상으로부터 분리되는 것에 대하여 과도한 불안을 느끼고, 나이에 맞지 않게 통제하기 어려운 과잉불만을 갖는다. 아동의 분리불안이 7개월에서 6세까지는 비교적 정상적인 것이기 때문에 장애로 진단받으려면 연령과 증상의 정도가 고려되어야 한다. 분리불안은 전체 아동 중 6~12%가 발생하는 아동기의 가장 일반적인 불안장애이고, 불안장애로 의뢰된 아동 중 1/3 이상이 분리불안으로 의뢰되며, 남아보다는 여아에게서 더 많이 나타난다.

분리불안을 경험하는 아동은 애착대상을 갑자기 상실하게 될지도 모른다는 강한 불안을 느낀다. 아동은 사고나 재난 등으로 부모와 헤어지게 될 것이라는 비현실적이고 지속적인 두려움을 느끼며, 분리의 경험과 관련된 악몽을 반복적으로 꾸기도 한다. 이러한 증상으로 여러 가지 회피행동을 동반하기도 한다. 학교에 있는 동안 집에 부모가 있는지 확인 전화를 한다거나, 어린 아동의 경우에는 부모를 이 방 저 방으로 계속 따라다니거나, 분리 상황이 예견될 때 심하게 울거나 달라붙으며, 심한 경우 부모의 출근이나 등교를 거부하게 된다.

분리불안장애아동의 80~90%에서 중복 불안장애가 나타나며, 가장 흔한 것이 일반화된 불안장애이고, 1/3이 우울장애로 발전되며, 특정 공포 양상이 나타난다. 등교 저항 및 거부는 분리불안장애아동에게 흔하게 나타난다. 분리불안 때문에 등교 거부를 나타낸 아동들의 특징은 어리고, 여자인 경우 낮은 사회경제적 지위, 결손가정인 경우에 더 자주 나타난다. 어린 아동은 분리에 대해 거부를 나타내고, 학령기 청소년은 등교 저항 또는 거부, 신체적인 불평을 나타낸다. 분리불안장애아동은 점차 위축되며 무감각하거나 우울해지며 여러 불안장애를 가질 위험이 높아진다(Kovas & Devlin, 1998).

분리불안장애를 가진 아동은 다른 불안장애나 우울증을 동반하고, 성인이 되었을 때 공황장애나 광장공포증에 걸릴 위험이 높다.

DSM-IV의 분리불안장애의 진단 기준

A. 발달적으로 부적절하고 과도한 불안은 개인이 애착하고 있는 사람 또는 집으로부터의 분리에 관한 것이고 다음 중 세 가지가 명백하게 나타난다.

(1) 집 또는 주요 애착인물로부터 분리될 때 또는 그것이 예상될 때 반복적으로 과도한 괴로움이 생긴다.
(2) 주요 애착인물의 상실 또는 손상이 일어날 때 지속적이고 과도한 걱정을 하게 된다.
(3) 불운한 사건 때문에 주요 애착인물과 분리되면 지속적이고 과도한 걱정을 하게 된다 (예: 잃어버리거나 유괴당할 때).
(4) 분리공포 때문에 학교나 그 밖의 다른 장소에 가는 것을 계속 거부하거나 저항한다.
(5) 가정에서 주요 애착인물이 없거나 다른 환경에서도 주요 성인이 없을 때 또는 혼자 있을 때 지속적이고 과도한 걱정과 저항을 하게 된다.
(6) 가까운 주요 애착인물이 없거나 또는 집에서 멀리 떨어져서 잘 때 지속적이고 과도한 걱정과 저항을 하게 된다.
(7) 분리의 주제를 포함하여 반복되는 악몽
(8) 주요 애착인물로부터 분리가 이루어질 때 또는 그것이 예상될 때 반복되는 불편한 신체 증상(예: 두통, 위통, 메스꺼움, 구토)

B. 이 장애의 기간은 최소한 4주이다.

C. 출현은 18세 이전이다.

D. 장애는 임상적으로 중요한 괴로움, 사회적·학문적(직업적) 또는 다른 중요한 기능영역의 손상을 야기한다.

E. 장애는 전반적 발달장애, 정신분열증 또는 다른 정신병 기간에만 일어나는 것이 아니라, 청소년과 성인기에 있어서 광장공포증이 급성 불안장애에 의해서 더 잘 설명될 수 있는 것도 아니다.

세분할 것

초기 출현: 만약 6세 전에 시작될 경우

(5) 강박장애

지수는 유치원에서 매일 늦게 밥을 먹는다. 밥을 먹을 때 보면 밥을 먹는 시간보다 입을 닦고 옷에 묻은 것을 휴지로 치우는 시간이 더 걸린다. 풀물감놀이나 물감놀이를 하면 아이는 손을 대기 어려워하고 놀이에 참여하지 않는다. 그림을 그리려면 항상 늦는다. 늦는 이유는 그림을 늦게 그려서가 아니라 크레파스를 펼치고 도화지를 놓는 일정한 순서가 나름대로 정해져 있고, 이 순서가 흐트러지면 처음부터 다시 절차대로 한다. 놀이터에서도 모래를 만지는 경우는 거의 없고, 모래가 운동화에 묻으면 신발을 꼼꼼하게 살피고 모래를 털어낸다.

강박장애(Obsessive-Compulsive Disorder)는 스트레스나 기능손상을 야기하는 강박적 사고나 강박적 사고로 인한 불안을 무마하기 위한 충동적 행동이 하루에 1시간 이상 반복되는 것이다. 강박장애에서 나타나는 강박사고는 지속적으로 발생하는 침입적 사고, 생각, 충동, 이미지 등을 말한다. 아동이 일상생활에서 느끼는 걱정이나 스트레스보다 훨씬 더 심한 형태를 띤다. 강박사고는 지나치게 비합리적이거나 불가능하고 비현실적인 사건, 매우 과장된 현실생활 사건에 초점을 둔다.

아동과 청소년에게 있어서 강박장애의 출현율은 2~3%이고, 여아보다 남아에게 일반적으로 두 배나 많게 나타난다. 약 9~12세에 제일 많이 나타난다. 초기 시작 연령의 특징은 가족력을 가질 가능성이 크며, 유전적인 영향이 있고(Swedo, Rapoport, Lenoard, Lenane & Cheslow, 1989), 손가락 빨기 또는 기하학적인 도형에서 충동적으로 걷는 등 강박적 행위에 열중한다.

유아기와 아동기에 나타나는 상투적 행동은 의식행동과 구별되어야 한다. 의식행동은 불안을 유발하는 상황이나 사고를 피하기 위해 과도하게 행해지는 행동이다. 즉, 잠자리에 들기 전에 늘 하는 절차나 인형이나 장난감을 배열하는 등의 행동을 말한다. 상투적 행동은 반복적이나 정도가 지나치지 않고, 9세 경에는 대부분 사라진다. 그러나 흔한 사례로는 반복적 손 씻기, 순서 맞추기, 점검하기, 배열하기 등의 행동, 어디서나 방으로 들어가기 전에 특정한 발자국 소리를 내야 한다거나, 자물쇠를 반복적으로 확인하여야 한다거나, 음식을 먹기 전에 무엇을 꼭 만진다든가, 문을 반복적으로 열고 왔다 갔다 하는 등의 강박적 행동은 학령기 아동의 성격, 사회생활, 학업을 방해하게 된다. 강박행동은 우연히 일어나 어떤 무서운 사건이나 상황을 방지하기 위해서 또는 어떤 불안이나 긴장을 감소시키거나 중립화하려고 의도하는 것이다. 이러한 과도한 집착의 결과로 아동의 정상적인 활동은 감소하게 되며, 건강, 인간관계와 가족관계 그리고 학교에서의 기능에 지장을 준다(Carter, Pauls, Leckman, 1995).

강박장애는 강박사고와 강박행동으로 나타난다. 강박사고는 지속적이고 침입적 사고, 생각, 충동 등으로 인해 불안을 느낀다. 지나치게 비합리적이고 비현실적인 과장된 생활을 한다. 비현실적인 강박행동(compulsion)은 강박사고에 대한 반응을 행동으로 옮기는 것으로, 반복적, 목적이 있는 의도적인 행동(예: 손 씻기) 또는 정신적 행동(예: 조용히 단어를 반복하는 것)이다. 많은 강박행동들은 강박사고와 직접적으로 관련이 있어 강박장애아동들은 복합적인 강박사고와 강박행동을 보인다. 그러나 몇몇 아동은 강박사고나 강박행동 중 하나만을 경험할 수도 있다. 강박행동 단독으로 이러한 사례를 모두 설명할 수 있다. 왜냐하면 강박사고는 강박행동에 의해 거의 항상 수반되기 때문이다(Last & Strauss, 1989b). 강박장애 증상은 기묘하고 무분별하게 발생하여 대개의 경우 사회적 상황에서나 학교에서 잘 나타나지 않는다.

강박장애가 있는 아동은 끝없이 그들의 강박적 사고에 대해 질문을 하며, 8세 이상이 된 아동은 강박증에 관해 말하는 것을 당황해하거나 불편해하고, 부모는 도움을 주려다가 좌절하거나 아동에 의해 거부당하게 된다. 강박장애 증상 중에서 치료되지 않은 증상은 매우 다양하며, 때로는 없어지거나 똑같이 남아 있거나 악화되는 등 강박적 사고는 시간이 지나면서 변화된다.

표 6-5 아동기에 일반적으로 나타나는 의식적 행위

연령	의식적 행위
14개월	좋아하는 물건이 있음
18개월	일정한 행동이 되풀이되는 양상
21개월	특정 순서나 방법으로 물건을 배열하는 것을 선호함
23개월	그것이 바로 될 때까지 어떤 행동을 선호하거나 사물을 정돈함
26개월	물건들을 모으거나 수집함

*출처: Mash, E.J. & Wolfe, D.A. (2001). Abnormal Child and Psychology. 아동이상심리학. 조현춘, 송영혜, 조현재 역. 서울: 시그마프레스.

DSM-IV의 강박장애의 진단 기준

A. 강박적 사고 또는 강박적 행동

강박적 사고는 (1), (2), (3), (4)로 정의된다.

(1) 반복적이고 지속적인 사고, 충동, 심상, 이 주요 증상은 장애가 경과하는 도중 어느 시점에서 침입적이고 부적절한 것이라고 경험되며, 현저한 불안이나 고통을 일으킨다.

(2) 사고, 충동, 심상은 실생활 문제를 단순히 지나치게 걱정하는 것이 아니다.

(3) 개인은 이러한 사고, 충동, 심상을 무시하거나 억압하려고 시도하며 다른 생각이나 행동에 의해 중화하려고 한다.

(4) 개인은 강박적인 사고, 충동, 심상이 개인이나 개인 자신의 정신적 산물임을 인정한다(사고 주입의 경우처럼 외부에서 강요된 것이 아닌).

(1) 반복적인 행동(예: 손 씻기, 정돈하기, 확인하기) 또는 정신적인 활동(예: 기도하기, 숫자 세기, 속으로 단어 반복하기)을 하는 증상은 개인의 강박적 사고에 대한 반응으로 또는 엄격하게 적용되어야 하는 원칙에 따라 수행되어야 한다는 압박감을 동반한다.

(2) 강박적 행동이나 정신적 활동은 고통을 예방하거나 감소하고, 두려운 시간이나 상황을 방지하거나 완화하려는 것이다. 그러나 이러한 행동이나 정신적 활동이 중화하거나 방지하려고 하는 것과 현실적인 방식으로 연결되어 있지 않으며 명백하게 지나친 것이다.

B. 이 장애가 경과되는 도중 어느 시점에서 강박적 사고나 강박적 행동이 지나치거나 비합리적임을 인식한다.

주의: 이 조건은 소아에게는 적용되지 않는다.

C. 시간을 소모하는(하루에 1시간 이상) 강박적 사고나 강박적 행동은 심한 고통을 초래하거나 정상적인 일, 직업적(또는 학업적) 기능 또는 사회적 활동이나 사회적 관계에 심각한 지장을 초래한다.

D. 다른 축 1의 장애가 있다면, 강박적 사고나 강박적 행동의 내용이 그것에만 국한되지 않는다(예: 섭식장애가 있는 경우 음식에 대한 집착, 발모광이 있는 경우 머리카락을 잡아 뜯음, 신체 변형장애가 있는 경우 외모에 대한 관심, 물질 사용 장애가 있는 경우 물질에 대한 집착, 건강염려증이 있는 경우 질병에 심각한 집착, 변태 성욕이 있는 경우 성적인 강한 충동이나 환상에 대한 집착, 주요 우울장애가 있는 경우 죄책감의 반추).

E. 이 장애는 약물(예: 남용약물, 치료약물)이나 일반적인 의학적 상태의 직접적인 생리적 효과로 인한 것이 아니다.

세분할 것

병식의 부족: 현재의 삽화 동안 거의 모든 시점에서 강박적 사고나 강박적 행동이 지나치거나 비합리적임을 인식하지 못할 경우

(6) 외상 후 스트레스 장애

외상 후 스트레스 장애(Posttraumatic Stress Disorder, PTSD)는 일상의 경험 범위 밖에 있는 압도적인 외상적 사건을 목격하거나 경험한 후 나타나는 불안장애이다. PTSD를 유발하는 외상으로는 큰 사고나 자연 재해, 유괴, 잔인한 신체적 공격 또는 신체적 및 성적 학대와 같은 사건이 있다.

PTSD의 특징은 지속적으로 외상적인 사건을 다시 경험하고 외상의 기억을 놀이로 재연한다. 또한 플래시백 현상(과거의 외상 화면이 머릿속에서 번득 나타났다 사라지는 현상)이 나타나면서 멍하니 허공을 응시하거나 극도의 불안 증세를 나타내는 것이다. PTSD에서 나타나는 호피증상은 외상과 관계된 자극이나 기억, 정서를 회피하는 현상이다. 외상을 경험한 장소, 사람, 기억의 일부를 회상하게 하는 자극을 고의적으로 회피한다. 지속적으로 극단적인 각성 증상을 나타내는 과잉각성이 나타나기도 한다. 이러한 증상은 낮은 자존감, 죄책감, 염세주의, 취약한 감정, 수면장애, 학교 문제, 정서적인 마비로 연결된다.

PTSD는 연령에 관계없이 영향을 주고 경우에 따라서는 수년간 때로는 평생 동안 지속되는 만성적 질환이 되기 쉽다고 하였다(Fletcher, 1996; Nader, Pynoos, Fairbanks, & Frederick, 1990; Terr, 1983). 외상이 발생한 연령과 외상의 성격에 따라 영향력의 정도가 달라지고, 아동의 발달수준에 따라 영향의 정도가 달라진다. 이러한 현상은 외상적 경험이 극단적인 위협으로 평가되기 전에 인지적·정서적으로 여과되면서 외상의 경험이 달라지기 때문이다.

DSM-IV의 외상 후 스트레스 장애의 진단 기준

A. 외상성 사건을 경험했던 개인에게 다음 두 가지 증상이 모두 나타난다.

(1) 개인이 자신이나 타인의 실제적이거나 위협적인 죽음이나 심각한 상해 또는 신체적 안녕에 위협을 가져다 주는 사건(들)을 경험하거나 목격하거나 직면하였을 때

(2) 개인의 반응에 극심한 공포, 무력감, 고통이 동반될 때

주의: 소아에서는 이런 반응 대신 지리멸렬하거나 초조한 행동을 보인다.

B. 외상성 사건을 다음과 같은 방식 가운데 한 가지(또는 그 이상) 방식으로 지속적으로 재경험할 때

(1) 사건에 대해 반복적이고 집요하게 떠오르는 고통스런 회상(영상이나 생각, 지각을 포함)

주의: 소아에서는 사고의 주제나 특징이 표현되는 반복적 놀이를 한다.

(2) 사건에 대한 반복적이고 괴로운 꿈

주의: 소아에서는 내용이 인지되지 않는 무서운 꿈

(3) 마치 외상성 사건이 재발하고 있는 것 같은 행동이나 느낌(사건을 경험하는 듯한 지각, 착각, 환각, 해리적인 환각 재현의 삽화들, 이런 경험은 잠에서 깨어날 때 혹은 중독 상태에서의 경험을 포함한다.)

주의: 소아에서는 외상의 특유한 재연(놀이를 통한 재경험이 일어난다.)

(4) 외상적 사건과 유사하거나 상징적인 내적 또는 외적 단서에 노출되었을 때 심각한 심리적 고통

(5) 외상적 사건과 유사하거나 상징적인 내적 또는 외적 단서에 노출되었을 때의 생리적 재반응

C. 외상과 연관되는 자극을 지속적으로 회피하려 하거나, 일반적인 반응의 마비(전에는 없었던)가 다음 중 세 가지 이상일 때

(1) 외상과 관련되는 생각, 느낌, 대화를 피한다.

(2) 외상이 회상되는 행동, 장소, 사람들을 피한다.

(3) 외상의 중요한 부분을 회상할 수 없다.

(4) 중요한 활동에 흥미나 참여가 매우 저하되어 있다.

(5) 정서의 범위가 제한되어 있다(예: 사랑의 감정을 느낄 수 없다).

(6) 미래가 단축된 느낌(예: 직업, 결혼, 자녀, 정상적 삶을 기대하지 않는다)

D. 증가된 각성 반응의 증상(외상 전에는 존재하지 않았던)이 두 가지 이상 있을 때

(1) 잠들기 어려움 또는 잠을 계속 자기 어려움

(2) 자극에 과민한 상태 또는 분노의 폭발

(3) 집중의 어려움

(4) 지나친 경계

(5) 악화된 놀람 반응

E. 장애(진단 기준 B, C, D)의 기간이 1개월 이상이다.

F. 증상이 임상적으로 심각한 고통이나 사회적·직업적, 다른 중요한 기능 영역에서 장애를 초래한다.

세분할 것

급성: 증상 기간이 3개월 이하

만성: 증상 기간이 3개월 이상

지연성: 스트레스 발생 후 적어도 6개월 이후 증상이 나타난다.

(7) 선택적 함묵증

선택적 함묵증(selecive mutism)은 대체로 3~7세에 발병한다. 남녀비율이 1:4.8 정도이며, 유병률은 0.08~0.72% 정도로 드문 질환으로 알려져 있으나, 실제로는 더 빈번하게 발생하는 것으로 알려져 있으며, 연령의 증가와 함께 자연히 해결되는 경우도 있다.

선택적 함묵증의 원인은 충격적 사건, 가족 내 갈등의 결과 혹은 환경의 변화와 같은 명백한 유발 인자가 질병을 일으킨다고 보기도 하나, 아이마다 서로 다양한 요인과 개인차가 존재하기 때문에 원인을 명확하게 설명하는 것은 어렵다. 또한 최근에는 '선택적 함구증'이 불안장애의 일종이라는 주장이 제기되고 있다.

선택적 함묵증 아동의 주요 증상은 전형적으로 부모, 형제와 같이 가까운 사람과는 집에서 말을 하는 데 아무 문제가 없지만, 일단 밖으로 나가면 입을 꽉 다물고 전혀 말을 하지 않는 것이다. 때로는 밖에서 못했던 말을 수다스럽게 엄마한테 이야기하기도 하며, 혼자 책을 읽거나 소꿉놀이를 할 때는 극히 정상적으로 말을 한다. 아이가 말을 할 수 있는 범위는 다양해서 가족 중에도 엄마같이 특정인에 국한된 경우부터 몇몇 친한 친구에 이르기도 한다. 대개 말을 하고 말을 하지 않는 상황 간의 명백한 구분이 존재하며, 충분히 말할 수 있는 능력이 있는 아이가 말을 안 하는 것으로 보이며 일부러 대화를 거부하는 것으로 간주하게 된다.

대체로 선택적 함묵증 아동은 적대적·도전적·지배적이고, 우울하고 공격적이며, 고집이 세고, 믿지 못하고 분노발작을 자주 표출한다. 반면 복종적이고 민감하고, 잘 울고, 불안하며, 잘 놀라고, 수동적·의존적이며, 공포를 잘 느끼기도 한다. 또 이중적인 특성이 드러나기도 하는데 가정 내에서는 부정적·적대적이며, 고집이 세고 타인을 자신의 의도대로 조종하려고 하는 반면, 낯설거나 새로운 상황에서는 수줍어하며 예민하고, 공포에 질리거나 경직되어 있거나 수동 공격성을 표현하기도 한다. 함묵증은 직접 다른 사람에게 피해를 주지 않고 평생 말을 하지 않는 사람이 없기 때문에 언젠가 말을 할 것이라고 생각하고 방치되는 경우도 많다(채수경· 장효성, 2002 재인용).

선택적 함묵증 아동의 50%는 발병 후 5~10년 안에 회복되지만, 자연 치유되더라도 함묵증을 보이는 기간 동안 타인과 의사소통하지 않음으로써 사회성 발달이 저해되고, 신체적·정신적인 장애를 유발한다(강홍조·이명희, 1997; 송영혜 1996). 또한 또래 관계 형성과 자기표현을 통한 사회적 관계 형성이 어려워 올바른 대인 관계 형성 및 건전한 자기발견과 자기성장을 방해한다(양명희, 2003).

선택적 함묵증 아동은 집과 학교에서 성인과의 비언어적인 의사소통 활동을 격려받아야 한다. 말할 기회가 주어져야 하지만 강요해서는 이 증상을 완화시키기 어렵다. 또한 집이나 학교에서 익숙하고 친숙한 사람들과 언어적 의사소통이 시도될 때는 압박감을 주지 말고 점진적으로 할 수 있도록 격려해야 한다.

DSM-IV에서 선택적 함묵증의 진단 기준

- 다른 상황에서는 말을 할 수 있음에도 불구하고 특정한 사회적 상황에서는 지속적으로 말을 하지 못한다.
- 장애가 학업적·직업적 성취나 사회적 의사소통을 저해한다.
- 장애의 기간이 적어도 1개월은 지속되어야 한다(입학 후 1개월은 포함되지 않는다).
- 말하지 못하는 이유가 사회생활에서 요구되는 언어에 대한 지식이 없거나 그 언어에 대한 불편과 관계가 없는 것이어야 한다.
- 장애가 의사소통장애(예: 말더듬)에 의해 잘 설명되지 않고, 광범위성 발달장애, 정신분열증, 다른 정신증적 장애의 기간 중에만 발생되는 것이 아니어야 한다.

(8) 우울장애

우울장애(depression)는 아동기부터 성인까지 나타날 수 있으나, 아동기 우울증에 대하여 간과하는 경향이 있었다. 그러나 최근 아동기 우울증에 대한 연구가 쌓여가면서 아동기 우울증이 갖는 위험성에 대한 증거가 나오기 시작하였다. 아동의 경우 내면의 고통보다는 외현화된 행동이 더 주의를 끌기 때문에 우울증이 간과되거나 우울증이 있음을 알아보지도 못하는 경우가 많다.

아동기 우울장애에서 흔하게 관찰되는 증상은 슬픈 모습, 신체적 호소, 정신운동 초조, 분리불안과 공포감 등이 있다. 연령이 높아질수록 무쾌감증, 절망감, 망상 및 정신운동지체의 발현빈도가 증가된다. 모든 연령에서 우울장애는 우울감, 집중력부족, 불면, 자살 등을 나타낸다.

아동의 경우에는 성인과 다른 증상이 나타나는데 아동은 시간과 정도에 대한 차이가 나타난다. 아이가 실망을 하면 쉽게 잊지 못하고, 계속 감정이 이어지거나 재미있는 일에 대해서는 끝없이 계속 반복하려고 한다. 또한 감정이나 불편감을 언어로 표현하는 데 한계가 있어 심체증상으로 호소를 많이 한다. 때때로 현실 판단력이 부족하여 주로 부정, 무관심, 책임회피 방법을 쓰고, 자기중심적이어서 현실사건을 구분하여 처리하기 못한다. 이런 아동은 죄책감을 많이 느껴 나쁜 일에 대해 환경 탓을 하는 경우가 많다.

아동에게 특징적으로 나타나는 우울의 형태는 가면성 우울로 생리적 증상은 보이지 않은 채 짜증스러운 기분이나 과다행동, 비행, 공격성, 신체적 호소로 위장되어 나타나는 경우를 말하고, 이러한 경우에는 아이들이 행동 문제를 나타내기 때문에 적대적 반항장애나 품행장애로 인식될 수 있으므로 진단에 유의해야 한다.

우울한 아이들은 주로 거의 매일같이 우울한 기분이 들며, 즐겁던 활동 등에 흥미를 느끼지 못하고, 죄책감이 들며, 죽음이나 자살을 반복적으로 생각하고, 집중력이 감소하는 등의 증상이 지속적으로 나타난다. 심각한 경우에는 환청, 환각, 망상 등의 정신증적 특징을 함께 보이기도 한다. 우울증은 아동과 청소년에게 기분, 행동, 태도 변화, 사고, 신체적 조건을 포함하여 기능 측면의 많은 영역에 영향을 미친다(Oster & Montgomery, 1995).

표 6-6 다양한 우울 증상

구분	내용
기분	정상적인 슬픈 감정보다 더 과장되고 더 지속적인 슬픔의 감정을 경험하며, 자주 동반되는 그 밖의 감정은 흥분감, 죄책감, 수치심, 비판에 대한 과민함이다.
행동	초조함, 감소된 활동성, 느린 말 표현, 심한 울음을 나타낸다. 이러한 행동이 오랫동안 지속되고 일상의 기능을 방해한다. 감소된 활동성에 따라 사회적 접촉이 감소하게 된다. 소리침, 파괴적인 행동과 같은 공격적·부정적 행동을 통해 그들의 슬픔을 표현하기도 한다.
태도 변화	무가치함과 낮은 자아존중감을 경험하고 걱정과 두려움은 그들의 삶을 지배하고, 학교에 대한 태도가 변화하고 학업수행은 고통스러워진다. 미래에 대해 두려워하고 실패할 거라는 확신을 가지게 된다.
사고	내적 사고와 긴장에 집착한다. 우울한 아동들은 자기에게 집중하고 극도의 자기비판과 자기의식을 느끼며 논리적 사고는 왜곡되고, 미래에 대한 염세적인 관점을 표시한다. 또한 집중하고, 기억하고, 결정하는 데 어려움을 느낀다.
신체 변화	섭식과 수면에 어려움을 경험한다. 이들은 두통, 위통, 메스꺼움과 같은 신체질환에 대한 불편과 계속되는 통증이 나타난다.

우울증은 대략 10세 이후부터 발병하는 것으로 보이나, 학령기 전기에 발병하는 경우도 1% 미만이고, 학령기 아동은 2~3%이며 청소년의 경우에는 3~8% 정도로 나타난다(Brent, Johnstron, Connolly, 1996; Cohen, Cohen, Brook, 1993). 우울증은 대부분의 장애와 마찬가지로, 일찍 발생할수록 장애가 더 오래 지속되거나 경과가 더 심각하다. 사춘기 이전에 우울증이 나타나면 성인기 우울증으로 지속될 가능성이 크다. 아동기 우울증은 최근 몇 년 사이에 증가하였다. 또한 성인의 우울증 증상의 진단 기준이 청소년을 비롯하여 아동기에도 유사하게 나타나고 있다.

표 6-7 발달 시기에 따른 우울의 증상

시기	증상
영아기, 걸음마기	배변훈련, 수면, 인지발달 등 발달과업이 지연되고 무표정, 슬픈 표정, 눈길 피하기, 자기진정(흔들기, 손가락 빨기) 행동, 자해 행동(물기, 부딪치기), 매달려 요구하기, 무감동, 냉담함이 나타날 수 있다.
유아기	즐거움과 흥미, 성취감을 상실하고 무감동, 언어기술 상실, 사회적 위축, 분리불안, 일부 퇴행증상, 신체적 증상, 짜증, 수면 문제, 악몽, 자해 행동 등이 나타난다.
학령기	자기비난, 죄의식, 동기 상실, 공격성, 학업 수행의 어려움, 발달 지연, 섭식, 수면 문제, 자살 가능성 증가
청소년기	무단결석, 무례하게 행동하기, 학업 수행의 어려움과 학업 성취 저조, 예민한 기분변화

아동기의 우울증은 대부분 1년 내에 회복될 수 있으나, 재발되는 경우가 많고 정서장애와 공존병리가 나타날 수 있는 위험을 계속 안고 있다. 우울증의 경우 나타나는 공존병리는 ADHD, 품행장애, 불안장애 등이 있다. ADHD는 공존율이 약 15~75%로 ADHD로만 진단된 아동에 비해 전반적으로 적응력이 떨어지고 입원횟수도 증가하는 등 더 심각한 장해를 갖는다. 품행장애와 우울장애를 동반한 아동들이 품행장애를 동반하지 않는 아동에 비해 단기 예후가 불량하고, 성인기의 범죄율이 높다고 보고되었다. 불안장애는 우울과 공존하는 경우가 60~70%로 매우 높게 나타난다.

우울증 치료개입 방안으로 아동의 경우 놀이치료를 실시하는데, 특히 어린 아동 또는 언어발달이 지연된 아동의 경우 놀이치료를 통해 아동과 비언어적인 의사소통을 하고, 스트레스를 방출할 수 있고 감정을 표현하고 조절하는 법을 배울 수 있다. 인지행동치료(cognitive-behavior therapy)는 아동에게 발견되는 인지적인 왜곡과 결손을 발견하고 교정하는 데 중점을 둔다. 아동의 치료과정 동안에 부모를 참여시켜 새로운 기술을 습득시키고, 부모가 촉진하는 역할을 하도록 부모를 교육시키고, 가족의 의사소통 패턴과 문제 해결방법을 적용하여 아동의 우울증상을 변화시킨다. 그러나 아동이 심각한 수준의 자살 사고 및 행동 또는 자기파괴적 충동과 행동을 보이는 경우 기타 약물 남용 및 의존이 동반된 경우에는 입원치료가 반드시 필요하다.

(9) 정신지체

정신지체(Mental Retardation) 진단은 지적 기능뿐 아니라, 적응 기능에 있어서도 심각한 결손을 보인다. DSM-IV는 적응 기능의 11개 영역(의사소통, 자기관리 기술, 가정생활 기술, 사회성 기술, 지역사회 지원의 활용, 자기지시(self-direction), 학업적 기술, 일, 여가, 건강과 안전)을 설명하고, 정신지체 진단을 위해 그중 2가지 결손이 나타나야 한다.

정신지체는 선천적인 원인인 생물학적 요소들(특히 유전)에 의해 발생하고, 보통 또는 심각한 정신지체를 지닌 대부분의 아동들이 많은 영향을 받는다. 생물학적인 원인으로는 다운증후군, 취약성 X증후군, 프래더윌리(Prader-Willi)증후군, 페닐케톤요증, 레스-니한증후군, 매독, 풍진, 알코올중독 등이 있다. 후천적 요인으로는 분만 시 합병증, 뇌염, 뇌수막염, 중독, 아동학대, 사고, 영양실조 등이 있다.

정신지체 진단은 개인적으로 행해지는 지능검사에서 70이나 그보다 낮은 IQ여야 한다. IQ 기준 외에 달리 어떤 특정한 점수나 적응 기능검사가 정신지체 진단을 위해 필요하지는 않다. 정신지체의 범주 안에서 DSM-IV의 하위 유형은 IQ 부족의 심각함에 근거를 두고 있고, 현실생활에 적응하는 데 IQ지수는 밀접한 관련이 있다.

① 경미한 정신지체(Mild MR: IQ 50(55)~70 정도)

정신지체의 85%에 해당하고 초등 6학년까지 학업기술 획득이 가능하나 주로 일상생활 기술을 획득한다. 사회성과 자율성 획득을 많은 지원과 시간을 통해 일반아동 수준으로 익힌다. 관리를 받는 환경에서나 지역사회 속에서 독립적으로 살 수 있다.

② 중간 정도의 정신지체(Moderate MR: IQ 35(40)~50(55) 정도)

개인의 자율성과 사회적 관계가 제한적으로 가능하고 사회적인 규칙과 의사소통을 어렵게 배운다. 읽고 쓰는 학습이 어렵고 일생을 통해 도움이 필요하고 관리를 받는 상황에서 공동체 생활이 가능하다.

③ 심한 정도의 정신지체(Severe MR: IQ 20(25)~35(40) 정도)

학업기술 습득이 어렵고 가족이나 그룹홈 같은 공동체 생활에 적응할 수 있다.

④ 아주 심한 정도의 정신지체(Profound MR: IQ 20~25 이하)

일생동안 돌봄이 필요하고 생활에 필요한 기초적인 기술인 먹기, 배변하기 등에 대한 집중적인 훈련이 필요하다.

진단에서 IQ 점수 내에서의 겹쳐진 부분은 신중해야 하며, 특히 경계선 급(IQ 70~80)을 진단하는 데는 검사결과와 실생활에서의 적응 기능과 행동관찰을 통해 진단의 타당성을 고려해야 한다. 또한 행동관찰의 수준에 관한 결과의 타당성에 달려있다.

정신지체는 비교적 흔한 장애이다. 유병률은 대개 1~3% 범위 이내이다. 정신지체 아동들의 대다수는 지적 기능에서 상위범위(IQ 40~70)에 속한다. 대략 50~85%의 정신지체 아동들은 IQ가 55~70이다. 반면 10~30%는 40~55 범위 내에 있다(APA 1994).

아동들의 정신지체 양상과 관련된 행동 특성은 매우 다양해서 보편적인 특성을 제시하기는 어렵다. 정신지체 아동들 중 일부는 조용하고, 예의바르며, 자신감 있고, 순종적이다. 반면 다른 아동들은 공격적이고, 저항적이며, 분노가 많고, 적대적이다. 일부 아동들이 매우 사교적인가 하면, 다른 아동들은 위축되어 있을 수 있다.

그러나 대체로 정신지체 아동들 집단에서는 행동 문제의 위험이 다소 높게 나타난다. 연구결과 공격적 행동, 자해(self-injurious) 행동, 과잉 행동과 언어장애 등이 정신지체 집단에서 보고되었다(Jacobson, 1982). 이러한 행동들은 지적으로 손상되고 나이 든 연령집단에서 더 많은 빈도로 발생한다.

정신지체 아동은 구체적이고, 낮은 문제해결 기술과 언어적·사회적 기술이 결핍되어 있으며, 새로운 상황에서 서툴게 행동하고 지적·사회적, 운동 면에서의 성취에 지체를 보인다. 발달적으로 정신지체 아동들은 대체로 보통 아동들보다 늦게 말하며, 사회적으로 대부분은 반응적이고, 애착되어 있으며, 상호작용을 하지만, 사회적 이해나 사회기술은 종종 부족하다. 정신지체 아동들은 기본적인 사회적 관습을 위반하고,

억제를 못하고, 자기 관찰과 기술의 부족으로 사회적 상황에서 특이한 행동을 보이기도 한다. 경도에서 중등도에 있는 아동들은 적응적 행동을 배울 수 있지만, 그들은 대체로 평범한 아동들보다 많은 연습과 지도가 필요하다.

정신지체의 치료개입은 장기적인 계획으로 접근해야 한다. 정신지체 아동은 조기교육 중재를 통해 아동이 지닌 잠재력을 최대한 발휘하도록 도와야 한다. 특히 인지치료, 언어치료는 아동발달에 민감한 교육이기 때문에 조기개입이 반드시 필요하다. 특히 정신지체는 환경적인 요인에 의해 영향을 많이 받기 때문에 프로그램의 안전성과 지속성은 매우 중요하다. 이러한 교육은 조기에 개입할수록 효과가 좋으며 아동의 능력을 최대한 개발시킬 수 있다. 정신지체 아동은 기본 생활습관을 익힘으로써 자조능력을 향상시킬 수 있기 때문에 중요하며 행동치료를 적용한다. 부모상담 및 교육은 가족적 지지와 안내가 필요하고, 필요한 서비스를 제공받고 실제적인 문제를 다루기 위해 필수적이며, 가족이 아동의 정신지체로 인해 새로운 난제에 부딪쳤을 때 발달적으로 적절한 초점을 갖도록 준비시키기 위해 중요하다.

(10) 반응성 애착장애

반응성 애착장애(Reactive Attachment Deprivation)는 5세 이전의 병적인 보살핌, 즉 애착결핍으로 인하여 대부분의 상황에서 심하게 손상되고 발달적으로 부적절한 사회적 관계를 형성하는 장애이다. 이렇듯 애착장애는 부모의 병적인 보살핌이 문제가 되고, 방치와 학대 등 극단적인 양육형태나 특정상황인 소아의 장기간 입원, 극심한 빈곤, 부모의 무경험을 원인으로 보기도 한다. 그러나 병적인 보살핌이 항상 반응성 애착장애를 유발하는 것은 아니다.

반응성 애착장애는 억제형과 탈억제형으로 나뉘는데, 둘 다 아동이 사회적인 관계를 먼저 시작하지 못하고 발달적으로 적절한 방식으로 반응하지 못한다. 반응성 애착장애의 억제형과 탈억제형은 다음과 같다.

- 억제형: 발달 단계에 맞게 적절한 방법으로 사회관계를 시작하거나 반응하는 것을 지속적으로 못하는 것이다. 아동의 감정이 양면적이고, 억제되고, 무반응적이고 지나치게 조심스러운 반응으로 나타난다.
- 탈억제형: 애착대상을 선택하는 데 선택능력에 문제를 나타내며, 무분별한 애착을 보이는 경우이다. 아동이 사회적 상황에서 사람을 변별하지 않고 가리지 않는 지나친 사회성을 나타내며, 선택적인 애착을 보이지 않고, 낯선 사람과의 사회적 상호작용을 조절하지 못한다.

애착장애의 예후는 사회적 유능성에 심각한 영향을 미치며, 행동 문제와 인지 영역에 지속적으로 영향을 미친다. 특히 영아기에 이루어지는 초기 애착 관계의 질은 이후의 적응에 중요하며, 생애 초기에 정서적으로 가까이 할 수 있는 소수의 양육자에게 접근하지 못하기 때문에 사회적 관계의 심각한 이상을 초래한다.

애착 유형이 주로 안정 애착, 불안정 애착, 혼란 애착으로 언급되기도 하나, 애착장애에 대한 발달적 준거가 명시되지 않아 반응성 애착장애로만 논의되고 있으며, 애착장애에 대하여 명확한 준거를 만들고자 하는 노력은 아직도 계속되고 있다.

최근에 리버만과 제아나(1995)는 애착장애를 다음과 같은 세분화된 유형으로 분류하였다.

첫째, 애착되지 않은 장애이다. 정신연령이 10개월 이상된 영아가 자신이 선호하는 애착대상을 가지고 있지 않은 경우이다(DSM-IV의 반응성 애착장애에 대한 기술과 유사).

둘째, 장애가 있는 애착(안전기지 왜곡)이다. 양육자를 세상을 탐색하는 안전기지로 여기며, 양육자와 떨어져 있다가도 위험한 상황에서 다시 돌아올 수 있는 안전한 도피자로 사용하는 데 문제가 있는 경우이다.

- 억제된 애착장애: 양육자와 떨어지려 하지 않고, 세상을 탐색하는 것이 억제되는 것

- 자신을 위험하게 하는 애착장애: 위험한 상황에서도 뒤돌아보면서 확인하는 행동을 하지 않고, 너무 쉽게 양육자로부터 떨어지고, 무분별하고 위험한 행동을 보이는 것
- 역할이 역전된 애착장애: 아동이 애착대상의 정서적·신체적 안녕을 발달적으로 부적절할 정도로 걱정하고 염려하는 방향으로 애착 관계가 역전되었을 경우

셋째, 분열된 애착이다. 자신의 중요한 애착대상을 상실한 아동에게 슬픔으로 인해 애착이 분열된 경우이다. 이 시기에 애착대상을 상실하는 것은 인생의 다른 시기에 일어나는 상실과는 질적으로 다른 것으로, 5세 이전의 애착대상의 상실은 정신병리로 발달할 위험이 있다.

반응성 애착장애는 자폐, 전반적 발달장애, 정신지체와 증상이 유사하게 나타나기 때문에 진단에 유의해야 한다. 반응성 애착장애 치료개입 방안은 애착이 초기 관계 형성의 경험이 내재화된 것이라는 점에서 상담자와 아동의 관계가 치료에 중요한 역할을 한다. 즉, 건강하지 못한 어머니와의 상호작용을 경험한 아동에게 아동의 과거경험, 행동 유형, 사회적 상호작용, 아동의 발달 자체를 교정한다.

그리고 발달을 촉진할 수 있는 교정적 발달경험을 하게 하는 것이다(O' Conner, 1991). 놀이치료나 치료놀이를 실시하여 정서적인 교류를 통해 애착을 재경험하며, 유아기의 발달과업을 성취하고 사회적인 관계를 형성하는 기초를 이룰 수 있다. 언어치료는 발달에 맞는 언어를 습득하고 활용하면서 초기에 결핍된 언어발달을 촉진시킬 수 있다. 그리고 인지치료는 애착 결핍으로 인한 상호작용의 부재나 자극결여로 초래된 인지적인 결손을 보완하여, 아동의 잠재력을 최대한 발휘하게 한다. 사회성 훈련은 아동이 발달 시기에 적절한 사회적 기술을 익히고 사회적 관계를 형성할 수 있는 개인의 역량을 키우도록 한다.

DSM-IV에서 반응성 애착장애 진단 기준

A. 대부분의 상황에서 심하게 손상되고, 발달적으로 부적절한 사회적 관계 형성이 5세 이전에 시작되고, 다음 (1)이나 (2)와 같이 표현된다.

(1) 지속적으로 대부분의 사회적 관계를 시작하지 못하고, 발달적으로 적절하지 못한 방식으로 반응한다. 지나치게 억제적이고 경계적이며, 심하게 양가적이고 상반된 반응을 나타낸다(예: 소아는 양육자에 대해 접근과 회피가 혼합된 태도로 반응하고, 안락에 저항하고, 냉정하게 경계한다).

(2) 확산적인 애착이 무분별한 사교성, 적절한 선택적인 애착능력의 결여로 드러난다(예: 낯선 사람에 대한 지나친 친근감, 애착대상을 선택하지 못함).

B. 진단 기준 A항에 속하는 장해가 단지 발달지연(정신지체)으로만 설명되지 않으며, 광범위성 발달장애의 기준에 부합되지 않는다.

C. 병적 보살핌이 다음 항목 가운데 적어도 1개 항목에서 드러난다.

(1) 안락함, 자극, 애정 등 소아의 기본적인 감정적 욕구를 지속적으로 방치

(2) 소아의 기본적인 신체적 욕구를 지속적으로 방치

(3) 돌보는 사람이 반복적으로 바뀜으로써 안정된 애착 형성을 저해(예: 양육자의 빈번한 교체).

D. 진단 기준 C항의 병적 보살핌이 진단 기준 A항의 손상된 행동에 영향을 미쳤을 거라고 추정된다(예: 진단 기준 A항의 장애는 진단 기준 C항의 병적 보살핌 이후에 시작되었다).

유형을 세분할 것

억제형: 임상 양상에서 A1의 기준이 우세할 때

탈억제형: 임상 양상에서 A2의 기준이 우세할 때

(11) 자폐성장애

자폐성장애(Autism Disorder)는 전반적 발달장애의 한 종류로, 사회적 기술과 의사소통기술의 손상, 비정상적인 언어발달, 제한된 행동 양식이 특징이다. 사회적 발달, 언어적 발달, 인지발달, 정서발달이 서로 연결되는 관련성을 가지고 있기 때문에, 자폐성장애는 일차적 손상이라기보다는 여러 발달적 측면의 결함이 복합된 장애이다(Klinger & Dawson, 1996).

자폐성장애의 유병률은 10,000명의 아동 중 4~5명으로 여아보다 남아가 네 배 정도 더 많이 발생하지만, 여아의 경우 자폐증상이 더 심하게 나타난다(DSM-IV, 1994).

자폐증상은 선천적인 요인에 의해서 나타나지만, 3세 이전에 정상발달을 보인 후에 나타나기도 하고, 18개월 이전에 이상반응을 보인다(경직되거나 느릿한). 자폐증상은 사회적 혹은 다른 자극에 반응하지 않고, 지연된 사회적 미소를 보이고, 소리내지 않고, 거의 울지 않는 경우도 있다. 그러나 자폐증상은 전형적으로 18개월 이전에 부모가 발견하기 어렵고, 18개월 후에 발달지연, 언어발달지연, 사회적 관계의 어려움이 좀 더 명확한 증거가 되면서 발견되기도 한다. 대부분의 자폐아동은 2세 반 전에 아이에게서 자폐증상을 발견하는데, 진단은 36개월 정도에 가능하다. 만약 3세 이후에 자폐증후를 보이는 경우는 아마도 다른 전반적 발달장애의 한 종류이거나 다른 장애일 경우도 있기 때문에 진단에 유의해야 한다.

자폐성장애의 주요 증상을 살펴보면 다음과 같다.

① 손상된 사회적 상호작용

가장 큰 특징은 다른 사람과의 상호작용에서의 결손으로 눈맞춤이 어렵거나 접촉을 거부하거나, 부모에게 집착하고, 혐오자극인 신체적 접촉을 피했을 때 비로소 안정이 된다. 사회적 환경에 대해 흥미가 없고 사회적 상호작용을 수용하거나 실행하지 않는다. 사람에 대한 관심은 거의 없고 몸의 일부분이나 옷의 아주 작은 부분에 매력을 느끼는 경우는 있으나, 매우 드물게 나타난다. 반면에 자폐아들의 일부는 애착이 특이한 방식으로 나타나며, 양육자나 다른 친근한 사람에게 애착을 보이기도 한다.

② 손상된 의사소통

자폐아들은 항상 의사소통을 위한 언어적 기술의 습득에 있어 지연을 보이기 때문에 의사소통 문제를 보인다. 자폐아동은 언어를 사회적 의사소통 수단으로 활용하기 어렵고 대명사 전도, 반향어, 단조로운 말투,

의미 없는 음조 특징, 기이한 음가, 사회적인 맥락을 통한 의사소통에 부적절한 방식으로 언어를 사용한다.

③ 손상된 대상의 사용

자폐아는 대상과의 관계에서 전형적이고, 고정되고 자기 자극적인 행동이 일반적으로 나타난다. 예를 들면, 아동은 반복적으로 만지고, 두들기는 행위를 나타내며, 일정 시간 동안 외양에 대한 감촉을 느끼려고 한다.

④ 운동기술의 장애

자폐아는 특이한 외관상 목적 없는 운동행동을 자주 나타낸다. 예를 들면, 이유 없이 팔을 퍼덕이거나, 반복적으로 얼굴 앞에 손을 흔들거나 돌리기, 흔들기, 들썩거리기 등을 하기도 한다. 이러한 상동행동을 하면서 놀이를 지속하는데, 이를 제지하면 강하게 저항하고 자기 자극행동은 자해하는 형태로 나타난다.

⑤ 절차에 대한 집착

자폐아들은 기계적 순서나 절차에 강한 집착을 보이고, 그 절차를 약간이라도 일탈하는 경우에는 극도로 동요하거나 당황하게 된다. 이것은 환경적인 변화에 대한 일반적인 저항과 관계가 있고, 강박적으로 절차를 고수하려고 한다.

⑥ 감각입력과 반응의 문제

감각자극에 대한 과잉반응과 미온적인 반응은 자폐를 가진 아동에게서 일반적이다. 정상아동에게 나타나는 자극에 대한 반응이 자폐아동에게서도 나타날 것이라고 예측하기 어렵다. 때때로 큰 소리에는 무반응을 나타내기도 하지만, 특정한 단조로운 소리에는 극심한 고통을 야기하는 반응을 하기도 한다. 특정한 감각을 즐기며 촉각, 후각, 미각 부분에서 아동마다 선호하는 감각은 다르고, 기피하는 감각에서도 개인차가 크게 나타난다.

⑦ 부적절한 정서

자폐를 가진 아동의 감정 표현과 반응은 둔감·결손되어 있으며, 적절하기 않거나 지나친 격렬함을 보인다. 예를 들면, 아동은 고통이나 양육자로부터의 분리에 아무런 반응을 보이지 않는 반면에, 바닥을 진공청소기로 청소할 경우 매우 격렬한 반응을 표현한다.

⑧ 발달속도의 장애

자폐성장애를 가진 아동의 일부는 초기 또는 정상적이거나 늦게 발달과업을 성취한다. 발달 이정표는 운동발달이 정상적으로 또는 조금 지연되기 때문에 아동에 따라 다양하다.

⑨ 지적 기능

자폐아동의 75~80%가 지적으로 결핍되어 있으며, 인지검사에서 70 이하의 낮은 점수를 획득한다. 많은 경우에 자폐성장애를 가진 아동은 검사가 가능할 만큼 사회적인 협력이 가능하지 않고 이것은 반항이라기보다는 그들의 낮은 의사소통 기능, 사회적 기능을 반영하는 것이다. 적절한 의사소통, 자기 관리와 판단 기술에서의 심한 지연과 결합된 지적 결함은 아동의 발달에서 전반적으로 많은 영향을 미친다. 때때로 자폐성장애를 가진 아동은 정상발달을 보이거나 계산, 기억, 음악 같은 매우 한정된 분야에서 비범한 기술을 보일 수 있으나, 재능이 일반적인 지능의 지표로 사용되지 않는다.

자폐와 유사한 그 밖의 전반적인 발달장애에는 아스퍼거장애, 렛트장애, 아동기 붕괴성 장애 등이 있다.

DSM-IV의 자폐성장애의 진단 기준

A. (1), (2), (3)에서 총 6개(또는 그 이상) 항목, 적어도 (1)에서 2개 항목, (2)와 (3)에서 각각 1개 항목이 충족되어야 한다.

(1) 사회적 상호작용에서 질적인 장애가 다음 항목들 가운데 적어도 2개 항목으로 표현된다.
   a. 사회적 상호작용을 조절하기 위한 눈맞춤, 얼굴표정, 몸자세, 몸짓과 같은 다양한 비언어적 행동을 사용함에 있어서 현저한 결함
   b. 발달수준에 적절한 친구 관계 발달의 실패
   c. 자발적으로 타인들과 기쁨, 관심을 공유하지 못한다(예: 관심 대상을 보여 주거나, 가져오거나, 지적하지 못함).
   d. 사회적으로나 정서적으로 서로 반응을 주고받는 상호교류의 결여

(2) 의사소통에서의 질적 결함은 다음 항목들 가운데 적어도 1개 항목에서 나타난다.
   a. 구두 언어발달의 지연이나 완전한 결여(몸짓이나 흉내내기와 같은 의사소통의 대체 양식을 통한 보상 시도가 수반되지 않는다).
   b. 적절하게 말을 하는 경우 다른 사람과 대화를 시작하거나 지속하는 능력에 있어서 현저한 결함
   c. 정형화되고 반복적인 언어나 괴상한 언어의 사용
   d. 발달수준에 적절한 자발적이고 다양한 가상놀이나 사회적 모방놀이의 결여

(3) 제한적이고 반복적이며 정형화된 행동이나 관심, 활동이 다음 항목들 가운데 적어도 1개 항목에서 나타난다.
   a. 강도나 초점에서 이상한 한 가지 이상의 정형화되고 제한된 양상의 관심에 집착
   b. 특이하고 비효율적인, 틀에 박힌 일이나 의식(儀式)에 고집스럽게 매달림
   c. 상동적이고 반복적인 동작성 매너리즘(예: 손이나 손가락으로 딱딱 때리거나 비틀기, 복잡한 몸 전체 움직임)
   d. 사물이나 사물의 부분에 대한 지속적인 집착

B. 다음 영역 가운데 적어도 한 가지 영역에서 기능이 지연되거나 비정상적이며, 3세 이전에 시작된다.

(1) 사회적 상호작용, (2) 사회적 의사소통에서 사용되는 언어, (3) 상징적 또는 상상적 놀이

C. 장애가 렛트장애나 소아기 붕괴성장애로 잘 설명되지 않는다.

자폐아동의 치료개입 방안은 조기교육 개입으로 여기에는 인지치료, 언어치료가 포함된다. 자폐아동에게 발견되는 언어 손상과 지적 기능 손상의 심각성으로 인해 치료를 조기에 실시해야 한다. 치료목표는 아동의 구체적인 사회적, 의사소통, 인지적 및 행동적 결함을 보완하는 데

있다. 감각통합치료는 자폐아동에게 중요한 치료적 접근으로 아동이 오감을 활용할 수 있도록 감각을 계발시키고, 협응력을 향상시켜 통합적으로 활용하는 데 목적이 있고, 교육적 중재의 기본이 된다. 또한 적절한 사회적 행동 지도는 사회적 행동의 양과 적절성을 증가시키고 사회적 단서에 대한 인식을 증가시킨다.

(12) 아스퍼거장애

1944년 한스 아스퍼거가 이 장애에 대해 언급했을 때는 이러한 증상을 '자폐 정신병'이라 하였다. 아스퍼거장애(Asperger's disorder)는 자폐성장애와 유사한 증상을 보이지만, 정신지체와 심한 언어발달지체가 없는 아동을 말한다. 이것은 손상되지 않은 인지능력과 의사소통기술을 가진 아동에게 나타나는 사회적 상호작용이다(Klin, Schulta, Marans, Sparrow, Choen, 1996). 운동발달에 있어서는 공을 잡거나 던지거나 자전거를 타는 것과 같은 운동능력에서 지체를 겪기도 한다. 아스퍼거와 자폐성장애의 주요한 차이는 아스퍼거장애가 있는 아동이 언어심상능력이 더 좋으며, 언어 지체가 더 드물다는 것과 사회 접촉에 더 큰 관심을 보인다는 점이다(Eisenmajer Prior, Leekam, Wing, Could, Welham, Ong, 1996).

아스퍼거장애아동은 자기중심적이고 사회적으로 부적절하며, 매우 추상적이고 한정된 관심에 사로잡히는 경향이 있다. 또한 서투르고 조화를 이루지 못하는 운동, 기이한 자세, 감정이입의 부족, 순진하며 부적절하고 편향적인 사회적 상호작용, 우정형성능력의 결핍, 사회적 격리, 현학적이고 지루한 말, 서투른 의사소통능력, 날씨와 지도 같은 주제에 대한 집착, 학습의 잘못된 방식의 결과로 이해력의 빈약함을 반영한다. 유창하지만 독창적인 언어를 사용하고, 솜씨가 없고, 특별한 관심사를 열심히 추구하며, 전반적인 특이함을 갖는다. 그러나 일반적인 지적기능과 형식적 언어기능은 비교적 손상되지 않고 사회적 상황에서의 상호기능이 손상되어 있다. 그리고 아스퍼거장애아동은 정서적 상호작용의 어려움으로 비언어적인 상호작용이 빈약하고, 공감을 통한 우정 나누기나 적절한 자기역할 구사가 어렵다.

아스퍼거장애는 자폐성장애보다는 다소 늦게 발병되거나 진단이 까다롭지만, 운동 지연이나 서투른 동작은 학령기 전에 발견되기도 한다. 유아기 때부터 타인과 정서적인 교감이 어렵고 방향성에서 정향성을 가지며, 유아기 때부터 양육자와 눈맞춤이 빈약하고 친근한 미소도 빈약하게 나타난다(Gallagher & Gallagher, 2002; 이경하·이정자, 2006 재인용). 학령기로 올라감에 따라 점차 또래와의 관계가 어렵고 인지적으로 정상범주임에도 불구하고 사회적 지각의 행동방법, 정서적 감정공유에 어려움을 느낀다. 그리고 독특하거나 제한된 관심(예: 열차 시간표)을 표현하거나 더 잘 인지하고, 성인기에는 공감과 사회적 상호작용 조정 문제를 갖는다. 아스퍼거장애는 연속적인 경과를 보이며, 대부분 평생동안 지속된다.

아스퍼거장애의 치료개입 방안은 아스퍼거의 특징적인 증상을 중심으로 개입되는데, 타인의 감정 읽기, 감정 따라가기, 타인의 격려나 칭찬에 반응하기, 정서적 상호작용하기 등이 사용된다. 이를 위해서는 사회성을 향상시키는 접근이 필요하고, 집단 사회성 프로그램을 활용하여 아동이 사회적인 다양한 경험을 통해서 습득한 기술을 최대한 활용하도록 돕는 과정이 필요하다. 또한 사회인지 기술이나 의사소통과 언어능력을 향상시키는 언어치료도 유용하다.

DSM-IV의 아스퍼거장애 진단 기준

A. 사회적 상호작용에서의 질적인 장해가 다음 가운데 적어도 2개 항목으로 표현된다.
(1) 사회적 상호작용을 조절하기 위한 눈맞춤, 얼굴표정, 몸자세, 몸짓과 같은 다양한 비언어적 행동을 사용함에 있어서 현저한 결함
(2) 발달 수준에 적절한 친구 관계 발달의 실패
(3) 다른 사람과 함께 기쁨, 관심, 성취를 나누고자 하는 자발적인 욕구의 결여(예: 다른 사람에게 관심이 있는 사물 보여 주기, 가져오기, 지적하기의 결여)
(4) 사회적으로나 정서적으로 서로 반응을 주고받는 상호교류의 결여
B. 제한적이고 반복적이며 상동증적인 행동이나 관심, 활동이 다음 항목들 가운데 적어도 1개 항목에서 나타난다.

(1) 강도나 초점에 있어서 비정상적인 한 가지 이상의 상동증적이고 제한적인 관심에 집착
(2) 특정하고 비기능적인, 틀에 박힌 일이나 의식에 고집스럽게 매달림
(3) 상동증적이고 반복적인 운동성 매너리즘(예: 손, 손가락을 퍼덕거리거나 비꼬기 또는 복잡한 전신 움직임)
(4) 대상의 부분에 지속적인 집착

C. 장해가 사회적·직업적 또는 다른 중요한 기능 영역에서 임상적으로 심각한 장해를 일으킨다.

D. 임상적으로 심각한 전반적인 언어발달의 지연은 없다(예: 단음절 단어를 2세에 사용하고, 의사소통을 위한 구를 3세에 사용한다).

E. 소아기에 인지발달이나 나이에 맞는 자기-보호 기술 및 적응 행동의 발달(사회적 상호작용 이외의), 환경에 대한 호기심을 발달에 있어서 임상적으로 심각한 지연은 없다.

F. 다른 특정 전반적인 발달장애나 정신분열증의 진단 기준에는 맞지 않는다.

(13) 틱장애

틱장애(tic disorder)는 자신의 의지와는 상관없이 빠르고 반복적이며, 비율동적이고 상동증적인 운동이나 음성이 나타나는 것이다. 틱은 일반적으로 불가항력적으로 나타는데 대개 만 2세부터 13세 사이에 시작되며, 7~11세에 가장 많이 나타난다. 주요 원인으로는 주로 생물학적 뇌 기능의 문제와 유전적 요인을 들 수 있다. 시간이 경과하면서 한 가지 증상이 없어지고 다른 증상이 새로 나타나는 식으로 증상의 종류가 변하는 것이 특징이다. 대체적으로 눈을 깜빡거리는 증상부터 시작하는 경우가 가장 흔하다. 심리적·기질적으로 발생하는 일시적인 틱은 대체로 자연적으로 사라지지만, 경우에 따라 만성 틱장애나 뚜렛장애로 발전하기도 한다. 크게 음성 틱과 근육(운동) 틱으로 나누며 복합적으로 나타날 수도 있다. 틱장애에는 일과성 틱장애, 만성운동 또는 음성 틱장애, 뚜렛장애 등이 있다.

① 일과성 틱

일과성 틱은 한 가지 또는 여러 가지의 운동 틱 또는 음성 틱이 나타나는 것이다. 틱이 최소 4주 동안 거의 날마다 하루에 여러 차례 일어나지만, 연속적으로 12개월 이상 나타나지는 않는다. 여아보다는 남아에게 보편적으로 나타나는 증상으로, 얼굴, 머리, 목, 팔에 많이 나타난다. 비교적 가볍고 다양한 틱이 나타났다가 매우 안절부절못하는 증상으로 진행되기도 한다. 일과성 틱을 보이는 아동들은 대부분의 경우 그대로 두어도 좋아진다.

DSM-IV의 일과성 틱장애의 진단 기준

- 한 가지 또는 여러 가지의 운동 틱 또는 음성 틱(갑작스럽고, 빠르고, 반복적·비율동적·상동증적인 동작 또는 음성)
- 틱은 적어도 4주 동안 거의 날마다 하루에 몇 차례씩 일어나지만 연속적으로 12개월 이상 지속되지는 않음.
- 틱장애는 사회적·직업적 또는 다른 중요한 기능 영역에서 심각한 고통이나 장애를 일으킴.
- 18세 이전에 발병
- 틱장애는 물질(예: 자극제)이나 일반적인 의학적 상태(예: 헌팅턴 또는 바이러스성 뇌염)의 직접적인 생리적 효과로 인한 것은 제외
- 뚜렛장애, 만성 운동성장애, 또는 음성 틱장애의 진단 기준에 맞지 않아야 함.

② 만성 운동 / 만성 음성 틱장애

아동기 초기에 시작되어 사춘기를 거쳐 성인기까지 지속된다. 유병률은 학령기 아동의 경우 약 1~2%로 추정되며, 1년 이상 거의 매일같이 하루에도 몇 차례씩 틱이 발생하는 경우를 말한다. 만성 운동 / 만성 음성 틱장애는 유전적 요인이 중요한 원인이 된다고 추정하며, 가족 내에서 발생하는 경우가 많다.

DSM-IV의 만성 운동 또는 만성 음성 틱장애의 진단 기준

- 한 가지 또는 여러 가지의 운동 틱 또는 음성 틱(갑작스럽고, 빠르고 반복적·비율동적·상동증적인 동작 또는 음성)이 장애의 진행 중 일정 기간 존재하지만 두 장애가 함께 나타나지 않음.
- 틱은 1년 이상의 기간 동안 거의 매일 또는 간헐적으로 하루에 여러 차례 일어나고, 이 기간 동안에 틱이 없는 기간이 연속적으로 3개월 이상 지속되지는 않음.
- 틱장애는 사회적·직업적 또는 다른 중요한 기능 영역에서 심각한 고통이나 장애를 일으킴.
- 18세 이전에 발병.
- 물질(예: 자극제)이나 일반적인 의학적 상태(예: 헌팅턴 병 또는 바이러스성 뇌염)의 직접적인 생리적 효과로 인한 것은 예외.
- 뚜렛장애의 기준에 맞지 않아야 함.

③ 뚜렛장애

뚜렛장애(Tourette's disorder)는 흔히 강박장애, ADHD, 학습장애 등을 동반한다. 운동 틱은 긴장하거나 스트레스를 받을 때 눈을 깜빡인다거나 코를 실룩거리고 입을 딱딱 벌리거나 어깨를 으쓱거리고도 한다. 음성 틱은 코를 킁킁거리거나 훌쩍이는 행동을 하고 특정한 음성을 내는 것이다.

남성의 발병이 여성에 비해 1.5배에서 3배 이상으로 높으며, 아동기나 사춘기 초기에 주로 발생한다. 뚜렛장애는 유전적 원인과 생물학적 원인에 기인하는 경우가 많다.

DSM-IV의 뚜렛장애 진단 기준

- 여러 가지 운동 틱과 한 가지 또는 그 이상의 음성 틱이 장애의 경과 중 일정 기간 동안 나타남-두 가지 틱이 반드시 동시에 나타나는 것이 아님(틱은 갑작스럽고, 빠르고, 반복적·비율동적·상동증적인 동작 또는 음성임).
- 틱은 1년 이상의 기간 동안 거의 매일 또는 간헐적으로 하루에 몇 차례(대개 발작적으로) 일어나고, 이 기간 동안에 틱이 없는 기간이 3개월 이상 지속되지는 않음.
- 사회적·직업적 또는 다른 중요한 기능 영역에서 심각한 고통이나 장애를 일으킴.
- 18세 이전에 발병함.
- 물질(예: 자극제)이나 일반적인 의학적 상태(예: 헌팅턴 병 또는 바이러스성 뇌염)의 직접적인 생리적 효과로 인한 것은 제외함.

(14) 의사소통장애

언어는 자신의 의사를 표현하고 전달하는 매우 중요한 심리적 기능이다. 아동은 이러한 언어능력을 발달시키는 것이 대인 관계와 학업적 적응을 위해서 매우 중요하다. 의사소통장애(communication disorders)는 정상적인 지능수준임에도 불구하고 의사소통에 사용되는 말이나 언어의 사용에 결함이 있는 경우를 말한다. 언어장애는 표현 언어장애, 수용 언어장애, 조음장애 등으로 분류되지만, 대체로 언어적 표현이나 이해가 학업 성취, 일상생활에 상당한 장애를 줄 때 언어장애 진단이 내려지며, 정신지체, 학교 부적응, 자폐성장애, 청각장애, 신경증적 장애로 인해 언어소통이 안 되는 경우는 언어장애에서 제외한다.

언어장애는 단순히 말이 늦는 줄 알고, 크면 될 것이라는 생각으로 마냥 기다렸다가는 유치원에서 적응이 안 되고, 학령기에서의 읽기와 쓰기, 대인 관계 맺기 등에 문제를 초래하게 된다. 언어발달이 늦는 아동은 자신이 속한 사회의 교류 수단을 상실함으로써 많은 정보와 경험을 획득하지 못하게 되고, 일생동안 지속적인 문제를 가지게 되는 것이다.

이러한 의사소통장애에는 네 가지 하위 유형, 즉 표현성 언어장애, 혼재수용-표현성 언어장애, 음성학적 장애, 말더듬기가 있다.

① 표현성 언어장애(expressive language disorder)

표현성 언어장애는 언어 이해에는 문제가 없으나 언어적 표현에 현저한 제한이나 결함을 나타내는 경우이다. 이런 아동들은 어휘가 제한되어 있거나 짧고 단순한 구조의 말을 사용하고 어순이나 시제가 잘못되었거나, 단어나 어휘를 부적절하게 사용하고, 문장의 주요 부분을 생략하며, 길고 복잡한 문장을 만들지 못한다. 그리고 나이나 교육수준에 비해 언어적 능력이 현저하게 부족한 반면, 비언어적인 지적능력이나 언어적 이해능력은 정상이다.

이들 중에서는 정상적 언어발달이 이루어진 후에 뇌염이나 두부 외상 등의 신경학적 문제로 인해 언어장애가 생긴 획득형(acquired type)인 경우가 있다. 그리고 발달형(developmental type)으로 특별한 신체적 문제없이 서서히 언어장애가 나타난 경우가 있다.

아동들 중에서 2개 국어가 사용되는 환경에서 성장한 개인의 경우 표현적 언어장애를 나타낼 가능성이 있고, 발달형 표현성 언어장애의 경우 남아가 여아에 비해 더 많다. 대개 3세 경에 인식되는데, 증상이 가벼운 경우에는 청소년기 초기까지 잘 드러나지 않을 수도 있다. 경과는 다양하게 나타나고 이러한 장애를 지닌 아동의 절반은 성장하면서 언어장애가 호전되는 반면 절반은 오랫동안 지속된다.

DSM-IV 표현성 언어장애의 진단 기준

A. 개별적으로 실시된 표현성 언어발달의 표준화 검사 점수가 비언어적 지적능력과 수용성 언어발달의 표준화 검사 점수보다 현저하게 낮다. 장해는 현저하게 제한된 어휘, 시제에서의 오류, 단어 회상이나 발달 수준에 맞는 긴 문장이나 복잡한 문장을 만드는 어려움과 같은 증상으로 나타남.
B. 표현성 언어장해가 학업적·직업적 성취나 사회적 의사소통을 방해함.
C. 혼재수용-표현성 언어장애나 광범위성 발달장애의 진단 기준에 맞지 않음.
D. 만약 정신지체, 운동성 언어 결함이나 감각성 언어 결함 또는 환경적 박탈이 있다면, 언어장해는 통상적으로 이러한 문제에 동반되는 정도를 초과해서 심한 정도로 나타남.
부호화할 때 주의할 점: 운동성 언어 결함이나 감각성 언어 결함 또는 신경학적 상태가 있다면 이는 축 3에 기록함.

② 혼재수용 - 표현성 언어장애(mixed receptive-expressive language disorder)

정상적인 지능을 지녔음에도 불구하고 언어의 표현과 더불어 이해에 현저한 어려움을 나타내는 경우로, 혼재수용 - 표현성 언어장애가 있는 아동은 표현성 언어장애에 동반되는 장해(예: 현저하게 제한된 어휘, 시제에서의 오류, 단어 회상이나 발달 수준에 맞는 긴 문장이나 복잡한 문장을 만드는 어려움, 일반적인 생각을 표현하는 어려움)가 있다. 그리고 수용성 언어발달에서 장해(예: 단어, 문장 또는 특정 유형의 단어를 이해하는 어려움)가 있고 좀 더 심한 경우 여러 가지의 능력 부진이 나타난다. 기본 어휘나 단순한 문장을 이해하는 어려움과 다양한 영역의 청각 과정(예: 소리의 구분, 소리와 상징의 연합, 저장, 회상과 배열)에서의 능력 부진을 포함한다.

혼재수용-표현성 언어장애는 학령기 소아에서 3%까지 발생하고, 보통 4세 이전에 발견된다. 그리고 장애가 심한 경우에는 2세 경에도 분명한 증상을 보이나 가벼운 경우에는 초등학교에 갈 때까지 나타나지 않기도 한다. 그러나 뇌 손상, 두부 외상 또는 뇌졸중으로 인한 혼재수용-표현성 언어장애는 어떤 나이에서든 발생할 수 있다. 혼재수용-표현성 언어장애의 경우 정상적인 언어 능력을 획득하지만, 예후는 표현성 언어장애보다 나쁘고 언어능력은 때때로 완전하게 회복되지만, 때로는 회복이 불가능하거나 진행성 결함이 있을 수 있고 심한 경우에는 학습장애가 일어날 수 있다.

DSM-IV 혼재수용-표현성 언어장애의 진단 기준

A. 개별적으로 실시된 수용성 언어발달과 표현성 언어발달의 표준화 검사 점수가 비언어적 지적능력의 표준화 검사 점수보다 현저하게 낮음. 증상은 표현성 언어장애의 증상뿐만 아니라 단어, 문장 또는 공간 용어 등 특정 유형의 단어를 이해하는 어려움과 같은 증상도 포함함.
B. 수용성 언어와 표현성 언어의 장해가 학업적·직업적 성취나 사회적 의사소통을 방해함.
C. 광범위성 발달장애의 진단 기준에 맞지 않음.
D. 만약 정신지체, 운동성 언어 결함이나 감각성 언어 결함 또는 환경적 박탈이 있다면 언어장해는 통상적으로 이러한 문제에 동반되는 정도를 초과해서 심한 정도로 나타난다.
부호화할 때 주의할 점: 운동성 언어 결함이나 감각성 언어 결함 또는 신경학적 상태가 있다면 이는 축 3에 기록한다.

③ 음성학적 장애(phonological disorder)

발음에 어려움을 나타내는 경우를 말한다. 나이나 교육수준에 비해서 현저하게 부정확하거나 잘못된 발음을 사용하고 단어의 마지막 음을 발음하지 못하거나 생략하는 등의 문제를 나타낸다.

음성학적 장애를 나타내는 경우에 언어음을 인식하거나 생성하는 데 어려움을 보이고, 증상의 심각도는 말을 하는 데 지장이 없는 경우부터 완전히 이해할 수 없는 정도까지 그 범위가 매우 넓다. 그리고 이들은 음의 생략이 음의 대치보다 더 심하고, 언어 대치는 음의 왜곡보다 더 심한 편이다. 그리고 혀 짧은 소리를 특히 많이 낸다.

가벼운 정도의 음성학적 장애의 유병률이 더 높지만, 6~7세 소아의 경우 약 2~3%는 중간 정도에서 심한 정도의 장애를 나타낸다. 심한 정도의 음성학적 장애의 경우 어린 아이의 말을 가족조차도 이해하지 못하는 경우가 많다. 그리고 덜 심한 정도의 음성학적 장애의 경우는 가까운 가족 외에는 발견하기 어렵고 초등학교에 들어가기 전까지 장애가 있는 줄 모르고 지내는 경우가 많다. 이러한 증상은 동반되는 원인과 심각도에 따라 경과가 다양하다. 그리고 원인을 모르는 가벼운 정도는 흔히 자연적으로 회복이 가능하기도 하다.

DSM-IV 음성학적 장애의 진단 기준

A. 나이와 말씨에 적합한, 발달적으로 기대되는 언어음을 사용하지 못함(예: 음의 생성, 사용, 표현 또는 이것에만 국한되는 것은 아니지만, 한 음을 다른 음으로 대치하기(target에서 't' 대신 'k'), 마지막 자음과 같은 음의 생략 등 음의 구성에서 잘못).

B. 언어음 생성의 장해가 학업적·직업적 성취나 사회적 의사소통을 방해한다.

C. 만약 정신지체, 운동성 언어 결함, 감각성 언어 결함 또는 환경적 박탈이 있다면, 말하기 장해는 통상적으로 이러한 문제에 동반되는 정도를 초과해서 심한 정도로 나타남.

부호화할 때 주의할 점: 만약 운동성 언어 결함이나 감각성 언어 결함 또는 신경학적 상태가 있다면, 이는 축 3에 기록함.

④ 말더듬기(stuttering)

말더듬기는 말의 유창성에 문제가 있는 경우를 말하며, 말을 해야 하는 특별한 압력이 있는 경우 말더듬기가 더 심해지고(예: 학교에서 보고하기, 구직 면접) 노래하거나, 무생물 대상이나 애완동물과 이야기할 때는 나타나지 않기도 한다.

발병 당시에는 말하는 자신이 문제를 인식하지 못하나 말더듬기가 지속되면 말의 속도를 바꾸거나 전화 걸기나 청중 안에서 말하는 상황을 피하고 어떤 단어나 소리를 피하는 것으로 말더듬을 피하는 증상이 나타난다. 그리고 스트레스나 불안은 말더듬기를 악화시키고 사회적 기능의 장애는 동반되는 불안이나 좌절 또는 낮은 자존감으로부터 나올 수 있다.

발병은 전형적으로 2~7세에 점진적으로 발생하고, 눈에 띄지 않는 가벼운 말더듬기가 보통 몇 개월에 걸쳐 현저한 말더듬기로 발전하기도 한다. 그리고 단어의 첫음절이나 구절의 첫 단어를 반복하면서 점진적으로 시작하고, 악화와 호전을 반복하면서 더듬는 단어가 점점 확대된다. 말더듬는 현상은 4~5세까지 자연스러운 현상이기도 하고, 말더듬는 아동의 약 60% 정도는 자연적으로 회복된다.

말을 더듬는 아동의 경우는 언어치료가 실시되는데, 아동의 연령과 언어장애 유형에 따른 어휘 습득, 조음, 화용언어 증가를 돕는 개입을 실시한다. 말더듬는 아동의 경우에는 가능한 한 더 느리게 말하고 더 짧고 덜 복잡한 문장으로 말하는 방법을 익히고, 아동이 말할 때 느낄 수 있는 압력을 제거한다. 이러한 방법은 가정에서 적용하여 아동의 말더듬 현상이 줄어들도록 부모가 협조해야 하며, 아동이 정서적인 압력을 경험할 때 부모가 지지자로서 아동의 정서적인 어려움을 극복하도록 도와야 한다.

DSM-IV 말더듬기장애의 진단 기준

A. 정상적인 말의 유창성과 말하는 시간 양상에서의 장해로서(개인의 나이에 부적절한), 다음 가운데 한 가지 또는 그 이상이 빈번하게 나타나는 것이 특징임.
(1) 말과 음절의 반복
(2) 말을 길게 하기
(3) 별안간 내는 소리
(4) 개어진 단어(예: 한 단어 내에서 머뭇거림)
(5) 들을 수 있거나 조용한 상태에서의 말 머뭇거림(힘이 주어지거나 힘이 주어지지 않은 말의 멈춤)
(6) 넌지시 돌려 말하기(즉, 문제 있는 단어를 피하기 위한 단어 대치)
(7) 과도하게 신체적 긴장이 있는 단어
(8) 단음절의 단어 반복(예: "난-난-난-난 그를 본다")
B. 말이 유창하지 못함은 학업적·직업적 성취나 사회적 의사소통을 방해함.
C. 만약 운동성 언어 결함이나 감각성 언어 결함이 있다면, 말하기 장해는 통상적으로 이러한 문제에 동반되는 정도를 초과해서 심한 정도로 나타남.
부호화할 때 주의할 점: 만약 운동성 언어 결함이나 감각성 언어 결함 또는 신경학적 상태가 있다면, 이는 축 3에 기록한다.

(15) 배설장애

배설장애(elimination disorder)는 아동의 심리적 변인으로 신체적 조절문제가 야기되는 경우이다. 주요한 배설장애로는 유뇨증과 유분증이 있다.

① 유뇨증

유뇨증(enuresis)이란 대소변 훈련이 완성될 연령이 지나서도 밤이나 낮 동안 침구나 옷에 반복적으로 소변을 저리는 것이다. 단 의학적 질병, 배뇨에 영향을 주는 약물에 의해 생긴 것이 아니어야 한다. DSM-IV에서는 아동의 생활연령이 최소 5세, 발달 지체가 있는 아동의 경우는 정신연령이 최소 5세가 되어야 한다고 정하고 있다. 횟수 면에서 볼 때는 소변 실수가 3개월 동안 최소한 2회 있어야 하는 것으로 정하고 있다. 발생률은 5세 남아의 7%, 여아 3% 정도이며, 남아가 여아보다 2배 정도 많다.

유뇨증의 유형으로는 야간형, 주간형, 혼합형이 있다. 일차 유뇨증은 소변 조절을 한 번도 성공적으로 한 적이 없는 경우의 아동(고착)으로, 원인은 유전적·생리학적 문제 또는 발달에 문제가 있는 경우인데 일차적으로 소아과 의사와 상의해야 한다. 이차적 유뇨증은 성공적으로 훈련이 되었다가 다시 소변을 보게 되는 경우(퇴행)로, 원인은 방광 조절을 할 수 있으나 급성질병(아니면 비슷한 생리학적인 현상의 변화)과 심리적-행동적 요인에 의해 나타난다. 4~6세의 아동에게서 스트레스에 대한 반응으로 나타난다. 주간 유뇨증은 부모들과 아동 사이의 힘겨루기, 동생 출산이나 스트레스로 인해 발생하는 경우가 많고, 괄약근 조절기능이 약하거나 소변을 봐야 하는 필요에 대한 아동의 인식 부족과 같은 요소들에 의해 나타나기도 한다.

유뇨증을 보이는 아동의 경우 과잉 활동적·공격적, 훈육에 대해 부정적, 좌절에 대한 인내 부족, 새로운 상황에 적응하는 데 저항이 심하거나 의존적, 비주장적, 낮은 성취동기, 숙달동기를 가진 경우에 더 많이 나타난다고 한다. 유뇨증은 행동 문제를 더 많이 발생시키는 첫 번째 징후일 수 있고, 성장 후에도 문제를 나타낼 가능성을 시사하기도 한다. 특징과 발달 경로는 야간 유뇨증이 더 많고 아동을 치료하지 않아도 치료되는 경향이 있다. 그러나 아동의 유뇨증이 지속되는 경우에는 자존감 형성에 부정적인 영향을 주고 부모-자녀 관계에 손상을 받을 수 있기 때문에 부모의 면밀한 관찰과 적절한 개입이 필요하다.

DSM-IV의 유뇨증 진단 기준

A. 침구나 옷에 반복적으로 소변을 봄(불수의적이든 고의적이든).
B. 적어도 연속해서 3개월 동안 주 2회의 빈도로 일어나고, 사회적·학업적(직업적 또는 다른 중요한 기능) 영역에서 임상적으로 심각한 고통이나 장해를 일으킴.
C. 생활연령이 적어도 5세(또는 이에 해당되는 발달수준)임.
D. 전적으로 물질(예: 하제)이나 일반적인 의학적 상태(예: 당뇨병, 척수, 이분증, 경련 질환)의 직접적인 생리적 효과로 인한 것은 제외함.

② 유분증

유분증(encopresis)이란 기질적인 병리도 없으면서 옷이나 마루같이 적절하지 않은 장소에 반복적으로 대변을 보는 것이다. 적어도 3개월 동안 최소 1회 이상 발생해야 하며, 생활연령은 최소한 4세가 되어야 유분증이라 진단할 수 있다.

유분증이 있는 아동은 수줍음이 많고, 난처한 일이 생기는 것을 피하려 하기 위해 비의도적으로 일어날 수 있다. 그러나 의도적인 경우에는 반항성장애나 품행장애가 나타날 수도 있다. 5세 유아의 1% 정도에서 출현율이 있으며, 남아에게서 더 많이 나타난다.

배설장애 치료개입 방안은 약물치료가 효과적이나 약 복용을 끊을 경우 재발될 가능성이 많다. 아동의 증상이 이차적 유뇨증인 경우에 아동의 심리적인 원인으로 인해 정서적 안정과 손상된 부모-자녀 관계를 증진하기 위해 놀이치료나 심리치료가 필요하다.

가정에서 유뇨증과 유분증을 개선하기 위한 방안으로는 행동치료가 적용되며, 효과적인 방법으로 활용되고 있다. 행동치료 행동기법으로는 소변경보, 패드-벨 방법, 소변 알람, 긍정적인 습관(훈련), 참기 스케줄, 건조상태에 대한 강화, 보유조절 훈련, 우연성 회피, 청결 훈련, 잠깨기 스케줄 그리고 정지/시작 훈련이 활용된다.

DSM-IV의 유분증 진단 기준

A. 적절치 않은 곳(예: 옷 또는 마루)에 불수의적이든, 의도적이든 반복적으로 대변을 봄.
B. 적어도 3개월 동안 최소한 매달 1회 발생함.
C. 소아의 생활연령이 최소한 4세임(또는 그와 동일한 발달수준).
D. 전적으로 물질(예: 하제)이나 일반적인 의학적 상태(변지를 일으키는 기전을 제외한)의 직접적인 생리적 효과로 인한 것은 제외함.

CHAPTER 07

아동상담 심리평가

01 상담시 심리평가

1) 심리평가 유형

심리평가(psychological assessment)는 완전한 인간으로서 아동을 이해하는 것이기 때문에 행동이나 인지, 정신역동, 정서, 대인 관계, 조직체계 등을 포함하는 다양한 분야에서 얻은 정보를 통합할 필요가 있다(Achenbach, 1995). 심리평가의 목적은 아동을 평가함으로써 효과적인 치료계획을 개발하는 데 있기 때문에, 평가내용에 현재 아동의 강점 및 약점, 예후를 포함한다. 따라서 효과적인 평가는 아동을 이해하려는 사람에게 도움이 되고 어떻게 효과적으로 중재할 것인지를 고려하고 계획해볼 수 있다.

아동의 심리평가 과정에서는 단일한 평가방법을 사용하기보다 다양한 측정 도구를 활용하여 평가한다. 아동의 현재 문제에 적합한 평가방법을 선택할 때는 연령, 인지 상태 등 아동의 발달조건, 경험적이고 타당성 있고 발달적으로 민감한 평가방법을 선택하여 활용한다. 평가과정은 현재 상황을 주의 깊게 평가하는 것은 물론이고, 앞으로의 행동을 관련시켜 평가하고, 앞으로 어떤 방법으로 문제를 해결할 것인지에 관한 치료개입을 안내할 수 있는 평가가 되어야 한다(곽금주, 2002).

(1) 심리평가의 구성과 과정

심리평가는 개인의 심리적 특성을 이해하기 위한 일련의 전문적인 과정으로, 심리검사, 면담, 행동관찰 등 여러 가지 방법에 의해 이루어진다. 심리평가 과정은 다양한 검사결과를 종합하여 최종적으로 해석하고 피검자에게 결과를 효율적으로 전달해주는 과정을 거치게 된다.

심리검사와 심리평가의 차이를 살펴보면, 심리검사는 검사를 시행하고 채점하고 면담자료나 행동관찰을 통해 검사결과를 도출해내는 과정을 말한다. 심리평가는 행동관찰을 통해 검사결과를 도출해내는 과정을 말한다. 심리평가는 심리검사를 포함하여 심리학, 정신병리학, 임상적 경험이 바탕이 되어 피검자의 현재와 예후, 개입 방안까지를 포함한 종합적인 개인의 평가 과정이다. 따라서 검사자의 전문적인 훈련 정도가 중요하고 검사에 있어서 객관적인 태도를 유지하는 것이 필수적이다. 또한 심리평가 결과가 충분한 검토를 거쳐 도출되었다 하더라도 가설이라는 사실을 명심해 두고 타당성에 의문이 제기될 수 있음을 인정해야 한다.

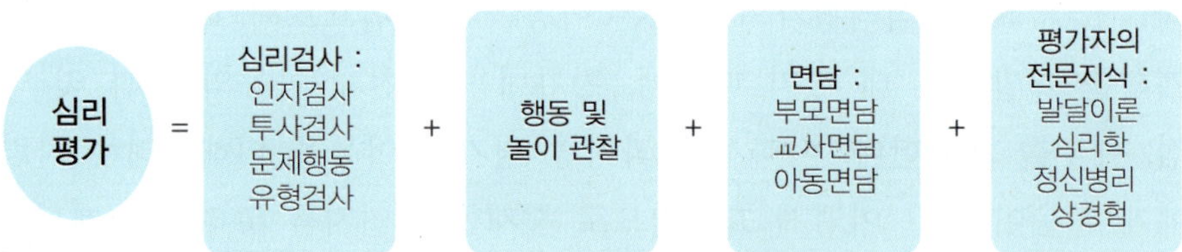

그림 7-1 심리평가의 구성

아동은 평가에 있어서 검사자에 비해 약자이고 열등한 위치에 있기 때문에 평가과정 중에 아동의 권익을 보호해야 한다. 아동을 평가하는 방법으로 윤리적으로 어긋나는 방법은 사용할 수 없고, 아동에게 진단을 내릴 경우 낙인으로 인해 피해를 보는 일이 없어야 한다. 그리고 평가과정에서 드러난 개인정보, 사생활은 비밀유지 차원에서 보호되어야 한다. 다음은 평가 시 아동권익을 위해 필수적으로 보호되어야 할 사항이다(Hoghughi, 1992; 곽금주 재인용).

① 아동과 하는 모든 것에서 아동복지에 최고 우선권을 주어라.
② 아동에게 상처를 주지 마라. 가능하면 말하기 전에 미리 결과를 철저하게 고려한 후 하고 싶은 말을 여과시켜 말하라.
③ 아동을 진실되고 정직하게 다루어라.
④ 아동의 말을 진지하게 경청하라.
⑤ 아동을 의사결정에 참여시켜라.
⑥ 사실을 왜곡시키지 마라.
⑦ 비밀을 소중히 여겨라.
⑧ 아동에게 최선을 다해 주어라.

(2) 심리검사

심리검사(psychological test)는 심리적 장애 해결에 필요한 치료전략과 계획을 수립하기 위한 기초 단계로, 피검자의 인지적 상태, 문제 증상의 정도나 심각도, 자아강도를 평가한다. 그리고 검사결과를 바탕으로 적절한 치료 유형, 치료전략, 자신의 문제를 인식하도록 돕고 치료적 반응을 검토하고 치료효과를 평가하게 된다.

심리검사는 심리적 현상에서 개인차를 비교하고 개인의 전체적인 인격적·행동적 측면을 이해하기 위한 심리학적인 측정과정이다. 사람의 심리를 측정하는 것을 심리측정이라 하고, 이것은 개인의 행동을 특징짓는 성질을 수량화하는 것이다. 심리측정은 측정하고자 하는 개인의 특성을 명료하게 정의하고, 그것에 의해 이루어진 문항이나 도구에 의해 수량화되어 개인의 특성이 나타난다.

따라서 심리검사는 측정하고자 하는 특정 행동을 체계적으로 표준화된 방식에 따라 양적으로 측정하여, 개인 간의 비교가 가능하고 개인

내의 비교도 가능하도록 하는 심리측정법이다.

심리검사를 선정할 때는 심리검사가 피검자의 의뢰사유를 반영하는 것이어야 하고, 검사 도구의 신뢰도와 타당도가 적절해야 한다. 검사 도구 활용이 실용적이어서 채점이나 검사방법이 용이하고, 경제적인 면에서 효율적인 것을 선정한다.

심리검사는 그 자체가 평가과정임과 동시에 치료과정이다. 검사가 이루어지면서 검사자가 아동에게 보이는 지지적인 태도에 의해 피검자와 형성된 관계는 더 많은 정보를 얻을 수 있고, 자연스러운 태도를 보이게 되어 검사해석에 중요한 행동 관찰이나 심리내적인 단서를 알아내는 데 도움이 된다. 특히 유아나 아동의 경우에는 검사자와의 관계 형성이 검사에 대한 저항을 줄이고, 긍정적·부정적인 태도, 감정을 드러내는 데 안정적인 분위기를 형성할 수 있다. 그렇기 때문에 검사자와 아동 간의 관계 형성이 중요하고, 아동과 검사자 간에 신뢰할 수 있어야 한다. 지나치게 강압적이거나 허용적이어서 검사에 방해가 되거나 객관적인 측정이 어렵게 되는 것은 바람직하지 않다. 또한 검사자가 검사 도구의 시행방법을 잘 알고 숙달해서 검사시행에 무리가 없어야 한다. 아동의 경우에는 검사시행 도중 돌발 상황이 발생하는 경우가 많기 때문에 아이의 상태에 따라 검사실시에 지장을 주지 않는 범위 내에서 융통성을 발휘할 수 있어야 한다. 그리고 이때 나타나는 특이한 반응이나 태도는 검사를 해석하는 데 중요한 자료이기 때문에 자세히 기록한다.

심리검사는 측정되는 내용과 검사제작 방법에 따라 투사적 검사와 객관적 검사로 나누어진다. 투사적 검사는 모호한 자극을 제시하여 개인의 관심과 욕구가 드러나게 하여 성격적인 특성이나 심리적인 상태를 파악하는 검사이다. 투사검사와 객관적 검사의 종류는 다음과 같다.

① 투사검사

투사검사는 사용방법이 간단하고 모호한 자극이 주어지기 때문에 피검자가 검사 목적에 따른 저항이나 방어를 중화시키는 데 도움이 된다.

모호한 자극은 내담자의 반응을 풍부하게 하고 다양한 반응이나 독특한 심리적 특성을 반영하게 한다. 반응 내용으로는 자극의 성질이 강렬하여 평소에는 의식하지 못했던 무의식이나 전의식 내용이 나오기도 한다. 투사검사의 장점은 반응이 개인에 따라 독특하여 개인을 이해하는 데 도움이 되고, 무의식이 투사되어 나타나기 때문에 개인을 깊이 있게 이해할 수 있다는 것이다.

이러한 특성으로 인해 투사검사는 비구조적 검사이지만, 표준화된 검사이기 때문에 절차, 검사실시 방법, 채점방식은 일정한 표준절차를 따라야 한다. 그리고 검사 자체의 신뢰도가 전반적으로 낮고, 주변 상황에 따라 영향을 많이 받기 때문에 단독으로 해석되기보다는 객관적인 검사도구와 종합적으로 해석해야 한다.

표 7-1 투사검사의 종류

검사 종류	검사 내용
집-나무-사람 그림검사	A4 각각의 종이에 집, 나무, 사람을 그리고 질의응답을 통해 개인의 심리상태를 알 수 있다. 모든 연령층을 대상으로 쉽게 적용할 수 있고 자유롭고 솔직하게 반응하며 무의식적 상징이 풍부하게 드러나서 유용하게 활용되는 검사이다.
동적 가족화 (Kinetic Family Drawing: KFD)	종이 한 장에 가족이 뭔가 하고 있는 것을 그린다. 그림을 통해 가족 관계, 역동, 대인 관계, 자기지각, 자기인식 등에 대해 알 수 있다.
로르샤흐검사 (Rorschach test)	10장의 그림카드를 보고 그 안에 있는 잉크반점에 대한 반응을 분석하는 검사이다. 사고, 정서, 현실지각, 대인 관계 방식 등 성격의 다차원적인 측면을 알 수 있다.
주제통각검사 (CAT)	동물을 주인공으로 한 상황그림을 제시하고 아동의 반응을 기록·분석하는 검사이다. 이 검사는 동물그림이기 때문에 검사에 대한 저항이 적고 동물에 대해 동일시가 잘 일어나 아동 개인의 의미 있는 내용, 즉 소원, 근심, 흥미, 가족 관계, 대인 관계, 심리적인 특성이 투사된다.
문장완성검사 (SCT)	총 33문항으로 문장이 주어지고 빠진 부분은 아동이 채워 넣어 완전한 문장을 만드는 검사이다. 자극이 일정한 형태를 가지고 있어 반투사적 검사라고 한다. 이 검사를 통해서 가족(가족지각), 사회(또래와의 상호작용, 대인 관계), 학교(학교에 대한 지각, 욕구지향), 자기(개인평가, 미래지향, 정신건강)에 대한 아동의 반응을 알 수 있다.

② 객관적 검사

객관적 검사는 구조화된 검사로 검사과제가 구조화되어 있고, 검사에서 평가되는 내용이 검사 목적에 따라 일정하게 제시되어 일정한 형식에 따라 반응하게 된다. 이러한 검사방법으로 인해 객관적 검사는 개인의 독특성보다는 보편적인 특성이나 차원을 기준으로 개인 간의 비교나 개인 내적인 비교가 모두 가능하다. 예를 들어, 아동의 전체 지능이 98이고 동작성 100, 언어성 점수가 89라면 지능점수로 같은 연령의 아동들 간에 비교가 가능하고, 아이의 동작성 점수와 언어성 점수를 비교함으로써 개인의 특질을 알 수 있다.

객관적 검사는 실시 방법이 일정하게 제시되어 검사실시와 채점이 쉬운 반면, 검사해석은 검사에 대한 이론이나 지식이 요구되기 때문에 전문가에 의해 이루어지는 것이 바람직하다. 객관적 검사는 실시가 간편하고 투사검사에 비해 신뢰도와 타당도가 높고, 검사 상황에 따른 영향을 적게 받고 검사결과의 객관성이 보장된다. 그렇지만 문항이 사회적으로 바람직한 내용인가 아닌가에 따라 결과가 달라지기 때문에 방어가 쉽게 일어나고, 반응방식이 일정하여 개인의 특성을 나타내기 어려운 점이 있다. 객관적 검사와 투사검사는 장단점이 있기 때문에 동시에 사용함으로써 단점을 보완하고, 상보적인 효과를 높이고 피검자에 대한 종합적인 견해를 반영하도록 한다.

표 7-2 객관적 검사의 종류

검사 종류	검사 내용
지능검사	지능검사는 다중지능이론에 기초하여 하위차원이 정해져 있고 이를 반영하는 검사내용으로 구성되어 있다. 지능점수와 소검사 점수에 따라 같은 점수라도 아동의 양상이 다르게 평가되고, 전체적·인지적·정서적·행동적 측면을 종합적으로 알 수 있게 한다. 대상연령에 따라 유아용, 아동용, 성인용으로 나누어 실시할 수 있다.
K-CBCL	만 4세 아동부터 청소년까지 문제행동에 대한 평가척도로 부모 보고형과 교사 보고형 두 가지 유형이 있다. 내용은 행동 문제를 구성하는 문항으로 구성되어 있고, 검사결과는 행동 프로파일을 나타내며, 외현화, 내재화 두 개의 하위요인으로 분석된다.

(계속)

검사 종류	검사 내용
포테이지 발달 체크리스트	영아기부터 만 5세까지의 발달을 운동, 언어, 사회, 신체 영역으로 나누어 표시하고, 유아의 전반적인 발달을 체크하는 검사이다. 이 검사는 영역별로 나누어져 있어 발달이 지연된 부분을 알고 이에 적절한 치료개입 방안을 세우는 데 용이하다.
사회성숙도 검사	유아와 성인을 대상으로 자조, 이동, 의사소통, 작업, 자기관리, 사회화 등과 같은 변인으로 구성된 사회적 행동이나 적응행동을 평가하는 검사이다. 검사항목에 대해 아동이 수행하는지에 대한 여부를 표시하는 것으로, 아이의 발달정도, 치료적 개입 후에 향상된 정도를 측정할 수 있다.

2) 심리평가 도구

심리검사를 객관적으로 측정하여 신뢰할 만한 결과를 얻기 위해서는 아동의 문제와 발달을 고려한 도구를 선정하고, 검사실시에 대한 충분한 훈련이 요구되며, 그 결과의 해석과 활용에도 전문적인 소견이 필요하다. 결과를 지나치게 맹신하거나 확대해석하는 태도는 경계해야 한다. 인지 영역과 정서 영역을 측정하는 심리검사 도구와 평정척의 방법을 사용하는 다양한 검사 도구를 살펴본다.

(1) 인지 영역의 심리평가 도구

인지 영역의 심리평가로는 시지각 발달검사와 지능검사를 들 수 있다. 표준화된 절차와 해석의 지침이 명확하며 아동의 학습과 문제해결 전반의 예측력을 갖는다는 점에서 중요한 심리평가라 할 수 있다.

① 시지각 발달검사

시지각 발달은 유아나 아동에게 기초학업기술을 성취하는 데 지대한 영향을 주는 발달영역으로, 이 부분이 부진한 경우에 읽기, 쓰기 영역에 어려움을 초래한다. 빈약한 시지각 기술은 성숙의 지연, 감소된 지적능력, 신경학적인 손상, 학습장애, 주의력결핍장애 등과 연관된다(곽금주, 2002).

가. BGT(Bendar Gestalt Test)

BGT검사 대상은 만 5세 아동부터 성인까지로 다양한 연령에서 폭넓게 실시되는 시지각 발달검사이다. 벤더(Bender, 1938)가 정신병리의 여러 유형과 지각관계를 알아보기 위해 개발한 검사로, 형태심리학자인 워스하이머(Wertheimer, 1923)가 지각의 형태학적인 법칙(예: 접근성, 유사성, 연속성, 공통성, 완결성 등)을 연구하기 위해 고안한 수많은 도형 중에서 9개의 도형을 선택하여 검사에 적용하였다. 초기에 BGT는 두뇌의 기질적 장애를 평가하기 위한 목적으로 제작되었다. 그러나 현

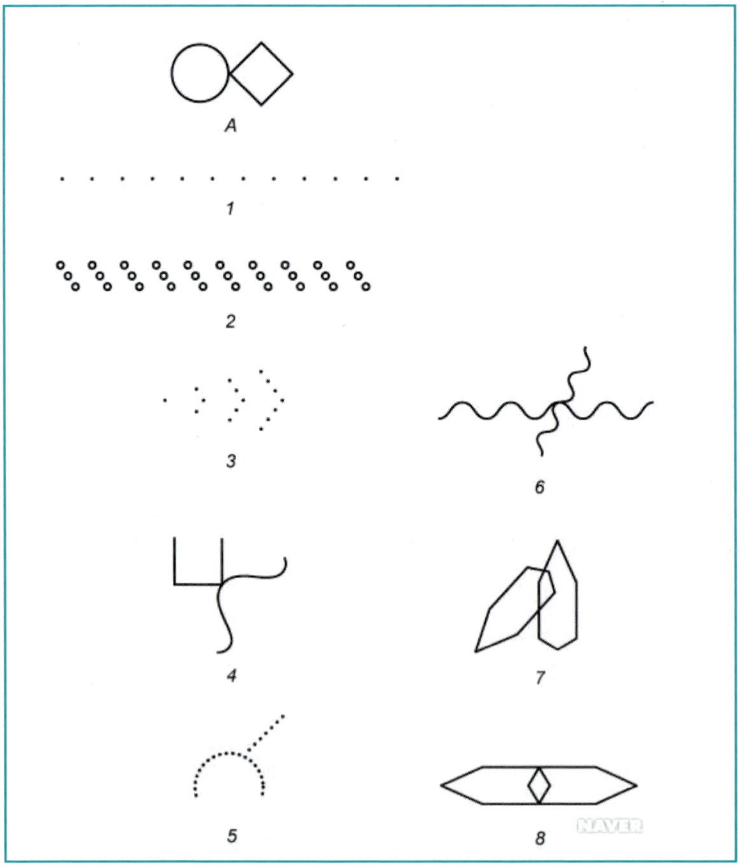

그림 7-2 BGT 검사 도구 – BGT 그림의 실제

재는 뇌손상이나 시각-운동 협응에 대한 발달적 평가 외에 성격평가를 위한 투사적 기법, 학업성취에 대한 예측이나 대략적인 지능 추정을 위한 목적 등 다양한 목적으로 폭넓게 사용되고 있다(김민경·심민섭, 1995; 곽금주, 2002). 이 검사는 검사 방법이 쉽고 피검자가 주어진 도형을 그려내기만 하면 되기 때문에, 다른 검사에 비해 심적 부담이 적고, 쉽게 검사하고 검사받을 수 있다. BGT검사는 9개의 도형으로 구성되어 있으며 도형은 그림 7-2와 같다.

② 지능검사

지능은 인간의 지적인 능력을 의미한다. 지적인 능력을 정의하는 데는 학자마다 이견이 있으나 대체로 경험에 의해 학습하고 자기를 풍부하게 하는 능력, 문제를 해결하는 능력, 새로운 환경에 적응하는 능력, 환경에 자기를 적응시키도록 학습하는 능력을 지적인 능력이라고 한다. 웩슬러는 지능을 종합적으로 정의하여 "개인이 목적의식을 가지고 행동하고 합리적으로 사고하며, 효과적으로 환경을 처리할 수 있는 종합적·전체적인 능력"이라고 하였다. 초기 지능은 지적인 능력에만 초점을 맞춘 것에 반해 지능에 대한 연구가 진행되면서 지능의 인지적인 요소와 환경적인 요소, 그리고 이 둘 간의 상호작용을 충분히 고려해야 한다는 주장이 제기되고 있다. 즉, 지능은 실제 생활 안에서 얼마나 개인이 자신의 능력을 활용할 수 있는가가 중요한 문제이며, 이는 자신이 지닌 지적인 능력을 적절히 활용하고 발달시키는 데 환경과의 상호작용을 강조한 것이다.

지능은 지적인 능력과 발달 연령에 따른 변화 과정에 따라 차이가 크다. 지능은 출생 이후 만 10세까지 급속히 발달하고 연령에 따라 지능의 격차는 커지기 때문에 적절한 연령에 개인의 지적능력 개발의 중요성을 강조하기도 한다.

문제해결능력, 언어능력, 사회적 능력이 지능으로 구성되고 지능검사에서 전체 지능은 언어성 검사와 동작성 검사로 구성된다. 언어성 검사에는 언어반응을 주로 요구하는 상식, 숫자 외우기, 어휘, 산수, 이해 및 공통성 문제가 포함된다. 동작성 검사에는 빠진 곳 찾기, 차례 맞추기, 토막 짜기, 모양 맞추기, 바꿔쓰기 검사가 포함된다.

지능검사는 아동의 행동특성이나 인지적·신경심리학적인 평가가 가능하여 아동을 다각도로 이해하는 데 도움을 준다. 지능검사의 목적은 다음과 같다(박영숙, 1994).

- 개인의 인지적인 능력을 평가하고 잠재적 지적능력을 고려하여 학업이나 지적인 적응(지적장애의 경우)이나 성취를 예견한다.
- 지능검사를 통하여 개인의 인지적·지적기능의 특성을 파악한다. 개인의 인지적인 특성을 파악하여 지적인 감정과 약점을 알게 되어 지적 영역활동에 적절한 지원이나 개입을 가능하게 한다. 그리고 개입에 필요한 합리적인 치료목표를 설정하고 이를 실시하는 데 기본 자료가 된다.
- 지능검사를 기초로 임상적인 진단을 하고 명료하게 한다. 임상적인 진단을 통해 현재 상태를 지원해주는 체계를 마련해 줄 수 있다. 또한 기질적 뇌손상의 유무나 뇌손상으로 인한 인지적 손상을 평가하여 치료개입에 따른 기능회복 여부를 평가한다.

가. K-ABC(Korea Version of the Assessment Battery for Children)

K-ABC는 만 2세 6개월~12세 5개월 아동을 대상으로 하는 지능검사 도구이다. A. S. 카우프만이 개발하고(Kaufman, 1980), 한국판 표준화는 문수백, 변창진(1997)에 의해 이루어졌다. K-ABC는 인지심리학과 신경심리학의 지능이론을 근거로 제작되었고, 비언어적인 과제에 비중을 두어 의사소통에 문제가 있는 아동에게 적용할 수 있도록 제작되었다. 따라서 이 검사는 특수아동, 청력장애, 언어장애, 기타 학습장애 아동의 사정평가 및 교육적 처치를 위한 지능검사로 사용되고 있다.

K-ABC가 신경생리학이론을 바탕으로 지능을 평가하기 때문에 뇌의 좌반구나 우반구 기능에 대한 판별이 가능하고, 지능과 성취수준을 구분하여 측정할 수 있다는 장점이 있다(Kaufman & Reynilds, 1987; 곽금주 2002 재인용).

K-ABC는 총 16개의 하위검사로 구성되어 있고, 이를 동시처리, 순차처리, 인지처리과정, 습득도, 비언어성 척도 등 5가지 지능검수로 산출하고 있다. 검사는 연령에 따라 적용되는 하위검사가 다르고, 하위검사의 수는 아동의 생활연령에 근거해서 결정된다. 최고 7개에서 최대 13개까지 하위검사를 실시할 수 있다. 검사 도구의 하위척도는 다음과 같다.

표 7-3 K-ABC의 구성

검사틀	하위척도	
검사틀 1. 인지처리과정척도	1. 마법의 창 2. 얼굴기억 3. 손동작	4. 그림통합 5. 수회생 6. 삼각형
검사틀 2. 인지처리과정척도	7. 단어배열 8. 시각유추	9. 위치기억 10. 사진순서
검사틀 3. 습득도척도	11. 표현어휘 12. 인물, 장소 13. 산수	14. 수수께끼 15. 문자해독 16. 문장이해

나. 한국 유아용 웩슬러 지능검사(Korean-Wechsler Preschool Primary Scale of Intelligence: K-WPPSI)

웩슬러 지능검사는 가장 많이 사용되는 지능검사로 연령에 따라 성인용(WAIS), 아동용(WISC), 유아용(WPPIS)으로 나누어 실시된다. 한국형(K-WPPSI)은 웩슬러(Wechsler, 1989)가 개발한 것을 박혜원, 곽금주, 박광배(1996)가 한국판으로 표준화한 지능검사이다. 한국형 K-WPPSI 대상아동은 만 3세부터 7세 3개월 아동이다.

웩슬러는 지능을 다차원적이고 중다적인 총체적인 구성이라고 정의하였고, 이를 바탕으로 지능을 구성하는 다양한 영역을 측정하고 총체적으로 평가한다. 지능검사를 이루는 소검사는 12개이고, 각 소검사는 다양한 과제를 수행하면서 검사가 실시된다. 검사 해석은 지능지수에 대한 평가, 개인의 능력을 총체적으로 분석하며(강점과 약점을 분석), 집단 간의 평가도 가능하다.

K-WPPSI는 교육, 치료, 연구 등을 위해 지능을 측정할 때와 특별한 교육이 필요한 아동을 발견하는 데 사용된다. K-WPPSI는 시간 경과 후 개인의 수행능력의 변화를 알 수 있다는 장점이 있고, 아동에게 어떤 처치를 한 후에 효과성의 정도를 측정하기에 용이하다.

웩슬러 지능검사는 동작성 소검사 6개와 언어성 소검사 6개로 구성되어 있다. 각 소검사는 고유의 능력을 측정하기 때문에 검사해석을 할 때 소검사가 측정하는 영역에 대한 의미 있는 해석이 이루어지고, 전체 점수와 동작성과 언어성 점수의 유의미한 차이는 임상적인 의미로 해석된다.

표 7-4 K-WPPSI의 구성

동작성 검사		언어성 검사	
① 모양 맞추기	⑥ 동물 짝짓기(보충검사)	① 상식	② 이해
③ 토막 짜기	② 도형	③ 산수	④ 어휘
⑤ 빠진 곳 찾기	④ 미로	⑤ 공통성	⑥ 문장(보충검사)

다. KEDI-WISC(Korean Educational Development Institude Wechsler Intelligence Scale For Children)와 K-WISC-III(Korean Wechsler Intelligence Scale For Children-Third Edition)

아동용 지능검사 KEDI-WISC와 K-WISC-III는 개발시기와 표준화 기관이 다르지만, 아동과 청소년에게 자주 쓰이는 지능검사이다. 두 지능검사는 시대적인 변화에 따라 개발되었다. 지능검사가 오랫동안 사용되면 시간이 지남에 따라 평균점수가 높아지고, 아동에 대한 기준이 달리 적용되기 때문에 점수기준을 몇 년에 한 번씩 갱신하는 것이 필요하다. 이 검사는 다른 웩슬러 검사들과 마찬가지로 동작성, 언어성, 전체 지능을 산출하는 방식은 동일하나, 실시 순서에는 차이가 있다. 특히 K-WISC-III는 KEDI-WISC와는 달리 유사한 소검사를 요인별로 묶고 4개의 지표점수가 추가되어 언어적 이해, 지각적 조직화 주의집중, 처리속도가 분석된다.

KEDI-WISC는 웩슬러(Wechsler, 1974)가 개발하여 한국교육개발원(1991)에서 한국판 표준화검사로 제작하였으며, K-WISC-III는 웩슬러의 K-WISC-II를 곽금주, 박혜원, 김청택(2001)이 한국판 표준화검사로 제작하였다. 각각의 검사 도구는 그 대상연령도 달리하는데, K-WISC는 만 5세부터 15세 11개월까지, K-WISC-III는 만 6세부터 16세 11개월까지를 대상으로 한다.

지능검사를 구성하는 소검사는 동작성 소검사, 언어성 소검사로 다음과 같이 구성되어 있다.

표 7-5 KEDI-WISC, KWISC-III 하위척도 비교

지능검사	언어성 검사	동작성 검사	비고
KEDI-WISC (만 5세~15세 11개월)	① 상식 ② 공통성 ③ 산수 ④ 어휘 ⑤ 이해 ⑥ 숫자	① 빠진 곳 찾기 ② 차례 맞추기 ③ 토막 짜기 ④ 모양 맞추기 ⑤ 기호 쓰기 ⑥ 미로	
K-WISC-III (만 6세~16세 11개월)	① 상식 ② 공통성 ③ 산수 ④ 어휘 ⑤ 이해 ⑥ 숫자	① 빠진 곳 찾기 ② 차례 맞추기 ③ 토막 짜기 ④ 모양 맞추기 ⑤ 기호 쓰기 ⑥ 동형 찾기 ⑦ 미로	① 언어적 이해: 상식, 공통성, 어휘, 이해 ② 지각적 조직화: 빠진 곳 찾기, 차례 맞추기, 토막 짜기, 모양 맞추기 ③ 주의집중: 산수, 숫자 ④ 처리속도: 기호 쓰기, 동형 찾기

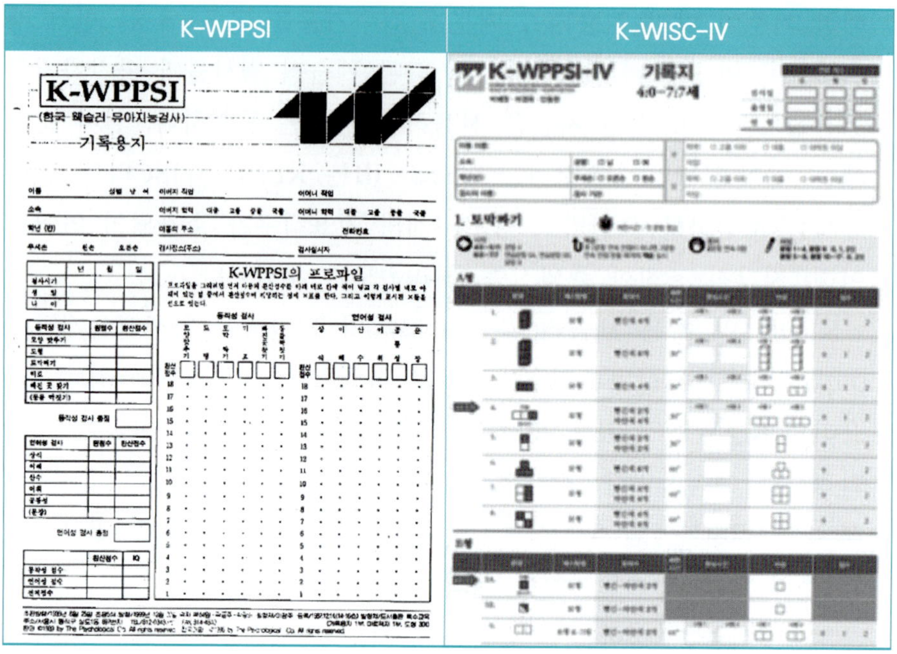

그림 7-3 K-WPPSI, K-WISC-IV 지능검사용지

(2) 정서 영역의 심리평가 도구

정서 영역의 심리평가 도구로는 주로 그림검사와 투사검사가 활용된다. 사람의 내면세계가 그림을 그릴 때 표상되거나 이미지에 의미를 부여할 때 투사된다고 가정한 검사법이다. 임상장면에서 실시되었던 일반적 추이들을 반영하되, 내담자의 상황과 주호소 문제 등을 고려하여 해석한다. 인지 영역의 검사 도구와 마찬가지로 실시과정과 해석에는 전문성이 요구된다.

① HTP(House-Tree-Person Test)

그림검사는 그림을 통해 내적인 감정상태가 반영되고, 지적인 성숙도를 알 수 있다는 가정에서 실시되었다. HTP검사는 버크(Buck)에 의해 개발된 기법으로, 피험자에게 집(House), 나무(Tree), 사람(Person)을 그리고 그림을 그린 후에 아동에게 직접 질문하면서 자신이 경험했던 대인 관계나 그림을 통해 연상되는 것을 토대로 그림을 해석한다.

이 검사는 하머(Hammer, 1958)에 의해 임상적으로 활용되기 시작하였고, 현재 피험자가 느끼는 대인 관계, 외부 세계에 대한 자아의 심리적 적응, 현실과의 접촉, 자아상, 심리적인 적응, 내적 갈등, 공포, 가족과의 상호작용, 생활양식 등을 나타내준다.

HTP검사는 유아부터 성인까지 모두를 대상으로 실시할 수 있다. 검사자와 아동의 라포 형성이 잘되고 적용대상의 폭이 넓고 시행이 간편하다는 장점이 있다. 그리고 이 검사를 통해서 지능수준에 대한 대략적인 평가가 가능하고, BGT와 같이 두뇌와 기질적 장애를 파악할 수 있다. 그리고 불안, 우울 같은 정서 상태나 발달수준을 가늠할 수 있어서 치료나 교육을 세우는 데 도움이 된다(곽금주, 2002).

HTP검사에 필요한 도구는 A4용지 4장과 연필, 지우개, 초시계이다. 검사자는 아동에게 종이 1장에 집을 그리도록 한다. 그리고 다른 1장을 주고 나무를 그리게 한다. 이러한 방식으로 사람을 그리는데 만약 아이가 여자를 그렸다면 다음에는 반대되는 성을 그리도록 지시한다. 그림을 그린 후에는 그림을 보고 질의응답, 그림 그리는 태도나 특이사항, 그림 완성시간을 자세히 기록하여 분석한다.

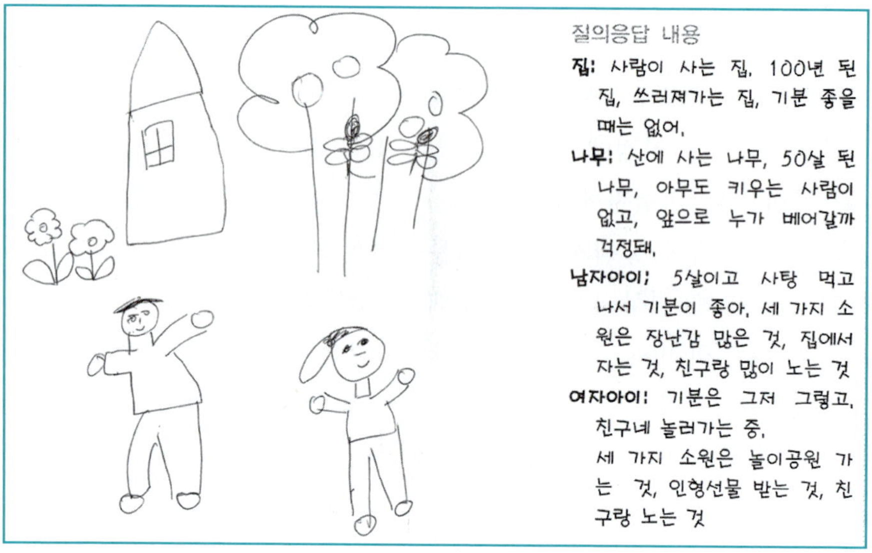

그림 7-4 만 5세 위축된 남아의 HTP

그림 7-5 만 5세 충동적인 남아의 HTP

② 동적 가족화(Kinetic-Family-Drawing, KFD)

동적 가족화검사는 번과 카우프만에 의해 개발되었다. 이 검사는 가족이 집안에서 무언가를 하는 장면을 그리는 것으로, 다른 그림검사가 움직임이 없는 데 반해서 동작이 포함된 그림을 그리는 점이 특징이다.

이 검사는 아동과 아동이 인식하는 가족의 상을 좀 더 구체적으로 알 수 있고, 대인 관계나 가족에 대한 상, 자아개념을 알 수 있다. 그러나 이 검사는 피험자에 대해 진단을 하는 것이 아니라, 가설을 세우는 데 사용되고, 가족화 단독으로 해석하기보다 피험자의 태도, 정서, 검사사유가 종합적으로 고려되고 다른 검사와 더불어 해석해야 한다. 이 검사 역시 HTP검사와 마찬가지로 유아부터 성인까지 모두를 대상으로 실시할 수 있다.

동적 가족화검사는 A4용지 1장과 연필, 지우개, 초시계가 필요하고, 가족이 집안에서 무언가를 하는 그림을 그린다. 피험자에게 그림을 그리게 하고 그림이 완성되면 그림 완성시간, 질의응답, 그림 그리는 태도나 특이사항을 종이에 자세히 기록한다.

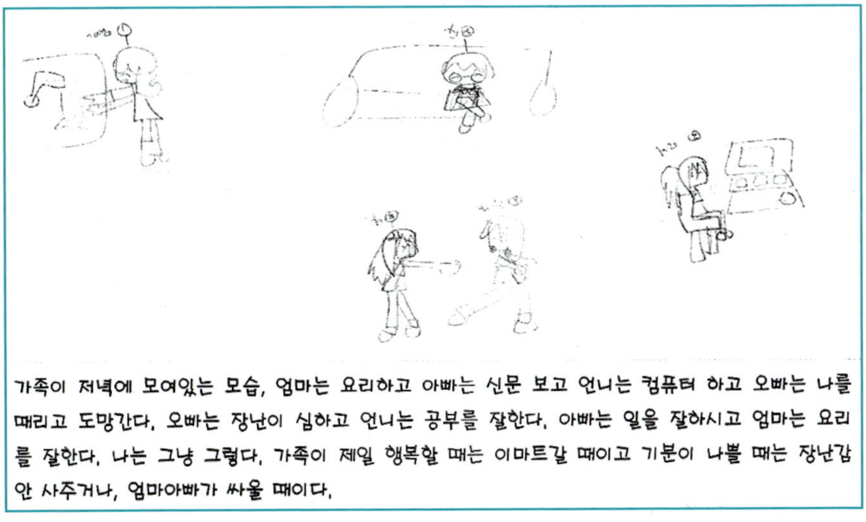

그림 7-6 7세 여아 KFD의 예

③ 문장완성검사(Sentence Completion Test, SCT)

문장완성검사는 투사검사이지만, 일정한 형태의 제시문이 있기 때문에 반투사검사이다. 이 검사는 개인의 욕구, 주변 인물에 대한 태도, 관계를 파악하고 전반적인 심리상태를 판단하는 데 사용한다. 색에 의해 개발된 문장완성검사는 피험자의 의식적·전의식적 수준의 생각과 감정을 나타내준다. 문장완성검사는 다음의 네 가지 영역에 대한 정보를 제공해준다. 글을 쓰지 못해도 말을 이해할 수 있는 아동부터 성인까지 가능하다.

㉠ 가족 영역은 아버지, 어머니 및 가족에 대한 태도로 가족에 대한 지각을 측정한다.

㉡ 성적 영역은 여성과 남성, 이성 관계, 결혼 및 성적 관계에 대한 태도를 측정한다.

㉢ 대인 관계 영역은 친구, 주변의 아는 사람, 권위자에 대한 태도로 학교에 대한 지각, 또래에 대한 지각, 욕구지향을 측정한다.

㉣ 자아개념 영역은 자신의 능력, 과거, 미래, 두려움, 죄책감 등에 대한 태도로 개인적인 평가, 미래지향, 일반적인 정신건강을 측정한다.

문장완성검사는 개별적 혹은 집단으로 실시할 수 있는 검사로, 단독으로 분석하는 것보다 다른 투사적 검사들에서 얻어진 자료와 통합해서 분석할 때 피검자에 대하여 좀 더 풍부하게 이해할 수 있다. 다음은 아동용 문장완성검사 문항의 일부를 제시한 것이다.

표 7-6 아동용 문장완성검사의 예

아동용 문장완성검사

이름: ________(남, 여)　생　일: ______년 ____월 ____일

검사일: ______년 ____월 ____일　검사자: ____________

1. 내가 가장 행복한 때는 ______________________________
2. 우리 아빠는 ______________________________
3. 나의 좋은 점은 ______________________________
4. 나를 가장 슬프게 하는 것은 ______________________________

※ 아동용 문장완성검사의 전문은 부록에 수록하였다.

④ 로르샤흐검사(Rorschach test)

1921년 스위스의 정신과 의사인 로르샤흐(Rorschach)가 만든 것으로, 가장 대표적인 투사법검사로 임상 연구에서 가장 널리 사용되고 있다. 로르샤흐는 개인의 지각과정을 통해 행동을 예측할 수 있는 가정으로 잉크블롯으로 구성된 그림이 모호한 10장의 카드를 피험자에게 제시하고 이에 따른 반응을 분석하였다. 반응분석을 통해 개인의 성격특성, 현실지각, 사고, 정서 등 다양한 성격차원과 사고과정을 알아볼 수 있고, 정상적인 성격이나 병리적인 성격 특성을 자세히 분석할 수 있어 임상적 유용으로 활용된다. 검사대상 연령은 만 5세부터 성인까지 전 연령에 걸쳐 적용이 가능하다.

로르샤흐 카드는 10개의 대칭된 잉크블롯 카드로 구성되어 있다. I, IV, V, VI, VII 카드는 무채색 카드이며, II, III 카드는 검정색과 붉은색이 혼합되어 있고, VIII, IX, X는 여러 가지 색으로 구성되어 있다. 각 카드는 체계화되어 있지 않으며 불분명하고 정형화된 의미가 없는 것이 특징이다. 각 카드가 지닌 함축적인 의미나 해석은 있지만, 카드가 시각적으로 그 의미를 분명하게 전달하지 않기 때문에 피험자에 따라 다양한 반응을 투사할 수 있다.

검사방법은 10장의 카드가 한 번에 하나씩 정해진 순서로 피험자에게 제시되며, 피험자는 그림에서 그림이 무엇처럼 보이는지를 설명하도록 한다. 피검자는 카드를 돌려서 어떤 각도로든 각 잉크반점을 볼 수 있고, 각 잉크반점에 대해 제한 없이 카드그림이 무엇으로 보이고 왜 그렇게 보이는지를 검사자에게 이야기한다. 예를 들어, 첫 번째 카드가 피검자에게 마녀처럼 보인다면 검사자는 어느 부분이 마녀라고 생각했는지 피검자에게 물어보고 반응을 기록한다. 이때 카드를 보는 피검자의 태도나 반응, 반응시간을 검사자가 기록하고, 기준표에 의해 채점하여 결과를 분석한다.

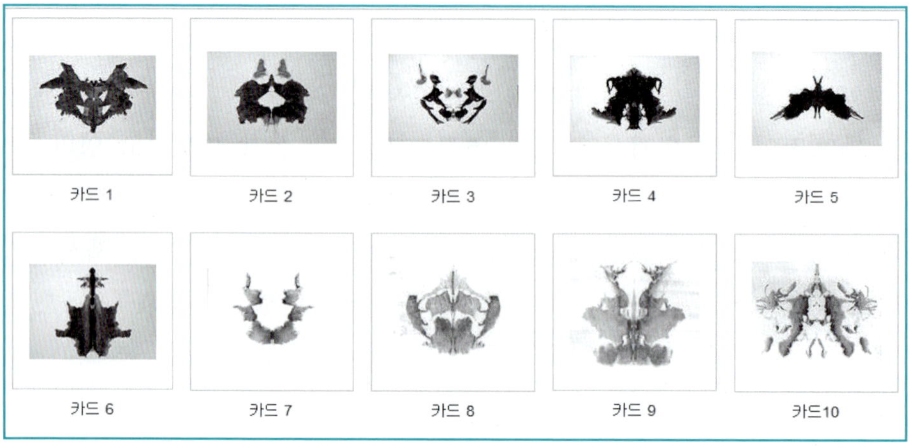

그림 7-7 로르샤흐검사 도구

⑤ CAT(Children's Apperception Test)

벌락(Bellak, 1949)이 개발한 CAT는 아동의 성장과정에 관계된 문제라든지 일상생활에 관련된 문제들을 투사시킨 검사이다. 미국에서 개발된 검사로 문화적 배경 및 아동 성장과정에서 많은 차이가 있기 때문에 우리나라 설정에 맞게 개정하였다.

김태련, 서봉연, 이은화, 홍숙기(1976)가 한국판을 표준화하였고, 검사는 3~10세 아동을 대상으로 한다.

아동은 동물자극에 더 잘 동일시되며 아동의 수준에서 투사가 더 잘 일어나기 때문에 그림도판이 동물로 구성되어 있다. 그리고 동물 그림이기 때문에 검사목적을 위장할 수 있고, 부정적인 감정을 동물에 전이시킬 수 있다. 이 검사는 투사검사이기 때문에 검사자가 실시나 평가에 있어서 주의할 점을 잘 숙지해야 한다.

CAT의 구성은 그림도판 9매와 CAT 보충판 9개로 구성되어 있다.

그림 7-8 CAT 그림도판의 예

CHAPTER 08

아동상담치료의 실제

01 아동상담치료

1) 놀이치료

(1) 놀이치료의 정의

놀이치료는 이론적 배경에 따라 놀이치료[1] 적용과정과 해석에는 차이가 있으나, 놀이를 매체로 한다는 공통점이 있다. 놀이치료는 놀이활동을 주 매체로 활용하여 아동이 가지고 있는 심리적인 문제를 스스로 극복하고, 최적의 발달을 이루도록 도와주는 치료상담의 한 형태이다(김광웅·유미숙·유재령, 2004). 다시 말해 훈련된 상담자가 심리적 갈등과 적응 문제를 가진 아동을 대상으로 놀이를 활용하여 아동과 관계를 맺고, 의사소통을 하여 아동이 가진 잠재된 발달 가능성을 최대한 발현시켜 주

1) 최근 들어 치료(therapy)가 의학적인 처치를 일컫는 말로 사용되고 있어 아동심리치료 또는 놀이치료자라는 용어가 적절하지 않다는 일부 의학계의 주장이 있다. 그러나 아동상담 분야에서는 매체를 활용한 미술, 놀이, 독서, 음악을 일컬어 치료라는 용어로 상담과 함께 혼용하여 사용되기도 한다. 따라서 이 책에서는 일반적으로 아동상담 분야에서 사용되는 원어에 충실하게 치료라는 용어를 사용한다.

는 과정이다. 아동은 놀이를 통해 내면의 불안이나 소망, 현실의 갈등을 표출하고, 상담자는 아동과의 관계 형성을 통해 라포를 형성하고, 놀이와의 상호작용을 통해 놀이에 대한 적절한 해석, 직면하는 과정을 함께 함으로써 결국에는 아동이 갖고 있는 문제를 이해하고, 해결하고, 발달을 촉진하고 잠재능력을 발현하는 기회를 갖게 된다.

랜드리스에 의하면, 놀이치료란 훈련된 상담자가 놀이라는 아동의 자연스러운 의사소통 매개체를 통해서 자기(감정, 사고, 경험, 행동)를 탐색하고 충분히 표현하도록 하며, 놀이를 통해 안전한 관계 발달을 촉진하고 놀잇감을 선택하여 제공하는 상담자와 아동 간의 역동적인 대인 관계를 말한다(Landreth, 1991). 성인은 언어로 자신의 감정, 염려, 갈등을 나타낸다면, 아동은 놀이라는 매체를 통하여 자신을 인식하고 표현하면서 내적인 긴장, 불안, 공격성, 두려움, 좌절감 등을 나타낼 기회를 갖는다. 놀이를 통해 아동은 감정을 조절하거나 통제, 해소하는 방법을 익히게 된다. 아동과 상담자 간 대인 관계적 상호작용은 아동에게 감정 정화, 수용, 다루기 힘든 정서의 감소, 교정적 정서 체험 등을 경험하는 기회가 된다.

놀이치료를 통해 아동은 상담자나 자신과의 의사소통을 통해 자신을 성숙시키고 대인 관계를 재경험하게 된다.

그렇기 때문에 심리적인 변화과정을 잘 보호해줄 수 있는 안정적인 물리적·심리적 환경이 중요하다. 상담자는 놀이치료에서 가장 중요한 환경요건인 치료실이라는 물리적 환경과 더불어 정서적으로 안정된 환경을 제공하여 성장과 성숙이 일어나는 과정에서 나타날 수 있는 부정적인 요소로부터 아동을 보호해준다. 안정감 있는 상담환경은 아동에게 자신을 충분히 자유롭게 표현할 수 있게 돕고, 자신에 대한 통찰을 문제를 해결할 수 있는 기회를 제공하며, 치료실에서 습득한 새로운 생활양식을 일상생활에서 확대 적용할 수 있도록 돕는다.

이러한 상담과정을 위해서 훈련된 전문가에 의해서 놀이치료가 이루어져야 하고, 놀이치료자는 놀이치료에 필요한 이론적인 기반, 아동에 대한 이해, 자기분석, 슈퍼비전을 통해 놀이치료자 수련과정에 참여하여 전문가적인 자질을 함양해야 한다(Landreth, 1991).

(2) 놀이의 치료적 가치

놀이가 지닌 속성에는 즐거움과 재미라는 긍정적인 정서, 내적 동기에 의한 자발성, 자유로움, 상징화나 은유와 같은 비사실성, 창조성이 있다. 놀이가 지닌 특성은 치료적인 기능과 치료적인 효과를 증진시키는 데 중요한 요소가 된다(김광웅·유미숙·유재령, 2004).

놀이의 기능을 종합적으로 정리해 보면 다음과 같다(강정원, 2001).

- 생물학적 기능: 기본적인 기술을 익히고 이완하고 과도한 에너지를 배출하며, 근육 운동감각을 자극하고 운동을 하게 함으로써 소근육과 협응력이 발달하고, 감각지각 기능을 자극하여 유아를 성숙하게 한다.
- 개인 내적인 기능: 자신의 욕구를 충족시키고 문제 상황을 극복하게 돕는다. 놀이는 상징적 표현과 소망 충족을 통해 갈등을 해결해주며, 세상을 탐색하고 마음과 몸, 세상에 대한 이해를 발달시켜 주며, 인지발달을 돕는다.
- 대인 관계적 기능: 사회적 기술을 발달시키며 놀이를 통한 심리적인 분리-개별화를 성취할 수 있다. 놀잇감을 가지고 놀이를 하면서 불안을 극복하고 외상을 재연함으로써 긴장을 완화하는 데 도움이 된다.
- 사회문화적 기능: 사회에서 요구되는 행동을 모델링하고 연습하는 기회를 얻는다. 놀이 속에 나타나는 문화의 학습은 유아의 역할 수행 능력을 돕고 유아가 속한 사회문화에 적응할 수 있도록 돕는다.

브렘스는 놀이의 목적을 자기발달, 성숙, 관계 기능으로 보았는데, 놀이의 치료적 기능은 관계 형성, 자기노출, 치유 기능이 있다고 하였다

(Brems, 1993). 결론적으로 놀이는 아동의 언어인 동시에 치유적 요소를 내포하며, 아동의 내적·외적인 성장과 성숙을 돕는 놀이의 기능은 아동에게 긍정적인 영향을 주며, 바람직한 변화를 가져오게 하는 효과적인 방법으로 활용되었다. 다음은 놀이의 치료적 가치를 종합한 것으로 치료 관계 형성, 자기노출과 의사소통, 정화와 치유 기능, 자아성장 기능에 대해 설명한 것이다.

① 치료 관계 형성

놀이는 상담에 대한 저항을 감소시키고 상담자와 아동 간의 신뢰 있고 특별한 관계의 발달을 촉진시켜 주는 데 효과적으로 사용된다(김춘경, 2004). 놀이를 통해 상호작용이 이루어지고 상담에 대한 저항을 감소시키게 되고, 불안이나 두려움을 적절히 통제할 수 있게 되어 즐거움을 경험하게 된다. 또한 놀이가 진행되면서 안정된 느낌을 경험하여 라포 형성이 가능하게 된다. 일단 상담자와 아동 간에 관계가 형성되면 아동은 놀이치료실에 오는 것을 즐거워하게 되고, 상담자와 함께 아동이 필요한 변화를 받아들일 수 있는 기반이 마련된다.

② 자기노출과 의사소통

자기노출은 아동이 자신에 대한 정보나 상태를 상대에게 드러내는 것으로, 상담과정에서 필연적으로 나타나는 과정이다. 상담자에 대해 신뢰감이나 관계가 형성되었을 때 나타나고 자기노출을 계기로 새로운 관계가 형성되기도 한다. 놀이를 하면서 아동은 무의식적이든 의식적이든 자신의 내면세계를 표현하게 되고, 비언어적인 표현을 통해서 다양한 정보를 상담자에게 제공한다. 아동은 의식적인 수준의 감정과 경험을 표현하거나, 무의식적인 소망이나 갈등을 나타내는데(Schaefer, 1993; 김광웅·유미숙·유재령, 2004, 재인용), 무의식적인 놀이 내용은 상담자가 놀이의 상징적인 의미를 아동의 개인 내적인 요소와 더불어 해석하여 아동의 정서를 깊게 이해할 수 있도록 한다.

이렇게 놀이의 자기노출 기능은 상담자가 아동의 내면을 이해하고 이를 기반으로 의사소통을 가능하게 한다.

③ 정화와 치유 기능

놀이를 통해 감정과 갈등이 자연스럽게 표현됨으로써 아동은 감정정화(catharsis)를 경험하고, 이는 치유의 효과로 나타난다. 감정정화는 개인의 갈등이나 감정이 해소되는 과정을 의미한다. 감정정화를 통해서 아동은 자신이 경험한 부정적인 감정이나 사진을 극복하고 자신에게 미치는 부정적인 영향을 감소시킨다. 즉, 감정정화를 통해 놀이는 치유기능을 발휘하게 되고 아동은 자아의 성장과 발달, 내면의 성숙을 이루게 된다. 치유는 놀이에서 사건을 재연하거나 소망을 나타내거나 부정적 경험, 발달에 대한 도전이 반복되면서 이루어진다. 아이는 놀이를 통해 상처를 덜 받으면서 부정적인 상황을 표현하고 수치심이나 죄책감을 덜 느낄 수 있다. 놀이 과정을 통해 아동은 좌절에 대한 실패와 그에 따른 부정적인 경험, 감정을 견딜 수 있으며 이를 극복할 수 있다.

아무리 단순한 놀이라도 아동에게는 감정정화를 촉진하고 현실문제에 대한 갈등을 상징적으로 나타내며, 이를 통해 상담자와 언어적·비언어적 의사소통을 하게 된다.

놀이의 치료적 기능은 아동에게 도움이 되는 변인으로 문제를 감소시키거나 증상을 완화하고 문제를 해결하는 데 도움이 된다.

④ 자아 성장

아동은 놀이를 통해서 다양한 상황을 경험하고 현실에서 경험한 한계를 놀이 속에서 안전하게 실행하고, 경험해 보면서 자신의 소망이나 원망을 이루고 잠재력을 확인하게 된다. 자아는 현실을 경험하면서 많은 문제에 부딪치고 갈등과 소원은 이루려고 노력하는데 놀이는 이것을 안전하게 경험하도록 돕는다. 이를 통해 아동은 자신에 대해 새롭게 인식하고 자신의 문제를 직면하고 새로운 해결방법을 통해서 현실에서 유능한 자아로 거듭날 수 있다.

놀이의 치료적 힘을 쉐퍼는 다음과 같이 놀이치료의 치료적 요인과 치료성과로 정리하였다.

표 8-1 쉐퍼의 놀이의 치료적 원인과 치료성과

놀이의 치료적 요인	치료성과
저항극복 타인의 권유로 인한 상담에 대한 저항을 놀이를 통해 완화시킨다.	치료동맹 형성 친밀감 형성을 통해 치료동맹을 맺는다.
의사전달 기능 아동의 제한적인 의사소통 기능을 보완해주고 무의식적·의식적인 생각, 감정, 욕구를 표현할 수 있게 한다.	자신의 감정을 이해 놀이를 통해 표출된 감정이나 욕구 생각을 이해할 수 있다.
아동의 능력 발현 놀이를 통해 아동은 주의를 집중하고 성취를 하면서 자신의 능력을 발현하고 성장시킨다.	유능감 경험 아동은 환경을 통제하는 것과 놀이과정을 통해 유능감을 경험한다.
정화요인 놀이에 대한 비난이나 보복에 대한 두려움 없이 정서적으로 이완하게 한다.	정서적 발달 아동에게 중요한 감정이나 정서를 발산하게 하고 감정 분화를 촉진한다.
소산(消散)작용 강력한 정서작용으로 외상적 경험을 놀이를 통해 안전하게 재연한다.	정서적 외상(trauma)에 적응 놀이를 통한 외상의 반복적인 재연을 통해 사건을 재경험하여 외상을 극복한다.
상상요인 상상을 통해 현실에서 이루지 못한 소망이나 욕구를 표현한다.	상상적 보상 욕구나 소망이 놀이를 통해서 충족되어 현실에서 현실적인 기대를 가지게 된다.
긍정적 정서 놀이가 주는 재미와 자발성을 통해 긍정적인 정서를 경험한다.	스트레스 해소 긍정적인 정서는 현실에서 오는 부정적인 감정이나 스트레스를 해소시킨다.
역할극 아동은 역할극을 통해 새로운 행동을 연습하고 타인의 입장을 객관적으로 경험하고 느낄 수 있는 기회가 된다.	새로운 행동을 연습하고 공감하는 기회 안전하게 새로운 행동을 연습하여 현실에서 유용한 기능을 습득하게 되고 타인의 입장이나 감정, 이해할 수 있는 공감능력을 향상시킨다.

(3) 놀이치료의 실제

놀이를 매체로 이루어지는 놀이치료는 아동상담에서 가장 널리 알려진 접근이다. 놀이치료를 전반적으로 이해하기 위해서 놀이치료가 이루어지는 놀이실, 놀잇감의 특성과 종류, 놀이치료자의 역할, 제한설정과 촉진적 반응 그리고 그 과정에 대해 살펴본다.

① 놀이실

놀이실은 가능한 한 안정된 환경으로 조용하고 소음이 없는 곳이 적절하다. 놀이실은 상담자의 이론적 배경에 따라 다르게 구성되지만, 대근육 활동을 할 수 있을 정도이면서 아동이 고립감이나 상실감을 느끼지 않을 정도의 크기여야 한다(3×3~5×5미터). 놀이실의 안전을 위해서 놀이실 내에는 깨지거나 부서지기 쉬운 물건이 없어야 하며, 가구(책상이나 의자, 놀잇감장)들은 아동의 연령과 안전을 고려해서 제작된 것이어야 한다.

놀이실이 갖는 의미는 물리적인 환경뿐만 아니라 심리적인 환경까지 고려해야 한다. 공간의 크기는 아동이 놀이실에서 심리적인 편안함을 느끼면서 적절히 상담자와 분리될 수 있음과 동시에 공존하는 것이 가능해야 한다. 너무 큰 놀이실은 아동과 물리적인 거리가 멀어져 상담자가 놀이를 관찰하거나 상호작용하는 데 적절하지 않다. 그리고 놀이실은 독립적이고 밀폐된 공간으로 정서적인 안정과 보호적인 환경을 경험할 수 있어야 한다. 현실에서 아동은 자신의 행동과 태도로 인해 부정적인 평가나 비난, 외상적인 경험으로 인해 자신에게 몰두할 수 있는 경험을 하기 어렵다. 아동은 놀이실에 들어와도 누가 볼까, 누가 들어올까에 대해 염려하거나 자신이 주도적으로 놀이하는 데 의구심을 가진다. 반면에 놀이실은 아동에게만 약속된 시간에 공간을 제공함으로써 자신에게 집중하여 자신의 욕구, 감정, 행동을 느끼고, 경험할 수 있고, 심리적 외상을 안전하게 표현하고 치유할 수 있도록 돕는다.

놀이실은 외연적으로 물리적 공간을 제공하지만, 심리적인 보호를 받고, 정서적 안정과 재경험, 자아의 성장과 성숙, 심리적 재탄생의 경험을 제공하는 곳이다. 물리적·심리적으로 제공되는 환경뿐만 아니라, 안정감을 가지고 놀이를 할 수 있도록 하는 상담자도 중요한 환경이다. 상담자가 놀이실에서 적절한 태도를 가지는 것은 상담자의 태도와 자질 측면에서 중요한 부분 중 하나이다.

*사진출처: 단혜아동가족상담센터

그림 8-1 놀이치료실의 전경

② 놀잇감과 도구

놀잇감은 아동의 단어이고 놀이는 아동의 언어이다. 놀잇감 선정은 아동에게 좋은 성장환경을 마련하는 또 다른 방법이다(Guerney, 1983). 아동의 표현을 도와주는 놀잇감과 도구는 아동의 확장된 놀이를 제공하기 때문에 잘 선택하여야 한다(Ginott, 1961). 놀잇감 선택은 상담자의 이론적 배경에 따라 다르지만, 놀잇감은 아동의 연령과 개인적인 특성을 고려하여 다양한 감정을 표출할 수 있도록 고루 갖추어야 한다.

놀잇감은 구조화된 놀잇감과 비구조화된 품목을 모두 갖추는 것이 필요하다. 구조화된 놀잇감은 사회적으로 수용될 수 있는 방식으로 적대감과 공격성을 표현할 기회를 제공한다. 구조화된 놀잇감에는 총, 칼, 인형, 가면, 자동차 등이 있다. 비구조화된 놀잇감은 아동에게 강한 감정을 표현하고 방출할 수 있는 기회를 제공한다. 비구조화된 놀잇감에는 모래, 물, 종이, 물감, 찰흙 등이 있다(Moustakas, 1959). 놀잇감 작동이 너무 복잡하거나 내구성이 약한 것은 아동에게 안전 문제가 있고, 치료적인 의미에 부합되는 의존감과 좌절을 경험하기 때문에 적절하지 않다.

놀이치료실의 놀잇감을 준비하는 데 고려해야 할 일곱 가지 필수요건은 다음과 같다(Landreth, 1991).

- 아동과의 긍정적인 관계 형성이 가능해야 한다.
- 다양한 감정표현이 가능해야 한다.
- 실생활 경험을 재연하고 표현할 수 있는 것이어야 한다.
- 현실에서 한계를 검증하고 발견할 수 있어야 한다.
- 긍정적인 자아상을 발달시킬 수 있어야 한다.
- 자기이해를 촉진하여 자기수용을 가능하게 해야 한다.
- 자기조절을 통해 책임감을 발달시킬 수 있어야 한다.

놀잇감의 적절성에 대한 평가는 놀잇감이 합리적으로 선택되고, 발달수준에 적절하고 놀이치료에 유용하게 활용될 수 있는가를 의미한다. 랜드리스에 의해 제시된 기준은 창의적인 표현과 정서표현이 가능한지, 아동의 관심과 발달수준에 적절한지, 다양한 표현이 가능한지, 모호한 놀이가 가능한지, 내구성이 있는지를 평가기준으로 하고 있다(Landreth, 1991). 이러한 기준을 고려하여 놀이실에 제시할 수 있는 놀잇감의 종류를 살펴보면 다음과 같다.

가. 감정을 표현할 수 있는 놀잇감

아동이 갖고 있는 분노, 화, 억압된 감정을 분출하고 수용적인 공간에서 감정을 발산할 수 있는 기회를 줄 수 있다. 그러나 아동이 감정을 발산할 때 상담자는 행동에 대한 제한사항을 설정해야 하고, 아동이 안전하게 발산할 수 있도록 도와야 한다.

☞ 놀잇감의 예: 총, 휘어지고 부드러운 고무총, 우레탄 칼, 펀치백, 장난간 군인 등

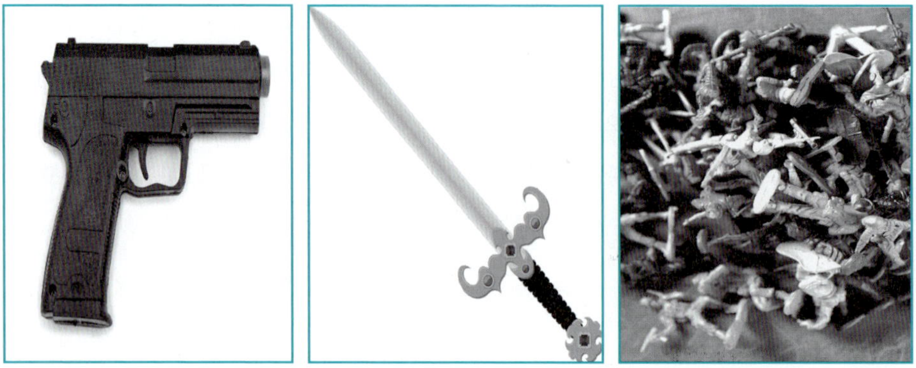

그림 8-2 감정 표현에 효과적인 놀잇감

나. 일상과 관련된 놀잇감(가족과 양육, 실생활, 지역사회)

아동이 가족 안에서 느낄 수 있는 감정(분노, 두려움, 형제 간의 갈등, 불안, 가족과의 갈등 등)을 표현하는 데 도움이 된다. 아동이 자신의 생각과 감정을 표현하도록 자극한다. 아이들은 감정을 드러낼 때 직접적인 대상을 표현하는 것을 스스로 위협적으로 느낄 수 있는데, 가족 인형을 통해 이야기를 꾸미는 표현은 은유로 안전하게 감정을 표현할 수 있다. 그리고 실생활 놀잇감은 상담자와 놀이실을 탐색하는 데 도움을 주고 아동이 지각하는 현실을 표현하는 데 도움이 된다.

☞ 놀잇감의 예: 물, 그릇, 우윳병, 아기인형, 인형집, 인형기구, 부모·형·동생·아기를 포함한 가족 인형, 식기류를 포함한 부엌 세트, 퍼펫, 병원놀이 세트, 마스크, 다양한 종류의 인형과 옷, 동물가족 인형 등

그림 8-3 일상적 경험을 표상하는 데 효과적인 놀잇감

다. 은유와 상징적인 표현이 가능한 놀잇감

건설과 파괴, 창조, 정화를 표현할 수 있는 놀잇감으로 아동의 다양한 감정을 아동의 상태에 따라 표현할 수 있다. 특히 위축된 아동의 경우에는 감정을 표현하고 발산하는 데 어려움을 느끼기 때문에, 구체적인 구조물로 나타나지 않는 놀잇감은 성공감을 더 강하게 느낄 수 있다. 그리고 아동은 파괴와 건설을 반복적으로 수행하면서 자아를 은유적으로 표현하고 내적인 힘을 기르는 데 도움이 된다. 또한 아동과 상담자가 함께하는 게임은 관계 형성과 자아강도, 사회적 기술을 증진시키는 데 도움이 된다.

☞ 놀잇감의 예: 다양한 동물인형, 건축물, 다양한 사람, 전설 또는 동화의 주인공, 실생활 도구 모형 등

그림 8-4 은유와 상징을 갖는 놀잇감

라. 창의적인 표현이 가능한 놀잇감

놀이를 통해 새로운 방법과 문제해결을 통해 자신이 느낀 다양한 문제나 어려움에 대해 새롭게 사고하고 해결하도록 돕는다. 그리고 새로운 활동에 도전함으로써 현실세계에 적응할 수 있는 기반을 마련한다. 이런 종류의 놀잇감은 정형화된 방법이 제시되기보다는 언제든지 자신의 발달수준이나 의사에 따라 변화 가능하기 때문에 아동의 자존감이나 성취감을 고양시킬 수 있다.

☞ 놀잇감의 예: 블록, 고리 던지기, 콩 주머니, 카드, 찰흙, 모래, 종이, 크레파스, 물감, 물 등

그림 8-5 창의적 표현을 유발하는 놀잇감

마. 게임이나 발달을 촉진시키는 놀잇감

게임은 일정한 규칙이 제시되고 아동은 이를 실시하면서 규칙을 이해하고 규칙에 따라 자기를 통제하며, 욕구를 조절할 수 있는 기회를 갖는다. 특히 게임은 두 사람 이상이 같이 할 수 있어서 친사회적인 행동을 습득할 수 있다. 게임의 종류에 따라 불안, 충동성, 두려움, 인지적인 전략 세우기, 소근육 발달을 도모할 수 있다. 따라서 놀이실에 다양한 종류의 게임을 배치하여 아동의 욕구에 적절한 게임을 선택하고, 이를 통해 성장을 촉진시킬 수 있도록 돕는 것이 필요하다.

☞ 놀잇감의 예: 소근육 발달 게임, 전략게임, 보드게임, 낚시하기, 주사위게임 등

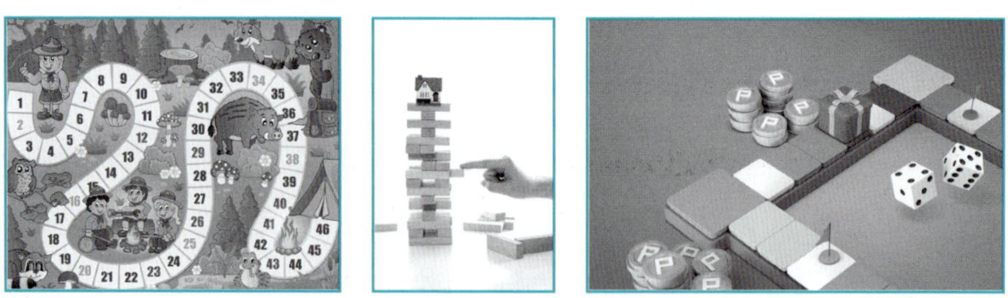

그림 8-6 규칙과 사회적 기술 습득에 효과적인 놀잇감

다양한 놀잇감은 아동과 상담자와의 치료적 동맹을 증진시키고 아동이 안전하게 감정을 표현할 수 있게 하는데, 이를 뒷받침하기 위해서는 아동과 함께 놀이하고, 기다리고, 공감하고, 수용하며, 함께 감정이 머

무르는 상담자의 태도가 중요하다. 그리고 아동이 놀이한 놀이실은 상담이 끝난 후 잘 정리하여 놀이실을 일관성 있게 유지해야 아동이 놀이실을 안전하게 느낄 수 있다.

③ 놀이치료자의 역할

놀이치료에서 놀잇감이 중요하지만, 더 중요한 것은 놀이실 안에 있는 아동을 대하는 상담자이다. 상담자의 인격적 성숙에 따라 상담과정은 영향을 받는다. 성숙한 상담자로서 자질을 향상시키기 위한 노력의 시발점은 상담자 자신의 인격을 성숙시키고 성장하는 것이다. 이러한 노력을 통해 성숙한 상담자로 거듭나게 된다.

액슬린은 비지시적 놀이치료의 여덟 가지 원칙을 통해 놀이상담자가 아동을 대하는 데 필요한 자세와 태도에 대해 언급하였다(Axline, 1969). 이 원칙은 인간중심이론을 바탕으로 하였고, 놀이치료를 하는 데 기본적인 상담자의 태도로 활용되고 있다.

액슬린(1969)의 비지시적 놀이치료의 원칙은 다음과 같다.

가. 아동과 친밀한 관계를 형성해야 한다.

친밀한 분위기는 미소나 따뜻한 말로 표현됨과 동시에 아동의 행동을 반영해야 한다. 친밀한 관계는 라포를 형성하여 상담을 지속시키고 관계를 발전시키는 중요한 요소이다. 그러나 친밀한 관계 형성을 위해 놀이 중에 이루어지는 칭찬은 아동의 행동이나 놀이를 제한할 수 있기 때문에 적절한 태도가 아니며, 오히려 격려와 지지가 필요하다.

나. 아동을 있는 그대로 수용해야 한다.

아동을 수용하는 것은 상담자의 언어적·비언어적 태도에서 나타나는데, 아동의 행동에 대해 어떠한 비평이나 비난을 직간접적으로 하지 않는 것을 의미한다. 아동에 대한 수용은 비언어적 표현을 포함한 것으로 행동, 표정, 목소리 톤의 변화, 몸짓 등을 의미한다. 상담자의 수용은 관계 형성과 상담의 깊이에 영향을 주게 된다.

다. 아동이 감정을 완전히 표현할 수 있는 허용적인 관계를 형성한다.

아동과의 관계에서 허용적인 관계를 형성하여 자신의 감정을 자유롭게 표현하도록 한다. 상담자가 아동 스스로의 결정에 따르는 것을 보여 주는 것은 상담 초기 상담자를 시험하는 기간에 중요한 태도이다. 허용적 태도는 일관성을 요구하는데, 아동이 상담에 주저하거나 부정적인 태도를 보이는 행동까지 상담자가 허용하는 것을 의미한다. 상담과정을 위해 상담자가 임의대로 행동이나 대화를 유도하거나 탐색하는 질문, 놀잇감을 권유하는 태도는 허용하는 태도와 배치된다. 이러한 행동은 상담자의 의도성이 강하여 아동의 선택에 영향을 미치는 행위이다. 허용감 조성은 아동이 치료실에서 탐색, 조사, 적응 기간을 스스로 조절하는 데 의미가 있다. 그리고 아동이 상담자에 대해 신뢰감과 안전감을 느끼게 될 때 감정이 자연스럽게 표출되고 관계가 형성된다. 이를 위해 치료실 분위기는 중립적이어야 하고, 아동이 수치심, 죄책감을 느끼지 않도록 해야 한다. 이 과정을 통해 아동은 자기 행위에 대한 통찰력을 갖고 자신을 좀 더 잘 이해하고, 자신의 문제를 더 잘 알고 스스로 해결하는 데 자신감을 갖게 된다.

라. 아동의 감정을 민감하게 인지하고 행동을 통찰할 수 있도록 감정을 반영시켜 준다.

아동의 놀이를 통해 아동의 감정을 민감하게 인지하며, 아동이 자신의 행동을 인식할 수 있도록 감정을 반영시켜 주어야 한다. 아동의 놀이는 감정이나 자신의 상태를 상징적·은유적으로 나타내기 때문에 적절한 시기에 해석이 요구된다. 해석에는 상담자의 신중한 태도가 필요하고, 아동의 놀이에 대한 해석은 최소한으로 줄이고 해석이 필요한 경우 분명한 놀이활동에 근거하여 해석한다.

마. 아동이 자기 문제를 스스로 해결할 수 있는 능력이 있음을 인식하고 이를 존중한다.

놀이를 선택하고 변화를 가져오는 것은 아동의 책임이다. 진정한 아동중심 놀이치료는 아동의 통찰력에 의해 아동 내부에서 행동 변화가 일어나며, 변화에 대한 책임은 아동에게 있음을 강조한다. 이것은 아동이 스스로 놀이를 선택하고 놀이를 하고 스스로 결정하여 변화 발전을 도모할 수 있음을 믿고 지지한다는 의미이다. 아동은 놀이의 기회를 갖고 놀이내용을 스스로 선택하며 놀이하고자 하는 욕구에 따라 놀이를 진행함으로써 자기 변화에 자발성과 주도성을 가지게 되고 변화를 꾀할 수 있다. 아동이 스스로의 선택에 책임을 지면서 유아기적 의존 상태에서 벗어나고 두려움과 긴장, 양가감정을 극복할 수 있다.

바. 아동이 자기변화의 길을 인도하고 상담자는 따른다.

아동이 치료과정에서 주도성을 발휘하고 상담자는 따라가는 태도를 일관되게 나타낸다. 아동은 치료기간에 자신이 판단한 대로 행동하고 놀이하면서 시간을 사용한다. 상담자는 놀이에 대한 제안이나 개입을 최소화하고 아동이 흥미 있어 하는 놀잇감이 있어도 재배치하는 것은 피한다. 상담자는 아동에게 스스로 자신의 놀이를 찾고 발견하고, 원하는 환경을 구성할 수 있는 기회를 제공하고 치료시간에 나눈 감정, 의견, 지도에 대하여 비밀을 유지한다.

사. 상담자는 상담이 점진적인 과정임을 인식하고 재촉하지 않는다.

상담자는 치료가 점진적인 과정임을 인식하고 놀이시간을 아동 자신의 시간으로 온전히 제공해야 한다. 아동이 상담자 앞에서 자신의 감정을 표현할 준비가 되어있어야 표현할 수 있기 때문에 아동의 내면을 이해하고 아동의 변화를 기다려 주는 상담자의 태도가 필요하다.

아. 치료를 현실세계와 연결시키고, 현실적 관계에서 자신의 책임을 의식하는 데 필요한 경우에 한하여 제한을 둔다.

놀이치료는 현실 적응을 바탕으로 이루어지기 때문에 치료를 실제세계와 연결시키고, 아동으로 하여금 그 관계에서 책임을 깨닫도록 한다. 이를 위해 필요한 경우에 한하여 제한을 한다. 제한설정은 치료실 안과 밖은 물리적으로 분리되었으나, 놀이를 통하여 현실세계를 인정하는 연결통로가 된다. 아동이 치료실에서 행한 제한을 깨뜨리는 행위를 제한설정 과정을 통해 조절한다. 아동이 느낄 수 있는 죄책감을 보호하여야 하는데, 이를 위해서는 최소한의 통제가 필요하고 통제내용과 통제과정은 상호존중에서 나오는 것이어야 한다.

④ 한계와 제한설정

치료실에는 공간적인 한계, 행동적인 한계, 상담자와 아동과의 관계에도 현실적인 한계가 존재한다. 이렇게 치료는 한계를 전제로 출발하며 이것은 현실생활의 한계를 반영한다. 즉, 한계 안에서 안전하고 안정적인 환경을 마련해주며 환경은 현실적인 경계 안에서 자유를 제공하게 된다. 그리고 한계는 치료 자체이며 치료를 현실적이게 한다(Kottman, Schaefer, 1993). 한계는 치료를 실제적인 현실로 경험하는데, 지노트는 한계에 대한 이론적 근거를 다음과 같이 제시하고 있다(Ginott, 1959).

- 공격성을 상징적인 곳에서 발산하여 카타르시스를 제공한다.

- 신체적 안전을 보장한다.
- 아동의 자아통제력을 강화시킨다.
- 상담자에게 수용적이고 공감적이며 보살펴 주는 태도를 유지할 수 있게 한다.
- 경제적·법적·윤리적 사회규범을 유지하게 한다.

치료실에서 제시되는 제한내용은 최소한으로 정하고 필요한 때만 제시한다. 거니는 제한을 "벽돌로 만든 벽처럼 예측 가능하고 일관적이다"라고 하면서 일관성을 강조했다(Guerney, 1983).

제한내용을 분류하면 다음과 같다.

- 치료실의 물리적 환경: 놀잇감을 고의로 파괴하는 것, 놀잇감을 두고 가기, 창가에 올라가지 않기, 창밖으로 물건 던지지 않기 등
- 치료 구조화: 놀이 시간 지키기, 친구 데리고 오지 않기 등
- 내담 아동의 안전: 높은 곳에서 뛰어내리는 것, 신체적인 자해, 옷을 벗는 행위(외투와 스웨터를 벗는 것은 제외), 성적인 행위, 자위행위 등
- 상담자의 안전: 상담자에게 행해지는 직접적인 공격금지 등

합의된 제한을 일관성 있게 지킴으로써 놀이실 환경을 일관되게 유지하는 것이 중요하다. 만약 아동이 제한을 어겼을 경우에는 제한내용을 설명하고 대안을 제시한다. 그 후 아동이 제시된 행동을 스스로 선택하고 결정하도록 해야 한다. 이때 제한을 하는 내용은 위협적이지 않아야 하며, 아동이 행동을 선택할 수 있는 기회를 주어야 한다. 제한설정 과정을 통해 아동은 자신의 행동을 선택하고, 실행하면서 현실감을 익히고, 스스로 문제를 해결할 수 있는 기회를 제공받게 된다. 제한설정의 과정은 다음과 같은 절차를 통해 이루어진다.

가. 아동의 감정이나 욕구를 인정한다(acknowledge).

아동의 행위보다 아동이 행위를 하게 된 동기나 감정, 원하는 바를 인정한다.

예) 네가 정말 화가 났구나!
너는 여기서 나가고 싶구나!
엄마가 너를 두고 가버릴까 걱정되는구나!

나. 제한설정 내용을 알린다(communicate).

제한설정 내용은 구체적이어야 아동이 행동을 조절하는 데 도움이 된다. 아동의 행동이 매우 위험한 경우에는 아동의 행동을 제지해야 한다.

예) 아이가 크레파스로 벽체 그림을 그리려고 할 때 상담자가 “여기는 더럽히면 안 된다”라고 말하기보다 “벽에는 크레파스로 그림을 그릴 수 없단다”라고 반응하게 된다.

다. 아동이 수용 가능한 대안을 제시한다(target).

제한내용을 아동에게 알린 후 자신의 감정을 다른 방식으로 표현할 수 있음을 알린다. 대안행동은 아동이 선택할 수 있도록 언어적·비언어적으로 제시하여 아동의 선택을 촉진한다.

예) 그림은 여기에 있는 종이나 그림판에 그릴 수 있어.
네가 화가 났다면 나를 때릴 수 없고 여기 쿠션을 때릴 수 있어.

라. 아동에게 선택할 수 있는 기회를 준다.

아동이 제시된 대안을 선택하고 그 선택에 대한 결과는 자신의 행동과 관련된 것이고, 제한내용을 지키지 않을 경우에 나타나는 결과를 아동에게 제시한다. 이 과정은 아동 자신이 행동을 하게 된 동기를 인식하고, 그 동기에 맞는 적절한 행동양식을 선택하고, 행동하고, 행동에 책임을 지고, 행동양식을 습득하도록 돕는 것이 목적이다.

⑤ 놀이치료의 촉진적 반응

가. 민감한 이해

민감한 이해는 아동의 비언어적·언어적인 메시지를 상담자가 듣고 아동을 이해하고 감정을 공유하는 것이다. 이것은 아동의 주관적인 현설을 이해하는 데 도움이 된다. 상담자가 아동을 자의적으로 평가하거나 판단하기보다 아동의 관점에서 자신이 느끼는 주관적인 느낌과 현상을 이해하는 것이다.

나. 돌봄적 수용

아동을 수용한다는 것은 아동에게 자신을 스스로 책임질 수 있는 능력이 있다는 신념에서 비롯된다. 놀이실에서 나타나는 아동의 행동을 승낙하거나 허락하는 것이 아니라, 비난이나 비평 없이 보상을 바라지 않고 한 인간으로서 수용받는 것을 경험하는 것이다. 돌봄적 수용을 통해 아동은 자신의 감정이나 행위를 자유롭게 표현할 수 있고, 욕구나 감정이 존중받는다고 느낀다. 수용받는 경험은 아동이 자신의 감정이나 욕구를 탐색하고 자신을 수용할 수 있도록 한다.

다. 촉진적 반응

아동은 놀이를 통해 자신을 표현하고 상담자는 아동의 놀이를 언어로 표현하면서 아동과 의사소통한다. 따라서 촉진적 반응은 의사소통에서 매우 중요한 과정이고, 아동의 행동을 거울처럼 비추어주어 스스로 문제를 해결하는 과정을 촉진할 수 있다. 촉진적 반응에는 공감적 진술하기, 추적반응, 명료화가 있다.

- 추적반응은 아동이 상담자와 함께 하고 있다고 느끼는 것으로, 아동이 현재 자신이 무엇을 하는지 알려주고 아동에 대한 관심을 전달하는 것이다. 그러나 아동의 행동 하나하나에 모두 반응

하게 되면 아동은 부담감을 느끼게 된다. 따라서 상담자는 아동의 감정 상태에 적절한 목소리 크기와 톤을 유지하여 아동과 감정수준을 맞추는 태도가 필요하다.

> 예) 아이가 모래상자에 구슬을 뿌려 숨기고 이를 하나씩 찾는 놀이를 한다면 상담자는 "모래상자 속에서 구슬을 찾고 있네"라고 하면서 아동이 현재 무엇을 하는지 반영할 수 있다.

- 공감적 진술은 아동의 마음을 이해하고 공유하는 것으로, 아동의 행위에만 초점을 두는 것이 아니라 감정에 초점을 두고 아동을 깊이 이해하는 것이다. 공감은 아동의 놀이현실에 상담자가 아동과 함께 머무르는 것으로, 정서적·인지적으로 아동과 같은 입장을 경험하는 것이다. 그리고 이것을 언어로 진술할 때 아동은 상담자와 감정적 의사소통을 할 수 있다.

> 예) 자동차를 들고 "이걸로 뭐해요?"라고 묻는 아이가 있었다. 이 아이는 놀이실의 놀잇감을 선택하면서 허락을 구하는 표현을 놀잇감의 이름을 묻는 것으로 대체하였다. 아이의 질문에 대한 의미를 알아챈 상담자는 "자동차 놀이를 하고 싶구나! 여기서는 네가 원하는 놀이를 할 수 있지. 그건 네가 결정할 수 있어"라고 말함으로써 아이가 안전하게 장난감 이름을 물으면서 허락을 구하는 태도를 공감해주고 아이에게 놀잇감 선택권이 있음을 이야기해 주었다. 이후에 아이의 행동은 유사하게 진행되었으나 빈도가 점점 줄어들면서 놀잇감을 선택하는 것은 자신이라는 것을 인식하여 놀이에서 주도성을 가지기 시작하였다.

- 명료화는 아동이 나타내는 산발적인 행위를 일목요연하게 정리함으로써 자신에 대한 통찰력을 높이고, 변화의 방향과 동기를 아동이 스스로 결정하는 데 도움을 주는 반응이다. 명료화는 상담자가 아동이 하는 행동이나 태도를 반영해주어 상담목표를 일관성 있게 한다.

> 예) 우울한 엄마를 둔 아이가 점토로 음식을 만들고 밥상을 차리다가 "우리 엄마는 재미없대요. 즐겁지 않다고 해요. 그래서 난 엄마가 되기 싫어요"라고 말한다. 이때 상담자는 항상 우울한 엄마를 기쁘게 해주고 싶어서 맛있는 음식으로 밥상을 차리는 아이의 마음을 알고 "그래, 엄마가 즐겁지 않다면 아이들도 즐겁지 않을 수 있겠다. 너는 엄마를 즐겁게 해주려고 이렇게 음식을 만드는구나!"라고 아이의 행위를 명료화하였다. 그 후 아이는 엄마에 대한 긍정적인 감정과 부정적인 감정을 자연스럽게 이야기하게 되면서 자신의 다양한 감정을 수용하게 되었다.

라. 아동에게 책임 돌려주기

아동을 성장키시고 자신을 계발시키고 내적인 성장을 하는 주체는 아동 자신이다. 상담자는 이러한 기회를 놀이실에서 제공하고 적절한 반응을 통해 성장의 길을 잘 찾도록 함께하는 것이다. 그러나 현실생활에서 아동은 욕구를 위한 놀이과정이나 결과에 대한 비난이나 평가 때문에 자신의 욕구나 성장에 몰두하기 어렵다. 때로는 주변 반응에 의해 욕구가 손상되거나 좌절과 무기력을 경험하게 된다. 치료실에서는 아동에게 성장과 선택의 기회를 주고, 스스로 행동을 결정하고 실행하면서 행동에 대한 감정과 결과에 책임을 경험하게 된다. 이러한 과정은 아동이 내적인 동기를 증진시키고 통제감을 느끼고 자기결정력과 책임감을 강화시킨다.

> 예) 위축된 7세 여자아이는 놀이실에 와서 상담자 앞에 와서 앉고 놀이를 할 수 있다는 말이 있어야 놀이실을 탐색하였다. 그리고 만지고 싶은 물건을 만지면서 "이건 뭐에요?"라고 웃으면서 상담자를 쳐다본다. 이에 대해 상담자가 "그건 네가 원하면 가지고 놀 수도 있고 만져 볼 수 있어"라고 말을 하면 아이는 놀잇감을 만져보고 굴려보기 시작한다. 아이 질문의 의도는 놀잇감 이름이 궁금한 것이 아니라 허락을 구하는 것이었고, 상담자는 아이의 욕구에 맞추어 반응하였다. 아이는 회기를 더하면서 묻는 횟수가 적어졌다. 그러던 어느 날 아이가 모래상자에 물을 붓기를 원하면서 상담자에게 물을 부어도 되느냐고 물었다. "물을 얼마만큼 붓는지는 네가 정할

수 있고, 물이 필요하다면 선생님이 떠다 줄 수 있어(싱크대 없는 치료실)"라고 하자 아이는 물을 요구했고 스스로 필요한 물의 양을 정하였다. 아동은 스스로 놀이를 결정하고 놀이하는 횟수가 많아지자 허락을 구하는 행동보다는 놀이에 대한 상호작용이 많아지고, 자신의 놀이에 깊이 몰두하게 되었다.

⑥ 놀이치료 과정

놀이치료 과정은 초기 접수면접을 시작으로 사정 단계, 초기, 중기, 말기, 종료, 추후 회기로 구성되어 있다.

가. 사정 단계

사정 단계는 상담 시작을 알리는 첫 전화나 방문부터이며, 사정 단계를 거쳐 아동의 문제를 정리하고 놀이치료 목표와 치료계획을 세울 수 있다.

대부분 전화를 통해 놀이치료를 문의하고 아동의 주호소 문제에 대한 정보를 나눈 뒤 첫 상담날짜를 결정한다. 첫 방문 시 아동과 부모가 함께 내원하고 아동은 놀이평가나 치료실에 온 목적과 자신의 문제에 대한 견해를 표출할 시간을 갖고, 부모는 주호소 문제를 포함한 아동과 가족에 대한 정보를 면접지와 면담을 통해 상담자에게 제공한다. 필요에 따라 심리평가가 이루어지고 평가 결과와 함께 아동의 주호소 문제에 대한 객관적인 평가가 이루어지고 상담계획이 세워진다.

사정 단계는 상담이 시작되는 첫 걸음으로 부모나 아동이 함께 상담목표, 계획을 수립하고 놀이치료를 실시하는 데 필요한 구조화가 이루어진다. 치료 구조화에서는 상담시간과 아동 놀이치료와 부모상담의 절차, 상담료, 놀이치료 실시와 취소에 따른 기관의 방침 등을 합의한다.

나. 초기

상담 초기에는 관계 형성이 제일 중요하고 상담자와 아동 간의 치료적 동맹을 형성한다. 상담 관계는 놀이치료 전 기간에 걸쳐 영향을 미치며 치료 성과에도 영향을 미친다. 초기에는 허니문 시기로 상담자는 아동에 대해 수용적인 태도를 보이며 내담자가 보이는 감정을 반영해주고 놀이치료 동기를 부여해주는 시기이다. 경우에 따라서는 제한설정이 이루어지는 시기이다.

다. 중기

초기에 이루어진 상담 관계를 기반으로 신뢰감이 형성되어 중기에는 아동이 자아존중감을 형성하고, 긍정적인 관계를 재경험하여 교정적인 체험을 하는 시기이다. 이 시기에는 전이가 일어나면서 긍정적·부정적인 전이가 모두 나타난다. 전이는 상담자를 아동이 지닌 문제에 따른 중요한 대상으로 느끼면서 대상에게 가진 긍정적이거나 부정적인 감정을 표현하게 된다. 중기에 아동의 전이를 통한 재경험으로 통합되어야 할 과거의 문제가 해결되고, 새로운 행동이 형성되고 문제해결 방법을 습득하게 된다. 중기는 아동의 주호소 문제를 해결하려는 시도가 이루어지고, 놀이치료실에서 나타난 변화가 생활에서 일반화되는 시기이다.

중기에 상담자는 아동에게 역전이 감정을 느끼게 되는데, 역전이 감정을 상담자가 인식하고 스스로 다룰 수 있는 능력이 필요하다. 그리고 상담자의 역전이를 잘 다루기 위해 슈퍼비전을 받거나 교육분석을 받는 것이 필수적이다.

라. 말기

말기는 아동이 자신의 문제를 수용하고 자존감이 형성되면서 생활에서 부딪치는 문제에 적극적으로 대처하고 해결하는 양상을 보이는 시기이다. 또한 말기는 현실적인 대처능력이 증가되고 아동의 미해결된 문제가 해결되면서 점차 종료를 준비하는 시기이다.

마. 종료

종료는 아동의 주호소 문제가 해결되고 치료목표가 성취되면서 시작된다. 아동과 미리 사전에 계획하여야 하고 합의과정을 통해 종료를 준비한다. 종료는 아동이 치료성과를 공고히 하는 중요한 과정이다. 통상 종료는 4회 정도 시간을 두고 준비하며 종료를 준비하는 동안 새롭게 대두되는 문제가 있는지 관찰한다. 치료가 끝난 후 가정에서 부모가 지녀야 할 양육태도를 알리고 과정을 잘 마무리할 수 있도록 준비해야 한다.

추후상담에서 아동이 놀이치료가 끝난 후에 현실에서 생활을 하면서 경험하는 어려움이나 일반화 과정이 잘 되고 있는지에 대한 여부를 확인한다. 그리고 상담자가 상담이 끝난 후에 새롭게 대두되는 문제를 부모나 아동과 논의할 수 있고 일상에서 실행하는 데 지지자원이 될 수 있다.

(4) 놀이치료의 다양한 접근

놀이치료는 다양한 심리학적인 이론을 바탕으로 인간중심 놀이치료, 정신분석적 놀이치료, 게슈탈트 놀이치료, 분석심리학적 놀이치료, 아들러학파 놀이치료, 인지행동 놀이치료, 생태학적 놀이치료 등이 있다. 위에 열거한 놀이치료는 심리학적인 이론을 배경으로 놀이라는 매체를 통해 유아, 아동을 중심으로 이루어진다. 각 이론적 배경에 따른 놀이치료의 특징을 살펴보면 다음과 같다.

① 정신분석적 놀이치료

가. 이론적 배경

프로이트가 한스를 아버지를 통해 치료하면서 아동을 대상으로 한 놀이치료가 시작되었다. 프로이트의 정신분석이론이 적용된 최초의 아동 사례로 이후 아동을 대상으로 한 심리치료의 시초가 되었다. 아동은 생애 초기 만 5세 경이면 성격이 완전히 구조화된다고 하였다.

성격은 원초아, 자아, 초자아 간의 역동적인 관계를 통해 형성된다. 성격 형성에 중요 요소인 리비도는 유아의 신체 부분에 고착되면서 발달 단계에 따른 성격 형성이 이루어지고, 그 단계에서 해결되지 않은 욕구는 무의식의 내용이 된다. 그리고 무의식은 아동이 현실을 살아가는 데 무의식적인 동기를 만들고 행동의 동기가 된다. 아동이 본능적 추동이나 무의식적인 욕구가 표출되지 않도록 억압을 하는데, 억압하는 다양한 방식을 방어기제라고 한다. 자아 방어기제는 본능적인 욕구를 억압하는 방안으로 개인마다 다양하게 발달시키고 개인의 독특한 성격을 형성하게 된다. 이 과정이 생애 초기에 이루어지는 개인의 성격 발달 과정이다.

따라서 정신분석적 놀이치료는 성격이 형성되는 아동기 초기에 형성된 억압된 무의식적 갈등과 불안을 놀이를 통해 의식화시킨다. 그 결과 원초아와 초자아의 추동을 자아가 현실적으로 조절하는 기능이 강화되고, 자아기능이 활성화되고, 그로 인해 개인의 문제해결기능이 원활하여 의식적 기능인 자아의 힘을 강화시킨다.

정신분석적 놀이치료는 안나 프로이트와 멜라니 클라인에 의해 놀이의 유용성이 도입되면서 더욱 발전하게 되었다. 이들은 아동심리치료에 놀이가 가치 있다고 여겨 도입했다. 과거를 다루고 자아를 강화하며 자신을 가장 자유롭게 표현할 수 있는 매체가 놀이임은 공통적이다. 그러나 이들은 아동의 놀이에 대한 관점에 차이를 보이고 치료에 놀이를 달리 적용하였다.

안나 프로이트는 치료 관계를 잘 맺고 의사소통을 원활하게 하기 위해 놀이를 사용하였다. 안나 프로이트는 자유연상은 인지적인 과정이기 때문에 어린 아동에게는 일어나기 어렵고, 놀이가 항상 갈등을 상징하는 것은 아니기 때문에 놀이에 대해서 정서적 갈등이나 부적응과 관련해서 해석하는 것은 옳지 않다고 생각했다.

반면 클라인은 놀이의 역할에 큰 비중을 두고 적절한 환경이 주어진 상황에서 아동의 언어소통과 자유로운 놀이는 성인의 자유연상과 유사한 기능을 한다고 하였다. 그리고 아동의 놀이는 갈등을 상징적으로 표현한 것이기 때문에 즉각적이고 상징적으로 해석해야 한다고 생각했다. 따라서 아동을 상담할 때의 목표도 성인을 상담할 때와 같이 무의식을 의식으로 끌어내는 것이며, 성인을 분석할 때 사용하는 기법이 아동을 해석할 때에도 동일하게 이루어져야 하고, 긍정적인 전이나 부정적인 전이 모두에 관심을 두어야 한다고 주장했다(이재훈, 1999).

정신분석적 놀이치료는 이후 대상 관계와 자아심리학의 영향으로 정신역동적 놀이치료로 거듭났다. 대상 관계이론은 만 3세 이전의 아이의 성장과 발달을 이해하는 데 일조를 했고, 이 시기 아동의 분리개별화 과정은 성인기 정신병리가 어떻게 나타나는지에 대해 규명하였다.

정신역동적 놀이치료는 아동이 어린 시기에 형성되어 온 왜곡된 대상 관계를 교정하는 데 초점을 두었다. 아직 성격구조가 완전히 발달하지 않은 만 3세 이전의 유아를 대상으로 대상 관계를 교정해 줄 수 있다.

나. 상담목표와 상담자 역할

정신분석적 놀이치료는 기본 성격구조를 변화시켜 자아, 초자아, 원초아의 기능을 조화롭게 하는 것을 치료목표로 하고 있다(유미숙, 1997).

상담자는 아동의 감정과 갈등에 대한 통찰을 얻고, 아동의 언어화를 촉진시키기 위해 놀이를 사용하였다. 놀이는 아동의 억압된 감정을 의식화하고 감정을 표출하고, 정화과정을 통해 갈등을 해결하고 치료목표를 향해 가는 수단이다. 따라서 놀잇감은 발달적·인지적·정서적으로 적절한 것이어야 하고, 아동이 놀이실에서 놀잇감을 통해 창조적·상징적·은유적으로 표현 가능해야 한다.

상담자는 이 과정에서 참여관찰자(Esman, 1983)로 놀이를 통해 치료동맹을 맺고 놀이를 해석한다. 아동은 놀이를 통해 감정과 갈등을 해결하고 현실에서 적응적인 행동을 할 수 있게 된다. 아동은 놀이치료 과정에서 전이감정을 느끼고, 전이를 상담자가 해석해 줌으로써 자신의 갈등을 수용할 수 있다. 전이는 아동으로 하여금 놀이, 환상, 언어적·비언어적 의사소통, 상담자와의 상호작용을 통하여 자신의 갈등과 증상을 나타나게 하는 직접적인 힘을 제공한다(Ritvo, 1978). 전이를 통한 감정정화는 상담자가 해석한 범위 내에서 유용하다. 상담자는 아동의 놀이 속에 표현되는 갈등과 방어에 대한 해석을 하는 시기와 상황을 신중하게 선택해야 한다.

아이가 방어적으로 저항할 때 너무 많은 해석에 직면시키면 불안하고, 거북해하며, 이해하지 못하고, 환상놀이를 하면서 의사소통을 중단해 버릴 수 있다(O'Connor, Braverman, 1997).

아동이 상담자에 대해 전이가 일어난다면 상담자는 역전이를 느낄 수 있다. 역전이는 치료과정에서 상담자의 중립적인 태도를 유지하기 어렵게 하여 치료과정에 방해가 될 수 있다. 역전이는 상담자의 미해결된 갈등으로 교육 분석이나 슈퍼비전을 통해 해결해야 하며, 역전이를 적절히 활용하면 치료과정에 긍정적인 역할을 할 수 있다.

다. 놀이치료 과정

정신분석적 놀이치료는 사정평가 단계, 치료 단계, 종결 단계로 구분한다(O'Connor, 1991). 사정평가 단계는 정신분석 놀이치료를 시작하기 전에 아동에 대한 치료목표를 세우는 단계로서 치료과정에 꼭 필요한 단계이다. 아동의 사정평가에서는 세 가지 성격구조인 욕동, 자아, 초자아의 발달과 현재 수준을 파악하고 서로 간에 이루어지는 역동을 살펴보게 된다.

정신분석적 놀이치료에서 이루어지는 평가에는 욕동평가, 자아평가, 초자아평가가 있다. 욕동평가는 심리성적인 발달 단계와 현재 수준, 대상 관계의 질과 양, 공격과 분노의 정도를 파악한다. 자아평가는 방어기능, 대상 관계의 질, 현실 적응능력, 사고과정의 추이, 욕동조절과 통제, 자율적인 기능, 종합적인 기능 등 자아의 기능을 평가하게 된다. 초자아평가는 권위에 대한 죄의식 및 두려움의 성질과 강도를 평가하게 된다. 평가가 이루어진 후에는 치료목표와 계획을 세우게 되고 치료가 시작된다.

치료의 도입 단계 동안 내담 아동과 상담자 간에 치료적 동맹이 이루어진다. 초기에는 아동이 내적인 어려움으로부터 안식을 얻고자 하는 의식적·무의식적인 아동의 소망, 자신에게 관심 있는 상담자의 지지와 도움을 얻고자 하는 욕구 혹은 내담 아동의 문제에 대해 새로운 해석을 제공해주는 대상을 기쁘게 하려는 욕구 등이 나타난다. 아동은 어떤 식으로든 자신의 내적 갈등을 알아야 하며, 상담자는 아동이 그것을 언어화하고 해결하도록 도와야 한다. 이 과정이 상담 전 기간에 걸쳐 나타나고 상담자와 함께 해결할 과제이다. 내담 아동과 작업을 하면서 전이반응이나 부정적인 반응, 역전이가 나타나면 치료동맹에 위기를 가져올 수 있다.

훈습은 특정 갈등이나 갈등의 부분적인 해결 등이 생활에서 타당한 방법으로 정교화되고 확장되고 실행되는 과정이다. 아동이 치료 기간에 내재화한 문제 해결 방식을 생활에서 일반화하면서 새로운 형태의 행동패턴과 문제해결능력을 갖춘다. 이것이 자아가 적응적이고 유능하게 기능하는 상태를 의미한다.

정신분석적 놀이치료에서 종결은 아동을 정상발달 경로로 복귀시킨다는 분석적 목표를 성취하거나 훈습과정에 진전이 있을 때, 생활에서 발달적으로 적절한 적응을 할 때이고 종결이 가능한 시기이다. 생활에서 기능이 정상화된다는 것은 상담 초기 주호소 문제 해결, 자아가 잘 해결할 수 있는 힘이 있고 실제 실천 가능하다는 것을 의미한다.

② 인지행동 놀이치료

가. 이론적 배경

인지행동 놀이치료는 인지치료, 인지행동-정서치료를 아동에게 적용시킨 치료형태이다. 전통적인 놀이치료에 비해 구조적이고 개인의 사고와 인식의 변화가 행동을 변화시킬 수 있다는 관점이다. 인지행동 놀이치료는 아동이 치료에 참여하는 것을 강조하고, 아동이 지닌 부적응적인 신념을 검증하고 수정하도록 돕는다. 그리하여 긍정적인 자기진술이나 합리적인 신념을 갖도록 한다. 최근 놀이치료 경향은 단기 개입, 예방을 목적으로 치료교육을 하는 경향이 증가하고, 아동이 지닌 문제에 대해 처방적 접근을 고려하는 추세이다. 그렇기 때문에 이 치료법은 이혼, 성학대와 같은 생활 사건들, 외상 경험, 선택적 함묵증, 유분증, 공포증을 가진 아동에게 유용하게 사용되었다. 인지행동적 놀이치료의 특징을 살펴보면 다음과 같다.

- 놀이를 사용하여 아동을 적극적으로 참여시킨다. 놀이는 기술을 가르치고 대안적인 행동을 배우는 데 사용된다.
- 치료의 초점은 아동의 사고, 감정, 환경에 맞춘다.
- 적절한 사고와 행동을 발달시키기 위한 전략이나 해결책을 제시하여 긍정적이고 효과적인 대처기술을 습득한다.
- 구조적이고, 직접적이고, 목표 지향적이며, 적극적인 치료방법이다.
- 인지행동 놀이치료를 통하여 치료에 대한 실질적인 검토가 가능하다.
- 아동에게 새로운 기술을 가르친다는 점에서 부분적으로 교육적인 역할을 한다.

- 아동이 새로운 기술과 행동을 습득하도록 하기 위해 칭찬과 해석을 사용한다.
- 인지행동적 놀이치료에서는 경험적으로 입증된 기법을 통합하여 사용한다.

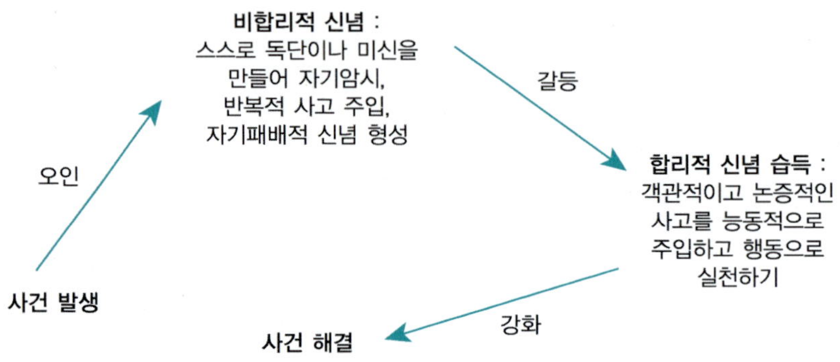

그림 8-7 비합리적인 신념의 형성과 치료의 구조

표 8-2 비합리적 신념의 정서적 · 행동적 결과

비합리적인 신념	정서적 결과	행동적 결과
나는 우월해야 돼! 내가 원하는 것은 얻어야 하고 다른 사람에게 이겨야 해. 인정과 사랑을 받을 수 있어!	질투 시기심 분노	고집스러움, 불복종, 비협조적인 행동과 태도, 지나친 자기주장, 타협이나 협의가 안 됨, 힘겨루기가 빈번함.
나는 실수를 하면 안 돼. 항상 잘해야 돼! 내가 실수나 실패를 하면 인정받기 어렵고 가치 없는 사람이 될 거야.	열등감 불안 공포	과제 회피하기, 의존하기, 위축
나는 항상 주목받아야 해! 나는 항상 사랑받고 주목받아야 해. 그렇지 못한 것은 가치가 없는 것이고 인정을 못 받는 거야. 그리고 그건 아주 끔찍하고 창피한 일이야.	불안 열등감 우울감	긍정적 또는 부정적인 관심 끌기 행동, 튀는 행동

*출처: 현대아동상담(2004). 김순혜. 서울: 학지사.

나. 상담목표와 상담자 역할

인지행동적 치료목표는 구체적이다. 놀이치료 회기는 아동에게 정서적인 원인이 되는 왜곡된 인지에 대해 경험하고 현실을 검증하는 기회를 준다. 그렇기 때문에 아동이 자신의 비합리적인 신념이나 왜곡된 생각, 객관적 현실과 주관적인 경험에 의한 왜곡된 사실을 구별하고 논증할 수 있는 구체적인 활동으로 구성된다. 상담자는 아동이 지닌 주호소 문제를 해결할 수 있는 구체적인 인지적·행동적 프로그램을 적절하게 활용한다.

다른 놀이치료 이론과의 공통점은 상담자와 아동 간의 치료동맹 형성이 중요한 과제이고, 놀이를 통해 아동을 진단 및 평가하고 상담목표나 계획을 수립한다는 점이다. 다른 놀이치료와의 차이점은 지시적이고 놀잇감이나 활동을 상담자가 선택하고, 칭찬이나 강화를 사용하고 특정 기술을 가르친다는 점이다.

다. 놀이치료 과정

인지행동적 놀이치료에서는 치료가 시작되기 전에 평가를 통해 상담목표와 계획을 수립하게 된다. 평가는 아동의 발달력, 그중에서도 언어발달에 대한 자세한 정보와 아동의 왜곡된 사고와 상호작용 패턴에 대한 정보가 필요하다. 예를 들면, 아이가 말하는 상황과 침묵하는 상황에 대한 정확한 정보나 비언어적인 행동에 대한 정보를 의미한다. 왜냐하면 인지행동 놀이치료는 구체적인 활동이 주어지고 그 활동을 상호작용하면서 인지적 오류를 수정하게 되기 때문이다.

평가과정이 끝나면 일반화 과정이 주어지는데 일반화 과정에서는 세부적인 기술훈련이 제시된다. 가능한 아동이 실제 상황에서 직접 경험하도록 촉진시킬 수 있다. 치료에 의미 있는 대상이 참여하여 아이의 적응적 행동을 강화해 줄 수 있고, 상황에 따라 자기통제를 촉진시킬 수 있는 절차를 사용한다. 그리고 습득된 기술이 자동적으로 실전에서 활용될 때까지 지속적으로 습득한 것을 활용하도록 한다. 아동이 기술을 습득하였어도 생활 속에서 재발되는 경우가 있을 수 있다. 상담과정에서 재발을 염두해 두고 실제 상황에 대비하는 준비가 필요하다. 아동이 주호소 문제가 해결되거나 필요한 기술이 습득되고 활용되면 상담이 종결된다. 그리고 전 치료과정에서 부모의 참여는 생활에 적용 가능성을 증가시켜 더 효과적일 수 있다.

③ 발달놀이치료

가. 이론적 배경

발달놀이치료(developmental based interactive play therapy)는 발달장애, 발달적인 적응 문제를 가진 아동을 위한 놀이치료이고, 발달 문제를 가진 아동의 적응행동에 초점을 맞추어 개입이 이루어진다. 발달 문제를 지닌 아동의 경우 행동 문제나 정서 문제를 다루는 데 구조화된 놀이치료가 효과적임을 발견하고, 브로디는 발달놀이치료 기법을 적용하였다(Brody, 1970).

발달장애아는 발달과정에 지연, 지체 등 많은 부분에 어려움이 있으나, 개개인의 차이점과 발달수준에 초점을 맞추어 접근해야 한다. 정서적인 교류를 바탕으로 하여 상호소통을 통해 관계 형성을 할 수 있는 능력을 배양하는 상담이 제시되어야 한다. 그리고 가능한 한 조기에 정확하게 진단하여 적절한 치료환경을 제공한다.

발달놀이치료는 구조화된 놀이치료로 아동과 부모 간의 교류경험을 중시하여 직접적인 신체접촉을 강조하는 구조화된 회기로 진행된다. 접촉은 애착을 증진시키고 접촉을 통해 아동 자신의 신체 인식을 증진시키고, 감각발달을 촉진하며 정서적 친밀함과 즐거움을 경험하게 한다. 아동은 접촉을 통하여 친밀함과 정서적인 안정을 획득하게 되고, 부모는 아이가 지닌 장래를 수용하고 이에 따른 양육방법이나 부적응행동 문제에 대한 대처능력을 향상시킬 수 있다. 또한 아동이 성장하면서 경험하게 될 문제를 미리 예방하거나 부모가 대처방안을 가지고 준비할 수 있다.

치료 개입은 발달에 문제가 있거나 지체된 아동에 대한 관점을 가지는 것이 시작점인데, 그린스펀이 제시한 관점에 의하면 다음과 같다(Greenspan, 1998).

첫째, 아동 개인마다 특성과 발달수준이 다르기 때문에 진단명으로 아동을 이해하기보다 아동의 개별적인 발달상의 어려움과 장점과 능력에 초점을 맞추어야 한다.

둘째, 아동의 발달은 통합적으로 이해하는데, 인지발달, 정서적 통합능력, 감각전달 기능, 언어발달 등은 서로 연결된 하나의 통합된 준거로서 이해될 수 있다. 정서가 모든 발달의 기초로 작용하는 것처럼 모든 발달영역은 상호연관되어 있으며 서로 영향을 준다.

셋째, 아동의 관계 형성능력이나 가족구성원으로부터의 애정과 협조는 아동의 발달을 촉진시키는 가장 중요한 도구이다. 즉, '어떻게 아동에게 어떤 특정 분야를 학습시킬 것인가?'라는 관점에서 '어떻게 아동과 상호작용을 하고 관계를 형성해서 아동이 친밀감을 느끼면서 다른 사람들과 관계를 적절하게 맺는 능력을 형성하도록 도와줄 수 있을까?'로 발상이 전환될 수 있다.

넷째, 발달장애아의 증상과 문제행동은 아동이 감각 / 정보를 수용하고 조절하고 통합하여 전달하는 능력, 운동기능의 적절한 정도, 정서적 통합능력 등에 이상이 나타났을 때 발생하게 된다. 따라서 발달장애아를 이해하기 위해서는 발달영역에 대한 정확한 평가가 필요하다.

발달장애가 있는 아동의 경우에 치료하기 위한 기본 가정은 다음과 같다(염숙경, 2001).

- 아동이 스스로 대처능력을 갖지 못하고 제대로 기능을 못할수록 직접적인 개입이 더 필요하다. 아동들은 주변의 자극을 받아들이거나 단서를 활용하는 데 어려움이 있어, 실생활에서 대처를 못하게 되고 행동 문제를 발생시킨다. 따라서 발달이나 지체가 심할수록 직접적이고 지시적으로 치료가 이루어져야 한다.
- 발달장애아동의 경우 아동이 환경 안에서 살아가는 데 도움을 주어야 한다. 이들은 적응에 한계가 있기 때문에 지역, 학교, 가

정에서 적절히 상호작용하는 데 도움을 주어야 한다. 그리고 치료는 생활에서 경험하는 어렵거나 문제가 되는 한두 가지 행동을 수정하기 위해 계획된다. 계획된 회기와 목표를 단기간(12회기)으로 구조화하고 회기가 종결되어도 계속 놀이치료가 필요할 경우에는 치료목표와 계획을 재수립하여 실행한다.

- 모방과정은 다른 개입방법보다 가치 있기 때문에 집단치료를 실시한다. 집단의 크기는 네 명을 넘지 말아야 하고 보조상담자가 있어야 한다. 집단치료 과정은 아동의 능력에 한계가 있으나, 자신이 가진 잠재된 능력을 찾아내고 이를 극대화함으로써 발달을 촉진시킬 수 있다. 그리고 자신이 가진 환경에 대해 긍정적인 감정을 갖고 자율감, 자신감을 갖게 되어 환경에 적응하려는 긍정적인 동기를 유발하는 데 적절한 방법이다.

나. 상담목표와 상담자 역할

발달놀이치료 목표는 아동에게 자기를 통제하는 내적 자기를 발달시키기 위한 조건을 마련하는 것이다. 다음은 발달놀이치료 목표이다(염숙경, 2001).

- 자기와 환경에 대한 인식을 돕는 것으로 신체를 활용하여 실험하고, 경험하고 움직이면서 자신을 인식하고 느끼고, 자신의 능력과 환경을 좀 더 명확하게 인식하게 된다.
- 환경이나 주변과의 상호작용이 자기중심적·폐쇄적 태도보다 더 만족스럽다는 것을 알게 하여 아동이 사물, 사람과 안전한 관계를 수립하게 한다. 또한 상호작용을 즐겁게 경험할 수 있어야 한다.
- 충동을 조절하게 하고 기쁨과 만족을 얻을 수 있다는 사실을 알고 사회문화적 현실에 대처하도록 돕는다. 아동이 환경적인 요소인 물, 모래를 통해 놀이를 하면서 상황에 맞게 충동을 조절

하는 법을 배우게 된다.

- 아동이 타고난 잠재력을 발휘하며 발달을 돕고 현실적 수준에서 자신의 목표를 세우도록 돕는다.

앞에서 제시한 목표를 수행하기 위해서 상담자는 치료실에 많은 놀잇감을 제시하기보다 수를 제한하고 발달수준에 적절한 놀잇감을 배치하고, 감각 운동적 놀잇감 중심으로 놀잇감을 제시하는 것이 적절하다.

상담자는 구조화된 회기 진행과정 중에 나타나는 저항에 대해 적절한 대처양식을 가지고 있어야 한다. 아동의 발달양상과 장애의 특징에 대한 대처기술을 가지고 있어야 한다. 또한 상담자는 정상 아동보다 변화나 기술을 습득하는 데 시간이 많이 걸리기 때문에 시간적인 노력과 기다림이 더 필요하다는 것을 숙지해야 한다. 발달놀이치료는 상담자가 가진 가치관에 맞추어서 상담이 이루어지는 것이 아니라, 장애를 가진 아동의 잠재력을 계발하고 어떻게 도울 것인가에 초점을 맞추어야 한다. 아동이 지닌 장애나 결함은 발달의 맥락 안에 있기 때문에 아동발달의 종합적인 상황을 염두에 두고 치료에 임해야 한다.

이러한 특성으로 인해 발달놀이상담자는 아동의 발달속도를 배려하고, 그 안에서 발달을 촉진하고 새로운 기술을 기르도록 돕는 것이 필요하며 발달놀이를 통한 교육이 극대화되도록 내용을 구성한다.

다. 발달놀이치료 과정

발달놀이치료 과정은 아동이 보이는 문제행동에 따른 목표를 설정하고 목표를 달성하면 치료가 종결된다. 발달놀이치료 과정은 구조화된 상호작용에 의해 이루어지는데 브로디와 로리어스가 임상경험을 토대로 아동과 상담자 간의 상호작용에 존재하는 원리를 여섯 가지로 제시하였다(김광웅, 유미숙, 유재령, 2004).

- 상담자와 접촉을 통하여 아동은 자아감을 발달시키고 접촉을 통하여 관계를 발달시킨다.
- 아동이 접촉을 경험하기 위해서는 유능한 상담자가 접촉을 제공해 주어야 한다. 상담자는 아동에게 접촉이 어떻게 전달되고, 아동이 어떻게 느끼며, 접촉을 다양하게 제시해 줄 수 있는 상담자를 의미한다.
- 아동과의 접촉을 위해서는 상담자가 접촉받는 것을 경험해야 한다.
- 접촉을 하기 위해서는 아동이 접촉을 수용해야 하는데, 발달장애아동의 경우에는 접촉을 거부하는 경우가 많다. 그러나 성인의 태도와 능력에 따라 접촉을 제공하고 점차 수용할 수 있게 도와주는 과정이 상담과정이다.
- 아동은 접촉을 통하여 타인을 의식하게 되는데 현재 자신이 만나는 사람을 접촉을 통해서 생생하게 경험할 수 있게 된다.
- 발달놀이치료 회기 안에서 일어난 상호작용을 상담자가 조절해야 한다. 상담 관계와 상담과정에 대한 책임은 상담자에게 있다. 그렇기 때문에 아동을 주목하고, 아동과 접촉하고, 아동이 보이는 다양한 반응에 상호작용하고, 아동의 욕구를 충족시켜 주는 상담자가 아동의 관심대상이 되어야 한다.

발달놀이치료 과정은 초기, 중기, 말기과정으로 이루어져 있고 초기과정은 접수상담, 평가 상담계획과 목표가 수립된 이후에 시작된다.

■ 초기과정

이 시기에 가장 중요한 과제는 치료동맹을 맺고 서로 신뢰하는 관계를 형성하는 것이다. 대인접촉이 불안정한 발달장애아동은 거부나 저항이 심할 수 있기 때문에 더 어렵게 느껴지기도 한다. 그렇기 때문에 상담자는 아동의 특성을 잘 파악하고 있어야 하고, 아동의 반응에 당황하지 말고 아동의 반응이 아동이 현재 느끼고 경험하는 지금-여기(here and now)라고 인식하고, 이를 시작으로 상담과정 속에 들어가야 한다. 발달놀이치료가 잘 이루어지기 위해서 상담자는 아동의 비언어적인 반응에 민감하고, 온화하고, 아동에게 친근하게 다가갈 수 있어야 하며, 성급한 접촉과 무리한 시도보다는 점진적인 관계 형성에 주력해야 한다.

이 시기는 아동과 상담자 간에 탐색이 일어나는 시기로 아동의 특성이나 반응패턴을 상담자가 숙지하고 아동에게 나타나는 저항을 수용하되, 행동을 제한해서 치료실이 안전한 공간이 되도록 해야 한다. 놀잇감은 구조적인 놀잇감보다는 감각적인 놀잇감을 이용하는 것이 효과적이고, 놀잇감을 통해 아동이 주변을 탐색하고 낯선 상담자에게 친근감을 느낄 수 있는 기회를 제공해야 한다. 따라서 아동이 친숙해하는 놀잇감을 활용하기도 한다.

■ 중기과정

중기과정은 초기과정에 비해 변화 발달과정이 미온적으로 보이지만, 교정적인 경험이나 정서를 체험하는 시기로서 매우 중요한 과정이다. 이 시기에는 안정된 치료 관계 안에서 아동이 병리로 인해 경험한 부정적인 정서를 다룬다. 발달놀이치료가 구조화된 프로그램을 실시하지만, 발달을 촉진하기 위해서 놀이치료기법을 활용하고, 이에 영향을 미치는 환경적인 요인을 다루게 된다. 아동의 행동수정을 위한 방안이나 환경적인 중재, 형제 개입, 가족 개입을 통해 아동이 다양한 상황에 적응하고 다른 관계를 발달시키도록 돕는다. 중기는 활동을 점차 확대시키고 다른 영역의 치료와 협력이 이루어진다.

■ 말기과정

말기과정은 상담목표가 어느 정도 달성된 경우로 다른 상담목표가 생기더라도 현재 상담을 종결하고 새롭게 시작하는 것이 바람직하다. 아동이 발날놀이치료를 통해 상호작용하고 의사소통하는 능력이 향상되었다면 이를 유지하고 발전시킬 다른 집단을 구상해 보는 것도 필요한 과정이다. 개별로 이루어진 과정은 집단경험을 통해 경험을 확장할 수 있는데, 특히 사회적 상호작용이 어려운 발달장애아동에게는 중요한 과정이다.

④ 부모 - 자녀 놀이치료

가. 이론적 배경

부모 - 자녀 놀이치료(filial play therapy)는 부모를 교육하여 아동의 행동을 치료하는 방법으로 부모가 놀이상담자의 역할을 함으로써 문제행동을 감소시키고, 부모 - 자녀 간의 관계를 증진하는 것을 목표로 한다. 부모들이 놀이상담자가 되어 전문적인 훈련과 자문을 거쳐서 자녀들에게 변화의 전달자로서 제공되는 치료 형태이다. 부모 - 자녀 놀이치료 원리는 아동중심 놀이치료가 근간이 되고 내담자 중심이론을 바탕으로 놀이치료 과정을 교육받는다. 그리고 수련을 거친 후 아동과 놀이치료를 가정에서 실시하고 그 결과를 슈퍼비전 받는다. 부모 - 자녀 놀이치료의 목표는 부모의 양육기술을 향상시키고 관계를 개선하며, 아동의 건강한 심신의 발달을 도모하는 것이다.

나. 상담목표와 상담자 역할

부모 - 자녀 놀이치료의 목적은 아동을 위한 목적과 부모를 위한 목적으로 나누어 볼 수 있다.

■ 아동을 위한 부모-자녀 놀이치료의 목적

- 아동이 자신이 느끼는 느낌을 건설적이고 있는 그대로 표현한다.
- 아동이 들을 수 있는 기회를 제공한다.
- 문제해결능력을 발달시키고 대처방안능력을 키우도록 한다.

- 아동이 자존감과 자신감을 증진시키도록 한다.
- 부모에 대하여 신뢰감을 가질 수 있다.
- 부적응행동을 감소시키고 문제를 제거할 수 있도록 돕는다.
- 효과적인 행동을 발달시키도록 돕는다.
- 아동이 건강하고 균형 잡힌 발달을 도울 수 있도록 개방적, 응집력 있는 가족 분위기를 조장한다.

■ 부모를 위한 부모-자녀 놀이치료의 목적

- 아동발달에 대한 이해를 증진시킨다.
- 아동의 개인차를 이해할 수 있도록 돕는다.
- 아동의 삶에서 정서와 놀이의 중요성을 인정하도록 돕는다.
- 부모 역할에 대한 좌절의 감정을 감소시킬 수 있도록 돕는다.
- 자녀양육을 위한 다양한 기술을 개발하도록 돕는다.
- 부모 역할능력에 대해 자신감을 증진시키도록 돕는다.
- 부모와 자녀가 대화를 개방하고 그것을 유지하도록 돕는다.
- 상담자와 한 팀이 되어 함께 놀이치료에 임할 수 있도록 돕는다.
- 신뢰감과 따뜻한 감정을 증진시킬 수 있도록 돕는다.
- 부모가 부모-자녀 관계를 통해서 자신의 문제를 다루는 데 비위협적인 분위기를 형성할 수 있도록 돕는다.

부모-자녀 놀이치료를 통해 부모가 아동 심리치료에 참여해서 나타나는 효과는 다음과 같다. 첫째, 부모-자녀 관계에서 정서적 위협을 주는 요소를 배제하고, 놀이치료의 경험에서 경험한 존중과 이해를 가족 역동의 세계로 끌어들인다. 둘째, 아동은 억압된 무의식적인 감정을 표출하여 통찰력을 얻게 되고, 부모는 아동 놀이의 의미를 이해하고 아동을 지원하는 부모 역할을 할 수 있게 된다. 그리고 마지막으로 부모-자녀 놀이치료의 최대 수혜자는 아동이라는 점이다.

다. 부모-자녀 놀이치료 실시과정

부모-자녀 놀이치료기법은 아동중심적 놀이치료기법을 부모가 전문가로부터 미리 배운다. 놀이치료의 기초 교육인 구조화, 공감적 경청, 아동중심 상상놀이, 제한설정에 대한 교육을 받고 회기에서 진행되는 상황을 시연해본다. 구조화는 일상놀이 장면과 치료 장면을 구분하는 데 도움을 준다. 부모는 구조화를 통하여 아동의 행동을 수용하고 정보를 얻고 아동의 행동을 해석하거나 제한행동에 대한 틀을 구성한다. 구조화 내용은 놀이방 입실, 화장실 가는 행동, 놀이 시간의 종료 등으로 이루어지고 아동과 합의하여 실행된다.

구조화가 이루어지면 의사소통이 중요하다. 공감적 경청은 아동의 감정과 요구의 수용을 전하는 방법으로, 자녀에게 부모의 예민함과 이해를 보여 주는 데 도움이 된다. 공감적 이해는 주체성을 유지한 채 자녀의 감정을 자신의 감정인 듯 느끼고 아동이 인식하지 못하는 것까지 반영하는 것이다. 이를 통해서 아동은 자신의 문제에 대해 통찰하고 문제를 직면하고 대처할 수 있는 능력을 개발하고, 자신의 욕구와 직면하는 경험을 할 수 있다. 부모는 부모의 관심 표현, 감정 수용을 경험하고 건설적인 정서표현을 도와줄 수 있다.

놀이는 아동이 중심이 되어 이루어지는데, 아동은 놀이를 하는 데 상징을 사용하여 자신의 문제를 표출하고 내면세계를 표현한다. 아동은 놀이를 통해 자신이 인식하는 것을 배우고 존중하며, 새로운 관계를 형성하기 위해 상징과 도식을 사용한다. 상상놀이는 아동이 부모에게 놀이하기를 요구하는 다양한 역할을 어떻게 표현하는가를 가르치고, 아동의 놀이를 이해할 수 있도록 도와준다.

초기에는 아동과 놀이를 기록한 비디오테이프를 보여 주고 분석하여 부모 역할을 이해하도록 한다. 이 방법은 아동의 놀이에 참여하고 놀이에서 나타나는 단서에 예민하고 현재의 갈등과 좌절, 부정적 정서를 일으키는 주제를 알고 대처할 수 있도록 한다.

제한설정은 놀이 상황에서 안전감을 준다. 신뢰와 일관성을 유지함으로써 좋은 치료 관계를 형성할 수 있다는 점을 부모가 인식하는 것이 중요하다.

- 제한설정 시 고려사항
  - 제한을 최소화한다.
  - 제한을 깨뜨려서 생긴 일에 책임감을 배운다.
  - 제한설정이 아동의 안전, 타인의 안전, 가치 있는 장난감 보존을 위해 필요한가를 고려한다.

- 제한내용
  - 아동은 창, 유리, 거울, 카메라에 무엇이든 던지면 안 된다.
  - 크레용으로 벽, 가구 등에 낙서하면 안 된다.
  - 화장실에 가는 것 이외에 놀이방을 떠나서는 안 된다.
  - 다트, 총으로 사람을 쏘면 안 된다.
  - 장난감을 부수면 안 된다.
  - 부모에게 최소의 한계를 둔다.

제한설정의 단계는 아동중심 놀이치료에서 다루는 내용과 동일하다. 부모가 아동중심 놀이치료에 대해 교육을 받은 후에는 가상놀이 장면을 상정하여 훈련한다. 훈련이 지속되면서 부모가 더 나은 기술 습득을 위해 놀이의 난이도를 높인다. 이때 훈련과정 동안 언어적 반응에 대해 상담자는 적절한 피드백과 더불어 부모의 놀이치료 기술을 향상시킬 수 있도록 돕는다.

라. 부모의 놀이훈련 과정

■ 놀이장면 실연

부모는 아동이 놀이하는 것을 일방경을 통하여 관찰하고 놀이상담자의 역할과 아동의 행동을 관찰한다. 관찰 시간은 15~20분 정도로 이루어지고 토의를 통해 부모의 질문, 관심사, 관찰 내용을 논의한다. 이때 상담자는 부모의 비평이나 질문에 대하여 이야기 나누고, 부모 이야기를 공감적으로 경청하고, 놀이 세션과 부모의 반응에 대하여 이야기 나눈다.

■ 첫 부모훈련

놀이치료의 반응과 제한에 대해 교육이 이루어지는데, 구조화, 공감적 경청, 아동 중심 상상놀이, 제한설정에 관한 부모훈련을 실시한다. 부모는 놀잇감을 사용하여 공감적 경청을 연습할 기회를 갖는다. 부모가 아이와 놀이치료를 할 때 아동에게 피드백하는 방법, 부정적인 감정, 질문에 대한 경청방법을 실제 연습을 통해 익히고, 부모가 부담을 갖지 않고 자신감을 가질 수 있도록 돕는다.

■ 가상의 놀이훈련

부모와 놀이치료자가 가상놀이 장면을 상정하여 훈련하는 것이다. 부모에 대한 상담자의 자문과 피드백으로 놀이치료기법 발달을 촉진시키도록 한다. 가상훈련 시간은 10~15분 정도이며, 6~8명의 부모치료 그룹과 함께 약 두 달간 놀이치료기법을 연습한다. 상담자는 역할을 하는 부모가 상담자에게 압도당하지 않도록 주의한다. 부모가 습득한 기법을 활용하여 역할 과정이 성공적으로 수행되도록 구조화한다. 놀이치료 장면의 주요 측면을 모두 연습해 볼 수 있도록 다양하고 적절하게 상담자가 직접 아동 역할을 한다. 특히 현재 가족의 문제와 관련된 놀이 주제를 선택하여 실시하고 점차 난이도를 높여서 실시한다.

마. 부모-자녀 놀이치료 과정

■ 치료실에서의 놀이시간

첫 회기는 20분으로 하고 점차 시간을 늘려 30분 정도 놀이를 한다. 한 부모가 한 반에 한 자녀와 놀이하고, 부모가 아동을 데리고 실제로 놀이치료를 하고 치료자는 피드백을 준다. 놀이과정에서 나타나는 상징과 정신적인 이론을 부모 수준에서 알려준다. 놀이시간이 2~3회가 지나면서 놀이의 주제가 나타난다. 놀이주제는 주로 가족의 역동적인 문제로 놀이에서 표현한다. 아동은 놀이시간에 새롭고 변화된 행동으로 놀이하거나 상징성, 공격적인 놀이, 분노 표출 등이 나타나는데, 이에 대하여 부모가 어떻게 공감하고 수용하며, 경청할 것인지 치료자와 토의한다. 부모는 아동의 놀이에서 나타나는 주제 중에서 부모의 모습을 놀이에서 그대로 재연하며, 부모는 민감하게 받아들일 필요가 있고 상담자는 놀이로 표현하는 행동이 안전하다는 점을 설명해준다. 치료실에서 놀이회기를 가진 다음에는 가정에서 놀이치료 시간을 갖는다.

■ 가정에서의 놀이시간

가정에서 부모는 놀잇감, 놀이치료 장소, 놀이시간(special time)을 아동과 함께 아동의 상황을 충분히 고려하여 계획한다. 놀이시간은 최소한 2주에 한 번 30분 정도로 계획하고, 규칙적으로 진행하여 아동이 예상할 수 있어야 안전감을 느낀다.

가정에서 놀이치료가 이루어지기 때문에 방해요인이 있을 수 있는데 이를 잘 다루어야 한다. 방해요인에 대한 조절은 미리 차단하는 것으로 전화는 자동응답기를 활용하고, 친구가 놀러오지 않도록 약속하고, 형제의 방해에 대한 대안을 마련한다. 실제 놀이에서는 교육받은 내용을 충분히 발휘하도록 준비하고 실행한다. 치료자와 놀이시간을 갖는 것과 마찬가지로 가정에서 놀이시간을 갖는 것이 다른 요인에 의해 방해받지 않도록 잘 통제해야 한다. 회기가 더할수록 아동놀이의 변화가 나타나는데, 치료자는 환경상의 변화가 행동 변화와 놀이 변화를 가져올 수 있음을 알려주고, 아동이 부모의 한계를 시험하거나 때때로 놀이가 중단될 때 부모가 좌절하지 않고 지속할 수 있도록 도와준다.

⑤ 생태학적 놀이치료

가. 이론적 배경

오코너와 섀퍼(1994)의 생태학적 놀이치료(ecosystemic play therapy) 모델의 기술적인 부분을 암멘(1997)이 확장하였다. 생택학적 놀이치료는 여러 심리치료이론과 발달적 개념을 통합한 것으로, 아동의 경험적·상호작용적 세계와 내적인 세계 모두를 강조한다. 생태학적 체계에서 개인의 세계는 사회의 다양한 체계와 상호작용한 것처럼 아동 또한 아동 주변의 모든 체계와 상호작용한다. 아동 주변에는 개인, 가족, 사회관계망, 지역사회 등 다양한 체계가 존재한다. 아동이 나타내는 문제 유형은 가족체계, 문화체계, 사회체계를 중심으로 고려해야 한다. 문제행동은 어느 체계와의 상호작용인가를 중요하게 여기지만, 문제행동이 때로는 체계에 적응하려는 개인의 노력의 결과인 경우도 있다. 따라서 아동 문제행동에 대한 사례 개념화는 체계와의 상호작용을 중심으로 살펴보아야 개입 방안을 세울 수 있고, 치료계획은 아동이 관계하는 모든 체계를 포함해야 한다.

나. 상담목표

생태학적 놀이치료에서 상담목표는 아동이 정상적으로 발달하도록 회복을 촉진시키고, 자신의 욕구 충족을 통해서 잠재능력을 극대화하는 데 있다. 상담자는 아동의 문제행동의 원인을 이해하고 파악해야 하며, 아동이 경험한 부정적인 경험을 체계와의 상호작용을 통해 재경험하도록 치료과정을 구성한다. 아동의 경험을 재구성하는 데 놀이의 역할은 중요하다. 생태학적 놀이치료에서 놀이는 아동의 발달을 증진시키고 아동과 상담자 간의 관계를 발달시키고, 치료동맹을 결성하는 데 중간매개 역할을 한다. 그리고 놀이를 통해 아동은 경험을 재구성하고 인지적 이해나 통찰을 이루는 매개체이다.

다. 상담자 역할

상담자는 아동이 자신의 욕구를 인식하고 욕구를 해결하기 위한 잠재력 자원을 확인하고, 자원을 활성화시키기 위한 전략을 개발하고 성공적인 경험에 대해 만족도를 평가하고 욕구성취를 격려한다. 생태학적 놀이치료에서 상담자도 하나의 체계이다. 그리고 상담자는 자신의 욕구보다 아동의 욕구를 우선시하며 아동이 경험하는 체계의 한계를 잘 인식하고, 상담자로서 자신이 지켜야 할 상담의 경계를 잘 알아야 한다. 이러한 태도가 유지될 때 아동이 놀이치료를 통해 사회문화적인 맥락 속에서 자신의 욕구를 충족시킬 전략을 개발하고 발달할 수 있도록 지지하고 자립할 수 있도록 돕는다.

라. 놀이치료 과정

놀이치료 과정은 6단계로 구조화되는데(O'Connor, Ammen, 1997), 초기 단계는 도입, 탐색, 잠정적 수요 단계로 나타난다. 중기에는 부정적 반응 단계, 성장과 신뢰의 단계를 거쳐 말기에는 일반화가 이루어진다.

초기 단계에서는 상담을 구조화하고 관계를 형성하며 상담과정에서 상대방 또는 자신에 대한 다양한 탐색을 한다. 이 과정은 서로가 어떻게 놀이를 하는지 행동패턴은 어떤지 알아가는 과정이다. 그리고 아동은 상담과정 속에서 상담에 대해 인식하고 감정을 수용받고 전이를 일으키게 된다.

- 1단계: 소개, 탐색, 관계 형성이 이루어진다.
- 2단계: 잠정적 수용 단계로 아동이 욕구를 수용하고 협조적이나 불안한 상태이다. 중기 단계는 문제를 해결하는 과정으로 새롭게 알게 된 문제해결 전략을 세우고 열중하는 시기이다. 이 과정에서 아동은 교정적 경험을 하게 되고 아동의 행동에 대한 놀이치료자의 안전한 해석을 통해 자신의 문제를 더 잘 인식하게 된다.
- 3단계: 저항이 나타나는 시기이다. 저항은 아동에 따라 다르게 나타나기 때문에 빈도와 강도에서 차이가 날 수 있다.
- 4단계: 부정적 반응이 나타나는 시기로 상담과정 중에 제일 어려운 회기가 진행된다.
- 5단계: 문제를 인식할 것을 성장과 신뢰로 적극적으로 해결해 가는 단계이다. 종결 단계에서는 아동이 자신의 문제를 수용하고 효과적인 해결방법을 실행하고, 자신의 방법을 언어화하고 상담자의 해석을 경험한다. 해석은 아동이 명료화하고, 직면을 시켜야 하고 명료화가 이루어져서 보다 분명하게 제시하는 것이다.
- 6단계: 종결 단계로 상담목표, 과정, 전략, 성과에 대한 검토가 이루어지는 시기이며, 상담 종결 과정이 진행된다.

2) 미술치료

미술치료는 미술이라는 매체를 활용하여 아동의 심리적인 문제를 해결하는 기법이다. 미술치료는 유아부터 성인에 이르기까지 폭넓은 대상에게 활용되고 내담자의 문제 유형에 따라 다양하게 활용된다. 또한 미술은 영유아기 발달과정에서 성취해야 하는 인지적인 능력이나 정서적인 진단 도구로 사용되며, 예방적 접근을 통해 영유아의 건강한 정서발달에 도움이 된다. 다음에서는 미술치료이론과 치료기법, 치료과정에 대한 내용을 통해 미술치료에 대한 이해를 돕고자 한다.

(1) 미술치료의 정의

미술은 시각매체를 사용하여 내적인 심상을 외적으로 표현하는 구체적인 미술작품을 전제한다. 미술작품은 시각적인 매체로 존재하기 때문에 자신의 작품이 완성되는 과정이나 흐름, 완성된 후에 감상하고 작품의 의미를 탐색할 수 있다. 미술치료 과정에서는 작품의 흐름을 통해 내면의 상태나 변화 과정을 통찰할 수 있는 기회를 가질 수 있다.

미술작품은 주어진 틀 안에서 자유롭게 표현되기 때문에 내담자의 무의식 또는 의식의 흐름이 나타난다. 미술치료는 내담자 내면의 심상을 표현하게 함으로써 묻혀 있던 무의식을 활성화시키고, 내담자의 창조적 기능을 자극하여 무의식 속에 있는 자기 치유능력을 발휘하게 한다. 이를 통해 내담자는 내면에 왜곡, 상실, 억제되었던 부분을 재발견하고 통합시킴으로써 인격의 발전을 가져올 수 있다. 미술치료에서는 작품성이나 예술성보다는 미술활동을 통한 카타르시스, 정화작용, 의사소통, 사랑과 증오, 충동성과 통제력 등의 갈등 요소를 미술을 사용하여 발산하게 된다.

미술치료는 미술과 치료라는 두 개념이 혼합되어 사용된다. 미술 자체만을 강조하는 것도 아니고 치료만을 강조하는 것도 아닌 미술과 치료가 동시에 강조되는 개념이다. 미술치료라는 이름이 붙여질 때에는 미술활동에 치료적인 목표가 있어야 하고, 미술과 치료가 모두 충실히 수행될 때 가능하다. 아이나 어른에게 여가를 활용하기 위해 미술이 주어지는 것은 여가활용이다. 미술이 가지는 치유적인 힘이 있지만, 미술작품만으로는 미술치료라고 볼 수 없다. 상담실이나 병원에서 미술이 제공되는 경우 치료적인 목표가 없이 놀기 위해 사용된다면 이는 치료라고 볼 수 없다. 치료목표는 치료를 받는 사람의 상태나 개선될 문제, 현재의 기능정도 등을 평가하여 이에 부합하는 미술치료를 적용하여 변화·발달하도록 돕는 것을 말한다.

아동에게 미술의 의미는 아동발달과 진단 수단으로 활용될 수 있어 아동의 전반적인 발달을 이해하는 데 중요한 매개가 된다. 아동은 미술활동을 통해 작품을 만드는 주체가 되고 자신이 만든 작품을 감상하고, 만들고 조절하고 연습하는 과정을 통해 자신의 감정이나 행동을 통제하는 법을 배우게 된다. 미술활동은 아동의 정서적인 측면, 인지적인 측면, 대소근육 발달, 협응기능 등이 통합되는 과정이다. 아동이 만든 미술작품은 현실세계와 연결되어 내적인 상태를 인식할 수 있고, 대처기술을 증진시킬 수 있는 정신적인 훈련을 가능하게 한다.

미술치료의 기원은 구석기시대 동굴 벽화에서 찾을 수 있다. 이는 벽화를 그리는 행위에 종교적·정신적 의식이 담겨 있었고, 주술적인 목적의 암각화, 무화, 부적 등을 사용하여 질병을 치료할 때 나타났다.

이렇게 오랜 과거부터 사용된 미술이 치료적인 의미로 부각된 것은 19세기 아동과 정신질환자의 그림에 관심을 가지면서 시작되었다. 1887년 이탈리아 시인 리치가 최초로 아동화에 관심을 가졌고, 바너스가 유전학 잡지에 '아동화의 연구'를 발표하면서 아동화는 많은 심리학자의 연구대상이 되었다. 그 후 아동의 흥미, 성격, 지적능력 등이 그림에 어떻게 반영되는지 연구하게 되었고, 아동의 그림은 미술치료로 발전하게 되었다.

미술치료라는 용어는 1961년 Bulletin of Art Therapy의 창간호에서 울만이 처음 사용하면서(김순혜, 2004) 미술치료를 미술과 치료가 결합된 개념으로 정의하였다. 이후 마가렛 나움버그, 이디스 크레이머는 정신분석적인 접근에서 미술치료를 발전시켰다. 나움버그는 미술치료와 미술교육의 개척자로 존 듀이, 마리아 몬테소리와 함께 아동교육에 관심을 두고 1914년 월튼이라는 학교를 설립하였다(Naumburg, 1928). 나움버그는 초기 정신분석에서 무의식을 의식화하는 것을 반영하여 그림활동 속에는 내담자의 무의식적 환상이나 내적 세계가 표현된다고 했다(Rubin, 1999). 따라서 나움버그는 미술활동 자체가 치료과정이라 했고, 내담자의 세계를 표현하는 것이라고 하였다. 미술활동을 통해 상담자와 치료적 관계를 형성할 수 있고, 내담자가 가지는 전이와 역전이, 그림을 통한 자유연상, 내담자의 자발적 그림 표현과 해석 등을 할 수 있다고 했다.

반면 크레이머는 아동을 대상으로 미술치료를 했다. 크레이머는 자아심리학에 영향을 받았고, 그림 자체에 치료적 속성이 있고 그림활동을 하면서 정화와 통합, 승화를 통해 치료가 이루어진다고 했다.

미술치료는 정서 문제뿐 아니라 발달장애를 가진 아동의 감각 통합이나 의사소통 감정 정화를 위해서도 치료적으로 효과가 큰 것으로 나타났다. 미술치료는 정신분석, 분석심리가 이론적인 접근에 있어서 중심이었으나, 최근에는 미술의 창조적 과정을 통해서 자기의식을 높이고 사회적응력을 키우고자 하는 인본주의적 미술치료, 행동주의적 미술치료가 사용되기도 한다. 우드와 윌리엄을 중심으로 발달미술치료가 개발되어 각 발달 단계에서 적합한 미술치료 프로그램을 특수아동에게 적용함으로써 운동, 인지, 정서능력을 신장시키는 데 도움을 주었다. 또한 언어장애가 있는 아동들에게 시각매체를 사용하여 공간, 분류, 서열 등의 기본 개념을 학습시킬 수 있는 인지적인 미술치료가 개발되어 효과적으로 사용되고 있다. 또한 미술치료는 개인치료, 집단치료, 가족치료 등 다양한 형태로 적용되는 추세이다.

(2) 미술의 치료적 가치

아동미술은 아동의 성장을 반영하고 개성과 정서, 상상의 표현이고 의사소통의 매체이다. 아동은 미술을 통해 모든 감각을 이용하고 미술활동을 통해 자아개념과 창의성 등 인성발달에 유용하다. 또한 아동미술은 정서, 인지, 신체가 함께 발달해 가며 이를 통해 아동의 발달 상태를 진단한다. 또한 미술치료란 조형활동을 통해서 개인의 갈등을 조절하고 자기표현과 승화과정을 통해 자아성장을 촉진시키는 것이다. 따라서 미술치료는 자발적인 조형활동을 통해 개인의 내적 세계와 외적 세계 간의 조화를 이루도록 도우며, 비언어적인 의사소통이 가능하여 내담자의 저항을 줄일 수 있다.

미술치료의 목적은 미술작품을 만드는 것에 중심이 있지 않고 미술작품이 치료적인 매체로 자기세계를 표현하고, 그 과정을 상담자가 함께하여 자기발전을 도와주는 과정이다. 미술의 치료적 가치는 다음과 같다.

① 미술은 내담자의 꿈, 환상, 경험 등이 심상(image)으로 표현된다.
② 미술은 내담자의 저항을 줄일 수 있다. 미술은 비언어적 수단으로 작품을 만드는 데 통제를 덜 받게 되어 방어를 감소시키게 된다.
③ 미술은 어떤 유형의 대상도 즉각적으로 얻을 수 있다.
④ 미술은 자료의 영속성이 있으므로 필요할 때 작품을 재검토하여 치료 효과를 높일 수 있다.
⑤ 작품이 공간 속에서 연관성이 발생한다. 언어는 일회성에 그치지만 미술은 공간 속에 존재하기 때문에 지속적인 의사소통이 가능하고 그림 속의 표현에 아동의 심상이 존재한다.
⑥ 미술은 창조성과 신체적 에너지를 유발한다.

(3) 아동의 그리기 발달

① 난화기(scribbling stage: 2~4세)

이 단계는 유아가 연필을 가지고 끄적거리는 단계로 무언가를 표현해 보고자 시도한다. 이 시기는 눈과 손의 협응력이 발달하는 단계로 무질서한 낙서가 나타나고 점차 원이나 도형의 모습이 나타난다. 난화기는 세 단계를 거치는데 낙서기와 같은 무질서한 난화기, 수직선과 수평선, 원이 나타나는 조절된 난화기, 구체적인 형태가 나타나는 명명난화기로 세분화된다.

- 무질서한 난화기에는 어깨를 활용하여 팔을 좌우로 움직이면서 선을 만들고 긁적거림의 동선이 크고 종이 밖으로 선이 나가는 경우가 많다.
- 조절된 난화기에는 움직임이 반복되고 손목을 움직이면서 그림을

그린다. 종이 안에 그림을 그릴 수 있고 원을 모방하는 그림 형태가 나타난다. 사람 모양을 그리는데 원, 선, 소용돌이 등이 나타난다.

- 명명난화기에는 그림과 사물을 연관시키고 그리는 도중에 다른 사물로 변화하기도 한다. 그림에 사용되는 선이 다양하고 그림의 위치나 의미를 나름대로 부여하기도 한다. 난화기에는 손의 소근육발달과 조절능력, 미세한 운동능력이 향상되면서 그림이 변화·발달하게 된다.

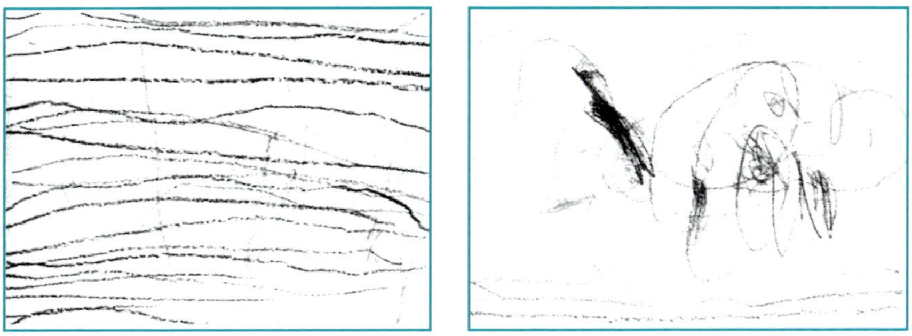

*출처: 아동상담, 정민사.

그림 8-8 난화기의 긁적거리기

② 전도식기(preschematic stage: 4~7세)

전도식기는 난화기에서 발전된 형태로 상징적인 것을 그리고 표현하는 단계이다. 이 시기에 나타나는 사물의 형태는 도형이며 그린 사물의 크기와 위치는 주관적이고 사물들이 서로 분리되어 그려져서 무슨 그림인지 알 수 없는 경우가 많다. 그러나 사람이나 사물을 그릴 때 도형이 조합되어 구체적인 형태가 나타나지만, 크기나 비례가 무시되고 왜곡된 형태로 그림이 나타나며 사람의 정면을 그리지만, 생략이나 왜곡되는 부분이 많이 나타난다. 이 시기의 그림은 아동의 전조작기 시기와 부합되어 그림에 내용이 부과되고 다양한 형태의 그림이 나타난다. 유아가 그림에 흥미를 많이 느끼는 시기로 다양한 재료와 그림에 대한 즐거움을 느낄 수 있는 기회를 제공하는 것이 중요하다.

*출처: 아동상담. 정민사.

그림 8-9 전도식기의 유아 그림

③ 도식기(schmatic stage: 7~9세)

도식기는 사물에 대한 개념이 일관되게 그림에 적용되는 시기로 반복적인 그림을 통해 형태감이 발달하는 시기이다. 이 시기는 아동의 생각이나 느낌이 그림을 통해서 나타나고 기저선과 주관적인 공간표현, 시간과 공간을 동시에 표현하는 것이 특징이다. 아동의 경험이 그림에 영향을 미치고 그림 내용에서 사건 전개과정이나 장면이 생략되거나 도식에 변화가 있고, 사물의 비례는 자신의 인식에 따라 과장되거나 축소된다. 사물의 고정된 관념이 그림에 그대로 나타나기 때문에 색이나 형태가 정형화된다.

*출처: 아동상담. 정민사.

그림 8-10 도식기의 아동 그림

④ 도당기(gang stage: 9~11세)

도당기는 소속감과 독립심이 고양되는 시기이고 주변 정황이나 주변 환경에 대한 이해와 인식의 폭이 넓어지는 시기이다. 자신의 그림에 대해 의식을 하며 주변의 물리적 환경에 대한 이해가 증가되고 사물의 특징에 대한 세부묘사가 가능하고 사물 간의 관계가 표현된다. 그렇기 때문에 그림이 사실적이고 세밀하게 표현되고 색의 사용도 개인에 따라 다양하다. 이 시기에는 그림을 그린 사람의 주관적인 생각이 중요시되기 때문에 그림이 갖는 내용이나 의미를 아동에게 듣고 이해하는 태도가 무엇보다 중요하다.

*출처: 아동상담. 정민사.

그림 8-11 도당기에 그린 그림

⑤ 전사실기(pseudo-naturalistic stage: 11~13세 이상)

전사실기는 청소년기로 사춘기에 해당되고 객관적인 표현이 가능하면서 주관적인 생각이나 감정이 그림을 통해 나타나는 시기이다. 자신의 그림을 객관적으로 평가할 수 있고, 자신의 관심에 따라 세부표현에 집착하기도 하고, 사물과 사건에 대해 주관적인 의미를 투사한다. 공간의 깊이나 원근에 대한 표현이 가능하지만, 공간에 대해서는 주관적으로 표현한다. 청소년기는 불안정하고 정체감의 혼란을 겪는 시기이기 때문에 그림이 정서적인 순화나 정화작용을 함으로써 혼란된 시기에 긍정적인 역할을 하게 된다.

*출처: 아동상담. 정민사.

그림 8-12 전사실기에 그린 그림

(4) 미술치료 환경

① 미술치료실의 환경

미술치료실은 미술을 하기에 적당한 공간과 다양한 미술 도구가 필요하고, 물을 쉽게 사용할 수 있어야 한다. 미술활동은 종이에만 그리는 것이 아니라 벽이나 바닥에서도 이루어지기 때문에 청소가 용이해야 하고 작품을 보관할 수 있는 시설이 필요하다. 작품을 보관하는 것은 내담자에 대한 존중을 표현하고, 치료 종결실 내담자가 초기부터 보관한 작품을 살펴보면서 변화 과정을 쉽게 알 수 있게 하기 위해서이다.

② 미술치료 시간

미술치료는 주 1, 2회 실시하고 1회에 60~90분 가량 실시한다. 시간은 내담자의 특성에 따라 5~10분 정도는 융통성 있게 조절되기도 한다. 예를 들어, 충동적인 아동이나 자기 조절에 어려움이 있는 아동의 경우에는 시간을 철저히 지키도록 구조화하고, 강박증적인 아동의 경우에는 융통성 있게 시간을 조절하여 불안을 견디고 스스로 조절할 수 있는 기회를 주기도 한다. 치료시간을 지키고 치료시간을 견디고 유지하는 것도 치료과정이기 때문에 상담자는 상담이 시작되기 전에 미리 시간에 대해 협의해야 한다.

③ 미술치료자의 역할

미술치료자는 내담자의 성향, 치료목표, 치료기간에 따라 역할에 미세한 차이가 있다. 상담자는 지도자, 보조자, 집단구성원으로서 다양한 역할을 하면서 내담자의 치료과정을 돕는 역할을 함으로써 치료목표에 도달하도록 돕는다. 상담자는 내담자를 정서적으로 지지해 주고 미술 매체를 사용하여 자신을 표현할 때는 기술적인 부분에서 도움을 주기도 한다. 아동이 내담자일 경우에는 상담자의 지지와 격려가 중요하지만 칭찬은 사용하지 않는다. 칭찬은 아동으로 하여금 작품의 결과에 치중하게 하고, 자유롭게 표현하는 데 장애를 줄 수 있기 때문이다.

상담자는 내담자의 작품을 보고 대화를 나누는 시점에서 내담자의 감정이나 정서를 언어적으로 반영해 주어 내담자가 자신의 내면세계를 이해하고 통찰하도록 돕는다. 아동은 미술로 표현하는 데 은유적이거나 상징적인 표현으로 적절한 방어를 유지하여 자아를 보호한다. 따라서 상담자의 해석이나 직면은 적절한 시기가 중요하고, 그 내용은 치료적인 목적에 의해서 안전하게 이루어져야 한다. 아동이 상담자가 참여하기를 원한다면 상황에 따라 정도의 차이는 있겠지만, 소극적으로 참여해서 활동을 지지해주되 성인의 기술을 보고 지나치게 모델링하거나 의존하게 하거나 위축되지 않도록 하는 것이 중요하다.

(5) 미술치료 기법

미술치료에서 사용되는 다양한 기법들 중에서 영유아기 아동에게 적용할 수 있는 치료기법을 소개하면 다음과 같다.

① 만화 그리기

만화를 그리는 종이를 6등분하여 한 칸에 한 번씩 상담자와 아동이 번갈아가면서 만화를 그리고 이야기를 구성하는 것이다. 현실적인 면에 직면하거나 어떤 사건이 일어난 후에 실시해 보는 것이 효과적인 방법이다.

② 동굴 화법

종이에 동굴을 그려주고 무엇이 보이는가를 물어보고 자신이 본 것을 그려 넣는 방법이다. 이 기법은 동굴이라는 무의식적인 요소를 도입하여 아동의 내면을 표현하게 하는 것이다.

그림 8–13 **동굴화법**

③ 콜라주하기

여러 종류의 잡지나 종이를 제시하여 꾸미는 기법인데 잡지는 다양한 그림이 제시되도록 여러 종류가 제시되면 더 효과적이다. 콜라주를 한 후에 아이가 꾸민 것에 대해 대화를 나누고 아이에게 의미하는 것을 찾아보고 은유적으로 대화할 수 있다.

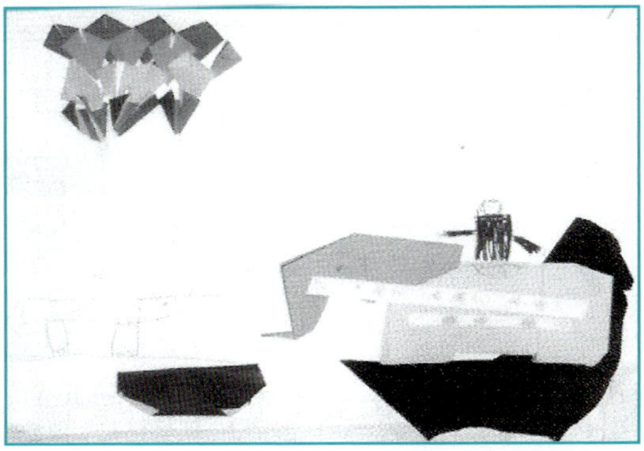

그림 8-14 콜라주

④ 테두리법(동그라미 기법)

테두리선을 미리 그려주고 그림을 그리게 한다. 이러한 방법은 심리적으로 허약한 내담자에게 도움이 될 수 있다. 테두리선을 그려주고 그 안에 가족 전체를 그리게 한다든가, 동그라미를 그리고 그 안에 자신의 얼굴을 그리도록 하여 가족 안에 중심인물이 될 수 있는 자신감을 갖도록 하는 것 등이 있다.

⑤ starter sheet 이용하기

그림 그리는 것에 저항감이 있거나, 수줍음이 많은 경우에 그림 그리기를 자극하여 내담자로부터 반응을 유도할 수 있다. 그림의 시작점, 즉 가족의 사진 중 얼굴을 오려 붙이고, 나머지 부분을 그려보는 작업이다.

⑥ 감정 그림 그리기

자신의 감정이나 느낌을 그림을 통해 표현하는 것으로, 색채에 대한 보편적 정서를 연관시키도록 하는 것이다. "네가 기분이 좋을 때는 어떤 색깔이 생각나니?"와 같은 질문을 함으로써 정서와 색을 연관지어 종이에 표현하도록 한다. 그날그날의 감정차트를 만들어 볼 수도 있다.

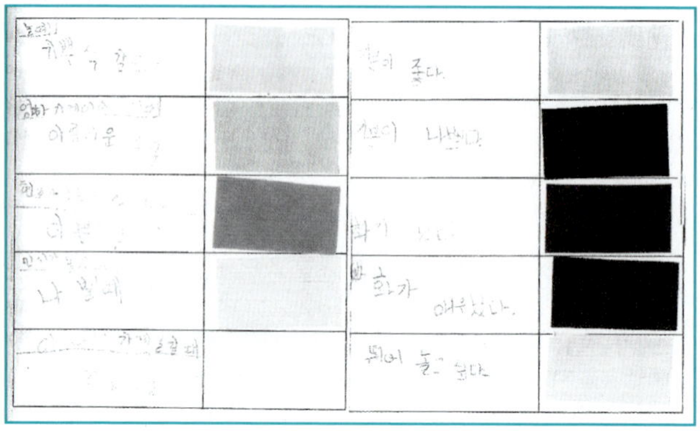

그림 8-15 색과 연관 지은 감정차트

⑦ 난화 그리기

끄적거리기를 통하여 자신의 숨어있는 이미지를 찾아내도록 도와준다. 난화에서 이미지를 찾아내고 서로의 이야기를 만들어나가도록 한다.

물속에서 놀고 있는 두 마리 물고기로 두 마리 물고기는 물속에서 먹이를 찾으러 먼 바다로 여행을 갈 예정이다.

그림 8-16 난화그리기

⑧ 풀물감 그림

퇴행을 일으킬 수 있는 감각적 미술활동으로, 경계심이 많거나 불안한 아동, 결벽증이나 완벽주의 성향이 있는 아동은 초기에 이런 작업을 거부할 수 있으므로 아동과 충분한 신뢰 관계를 형성한 후에 시행하면 많은 효과를 얻을 수 있다. 풀물감은 다양하게 제시할 수 있는데 물풀에 물감을 섞거나 물풀에 화장지를 섞기도 하고, 옥수수, 밀가루와 물감을 섞기도 한다.

⑨ 신체 본뜨기

자아개념의 시작은 자신의 신체를 긍정적으로 인식하는 것에서부터 시작된다. 그러므로 자신의 신체를 그림으로써 신체 이미지로부터 긍정적 자아개념을 형성하도록 돕는다. 아동의 신체와 같은 크기로 본을 떠 준 후에 스스로 장식하게 한다든지, 손가락 그림을 본뜬 후에 하고 싶은 말을 적어 표현하게 된다.

'야호!' 하는 아이.
아이가 기분이 좋아서 하늘로 날아가고 있다.

반갑게 인사해요.
친구를 만나서 반갑게 인사하고 있어요.

*출처: 아동상담. 정민사.

그림 8-17 신체 본뜨기

⑩ 과자집 만들기

다양한 과자를 이용하여 집을 만들어 본다. 글루건을 이용해 과자를 붙여서 집을 구성한다. 작품을 다 만들고 나서 집에 대한 다양한 생각이나 경험을 나눈다.

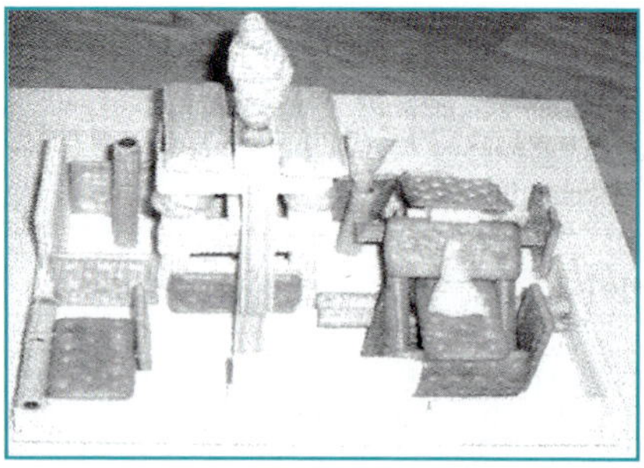

*출처: 아동상담. 정민사.

그림 8-18 과자로 만들기

(6) 미술치료 과정

모든 치료과정은 초기에 사전평가하는 단계가 선행된다. 아동이 지닌 문제가 무엇이든지 간에 가정환경이 어떤 상태인지에 관계없이 평가 단계는 치료 이전에 선행된다. 사전평가 단계에서는 현재 아동과 아동에게 영향을 미치는 다양한 요인에 대해 탐색하고, 아동이 현재 지닌 문제가 무엇이고 어떻게 치료할 것인지에 대한 치료목표와 계획을 세운다. 진단을 위해 미술이 사용될 때에는 미술작품을 완성하고 난 뒤에 미술작품 결과만을 보고, 내담자의 문제를 진단하는 오류를 범할 수 있기 때문에 아동과 작품에 대해 이야기 나누는 작업이 중요하다. 진단을 할 때에는 대상의 연령, 환경, 상황, 특성을 모두 고려해야 한다. 진단을 위한 미술기법은 그림이나 조소, 콜라주, 핑거페인팅 등의 미술작업을 통해 내담자의 심리상태를 진단하는 방법과 인물화 지능검사, 성격검사, 동작성, 집-나무-사람검사, 나무그림검사, 가족화에 의한 성격진단 등의 투사법이 있다.

- 자유화: 재료나 방법을 아동 스스로 선택하게 하여 그리게 하며 공간의 이용, 색체, 그림의 내용 등을 분석한다.
- 과제화법: 아동의 이상 행동에 대한 내면의 욕구와 근원을 잘 알 수 있는 작업으로, 가족, 산, 친구, 나무 등 과제를 미리 주어 내담자가 상상해 그리도록 한다.

- 집-나무-사람검사: 유아나 성인에게 모두 사용할 수 있는 검사이다. 친밀감 있게 받아들이고 다른 과제보다 솔직하고 자유로운 언어 표현이 가능한 기법이다.
- 동적 가족화(KFD: Kynatic Family Draw): 가족화에 움직임을 첨가한 그림으로, 개인을 통해 가족의 역동성을 파악하는 데 용이하다.

다음은 미술치료를 진행할 때 활동 진행방법이나, 상황에 따라 달라질 수 있다.

① 도입 단계

아동과 친해지는 시기이고 편안한 분위기를 조성하여 아동이 충분히 이완하도록 한다. 이완을 위해서는 음악이나 호흡법을 활용할 수도 있다. 초기에는 치료목표를 정하고 미술치료에 대한 설명과 규칙을 이야기한다.

만 9세 남아의 동적 가족화이다. 가족 모두가 거실에 모여있다. 아빠는 휴대전화로 전화를 걸고 엄마는 저녁식사를 준비하시고 형은 컴퓨터를 하며 본인은 만화책을 보고 있다. 가운데 있는 아기는 누워서 울고 있는데 배가 고파서 울고 있다. 아기가 울 때 내가 웃겨주면 아이는 웃지만, 가끔씩 공부에 방해가 돼서 싫고 엄마가 빨리 돌봐주었으면 좋겠다. 아빠는 나랑 만화책 사러 가기로 약속했다. 내가 제일 행복할 때는 엄마가 요리해주고 친구랑 같이 놀러 갈때이다. 내가 제일 기분 나쁠 때는 형이 나를 귀찮게 할 때다.

그림 8-19 9세 남아의 동적 가족화

② 활동 단계

아동의 적극적인 활동이 들어가는 시점으로 작품을 할 때 충분히 몰입하고 집중할 수 있는 분위기를 제공한다. 상담자는 아동이 작품을 할 때는 말을 걸지 않고 충분히 침묵을 유지하면서 지켜보아야 내담 아동이 자기치유과정을 방해받지 않는다.

③ 토론 단계

작품을 다시 보면서 대화를 나누는 시기인데 상담자와의 관계가 안정적이고 치료동맹이 잘 형성되어 있을수록 상호작용이 잘 일어난다. 상호작용 내용은 작품을 하면서 느낀 점, 작품 중 마음에 드는 곳과 그 이유, 작품 중에서 수정하고 싶은 부분, 그림의 요소들 간의 관계와 연상되는 것 등이다.

3) 모래놀이치료

아동상담에서 모래놀이는 놀이치료에서 없어서는 안 될 치료양식으로 확고한 자리매김을 하고 있다. 여기서 소개되는 모래놀이치료는 카레이의 역서인 『모래놀이치료』(이정숙·고인숙, 2002)를 요약한 것이다(Carey, 1999).

(1) 모래놀이치료 개념

모래놀이치료란 모래가 담긴 상자에 여러 가지 모형물을 늘어놓아 하나의 작품을 만들고, 그 작품으로 이야기를 나누면서 내면적 치료가 일어나는 놀이치료 양식이다. 모래 두 상자와 다양한 모형물(miniature)만 있으면 실시할 수 있는 간단한 놀이치료 양식 중 하나이다. 모래놀이를 할 때 내담자는 아무런 기술이나 능력을 발휘할 필요도 없으며, 경우에 따라서는 아무런 말을 사용하지 않을 수도 있다.

(2) 역사

모래놀이는 20여 년 전부터 많은 임상에서 이용되어 왔으며, 최근 들어 이를 주제로 한 많은 논문과 책들이 출간되고 있다. 모래놀이는 놀이치료뿐만 아니라 미술치료, 융 학파의 정신분석치료 분야에서도 각광받고 있다.

① 나바조 인디언

모래놀이는 이전부터 치유의 의식으로 이용되어 왔는데, 특히 모래놀이를 나바조(Navajo) 인디언 부족의 주술사는 모래에 상징적인 그림을 그려 치유의 수단으로 이용하였다. 그림은 일반적으로 구(round)나 만다라(mandala) 형상을 하고 있다. 병들거나 상처 입은 사람들이 만다라의 중앙에 앉으면, 주술사는 악마를 쫓아내기 위해 치유 주문을 왼다. 만다라의 한쪽은 항상 열려있는데 이는 악마가 환자에게서 도망치는 출구를 만들어준 것이다. 나바조 인디언들은 모래 그 자체가 환자를 괴롭히는 악마의 영(spirits)을 물리치고, 선한 영을 불러들이는 효능이 있다고 믿었다.

② 마가렛 로웬펠드

본격적인 치료 양식으로써 모래놀이를 이용한 것은 영국의 소아정신과 의사로 세계기법(World Technique, 1929)을 고안한 마가렛 로웬펠드로 후에 많은 임상치료자들에게 영향을 미쳤다.

건강문제와 부모의 이혼 등 불행한 가정에서 자라난 로웬펠드는 아동의 깊은 내면적 감정을 전달하는 데 언어가 꼭 필요한 것은 아니라고 생각하였다. 그녀는 작업에서 아동이 갖고 있는 문제를 보여 줄 때 '말하기(tell)'보다는 '보이기(show)'를 가능케 하는 방법을 찾아보려 하였다. 하지만 처음에는 그녀 자신도 치료적 기법으로써의 모래놀이에 대해 확신하지 못하였다. 단지 발달과정에 있는 아동들에게 가지고 놀 수 있는 모래상자와 장난감을 제공했던 것이다. 그래서 자신을 아동이 모래를 가지고 만드는 것을 기록하고, 꾸며진 장면들에 대해 질문을 던지는 관찰자로 묘사하고 있다.

③ 융

분석심리학의 주창자인 융은 모래놀이에도 지대한 영향을 미쳤다. 융은 문제를 해결하기 위해서는 갈등을 일으켰던 그 시기로 되돌아갈 방법을 모색해야 하며, 이를 위해 모래놀이가 효과적이라 생각하였다.

융은 1937년 열린 국제 정신분석학회에서 로웬펠드의 세계기법(world technique)에 관한 강연을 듣고, 그 기법이 정신세계의 원형(archetypes)에 접근할 수 있을 것이라는 가능성을 갖게 되었다. 그는 꿈, 예술, 글, 모래놀이 등을 통해 원형적 이미지에 접근하고, 중재할 수 있다고 믿었다. 특히 모래놀이 장면을 통해 묘사되는 다양한 원형이 가지고 있는 의식과 무의식을 통합하면서 자기치유가 이루어진다고 보았다.

정신세계는 육체와 마찬가지로 자기 치유적인 잠재력을 가지고 있으므로, 이런 것들이 일어날 수 있는 공간을 제공해주면 스스로 치유가 가능하다. 융은 만다라나 모래놀이가 좋은 치유공간으로 활용된다고 보았다.

④ 도라 칼프

칼프는 로웬펠드의 세계기법과 융 학파의 이론을 통합하여 현대적 모래놀이치료를 주창한 인물이다.

칼프는 모래놀이에서 '자신이 아동에게 해석을 거의 해주지 않아도 거의 자동적으로 진행된다는 것을 느꼈다(Weinrib, 1983). 육체와 마찬가지로 인간의 정신 역시 전체성(wholeness)과 치유를 향한 동기를 가지고 있다는 융의 가설들을 연구에 적용하여, 모래상자가 '자유와 보호의 공간'으로 이러한 동기를 이끌어낼 수 있다고 강조하였다.

칼프는 자신이 관찰한 것에 대해 아무런 판난을 내리지 않으려는 자세를 지녔으며, 기본적으로 아동의 심리적 발달 진행에 대해 추론하기 위한 어떤 말도 않으려는 비언어적 접근방법을 사용하였다. 이러한 고요하고 수용적인 태도를 취하기 위해 불교사상을 모래놀이에 활용하였다. 불교에서 구도자는 떠오르는 의문에 대해 결코 직접적인 답을 구하지는 못한다. 하지만 각 개인들은 의문의 탐색에 의해 진정한 답을 발견해 나가기 위해 자신의 근원적인 내면을 되돌아보는 것을 격려받는다. 칼프는 말없는 이해, 연결감, 다른 말로 하면 전이와 역전이 등이 치료자와 아동 사이에 일어날 때 치료가 극대화된다고 하였다(Kalff, 1980).

⑤ 에릭 뉴만

독일의 융 분석가인 에릭 뉴만은 아동의 심리적 발달을 모래놀이에 적용시키고자 노력한 인물이다.

뉴만은 모래라는 매체가 원시 모계중심과 직접적으로 연계되어 있다고 보았다. 특히 모래는 위대한 어머니(Great Mother) 원형의 문제에 직면할 수 있다고 생각하였다.

뉴만은 모래놀이에서 나타나는 발달 단계에 대해 다음과 같이 정리하였다.

가. 혼돈

혼돈(chaos)은 분화되지 않는 혼란스런 자아의 초기 모습을 드러내 보인다. 모든 것이 어지럽고 마구잡이로 늘어져 있다. 뉴만은 이런 단계를 출생 직후의 어머니와 아동과의 관계에서 자신과 외부환경이 어머니를 구별하지 못하는 단계로 보았다.

나. 동물 및 식물

심리적 통합을 향한 처음 단계로 동물과 식물이 나타난다. 뉴만은 아동이 어머니로부터 분리되기 시작하는 발달 단계로 보았기 때문에 친선단계(rapprochement stage)라고도 한다. 이 단계에서 모래 장면을 꾸민 동물이 상징하는 것은 아동 내면을 보여 주는 중요한 단서가 된다.

다. 싸움

아동 내면의 갈등은 보통 선과 악의 대결로 그려진다. 간혹 남자와 여자의 갈등으로 묘사하기 위해 암수 동물의 싸움을 꾸미기도 한다. 싸움의 양상을 살펴보는 것도 중요하다. 상호 대등한 싸움으로 묘사하고 있는지, 어느 한쪽이 월등한지를 살펴보아야 한다.

라. 자아와 자기

자아와 자기(ego & self)가 좋은 관계를 보이는 시기이다. 이 단계에서 아동은 남성과 여성 등 한쌍의 대응개념을 통합한다. 균형감과 평온감 등을 보이고, 흔히 남성과 여성이 마주보고 그려지기도 한다.

마. 공동체 적응

마지막 단계는 공동체 적응(adaptation to the collective) 장면이 나타난다. 이 단계의 모래장면은 일상적인 나날들을 반영한다. 뉴만은 이러한 것을 아동이 외부세계와 관계를 가질 준비를 하는 것으로 생각했다. 학교생활, 친우관계 등 모든 것이 어머니와의 초기 양육 관계에서 벗어나 외부로 향하는 세계관을 보여 준다. 이전의 발달 단계를 거쳐 이러한 장면들이 모래놀이에 나타나면 치료자는 아동이 다시 세상으로 나가 건강한 삶을 누릴 준비가 되어있으며, 머지않아 종결시켜도 좋다는 신호로 받아들여야 한다.

(3) 모래놀이치료실

① 치료실 배치

모래놀이치료실은 신비하고 독특한 느낌을 주는 것이 좋다. 배치방법은 치료실 공간의 크기나 형태, 집단크기 등을 고려하여 꾸미는 것이 좋다. 대부분의 경우 놀이치료실의 한쪽에 모래놀이 영역을 배치한다. 가능하면 분리된 모래놀이치료실을 가지는 것이 더 효과적이다. 그리고 모래놀이치료실은 수집한 모형물이나 놀잇감을 배치하기에 충분한 선반을 갖추고 있어야 한다.

② 모래상자

모래놀이실에는 50×70×10(cm)의 크기를 가진 두 개의 모래상자를 준비하는 것이 좋다. 한 상자에는 마른 모래, 다른 상자에는 젖은 모래를 절반 정도 채워놓는다. 가능하다면 바퀴가 달린 받침대 위에 올려놓는 것이 이동하는 데 편리하다. 상자의 바닥은 파란 색의 방수페인트를 칠해야 하는데, 그 파란 색이 하늘을 암시하여 상자를 하나의 세계로 창조할 수 있기 때문이다. 또한 모래상자에 물을 붓는 경우도 많기 때문에, 새는 것을 방지하기 위해 바닥에 방수처리를 반드시 해야만 한다.

모래는 천연모래로 반드시 소독하여 미생물이 서식하는 것을 방지해야 한다.

③ 모형물

모형물(miniatures)은 선택의 폭을 넓힐 수 있도록 가능한 한 다양하게 준비한다. 온갖 종류의 동물이나 새, 차량, 빌딩, 울타리, 다리, 나무, 꽃, 다양한 직업의 인물들, 만화주인공들, 영웅, 인형 집 가구, 돌멩이나 나뭇잎 등 자연생성물, 영적이고 종교적인 상징물 등이 필요하다. 공간적인 제한이라든가, 경제적인 문제점이 없다면 모형물은 많을수록 좋다.

④ 물

물은 모래놀이에서 필수적인 것 중 하나로, 모래를 촉촉하게 만든다든지, 마무리를 할 때 필요하다. 아동이 모래놀이에 물을 사용하고 싶어 한다면 허용해 주어야 한다. 하지만 물을 사용하여 지저분한 상태가 될 때, 아동에게 정리하는 법을 가르쳐주어 스스로 뒷정리를 하게 한다. 젖은 모래는 확실하게 말려주어야 하며, 위생상 적어도 석 달에 한 번씩은 모래를 바꿔주는 것이 좋다.

⑤ 기록

진행과정은 기록으로 남겨야 한다. 모래놀이의 사실적 기록을 위해 치료자는 아동의 작업에 집중하여야 한다. 기록할 내용은 선택된 모형물의 종류와 수, 모형물을 배치하는 순서, 배치된 모형물의 위치, 모형물을 다루는 아동의 태도, 모형물의 색상, 질감, 크기 등에 대해 사진이나 녹음기 등을 이용하고, 서류화하여 구체적 기록을 남기는 것이 좋다. 특히 디지털카메라로 모래놀이상자 장면을 찍고, 그것을 파일로 만들어 컴퓨터에 기록하여 보관하는 것이 바람직하다. 또는 디지털카메라로 찍은 사진은 인화하거나 CD로 만들어 모래놀이를 종결할 때 사진첩으로 만들어 주는 것이 좋다.

(4) 진행 과정

모래놀이는 자아의 깊고 영적인 면까지 터치할 수 있는 작업이다. 모래놀이는 그 안에 진실로 '영혼작업'이라 할 수 있는 소중한 것을 담고 있기 때문에 모래놀이를 통해, 깊은 내면적 세계에 도달할 수 있다. 하지만 허약한 자아를 가진 아동은 모래놀이를 통해 드러낸 자신의 내면 세계에 압도당할 수도 있으므로 치료자의 주의가 필요하다.

효과적인 놀이치료를 위하여 치료자는 다음과 같은 순서로 모래놀이를 진행한다.

① 먼저 상자를 보여 주고 마른 모래와 젖은 모래를 충분히 만져보도록 한다. 모래상자 바닥의 파란 색을 보여 주며 소개한다.
② 선반 위에 있는 다양한 모형물을 종류별로 소개한다.
③ 아동이 자발적으로 모형물을 선택하게 하고, 모래상자에 작품을 만들게 한다.
④ 아동이 모래놀이를 하는 동안에 순서, 시간 등을 기록한다.
⑤ 아동이 모래작품을 하는 동안에 필요하다면 대화를 나눌 수는 있지만, 아동의 내면적 흐름을 방해해서는 안 된다.
⑥ 작품이 완성되면 방향을 바꿔가며 아동에게 시간을 충분히 제공하여 자신의 작품을 감상하게 한다.
⑦ 모래놀이 장면에 대한 설명이나 감상 등에 대해 대화를 나눈다.

4) 행동치료

(1) 행동치료 개념

행동치료는 아동이 현재 보이고 있는 문제행동에 초점을 맞춘다. 모든 행동(behavior)은 그 행동의 선행조건(antecedent)인 '앞' 또는 후속결과(consequence)인 '뒤'에 일어나는 사고의 영향을 받아 나타난다고 본다. 이렇게 행동은 A, B, C의 세 단계로 구성되며, 행동치료는 행동을 직접 변화시키기보다는 그 행동을 선행하는 조건 또는 후속하는 조건을 변화시킴으로써 행동을 변화시키고자 하는 것이다.

행동치료는 앞에서 설명한 아동상담이론에서 이론적인 부분을 충분히 다루었으므로, 여기서는 치료 그 자체에 중점을 두고 살펴보기로 하겠다.

(2) 행동치료 단계

① 표적행동

행동치료를 위하여 우선 수정하거나 치료해야 할 행동을 정확하게 파악하고 구체적으로 설정하는 것이 중요하다. 구체적인 설정이란 '언제, 어디서, 누가, 무엇을, 왜, 어떻게'로 관찰과 측정이 가능한 행동을 대상으로 한다는 것이다.

② 행동의 기초선 측정 및 기록

구체적인 목표행동이 정해지면 관찰을 통해 행동의 기초선을 측정한다. 문제행동이 얼마나 빈번하게 또는 얼마나 오랫동안 있었느냐를 측정하는 것이다. 즉, 행동의 빈도와 지속성, 강도, 발생시각 등을 관찰 측정하고 기록한다. 기초선 측정 및 기록은 변화를 가능하게 하는 최상의 방법을 모색할 수 있게 한다.

③ 적응행동의 증대와 부적응행동의 약화

구체적인 행동치료 기법들을 사용하여 바람직한 행동은 유지시키거나 더욱 증대시키고, 바람직하지 못한 부적응적인 행동은 소멸시키거나 약화시킨다.

④ 행동의 일반화

행동치료를 통해 익혀진 바람직한 행동을 일반화시킨다. 치료의 목표는 환경에의 적응능력의 향상이므로 치료 상황에서 새로이 학습한 적응행동을 일상 환경에서 일반화시킨다.

(3) 강화와 처벌

조작적 조건형성 원리에 의하면 행동은 어떤 조작적 조건에 의하여 유지하면 증대될 수도 있고, 감소되거나 소멸할 수도 있다. 이렇게 짝지어지는 조작적 조건을 크게 강화와 처벌로 나누어 살펴볼 수 있다.

① 강화

가. 강화 유형

바람직한 행동을 유지하거나 증대시키는 것을 강화(reinforcement)라 하는데, 강화는 정적 강화와 부적 강화로 나누어볼 수 있다.

정적 강화(positive reinforcement)는 바람직한 행동을 했을 때 긍정적 강화물을 제공함으로써 그 행동을 유지시키거나 향상시켜 나가는 방법이다.

부적 강화(negative reinforcement) 역시 바람직한 행동을 강화시키는 것이다. 하지만 아동이 하기 싫은 것이나 부담스러워하는 혐오자극(unpleasant stimulus)을 제거시켜 줌으로써 바람직한 행동을 유지시키거나 증대시키는 것이다.

나. 고려할 점

강화의 효율성을 거두기 위하여 다음과 같은 점을 주의해야 한다.

- 즉각성: 강화는 증대시키고자 하는 행동이 발생하면 즉각적으로 주어져야 한다. 이는 강화 혹은 처벌이든지 간에 다 같이 적용되는 원칙이다. 가장 이성적인 것은 강화가 거의 자동적으로 제공되는 것이지만, 사실 현실에서는 힘들기 때문에 되도록 시간을 지체하지 말고 시행해야 한다.
- 적합성: 강화는 바람직한 목표행동에 직접 관련하여 주어져야 한다. 그 목표행동이 무엇인지 정확히 규정하고 그것에만 강화를

주어야 효과를 거둘 수 있다. 또 다른 의미로는 아동이 필요로 하는 강화로 개인 특성에 따라 적절한 강화가 주어져야 효과를 거둘 수 있다.

- 일관성: 특정한 목표행동을 위해서는 강화의 일관성을 유지해야 한다. 치료자가 일관적이고 예측할 수 있는 대로 강화할 때, 아동은 자신이 어떻게 행동해야 할지에 대해서는 자신을 갖고 덜 혼란스러워하게 되고 덜 불안하게 된다.
- 충분성: 강화의 양은 행동변화를 위해서 필요한 만큼 충분히 주어져야 한다. 일반적으로 어떤 새로운 행동을 형성하거나 증가시키고자 할 때 계획된 단계에 따라 점진적으로 접근해가야 하며, 매 단계마다 강화가 주어져야 한다. 하지만 충분한 것이 아니라 지나쳐서 효과가 떨어질 수도 있으므로 주의해야 한다.

다. 보상

어떤 행동에 대해 긍정적인 반응을 보였을 때, 그 행동이 증가한다면 그 반응은 정적 강화물(positive reinforcer)이 된다(Spiegler & Guevremont, 2003). 그 정적 강화물이 보상(reward)으로 주어지는 것이다. 보상은 어떤 행동으로 인해 받게 되는 좋은 결과를 말한다. 보상은 아동을 하여금 과제수행에 대한 성취감과 동기를 높여주기 때문에 매우 중요하다. 그러나 보상은 그 보상 자체가 영향력이 있는 것이 아니고 보상의 희소성, 크기, 종류, 빈도 등에 따라 동기를 일으키는 정도가 다르기 때문에, 보상을 정하거나 사용할 때는 아동 개인에 대한 충분한 정보수집이 있어야 한다.

보상의 종류는 크게 물질적 보상, 활동적 보상, 사회적 보상, 대리적 보상 등 네 종류로 나누어 볼 수 있는데, 아동이 선호하는 강화물에는 개인차가 있기 때문에 이를 고려하여 보상의 종류를 결정해야 한다.

- 물질적 보상: 물질적 보상(material reward)은 아동이 원하는 물건이나 좋아하는 물질을 제공해주는 것을 말한다. 예를 들어, 음식물, 장난감, 책, 게임기 등의 강화물을 이용한 것을 말한다.
- 활동적 보상: 활동적 보상(activity reward)은 아동이 좋아하는 활동이나 특권을 부여해주는 것을 말한다. 예를 들어, 외출하기, 쇼핑하기, 영화보기 등을 예로 들 수 있다.
- 사회적 강화: 사회적 강화(social reinforcement)는 비물질적인 강화로 가장 폭넓게 사용되는 칭찬, 미소, 포옹, 쓰다듬어주기 등을 말한다.
- 대리적 강화: 대리적 강화(indirect reinforcement)는 간접적 강화로 바람직한 행동을 할 때마다 즉각적으로 토큰, 점수, 스티커 등을 주어 일정한 양을 모으면 아동이 원하는 물건이나 활동과 교환해주는 것이다. 대리석 보상이 효과를 거두기 위해서는 아동과 구체적으로 토큰을 받을 수 있는 행동목록을 정하고, 일정량을 모았을 때 받을 수 있는 강화물도 미리 정한다. 바람직하지 못한 행동을 할 때 토큰 등을 회수하는 방법을 활용할 수도 있다.

② 처벌

가. 처벌 유형

아동의 행동치료를 위해 처벌(punishment)을 사용할 수도 있다. 처벌은 아동에게 불쾌한 자극을 경험하게 함으로써 문제행동의 감소나 소멸을 유도하는 것이다. 불쾌한 자극의 경험이란 아동이 현재 즐기고 있는 자극을 제거하거나 아동이 싫어하는 자극을 제공하는 것이다. 처벌은 상황에 따라 부정적인 효과를 주기도 하고 긍정적인 효과를 주기도 한다.

처벌 역식 정적인 처벌과 부적인 처벌로 나눌 수 있다.

정적 처벌(positive punishment)은 바람직하지 못한 행동을 하고 그 행동에 대해 불쾌한 결과를 얻게 되는 것이다. 예를 들면, 어머니의 립스틱으로 벽에다 낙서를 하여 꾸지람을 듣는 경우가 그러하다.

반면에 부적 처벌(negative punishment)은 바람직하지 못한 행동을 하여 즐거운 자극이 사라지는 것을 말한다. 예를 들면, 동생을 때렸기 때문에 아버지가 돌아오는 일요일에 축구장에 데리고 가겠다고 한 약속을 취소해버리는 것을 말한다.

처벌사용의 목적은 아동에게 불쾌한 자극을 경험하게 함으로써 문제행동의 감소나 소멸을 유도하는 것이다. 불쾌한 자극의 경험이란 아동이 현재 즐기고 있는 자극을 박탈하거나 아동이 싫어하는 자극을 제공함을 말한다. 처벌은 상황에 따라 부정적인 효과를 주기도 하고 긍정적인 효과를 주기도 한다.

나. 고려할 점

처벌의 긍정적인 효과를 위해서 다음과 같은 점을 고려해야 한다.

- 아동의 발달 수준을 고려한다.
  처벌은 지나치게 약하거나 강하면 비효과적이다. 아동의 신체적·인지적 발달 수준을 고려하여 처벌의 강도를 정해야 한다.
- 문제행동이 일어난 직후에 내려야 한다.
  시간이 지난 뒤에 벌을 내리는 것은 효과를 감소시키는 요인 중 하나가 된다(Craighhead et al., 1976).
- 일관성이 있어야 한다.
  문제행동을 했을 때 부모의 기분이 좋을 때는 그냥 넘어가고, 기분이 나쁠 때 처벌을 가한다면 아동은 혼란스러워하고 부당하다는 생각을 갖게 된다.
- 처벌을 내리기 전에 한 번은 미리 경고를 주어야 한다.
  이 행동이 처벌받을 문제행동이라는 것을 아동이 인식하고 있어야만 더욱 효과가 나기 때문이다. 이를 위해 미리 처벌받을 문제행동에 대해 명확하게 구체적인 말로 설명해주어야만 한다.

- 처벌의 부작용을 고려한다.
  처벌은 장기적으로는 효과적이지 않으며, 잘못 활용할 경우 부작용을 불러일으킬 수 있다(Melamed & Siegel, 1980). 처벌을 받음으로써 일시적으로 문제행동이 소거될 수도 있지만, 대부분은 단지 억압되는 것이기 때문에 그 문제행동을 더욱 강화시킬 수도 있다. 또한 심리적으로 자존감의 상처를 입게 되고, 신체적인 체벌의 경우에는 신체적인 손상까지도 불러일으킬 수 있다.

(4) 행동치료 기법

① 새로운 행동학습

가. 행동조성

행동조성(shaping)은 조작적 조건형성에 기초를 둔 것으로 새로운 행동을 처음 익힐 때 사용하는 기법이다.

새로운 행동을 목표행동으로 하는 행동조성은 아동의 발달수준을 고려해야 한다. 목표행동과 유사한 행동이 나오면 강화해주어 체계적으로 목표행동으로 유도하는 것이다. 예를 들어, 설거지하기를 목표행동으로 하려고 한다면 처음에는 아동이 별로 힘들어 하지 않는 행동, 예를 들어 식탁에 숟가락 놓기를 시키고 칭찬을 해준다. 그 다음에는 물을 컵에 떠놓기, 반찬을 냉장고에서 꺼내기 등으로 점차 더 수고가 필요한 행동을 요구하고 충분히 강화를 준 다음, 궁극적인 목표행동인 설거지를 시킨다.

행동조성을 위하여 목표행동을 성취할 때까지 지켜보고(looking), 기다려주며(waiting), 강화(reinforcement)시켜 주어야 한다.

행동조성은 언어장애, 반항성장애, 발달지체, 정신지체, 자폐아동의 식사나 옷 입기 등 신변처리지도에 많이 사용된다.

나. 과제분석

과제분석(task analysis)이란 과제를 쉽게 이해하기 위해 여러 단계로 나누는 과정을 말한다. 발달지체나 정신지체를 가지고 있는 아동에게 놀이나 신변처리 학습과제를 가르칠 때 꼭 필요한 방법으로 아동의 능력 수준에 따라 과제분석의 단계 수는 달라진다. 예를 들어, '바지입기'를 과제분석하는 경우 바지 들기→바지 한쪽 발 끼우기→바지 다른 쪽 발 끼우기→허리까지 끌어올리기→호크 잠그기→지퍼 잠그기 순서로 나눌 수 있다.

다. 행동연쇄

행동연쇄(chaining)는 단순한 행동을 점차 전체적이고 복합적인 행동과 결합시키는 것이다(Ollendick & Cerny, 1981). 행동연쇄는 목표행동을 성취하게 하기 위해 어떤 행동을 더하거나 결합시키는 것이다. 행동연쇄가 일어나기 위해서는 앞서 학습한 내용을 지속적·누적적으로 반복하면서 한층 더 복잡한 행동으로 발달하게 한다. 또한 적절한 강화가 주어져야만 한다. 예를 들어, '바지입기'를 행동연쇄를 이용하여 지도하는 경우, 우선 과제분석에 따라 바지 들기를 충분히 연습하고 보상한다. 그 다음에는 바지 들고 한쪽 발 끼우기까지 등 다음 과제까지 나아가게 연습하게 하고 보상해 준다.

어떤 행동은 반대 순서대로 나가는 역연쇄(backward chaining)를 이용하는 것이 편할 수도 있다. 예를 들어, '스퀘어 입기'를 지도할 때는 아동에게 맨 마지막 단계인 '스퀘어를 허리까지 내리기'를 먼저 시키고 반대 순서대로 진행시킬 수 있다.

라. 지시 따르기 훈련

지시 따르기 훈련(3-step guided compliance training)은 3단계로 이루어진 훈련이다. 지시나 과제 수행이 전혀 안 되는 아동에게 인지적·시각적·물리적 훈련의 3단계를 거쳐 과제를 수행시키는 방법을 말한다.

우선 물건 집어주기나 문 닫기 등 아동이 쉽게 수행할 수 있는 과제를 선정한 후, 첫 번째는 말로 지시를 내리고, 두 번째는 5초 정도 기다리다가 아동이 수행하지 않으면 손짓 등의 시범을 통해 다시 한 번 지시를 내린다. 마지막에는 다시 5초 정도 기다렸다가 수행하지 않으면 아동의 손을 잡고 강제로 수행시킨다.

② 문제행동치료

문제행동을 치료하는 방법은 크게 두 가지로, 하나는 문제행동을 약화시키거나 소지하는 것이고, 또 다른 하나는 바람직한 행동을 많이 학습시키는 것이다. 이를 위해 다음과 같은 구체적인 방법을 사용한다.

가. 소거

소거(extinction)는 사람의 행동이 주위로부터 받지 않으면 저절로 없어진다는 원리에서 나온 것으로, 바람직하지 못한 행동을 무시하는 것이다. 이때 소거하려는 행동 이외의 행동에 대해서는 많은 관심을 보여주고 보상을 해주어야 한다. 예를 들어, 소아자위행동을 보이는 아동의 경우, 성기 부근에 손을 댈 때는 무시하는 대신에 책읽기나 운동하는 것에 많은 격려를 해주고 보상해주는 것이 필요하다.

중요한 것은 소거과정 초기에는 바람직하지 못한 행동이 더 자주, 더 강하게 나타난다는 것에 유의해야 한다. 소거를 위해서는 문제행동이 변화할 때까지 시종일관 무시해야 효과를 거둘 수 있다.

나. 타임아웃

아동의 문제행동을 무시하여도 소멸되지 않는 경우도 많다. 특히 주변 사람의 관심을 끌기 위해 하는 행동이 아니라, 자기 자극을 위해 하는 행동이라면 무시하기가 효과를 거두기 힘들다. 또한 남을 때리거나 자해를 하는 등의 신체적 위험이 있을 때는 무시하기가 효과를 거두지 못하므로 순한 처벌의 형태인 타임아웃을 사용하는 것이 좋다.

고립이라고도 불리는 타임아웃은 다음과 같은 여러 가지 주의점이 있다.

- 경고: 타임아웃을 실시하기에 앞서 어떤 행동 때문에 아동이 벌을 받는 것인지 구체적으로 규정해 주고, 타임아웃하는 시간도 미리 말해주어야 한다.
- 실시방법: 타임아웃은 일정한 장소를 정해, 그곳에 의자나 방석을 놓고 약속한 시간만큼 고립시킨다. 일정한 장소나 의자를 정하는 것은 그곳이 벌을 받는 장소라는 것을 인식하게 하여 마음의 준비를 시켜주기 때문이다. 의자 없이 서 있게 하는 것도 괜찮은데, 물론 이때도 일정한 장소여야 한다.
- 태도: 타임아웃을 실시할 때, 부모나 교사는 조용하지만 단호한 태도를 일관되게 취해야 한다. 처음 타임아웃 방식을 시행하는 경우에 대부분의 문제아동은 지시를 무시하고 뛰쳐나온다. 이때 단호한 목소리로 한 차례 경고를 하고, 그 다음부터는 절대 목소리를 높이지 말고 그 자리에 계속 데리고 간다. 뛰쳐나오는 행동이 몇 번이 되더라도 절대 목소리를 높이거나 화를 내지 말아야 한다. 이것도 일종의 힘겨루기인데, 부모가 흥분을 하면 그 상황이 계속 유지되어 계속 떼를 쓸 여지를 남겨두는 것이기 때문이다.
- 장소: 장소는 부모가 지켜볼 수 있는 곳으로, 재미없는 곳이어야 한다. 만약 장소가 재미있는 곳이라면 타임아웃이 별로 적용하지 않을 것이다. 그렇다고 공포심을 유발하는 어둡고 무서운 장소를 사용해서는 안 되고, 단지 고립을 꾀할 수 있는 곳이 좋다. 이를테면 불도 안 켠 캄캄한 화장실도 부적절하지만 TV를 볼 수 있는 장소도 효과가 없다.

- 시간: 아동의 생활연령을 고려하여 타임아웃 시간을 배정하여야 하는데, 연령의 2배를 넘기지 않도록 주의해야 한다. 만약 지나치게 시간이 길어지면, 타임아웃 자체에서 즐거움을 발견하여 효과가 감소하기 때문이다. 또한 일단 경고한 타임아웃 시간은 확실히 지켜주어야 효과를 거둘 수 있다.
- 철저한 고립: 타임아웃 동안에는 아무도 말을 거는 등 관심을 보여줘서는 안 된다. 타임아웃이 효과를 거두기 위해서는 철저히 고립됨을 느껴야 한다. 하지만 타임아웃이 끝난 다음에는 위로의 말과 따뜻한 스킨십을 통해 사랑을 확신시켜 주어야 한다.

다. 권리박탈

권리박탈(remove privilege)은 반응대가(response cost)라고도 한다. 바람직하지 못한 행동으로 반응할 때, 아동이 가지고 있던 권리를 빼앗아버림으로써 행동을 수정하는 방법으로 아동이 한 행동에 대가를 치르게 하는 것이다. 예를 들아, 유치원에서 친구들과 싸우고 들어왔다면 좋아하는 텔레비전 프로그램을 보지 못하게 하는 것이다.

라. 포화

포화(satisfaction)는 특정 문제행동을 싫증날 정도로 실컷 하게 하거나 강제로 시킴으로써 그 행동을 계속하고 싶은 생각이 없어지도록 하여 문제행동을 감소하게 하는 방법이다. 예를 들어, 종이 찢기를 좋아하는 아동에게 여러 가지 종이를 제시하여 싫증이 날 때까지 시키고, 그 뒤 싫증내더라도 더 찢도록 강요함으로써 문제행동을 감소시키는 것이다. 하지만 포화기법을 사용할 수 있는 문제행동은 위험요소가 없어야 하며, 그 행동을 계속할 때 팔이 아프다든지 지겹다든지 하는 힘든 점이 생겨야 효과를 거둘 수 있다.

③ 불안치료

행동치료는 불안치료에 유용하다. 불안치료를 위한 대표적인 기법으로 이완훈련, 체계적 둔감법, 홍수법 등을 들 수 있다.

가. 이완훈련

이완훈련(relaxation training)은 근육의 긴장과 이완을 통해 스트레스에 대처할 수 있도록 훈련하는 것이다. 최근 들어, 명상이나 최면, 요가 등과 함께 사용되어 더욱 효과를 거두고 있다. 반복적인 근육의 수축과 이완을 통해 그 차이를 인식하고, 자신의 현재 심리 상태나 불안, 스트레스 등으로 인한 긴장 상태를 파악하고, 이완훈련을 적용한다. 뿐만 아니라 이완훈련은 깊고 규칙적인 호흡을 통해 궁극적으로는 정신적인 안정을 취하고자 한다.

이완훈련은 역조건(counterconditioning) 원리를 활용할 수 있다. 예를 들어, 불안과 근육의 이완은 반대적인 반응이기 때문에 함께 나타날 수 없다는 것을 이용할 수 있다. 불안이나 공포가 나타날 때마다 근육을 이완시키는 것 이외에도 노래를 부른다든가, 제일 좋아하는 아이스크림을 먹는다든가 등의 편안감을 갖게 하는 상반된 짝을 찾아 이용할 수 있다.

나. 체계적 둔감법

체계적 둔감법(systematic desensitization)은 울프가 불안이나 공포를 감소시키기 위하여 제시한 행동치료법이다(Wolpe, 1958). 공포와 불안을 유발시키는 자극을 모아 주제, 빈도, 시간, 장소 등의 여러 면에서 불안 강도를 위계적 순서로 배열하여 목록화 하고, 가장 낮은 강도에서 점차 높은 자극으로 차례대로 제시한다. 이처럼 체계적 둔감법은 불안에 노출되어 견뎌야 하는 노출(exposure)을 기본으로 한다.

체계적 둔감법은 다음의 세 단계로 실시한다.

- 1단계: 근육 이완(relaxation)
  치료자의 지시에 따라 호흡조절이나 상상을 통해 근육을 이완시킨다.
- 2단계: 불안 위계(anxiety hierarchies)
  면접 등을 통한 정보를 바탕으로 아동의 불안을 야기하는 장면을 약한 것부터 강한 것까지 목록화한다.
- 3단계: 불안 노출(anxiety exposure)
  이완훈련을 실시하면서 우선 불안이 없는 중립적인 장면을 제시하여 상상하게 한다. 그 다음 충분히 이완되었다고 느껴질 때, 불안 위계목록에서 가장 불안 강도가 낮은 장면을 상상하게 된다. 그리고 또다시 이완상태로 들어가게 하고, 보다 높은 강도의 장면을 상상하게 한다. 이렇게 불안장면과 이완을 반복하면서 점차 높은 불안 강도에 노출시켜 견딜 수 있게 한다.

다. 홍수법

홍수법(flooding) 역시 노출을 이용하는 것으로, 불안이나 공포에 노출시켜 견디게 하는 것이다. 하지만 체계적 둔감법과는 반대의 원리를 이용한다. 처음부터 가장 공포를 느끼는 장면을 직면하게 한다. 짧은 시간동안 가장 공포스러운 장면을 반복적으로 직면시키는 것이다.

불안에 오랫동안 노출되어 있으면 습관화(habituation)가 일어난다. 샤워를 할 때 처음 찬물이 닿으면 차가운 기운을 느끼지만, 익숙해지면 더 이상 찬물로 느껴지지 않는 것과 마찬가지라 할 수 있다. 예를 들어, 아동의 경우에 발표할 때가 되면 심하게 불안감을 느끼는 아동이 있다면 일주일 동안 계속적으로 발표를 시켜 그 상황에 익숙해지도록 만드는 것이다. 하지만 불안이 신체적인 증상으로 나타나는 경우에 전문가 없이 홍수법을 실행하는 것은 위험할 수 있다.

5) 독서치료

독서는 인간이 활자나 문자를 기록한 이래로 가장 보편적으로 행해진 활동 중의 하나이다. 인간은 책을 통해서 과거의 역사와 삶을 알게 되었고 새로운 정보나 지식을 습득하였다. 그리고 문학작품은 인간이 겪을 수 있는 다양한 삶을 그려냄으로써 독자들로 하여금 간접적으로 다양한 정서를 체험하게 하고, 갈등이나 문제해결의 새로운 방향을 제시하기도 하였다. 또한 인간의 정서를 간접적으로 경험하게 하면서 정화작용을 통하여 정신건강에 도움을 주기도 하였다. 이러한 맥락에서 문학작품이 치료적인 의미로 사용된다. 문학작품은 내담자가 지닌 문제와 심리적 거리를 유지하면서 자신의 문제에 대해 관찰자적인 관점을 가질 수 있고, 당면한 문제를 평가하고 객관적으로 조망하며 판단을 내리도록 돕는다. 이와 같이 독서를 치료의 한 영역으로 활용하고, 심리치료에 활용하는 기법을 독서치료라고 한다. 이러한 기법이 국내에 소개된 것은 최근이지만, 현재 상담현장에 적용되면서 그에 따른 적용대상이나 효과성에 대한 연구도 활발하게 이루어지고 있다. 독서치료는 심리치료, 교육적 목적, 집단치료, 예방적 활동 등에서 다양하게 활용되고 있다.

다음은 독서치료이론과 치료기법, 치료과정에 대한 반응을 통해 독서치료에 대한 이해를 돕고, 부록에 문제 유형별 그림책을 제시하여 독서치료 활용을 높이고자 한다.

(1) 독서치료이론

독서치료이론을 독서치료의 정의와 치료원리, 독서와 동화의 치료적 가치를 중심으로 살펴보면 다음과 같다.

① 독서치료 정의

고대 그리스에서는 도서관을 '영혼을 치료하는 장소'라고 일컬었는데,

이는 고대부터 책을 통하여 교육과 치료가 가능하다는 것을 인식하고 있었음을 의미한다. 그 후 책은 사람들에게 읽히면서 심신을 편안하게 하고 안식을 주는 '침묵의 상담자(silent counselors)' 역할을 하고 있다고 했다(Riordan & Wilson, 1989).

독서치료(bibilio-therapy)의 어원은 'bibilion(책, 문학)'과 'therapeia(도움이 되다, 병을 고치다)'라는 그리스어의 두 단어에서 유래되었다. 독서치료는 문학을 사용하여 정신건강을 증진시키는 것이다(Hynes & Hynes-Berry, 1994; 한국어린이 문화교육학회 독서치료 연구회, 2002 재인용). 또한 독서치료는 사람들이 살면서 겪게 되는 변화들, 정서적인 문제, 정신적인 질병들을 치료하는 데 도울 수 있도록 정서적인 변화를 가져오고, 인성의 성장과 발달을 촉진하기 위하여 문학을 사용하는 것으로 정의한다. 이는 책이 가지는 치료적인 기능을 강조한 측면이라고 볼 수 있다.

보다트는 독서치료를 "개인이 문헌이나 미디어에 대한 반응을 통해, 자신을 더 잘 이해하거나 개인적인 문제해결을 돕기 위해 계획된 과정 또는 활동"으로 정의하고 있다(Bodart, 1980). 독서치료는 책을 매개로 내담자와 상담자 간의 상호작용을 강조한 측면으로 책을 읽은 후에 구체적인 활동을 통해 내담자가 호소하는 문제에 대해 통찰력을 이끌어내도록 돕는다는 의미이다. 이를 종합해 보면 독서치료에는 책의 교육적·치료적 가치만큼 치료적인 과정을 위해서는 내담 아동과 상담자의 상호작용이 필수적인 과정임을 알 수 있다.

독서치료의 정의에 내포된 가정을 보면 다음과 같다(김현희, 2000).

- 독서치료는 상호작용적 과정이다.
- 문학을 더 넓은 의미로 정의한다.
- 기술된 과정들에는 임상적인 독서치료와 발달적인 독서치료가 모두 일어난다.
- 독서치료 상황은 개별 또는 집단으로 이루어진다.
- 효율적인 독서치료의 결과는 자아존중감을 높이고, 참여자의 개성과 행동이 적절한 심리적·사회적 가치에 융화되는 것을 증가시켜 준다.

- 독서치료는 치료로서 발달적이다. 그리고 병리가 깊은 환자나 일반인 모두에게 정신의 강한 측면에 특별한 호소력을 지닌다. 상호작용적 독서치료가 강조하는 것은 문제를 일으키는 영역에 대한 진단보다 참여자가 가지고 있는 능력에 대한 더 많은 격려와 강화이다.
- 독서치료의 효과가 있는지의 여부는 상담자의 능력에 달려 있다. 참여자의 욕구와 흥미에 맞는 자료를 고르는지, 참여자의 반응에 대하여 적절하고 감정이입적인 해석을 내리는지, 문학작품과의 대화를 통하여 자기이해를 할 수 있도록 이끌어내는지 등이다.

② 독서치료의 치료적 가치

아동에게 책이 주는 의미는 즐거움을 제공하고 책을 통해 자신의 경험과 감정을 재확인하게 되고 현실에서 오는 갈등을 해소하게 하는 것이다. 책 내용을 통해 경험의 세계를 확장시키고 언어적인 능력(어휘력, 문해에 대한 이해) 발달에 도움을 주고, 책에 그려진 삽화를 통해 심미적인 감상력과 표현력을 증가시킨다(김세희·현은자, 1995; 장혜순, 1997).

구메이어는 독서치료에 필수적인 요소로 적절한 도서를 선정하고 읽는 것, 책의 내용과 개인의 경험을 관련지어 상담자와 상호작용하는 것, 상호작용을 위한 상담자의 활동을 제시하였다. 독서치료의 원리는 동일시, 전이, 암시, 감정적 정화, 통찰로 설명할 수 있다(Gumear, 1984).

동일시는 아동이 독서를 통해 책의 주인공이나 등장인물의 성격, 감정, 행동 등을 자신과 일치된 인물로 느끼면서 행동에 변화를 갖는 것이다.

전이는 아동 자신이 경험한 외상이나 과거에 미해결된 과제를 재생하면서 개인의 무의식적인 욕구나 소망 등을 작품의 주인공에게 투사하는 것을 말한다. 이를 통해 아동은 책의 내용에 흥미를 가지면서 내면을 깊이 통찰하게 된다.

암시는 아동이 전이 속에서 느낌, 감정, 생각을 해석하는 것으로 현실세계와 연결시킬 수 있는 고리 역할을 하게 된다.

감정적 정화는 아동이 책을 통해 느낀 다양한 감정이나 심리적인 갈등, 소망, 욕구 등을 표출시켜 감정을 발산하는 것으로, 책을 읽은 후에 상담자와의 상호작용이나 구체적인 활동을 통하여 나타난다. 이때 상호작용은 책의 내용이나 등장인물에 대해 이루기 때문에 저항이나 거부감, 심적 부담감이 적고, 감정정화를 통해 억압된 감정이나 부정적인 감정을 안전하게 발산시킬 수 있다.

통찰은 자신의 문제에 대해 객관적인 관점을 가지면서 문제해결 방안이나 인식을 새롭게 하는 것이다.

이를 통해 아동은 책 속 등장인물들의 다양한 해결방안을 보면서 스스로 자신의 해결방안을 창조적으로 사고하고 적용하는 데 도움을 받는다. 즉, 독서치료는 상담자와 아동의 상호작용이 동일시, 전이, 암시, 통찰력, 정화 등을 통해 상담자와 아동 간에 치료적인 상호작용을 촉진시키고 이를 통해 문제를 해결하고 예방하는 것이다.

독서치료의 치료적 가치를 정리해 보면 다음과 같다(문경여, 2006).

- 아동의 억압된 과거를 이끌어낼 수 있도록 공감과 이해를 표현한다.
- 동일시, 카타르시스 등을 통하여 자신에 대한 인식 및 통찰을 이루게 한다.
- 인식전환을 통하여 사고, 행동, 관계를 재구성하게 된다.
- 현실적인 나를 직시하고, 문제해결능력을 키워준다.
- 타인과 만족스러운 관계를 맺는 경험을 제공한다.

그리고 독서치료는 내담 아동이 지닌 문제와 감정, 갈등의 양상, 발달적 과업이 은유적으로 표현된 책을 함께 읽고, 이를 통해서 자신을 더 잘 이해할 수 있고, 관심을 주변으로 확장하고, 무의식적인 고통에서 벗어나고, 주인공과의 동일시된 체험을 통해 보상과 정서를 교감하기도 하고, 자신의 문제와 행위를 통찰한다.

이때 상담자의 적절한 개입과 중재는 치료적 가치를 높이고 내담 아동의 치료적 과정을 촉진하게 된다.

③ 전래동화의 치료적 가치

아동은 아주 어려서부터 책을 접하게 된다. 영아기에는 책이 놀잇감의 도구로 활용되거나 부모님이 읽어주는 이야기로 접하게 된다. 유아기로 들어서면서 동화내용에 관심을 가지고 문자를 터득하면서 책을 직접 읽는다. 최근에 영유아가 읽는 동화는 전래동화, 창작동화, 과학동화 등 그 종류와 내용이 다양하다.

그러나 수천 년 전부터 사람들 입에 회자되는 전래동화는 과학동화나 현대적인 감각에 의해 창작된 창작동화와는 다르다고 할 수 있다. 유아나 아동이 접하는 전래동화에는 수천 년 전부터 내려온 전설, 신화, 민담, 우화 등이 포함되어 있다.

전래동화 속에는 사회적인 가치나 문화적인 관심, 미신, 역사, 종교, 발달연령에 이루어야 할 과제 등이 포함되어 있다. 또한 동화는 개인 내면의 심리적인 분리개별화나 성장과 성숙을 내용으로 하고 있고, 이러한 내용은 의식적·무의식적으로 아동에게 영향을 미치게 된다. 동화의 심층심리학적인 내용으로는 부모에 대한 오이디푸스적인 사랑, 부모 권위에 대한 증오감, 형제자매 간의 사랑과 질투 등이 있고(김춘경, 2004), 아동이 동화를 읽으면서 상상이나 감정이입, 투사, 동일시 등이 나타나면서 개인 내면의 성장에 도움을 주기도 한다.

전래동화가 가지는 특징을 살펴보면 다음과 같다.

- 시간, 배경적 특성: 시간이나 장소를 모호하게 제시하면 시공간에 구속되지 않는다. 현실세계와 초현실세계를 같은 차원에서 공존하는 것으로 묘사하고, 자연물을 의인화시켜서 표현하기도 한다(예: 옛날옛날 아주 먼 옛날…, 호랑이 담배 피던 시절 등).
- 등장인물의 특징: 인물이 정형화되어 있고 인간의 본능적인 욕망을 적절히 충족시키는 것이 허용된 통합된 자아로 표현된다. 등장인물의 성격이 대립구도를 나타낸다. 두 가지 성격이나 특성이 공존하기보다 극단적인 성격의 특성이 두드러지게 강조된다. 인물의 특징

중에서 현실성 없이 고통이나 신체 파괴를 현실적이지 않게 그리고 있고, 잘못에 의한 처벌은 초현실적인 힘에 의한 것이 주류를 이룬다(예: 선과 악, 인간과 동물, 흥부와 놀부, 신데렐라와 왕비, 콩쥐와 팥쥐 등).

- 내용상의 특징: 현실세계와 공상세계가 동시에 존재하며, 이야기 전개에서 신적인 존재나 초월적인 존재에 의해 도움을 받거나 고통을 당한다. 또한 주인공은 고통이나 고난을 통해 성장하거나 발전을 하게 된다. 그리고 주인공이 위기에 닥쳤을 때 문제를 해결할 수 있는 실마리가 외부에서 등장하는 인물에 의해 제공되고, 이를 주인공은 수용하고 활용하여 위기를 모면한다.

전래동화 또한 다른 책과 같이 아동에게 치료적인 의미를 가지는데, 동화 내용은 외적 현실이지만, 아동에게는 내적으로 일어나는 심리적인 현상을 다루고 있다. 아동이 성장하면서 발달 단계에서 다루어야 하는 발달과업이나 성장과제를 제시하기 때문에 의식적·무의식적인 성장을 도모하게 한다. 이러한 점이 동화가 가지는 치료적인 가치이다. 다른 심리학적인 배경에서 전래동화의 가치를 살펴보면, 정신분석에서는 부모-자녀 관계, 부모 이상화, 성에 대한 문제를 다룬다고 하였고, 개인심리학에서는 아동의 열등감, 우월 추구, 우월 콤플렉스, 열등 콤플렉스를 다루고 있으며, 분석심리학에서는 개인의 개성화 과제를 다루고 있다(김춘경, 2004).

전래동화의 예 - 동화 『어부와 지니』 중에서

나는 처음 백 년 동안 갇혀 있을 때 "누구든지 나를 구해주는 사람을 굉장한 부자로 만들어 줄 거야"라고 다짐했었지. 그러나 백 년이 지나도 아무도 나를 구해주지 않았어. 다시 오십 년이 흐르고 또 오십 년이 흘렀을 때 나는 "누구든지 나를 구해주는 사람에게 보물이 묻힌 곳을 모두 가르쳐 주리라"고 생각했어. 그러나 아무도 나를 구해주지 않았고 그렇게 사백 년이 흘러갔지. 그래도 나는 "누구든지 나를 구해주면 세 가지 소원을 들어주리라"고 다짐했지. 그런데도 나를 아무도 구해주지 않았어. 화가 나서 견딜 수가 없었어. 그래서 나는 굳게 마음먹었지. "이제 누구든지 나를 구해 주기만 하면 당장 죽여 버리고 말겠다"고…

*출처: 옛이야기의 매력, 브루노 베텔하임 지음, 김옥순·주옥 옮김.

『어부와 지니』라는 동화 중에서 물속의 호리병 속에 갇힌 거인이 혼자 독백을 하는 말이다. 이 말은 아이가 '버림받음' 느낌이 들었을 때 일어나는 감정의 변화와 유사하다. 아이는 처음에 엄마가 돌아오면 얼마나 행복할까 생각을 하다가 시간이 흘러도 엄마가 돌아오지 않으면 점점 화가 나고 계속 이렇게 버려둔 사람에게 복수를 하겠다는 공상을 하게 된다. 이 동화 장면은 유아의 심리적인 변화를 잘 묘사하고 있다.

전래동화의 치료적 가치를 정리해 보면 다음과 같다.

- 아동 내면의 불안, 갈등, 두려움에 대해 다루고 있다. 동화에서는 이러한 문제에 도전하고 성공적으로 해결하는 것을 통해, 아동이 성장과정에서 부딪칠 수 있는 문제를 예견하게 해주고 스스로 해결할 수 있다는 가능성을 제시한다.
- 동화에서 나타나는 긍정적·부정적인 감정을 통해 감정정화를 경험하게 되고, 아동이 갖는 갈등이나 부정적인 감정을 해소하면서 건강한 자아발달을 도모하게 된다.
- 아동은 동화를 통해 욕구나 소망, 생각, 느낌을 경험하게 되면서 인간의 보편적인 감정을 수용하게 되고, 대리경험을 통해 인간을 폭넓게 수용할 수 있다.
- 아동이 갖는 환상이나 상상의 세계를 동화를 통해 경험하게 되고, 책에서 제시하는 공격성을 통해 감정을 표현할 기회를 갖는다. 아동이 갖는 무의식적인 환상이나 현실에서는 이루어질 수 없는 공격성을 동화에서 제시함으로써 대리만족을 경험하게 된다.

④ 독서치료의 효과

아동은 책 속에서 나타난 등장인물이나 사건을 통해 타인의 마음을 이해하거나 주인공의 갈등, 어려움 또는 문제해결방식을 이해하고 수용하게 된다. 때때로 자신의 갈등과 연결시켜 문제를 해석하고 해결하는 방법을 창의적으로 생각한다. 또한 사회적인 기술을 모델링하고 여러 가지 다양한 접근방식에 대해 자신이 선택할 수 있는 최상의 방법을 취한다.

독서치료에서는 책을 읽고 책 내용과 연관된 활동을 함으로써 내면화하는 작업을 하게 된다. 아이들은 문제에 직면할 때마다 상담을 하거나 상담자를 찾아갈 수 없다. 그러나 책 내용을 내면화하는 과정을 거치면 언제든지 자신이 실제 현실에서 활용할 수 있는 기술을 터득할 수 있다. 그리고 책을 읽으면서 긍정적 감정이나 억압된 감정, 미해결된 문제에 대한 감정을 은유적으로 표현하고 감정을 조절할 수 있는 전략을 마련하게 된다. 책을 읽으면서 느끼는 카타르시스는 안전하게 감정을 경험하게 하기 때문에 심리치료에서 가장 중심적인 역할을 하는 기제로 활용되기도 한다.

독서치료는 예방적인 차원에서 중요한 역할을 한다. 아동은 성장하면서 발달 단계마다 성취할 과업이 있는데, 이 과업을 미리 예고해 주기도 하고 갈등을 책을 통해 해소하기도 한다. 따라서 현재 아동이 직면한 문제에 대한 창의적인 방안은 토론을 통해 대체전략으로 재구성하거나, 또 다른 방안을 마련할 수 있다. 그리고 갈등의 경중을 떠나 모든 아이들이 공감할 수 있는 내용을 공유한다는 데 더 큰 의미가 있다.

국내의 독서치료 효과연구를 살펴보면 연구대상자는 초등학생(47.6%)이 가장 많다. 연구대상은 주로 정서문제(우울, 불안, 왕따, 자폐, 학습장애), 행동문제(ADHD, 공격성, 발달장애), 환경문제(한부모, 이혼가정, 학대경험, 저소득층, 시설아동, 그룹홈)를 주요 대상으로 선정하였다(김갑선, 2006). 독서치료 효과연구에서는 대체로 긍정적인 효과를 입증하게 되었다. 결손가정아동의 자아존중감과 또래 관계 향상, 자율성 향상에 유의미한 효과가 있어 교육현장에서 생활지도, 비행예방대책, 정서교육, 학업곤란 문제 아동지도에 활용되고 있다. 이렇게 독서치료연구는 점점 증가 추세이고 아동에게 나타나는 다양한 문제를 해결하기 위한 치료적 접근으로 점차 활용범위가 넓어지고 있다.

(2) 독서치료의 실제

독서치료의 이론에 따라 실제에 대한 치료환경, 책의 선정기준, 치료의 원리에 따른 기법, 단계의 특징과 독서치료의 활용방안을 살펴보면 다음과 같다.

① 독서치료 환경

독서치료를 실시할 때 고려해야 할 사항은 내담 아동의 연령과 발달, 주호소문제이다. 그리고 도서를 선택할 때에는 아동의 연령, 성별, 문제의 종류, 독서능력, 독서취향 등을 파악하여야 한다. 독서치료에 사용되는 책을 선정할 때에는 책의 구성과 구조로 책의 대상과 내용, 내용의 객관적인 사실성, 책의 주제에 대한 평가 그리고 아동의 문제를 적절하게 다루고 있고 해결책이 제시되었는지를 확인해야 한다(이재연, 2001).

다음은 맥밀란과 페르손(McMillen & Pehrsson, 2001)이 제시한 독서치료를 실시할 때 책 선정에 있어서 고려해야 할 사항이다.

- 대상 아동의 연령
- 아동의 정서 상태 및 문제행동의 유형
- 책의 주제
- 읽기의 용이성
- 어휘의 적절성
- 책의 그림
- 책의 길이와 문장의 길이 등

특히 유아를 대상으로 독서치료를 실시할 경우 도서의 삽화에 사용된 색상이 유아에게 매력적이어야 하고, 내용은 유아의 흥미를 유발해서 사건을 이해할 수 있어야 한다. 그리고 유아가 이해할 수 있는 내용으로 유아에게 유용한 정보를 제공하고, 유머나 재미를 발견할 수 있어야 한다. 아동에게 좋은 책은 읽었을 때 기쁨을 주고 재미있어야 하며, 이해의 폭을 넓혀 주는 책이다(이상금, 2003). 좋은 책은 주제가 선명하고 인물 구성이 잘 짜여 있고 등장인물의 연령, 경험, 생활과 일치하여 아동의 발달수준에 적합한 책이다(최윤정, 2001). 또한 좋은 책은 일상에서 벗어나 환상적인 이야기를 즐기며 아동이 편안한 마음으로 일상생활의 압박에서 벗어나게 도와주고, 차원 높은 도덕기준과 태도를 발견하고 재개발할 수 있어 치료적인 기능을 포함하고 있다(Gumaer, 1984).

독서치료 원리에는 동일시, 통찰력, 정화가 있다. 아동이 책을 읽으면서 경험하는 심리적 기제를 통해 치료적인 효과가 나타난다.

표 8-3 독서치료에서 사용되는 자료의 선정기준

구분	바람직한 자료	바람직하지 않은 자료
주제	보편적인 경험이나 정서	사적인 경험이나 정서
	영향력 있는 주제	진부한 주제
	이해할 수 있는 주제	모호한 주제
	긍정적인 주제	부정적인 주제
문체	연속성이 강한 리듬	불연속적인 리듬
	뚜렷한 이미지 구체적 이미지	진부한 이미지 추상적 이미지
	쉽고 정확한 어휘 명확하고 간결한 어휘	어렵고 고리타분한 어휘 모호한 언어
	적당한 길이 간결하고 명확한 문장	긴 문장 산만한 언어

*출처: 독서치료(2001). 한국 어린이 문학교육학회독서치료연구회편. 서울: 학지사.

가. 동일시(identification)

다른 치료기제인 전이, 암시, 통찰력, 정화 등을 생기게 하는 시발점이고, 책에 흥미를 느끼게 되는 계기이다. 아이가 동화를 읽으면서 책에 나오는 인물과 동일시하면 등장인물에게 전이를 느끼고, 그 인물이 가지는 감정을 공유하게 된다. 이 과정에서 부정적인 감정이나 긍정적인 감정을 느끼고 정화를 통해 배출하게 된다. 또한 등장인물의 감정을 공유하여 개인이 가지는 억압된 감정이나 자기감정에 대한 표현을 자유롭게 경험하고 느낄 수 있는 기회를 갖는다.

나. 동화(catharsis)

감정의 정화는 자기가 경험하는 감정을 동화 속의 인물이 가진 경험과 동일시 시키면서 감정을 해소하는 것이다. 사회문화적으로 수용되기 어려운 갈등을 책속에서 상징적으로 표현한 것을 보고 경험할 수도 있고, 등장인물이 경험한 억압된 감정을 동일시하면서 자유롭게 경험해 볼 수 있다.

다. 통찰(insight)

통찰은 자신의 문제를 객관적으로 인식하는 것으로 아동이 자신의 경험과 책 속에서 경험을 관련시킬 때 가능하다. 이를 통해서 자기 자신에 대한 타인의 행동을 인식하고, 자신의 감정과 사고, 행동에 대해 이해할 수 있게 된다.

② 독서치료자의 역할

독서치료에서 상담자의 중요한 역할은 아동이 호소하는 주호소나 특성에 적절한 책을 선택하는 것이다. 그리고 상담자는 책과 아동 사이를 중재하는 역할을 하게 된다. 책을 매개로 내담자와 상담 관계를 형성할 뿐 아니라 활발한 상호작용을 하여야 한다. 내담자와 신뢰의 관계 형성을 통해 내담자가 현실에서 느끼는 감정을 충분히 표현하고, 책에서 읽은 내용을 자신의 문제와 연결하여 재구성할 수 있도록 하는 데 도움을 주는 역할을 해야 한다. 독서치료를 시작하기 전에 상담자가 고려해야 할 사항은 다음과 같다.

가. 아동에 대한 파악 및 확인하기

아동의 주호소 문제와 인지, 정서적인 특성을 파악하고, 아동의 욕구를 수용하며 상담을 계획한다. 심리검사나 면담자료 이외에 상담자가 수집한 아동에 대한 정보를 충분히 고려해야 한다.

나. 자료를 선정하기

상담목표와 내용은 아동과 충분히 협의한 것이어야 하며, 이에 부합하는 자료로서 책을 선정한다. 아동의 주호소 문제와 연관된 내용과 주제를 다루는 책으로 선정하되, 아동의 인지적·정서적인 특성, 도움을 줄 자원이 충분한지 파악하여야 한다.

다. 책을 제시하기

아동과 협의한 상담목표에 부합되는 주제이며 상담과정에 필요한 내용의 책을 제시할 때에는, 아동에게 책에 대해 충분히 알리고 스스로 동기화되도록 돕는다. 특히 책은 구입의 수월성을 고려하도록 한다. 아동이 스스로 다양한 통로로 책을 구입하도록 하여 새로운 문제해결을 경험하도록 해도 좋다.

라. 활동하기

읽은 책의 내용에서 자신의 주호소 문제와 연결된 내용을 확인하는 작업으로서, 활동의 성격과 방법은 중요하다. 아동이 쉽게 구체적으로 접근할 수 있는 활동으로 시작하고 흥미로워 자발적으로 참여를 이끌 수 있는 활동이 적합하다. 활동에서의 치료적 경험을 느끼고 공유하기 위해 상담자의 공감능력이 요구된다.

③ 독서치료 과정

독서치료 과정은 김춘경(2004)에 의한 읽기 전 단계, 읽기 단계, 읽기 후 단계로 나눈 3단계와 하인스, 하인스-베리(Hynes-Berry, 1994)에 의한 4단계가 있는데, 여기에서는 이 두 가지 단계를 중심으로 알아보려고 한다.

김춘경의 3단계는 다음과 같다.

가. 읽기 전 단계

아동의 나이, 성별, 주호소 문제, 독서능력을 고려하여 책을 선정하는 과정이다.

나. 읽기 단계

선정된 책을 제시하고 읽는 과정으로 아동 자신의 문제에 적절한 책을 읽고 인물에 대한 감정, 카타르시스, 문제, 문제해결방법을 볼 수 있는 기회를 갖는다.

다. 읽기 후 단계

책을 읽은 후에 상담자와 내담자 간에 의미 있는 경험을 나누는 시간으로, 서로 주고받는 상호작용을 통해 치료과정을 경험하게 된다. 상호작용의 내용은 등장인물이 경험한 사건을 재구성해보고, 등장인물의 해결방안과 결과를 예측해보고, 자신이 직면한 문제에 대한 문제해결을 높이는 것이다. 또한 책을 읽으면서 아이가 현재 느낀 감정을 고찰함으로써 아동의 주관적인 세계를 분석할 수 있고, 아이는 자기에게 적용하고 생활을 조절할 수 있는 기회를 갖는다. 이런 과정은 글쓰기, 그리기, 책 만들기, 토론하기, 역할극 하기 등 구체화된 활동을 통해 이루어진다.

하인스, 하인스-베리에 의한 4단계는 인식(recognition), 고찰(examination), 비교·대조하기(juxtaposition), 자기적용(application to self)의 과정이다(Hynes, Hynes-Berry, 1994). 이를 자세히 살펴보면 다음과 같다.

- 인식하기: 아동에게 흥미를 유발하고 상상력을 통해 자신의 감정을 일깨워주는 단계이다. 문학작품에 초점을 두고 작품에 대해 인식하는 것이다. 즉, 책 내용에 내포되어 있는 주제를 아동이 지각하고, 그 내용을 통해 인식하지 못했던 느낌들을 일깨우는 것이다.

☞ 등장인물을 주인공으로 하는 자서전 쓰기, 책 내용을 표현하기, 주인공 유언 만들기, 사건에 대한 신문기사 쓰기, 등장인물의 문제 토론하기, 주인공 성격의 장점과 단점 토론하기

- 고찰하기: 인식이 강화되는 단계로 이야기 속의 주인공, 사건, 사건의 경위, 장소 등에 대한 질문을 통해 자신의 생각이나 느낌을 탐색하는 단계이다. 고찰이란 자료를 자세하게 살펴봄으로써 인식을 통한 감정반응이 실제로 자신에게 어떤 의미를 주는지, 자신의 가치관과 관심을 돌아볼 수 있게 한다. 아동이 책 속에 있는 내용과 문제를 심도 있게 다루어야 치료효과가 훨씬 증대된다.

☞ 주인공에게 편지쓰기, 이야기 재구성하기, 상황을 설정하여 역할극하기, 인상 깊은 상황을 코미디로 꾸며보기

- 비교, 대조하기: 작품 속의 내용과 자신의 내용을 비교하거나 대조해 보는 단계로, 내적인 깊은 통찰이 일어나는 단계이다. 이 단계에서는 아동이 고찰을 통해 형성한 인상, 사고, 느낌을 치료 이전의 느낌과 비교할 수 있다. 이 과정은 아동 내면의 더 깊은 고찰과 통찰을 가져올 수 있게 된다.

☞ 등장인물의 성격 비교하기, 등장인물의 대처방식 비교하기, 내가 잘하는 것과 못하는 것, 나와 친구 칭찬하기, 누구나 다르다는 것 인정하기

- 자기 적용: 이야기를 통해 인식되고 탐색된 느낌을 통합하는 단계이다. 작품을 통하여 인식되고, 고찰되고, 비교·대조되었던 느낌과 개념은 자기 적용이 이루어져야 한다. 즉, 얻어진 통찰력을 통합하고, 이 통찰을 바탕으로 하여 자신의 생활을 조절하고 적응해 나간다. 이때 상담자는 아동이 완벽하게 변화하는 것을 요구하기보다는 작은 변화와 발달에 대해서 긍정적인 피드백과 지지를 보내주는 것이 필요하다.

☞ 나라면 어떻게 해결할까?

④ 독서치료의 활용

독서치료는 상담분야뿐만 아니라 교육, 정신건강, 분야나 다양한 연령층에서 치료적으로나 문제 예방 차원에서 활용되고 있다. 독서치료가 활용되어 온 분야는 놀이치료와 성적으로 학대받은 아동의 치료, 영재아, 상실을 경험한 아동, 우울증 아동 등 다양하게 적용되었고, 치료적인 효과가 입증되었다. 일반적으로 아동에게 적용되는 영역은 크게 다섯 가지로 분류해 볼 수 있다. 다음 문제를 다루는 그림책들의 예를 부록에 제시하였다.

㉠ 변화에 대한 적응문제: 죽음, 어린이집 입학, 이사, 출생
㉡ 행동문제: 따돌림, 사회적 미성숙, 자기중심적인 행동, 과잉행동
㉢ 감정문제: 분노, 두려움, 질투심, 우울
㉣ 또래와 가족문제: 동생 출산, 친구 관계, 입양, 장해, 이혼, 형제 관계, 부모와의 분리문제
㉤ 의료분야: 치과치료, 질병과 사고, 입원 등

이렇게 다양한 문제에 독서치료를 활용할 수 있으나, 책이라는 매체를 활용하기 때문에 제한점이 제기된다. 특히 유아들은 아동발달적 측면의 고려, 인지발달, 흥미지속 정도를 고려해야 한다. 그리고 유아의 경우에는 자아중심적인 특성이 있기 때문에 유아의 심리, 정서적인 발달 단계와 주호소 문제를 고려해서 적용해야 한다.

CHAPTER 09

아동상담과 부모상담방법

01 부모상담 및 전문가와의 협력

상담학에서 부모상담은 아동이 현재 직면하고 있는 문제를 해결하기 위해 상담자가 부모를 만나 상담하는 것을 말하고 있으나, 영유아교육기관에서의 부모상담은 일반적으로 아동과 관련이 있는 사안을 교사가 부모와 함께 마주 앉아 의논하는 것을 뜻한다(이원영·이태영·강정원, 2008). 아동의 건강한 성장과 발달에 미치는 부모의 영향은 아무리 강조해도 지나치지 않다. 특히 정서발달은 부모와의 관계의 질에 영향을 미치므로 교육기관과 가정의 협력은 매우 중요하다. 따라서 효과적인 부모교육과 부모상담을 통하여 아동의 삶에 중요한 영향을 미치는 미시체계로서 교사와 부모가 협력적인 동반자적 관계를 형성하도록 노력해야 한다.

1) 부모상담의 내용과 전략

영유아교육기관에서 이루어지는 상담은 전문적인 상담의 영역에는 포함되지 않지만, 아동의 기관 적응과 양육, 교육에서 중요한 부분을 차지한다. 대부분의 교사들은 아동의 발달적·행동적인 발달 전반에 대한 정보를 부모와 나누고 양육을 지원하기 위해 부모상담을 한다. 일반적으로 부모상담에서 이루어져야 할 상담내용에는 발달에 적절한 양육 및 교육방법, 의사소통기술, 부모－자녀 관계, 부모－자녀의 긍정적 관계 맺기, 행동문제에 대한 지원 등이 포함된다. 부모상담은 개인면담이나 일정 기간을 정하기도 하지만 연령과 기관의 특성을 고려하여 그 양상이 다르다. 다른 교육기관과 달리 어린이집과 유치원은 부모와 교사 간의 접촉이 직·간접적으로 자주 이루어져 상담이 수시로 되고 있어 비교적 아동에 대한 정보 교환과 상담이 원활한 편이다. 영유아교육기관에서의 부모상담이 효과적으로 이루어지기 위한 전략은 다음과 같다.

(1) 신뢰감 형성하기

유치원과 어린이집, 아동교육기관에서 이루어지는 상담에서는 교사와 부모의 협력 관계가 중요한 비중을 차지한다. 특히 부적응행동이나 문제가 발생하였을 때, 긴밀한 유대감을 가지고 협력적 동반자로서 상호작용을 해야 한다. 또한 교사는 아동에 대한 개인적인 정보를 부모로부터 얻고 이를 통해 깊이 이해할 수 있을 뿐만 아니라 발생한 문제의 개입 목표를 구체적으로 설정할 수 있다. 부모 역시 신뢰할 수 있는 교사와의 상담을 통해 아동의 행동과 발달에 대한 객관적인 상태를 가늠할 수 있고, 이에 따른 안내에 기꺼이 동참하게 된다.

그러나 공감대가 이루어지지 않았을 경우 교사는 아동을 지도하는 데 어려움을 겪게 되고, 부모 역시 자녀의 발달을 적절히 지원할 기회를 놓치게 된다. 따라서 부모상담을 시작할 때 부모와 교사의 관계가 중요하며, 상담 과정에서 부모와 진솔하게 대화하는 태도가 필요하다.

특히 부적응행동에 대한 이야기를 나눌 때에는 부모와 교사가 그 행동에 대해 다르게 느낄 수 있다는 것을 염두해 두어야 한다. 부모와 교사 각자가 아동의 부적응행동에 대해 가지고 있는 수용한계선에 대해 나누고 공유하는 과정이 필수적이다. 이를 위해서는 아동의 생활에 대한 정보를 공유하고, 그 다음에 문제점을 의논하며 해결책을 강구하는 순서로 하는 것이 효과적이다. 부모상담 시 신뢰감 형성을 위해서 다음 사항을 고려한다.

첫째, 교사는 평소 관찰하고 기록한 사실을 기반으로 아이에 대한 객관적 정보를 최대한 확보하도록 한다. 아동의 행동에 대한 부정확한 진술은 부모 입장에서 교사가 자녀에게 선입견이나 편견을 가지고 바라본다는 불신을 갖기 쉬우므로, 일화 기록지, 체크리스트, 작품, 사진, 동영상 등의 자료를 준비하여 교사가 아동에 대해 성의 있는 지도를 하고 있음을 믿도록 한다.

둘째, 신뢰감 형성은 하루아침에 되는 것이 아니므로 평소에 부모와의 원활한 의사소통의 기회를 갖는다. 교사와 부모 간 의사소통이 원활하지 않아서 오해가 생기는 경우가 있기 때문이다. 부모의 의사소통 패턴을 미리 알고 있는 것이 부모의 마음을 살피는 데 효과적이다. 따라서 아동이 결석하거나 아플 때, 가정에 위로하거나 축하할 만한 일이 있을 때 혹은 아동의 성취와 진보가 있을 때 부모와 다양한 방법으로 소통의 기회를 얻도록 한다.

셋째, 다른 교직원들 간의 원활한 의사소통과 정보 공유를 통해 부모가 기관에 대한 신뢰감을 갖도록 한다. 아동의 결석이나 등·하원 지도 시 전달사항이 있을 때 담임교사에게 직접 정보를 주지 못한 경우 대신 연락을 받은 교사는 잊지 말고 담임교사에게 연락하고 확인하여 아동에 대한 부모의 요구가 제대로 전달될 수 있도록 해야 한다. 특히 아동의 신변 안전과 관련된 사항들은 더욱 그러하다. 예를 들어, 우유 알레르기가 있는 영아의 급·간식 시 다른 교직원들의 실수를 줄이기 위해 교실 게시판에 크게 '○○○는 우유 금지!' 표시를 알레르기 발생 시 조치사항과 함께 게시할 수 있다.

(2) 적극적으로 경청하기

부모상담을 할 때에는 가능한 한 독립적인 공간에서 따뜻하고 편안한 분위기에서 이루어지도록 한다. 부모의 일상이나 영유아의 최근 관심사 등을 언급하며 상담을 시작하도록 하여 친밀감을 느끼게 한다. 그러나 다리를 꼬아 앉거나 몸을 뒤로 젖히면서 대화를 하면 소극적인 자세로 임하는 것처럼 느껴지므로, 상체를 상대방에게 약간 기울이고, 가급적 부모의 눈을 부드럽게 바라보며 이야기를 나누도록 한다. 어떻게 말해야 할지를 생각하기보다는 부모의 이야기를 잘 들으려는 태도를 갖도록 한다(이원영·이태영·강정원, 2008).

되도록 교사는 부모의 입장에서 생각하고 느끼려는 자세를 갖는다. 부모가 말하는 동안 옳다, 그르다, 좋다, 나쁘다는 표현은 피하도록 한다. 특히 먼저 부모가 자녀의 문제행동에 대해 도움을 요청할 때, 성급히 충동적으로 해결책을 말하며, 성공사례를 들며 강권하기보다는 부모 스스로 문제를 정리하고 해결하기 위한 방안을 찾도록 경청하는 것이 효과적이다. 부모의 어려움을 공감하며, 신중하게 기록하며, 좋은 방안을 숙고하겠노라 수용하는 자세를 보이는 것이 부모에게 더 큰 신뢰감을 줄 수 있다.

교사가 먼저 아동의 부적응이나 문제행동에 대해 언급해야 하는 경우라 할지라도 부모가 죄책감을 갖게 하거나 부모를 당황하게 하기보다는 부모에게 도움을 요청하는 자세를 가져야 한다. 아동을 더 잘 이해하기 위한 정보를 요청하거나 부모가 쉽게 실행할 수 있는 구체적인 지원에 대해 이야기하도록 한다. 예를 들어, 실외놀이 정리 시 짜증을 많이 내며 더 놀고 싶어 하는 유아를 위해 가정에서 놀이터에 자주 데리고 가 달라고 요청할 수 있다. 옷 입고 벗기, 신발 신고 벗기와 같은 자조기술 연습의 기회를 더 많이 갖도록 도움을 구할 수 있다. 그러나 부모를 가르치려 하거나 부모의 문제를 시인하도록 요구한다면 부모가 방어적인 태도를 갖게 되어 상담은 부정적인 효과를 낳게 된다.

부모상담 시 종종 교사가 당황하게 되는 경우가 있다. 교사와 부모가 문제 인식이 다를 경우, 부모가 하고 싶은 말이 많아서 시간이 많이 길어질 때, 교사가 미처 준비하지 못한 내용을 부모가 이야기할 때, 교사가 모르는 문제에 대해 이야기할 때 등이다. 이렇게 당황스러운 상황이 발생하였을 때는 부모의 생각을 충분히 듣는 과정을 통해서 부모가 생각하는 아동에 대한 이해나 기대, 아동의 문제행동에 대한 견해, 부모가 염려하는 점에 대해 교사가 이해하는 과정이 필요하다.

부모가 아동에 대해 인지하지 못한 부분을 이야기할 때 교사는 솔직한 태도로 새로운 정보를 수용해야 서로 간에 신뢰가 형성될 수 있다. 때때로 부모가 아이에 대한 정보를 이야기할 때 교사가 알고 있는 아이의 모습과 부모가 말하는 아이의 모습이 달라서 당황하는 경우가 있는데, 교사가 인식하지 못한 부분에 대해 개방적인 태도를 보임과 동시에 부모가 알려준 정보가 유용하게 활용될 것임을 부모에게 이야기하는 것이 필요하다. 왜냐하면 부모가 정보를 제공할 때 느끼는 심리적인 갈등을 줄이고, 교사가 자신의 말을 경청했다는 반응을 통해서 더 강한 신뢰를 쌓을 수 있게 되며, 이후에 부모의 자발적인 참여를 유도할 수 있는 발판이 되기 때문이다.

표 9-1 부모상담 기록지의 예

<table>
<tr><td>상담교사</td><td colspan="2"></td><td>아동명</td><td colspan="3"></td></tr>
<tr><td>상담일시</td><td colspan="2">년 월 일 시 분~ 시 분</td><td>장소</td><td></td><td>아동과의 관계</td><td></td></tr>
<tr><td colspan="3">교사기록</td><td colspan="4">부모의 의견</td></tr>
<tr><td rowspan="5">영유아의 학급생활</td><td>건강생활</td><td></td><td colspan="4" rowspan="5"></td></tr>
<tr><td>언어생활</td><td></td></tr>
<tr><td>사회생활</td><td></td></tr>
<tr><td>탐구생활</td><td></td></tr>
<tr><td>표현생활</td><td></td></tr>
<tr><td rowspan="3">사회정서 발달</td><td>정서조절</td><td></td><td colspan="4" rowspan="3"></td></tr>
<tr><td>의사소통</td><td></td></tr>
<tr><td>또래 관계</td><td></td></tr>
<tr><td>기타상담 내용</td><td colspan="6"></td></tr>
<tr><td>부모의 요청 및 건의</td><td colspan="6"></td></tr>
<tr><td>상담 평가</td><td colspan="6"></td></tr>
<tr><td>추후계획</td><td colspan="6"></td></tr>
</table>

(3) 가정에서의 양육 지원하기

누구나 가정의 걱정거리나 어려움을 다른 사람에게 솔직하게 이야기하기는 어렵다. 특히 어린 자녀를 기르는 동안 부모들이 마주치는 수없이 많은 문제, 다른 사람에게는 말할 수 없는 내용을 자녀와 함께 많은 시간을 보내는 담임교사와 상담하는 것만으로도 어느 정도 해소될 수 있다.

특히 맏아이를 키우며 겪는 어려움은 영유아의 전반적 발달에 대해 전문 지식이 없는 부모의 경우, 필요 이상의 걱정을 할 수도 있고 적합하지 않은 대처로 어려움이 더 커지는 악순환 속에서 지낼 수도 있다. 한국의 영유아교육기관에는 자녀를 출산·양육한 경험이 없는 미혼교사들이 많고, 이들은 경력, 나이, 지식, 자녀양육 경험이 많은 부모들에게 적합한 상담자가 되지 못할까봐 적지 않은 두려움을 가지고 있다. 그러나 부모는 아무리 나이가 많고 경험이 많다 하더라도 자녀를 가르치는 교사를 존중해야 한다. 영유아교육전문가로서 학급에서 경험한 영유아의 행동을 기초로 이야기하여 신뢰감을 갖도록 하되, 현학적인 자세로 전문용어를 사용하여 불쾌감을 주지 않도록 한다.

교사가 자녀와 함께 지낼 때 기억하고 도움을 주어야 할 부분이 있는지 부모에게 묻고, 부모의 요청에 대해 긍정적으로 공감하며 노력하고 지원하겠다는 태도를 보이도록 한다. 예를 들어, 가정에서 지도하기 어려운 편식 지도나 양치질하기를 교사가 학급에서 조금씩 나아지도록 지도하기를 부모가 요청한다면, 교사는 이를 잘 기록하고 거부하는 음식을 어느 정도로 어떻게 먹도록 지도하면 좋을지 부모와 논의하도록 한다. 상담 이후에도 상담한 내용을 바탕으로 일과 중 어떻게 지도하고 있는지 알려주거나, 도움이 되는 정보를 제공하여 부모와 협력 관계를 유지하도록 한다.

(4) 부모참여 독려하기

부모에게 상담을 요청하여도 부모가 바쁜 일정이나 다양한 이유 등으로 상담에 수용적인 태도를 보이지 않을 때가 있다. 대개 영유아교육기관에서 마련한 부모교육이나 부모참여 행사에도 소극적인 부모들의 경우는 더욱 그러하다. 대개 영유아교육기관에서의 부모상담은 새 학기와 학년 말에 공식적으로 이루어지는 것이 일반적인데, 이때 영유아교육기관에서 먼저 부모참여에 대해 진지한 태도와 충분한 자료로 준비하고 있음을 부모가 인식하도록 안내하고 홍보하도록 한다.

교사의 언어적·비언어적인 태도가 부모에게는 생각 이상으로 의미 있게 전달된다. 상담이 진행될 때 부모들이 긴장을 하는 것이 일반적으로 편안한 분위기를 조성하여 긴장을 이완할 수 있도록 한다. 교사가 편안한 분위기를 조성하기 위해서는 따뜻하게 맞이하고, 부모상담의 취지나 이유를 자세하게 설명하도록 한다. 또한 약속된 시간에 이루어지는 형식적인 상담은 정해진 시간을 넘기지 않도록 해야 한다. 그 이유는 다음 순서를 기다리는 부모에게 결례를 하지 않도록 한다.

상담에 참여한 후 부모가 기관과 교사에 대해 신뢰감을 가지며, 아동의 성장과 발달을 위해 좋은 파트너십을 갖게 된다면 그 상담은 성공적이라고 할 수 있다. 성공적인 상담을 위해 아동에 대한 잠재력을 충분히 이야기 나누고, 다양한 정보나 해결방안을 제시하여 부모가 대안을 선택하고 의논할 수 있는 분위기를 조성하도록 한다. 아울러 교사에게 요청하고 싶은 것들을 부탁할 수 있는 기회를 제공하도록 한다. 그러나 기관의 교육철학과 신념에 반하는 요구를 하거나 설득이 필요한 경우에는 의견을 받아들이고, 기관에서 논의한 후 그 결과를 추후에 알려줄 수 있음을 전한다. 교사와 부모의 만남이 가정과 기관에서의 변화를 가져올 수 있는 중요한 장이 될 수 있음을 확인하는 것은 부모참여를 독려할 수 있는 효과적인 절차이다.

(5) 부모와 아동의 욕구 충족하기

부모상담은 아동의 불충족 욕구를 해결해 주기 위한 정보를 얻는 것이 일차적인 목표가 될 수 있으나, 자녀의 문제로 인한 어려움을 가정에서 겪는 부모 역시 지원이 필요한 내담자임을 잊지 말아야 할 것이다. 깊은 바다의 해정에서 일어난 지층의 충돌이나 지진이 수십 킬로미터 밖의 해변에 쓰나미를 일으키듯이, 부부의 갈등, 빈곤 등을 포함한 정신병리적 문제들은 아동의 적응과 현실적인 기능에 영향을 준다. 아동을 돕기 위해서 교육기관에서 개입할 때 잊지 말아야 할 지원 대상이 부모이다. 부모 역시 그들만의 독특한 욕구가 있으며, 그 욕구가 충족되면 부모와 가족 전체가 안정감을 찾게 되어 아동의 욕구가 해결되는 경우를 쉽게 볼 수 있다.

아동은 자라면서 발달적 위기를 겪는다. 영아기의 대소변훈련과 젖병떼기, 유아기의 유치원과 어린이집에 다니기, 학령기 아동의 우정 발전시키기 등은 어느 누구든지 경험하는 발달적 위기로서 더 성숙한 자기조절력을 갖게 되는 데 중요한 경험이 된다. 자신이 극복해야 하는 발달적 위기들을 탄력적으로 극복하면서 잘 적응하기도 하고, 적지 않은 스트레스와 부적응 양상을 보이기도 한다.

또한 동생이 태어나거나 다른 동네로 이사를 가서 친구들을 모두 잃게 될 수도 있다. 부모의 갈등으로 이혼의 위기에 처하기도 하고, 부모의 맞벌이로 기관에 맡겨지는 시간이 늘어나기도 한다. 또한 어렸을 때부터 돌봐주었던 조부모의 죽음을 경험할 수도 있다. 이러한 일련의 사건들은 아동의 생활에 변화를 가져다줄 만큼 스트레스가 많은 생활사건이다. 이러한 일을 겪게 된다면 아동들은 퇴행행동을 보이기도 하고, 학급에서 일탈행동을 보여 관심을 사기도 한다.

자기 표현능력이 세련되지 못한 아동들의 내면에 있는 충족되지 않은 욕구를 파악하는 것은, 주변의 부모나 교사와 같은 중요한 의미 있는 타인들의 면밀한 관찰과 공감능력을 요구한다. 학급생활에서 보이는 아동의 부적응 문제 중에 충족되지 않은 심리적 욕구가 있는지 살펴보고 가능한 범위 내에서 교육기관의 개입이 필요하다. 아동이 이러한 일에 스스로 잘 적응하기도 하지만 대개 영유아기의 아동들은 자신의 스트레스의 근원이 어디인지 파악하기 어려우며, 구체적인 해결방안을 찾지 못할 때가 많다. 따라서 부모와 협력하여 아동의 문제를 파악하는 것은 매우 중요한 절차가 아닐 수 없다.

그러나 부모의 입장에서 자녀의 문제를 성토받는 상담은 하지 않는 것이 오히려 나을 수도 있다. 아동이 학급생활에서 기여하는 점, 아동에게서 발견한 장점과 강점에서부터 출발한 현상태의 긍정적 접근이 오히려 부모와 교사에게 희망을 줄 수 있다. 아직 발생하지 않은 어려움을 예측하며 불안에서 시작하는 개입보다 아동의 잠재력과 가능성을 믿고 시작하는 상담이 바람직하다.

부모상담의 기본원리

(1) 영유아와 부모에게 관심 가지기
- 영유아와 부모의 특성 파악하기
- 영유아 관찰일지 확인하기
- 부모의 양육태도 점검하기
- 부모가 호소하는 문제의 정도 파악하기
- 영유아의 문제행동과 일반적인 발달 비교하기

(2) 적극적으로 경청하기
- 부모의 언어적·비언어적 태도를 적극적으로 경청하기
- 부모가 말하지 않은 내용 파악하기
- 교사의 중립적인 입장 취하기

(3) 공감하기
- 부모의 핵심감정 이해하기
- 적절히 반영하기
- 비언어적인 메시지를 적극 활용하기

(계속)

(4) 부모와 문제에 대한 대안 찾기
- 부모가 가지는 아이에 대한 관심에 대해 지지, 격려하기
- 영유아의 장점을 활용하고 단점을 장점으로 활용할 방안 찾기
- 문제해결의 목표 세우기(교사의 전략, 부모의 전략, 당면한 어려움 인식하기)
- 양육 정보 제공하기
- 전문가와 연결시키기

2) 다양한 가족의 요구 이해하기

최근 우리 사회가 급격히 변화하면서 가족의 형태가 다양해지고 그들의 요구도 복잡해지고 있다. 영유아교육기관에서도 다양한 가족의 요구를 이해하고 그들의 필요에 맞는 자원을 해 줄 준비가 되어야 한다. 영유아교육기관에서의 가족 지원은 아동의 삶의 질에 즉각적으로 영향을 미치는 중요한 기능이 아닐 수 없다. 가족의 형태와 요구가 다양해지고 복잡해지는 가운데, 최근 많이 접할 수 있는 맞벌이가족, 한부모가족, 조손가족의 어려움을 살펴보기로 한다.

(1) 맞벌이가족

전통사회와 달리 현대는 일하는 여성이 증가하면서 맞벌이가족이 증가하고 있다. 자녀양육과 직장생활을 조화롭게 유지하는 것은 매우 중요한 과제 중 하나이다. 가족들의 양육참여와 경제상황, 대리양육의 여건 등에 따라 부모-자녀 관계를 비롯해 가족들의 삶의 질에도 영향을 받기 때문이다. 최근 보육시설과 종일반 서비스의 증가로 맞벌이부부의 경제활동과 자녀양육을 지원하려는 정부는 다양한 부모들의 욕구를 충족시키기 위한 정책을 내놓고 있다.

같은 맞벌이가족이라 하더라도 가정의 소득수준과 사회경제적 위치에 따라 자녀가 받는 영향에는 차이가 있다. 첫째, 부모의 교육수준과 직업수준이 높은 가정은 과중한 직장일과 스트레스를 갖기 때문에 부부갈등

이 더 빈번하고, 결혼 만족도와 부부 간의 애정도 약화되기 쉽다. 이런 부모들은 자신의 긴장과 스트레스를 자녀양육에 좀처럼 드러내지 않기 때문에 자녀들은 부모의 어려움을 좀처럼 알지 못한다. 그러나 대체적으로 부모가 사회적으로 중요한 일을 보느라 자녀들은 부모와 보내는 시간의 양이 적다. 반면에 맞벌이로 인한 스트레스가 적은 가정은 부부 간의 애정이 깊고, 결혼 만족도가 높아 부부 갈등이 적으며, 자녀의 양육과 활동 지원에도 적극적이어서 유능한 자녀를 두게 된다.

그러나 재정적 지원이 필요하여 생계를 위해 맞벌이를 하는 경우에는 수입이 낮고, 가족의 양육형태가 전통적인 방식을 취하여 어머니가 고단한 삶을 살아가는 경우가 많다. 노동자층의 부모들은 자녀들의 복종과 동조를 중시하고, 양육할 때 자녀들이 잘 따르도록 하기 위해 권력을 사용하는 경향이 있다. 중산층 부모들에 비해 체벌을 더 사용하고 설명에 인색하며, 발달의 미성숙으로 인한 자녀의 실수에 대해 잘 인내하지 못한다.

특히 어머니가 직무 스트레스가 많은 날은 위축되어 자녀에게 관심을 덜 보이고, 돌보기를 덜하며 애정표시를 적게 한다. 자녀가 눈치를 보며 어머니에게 기쁨을 주려고 노력하는 모습을 보이지만, 직무 스트레스는 어머니의 불안감과 우울감에 영향을 주고, 이는 다시 부모-자녀 관계의 질에 영향을 준다.

따라서 부모는 일과 가정생활을 조화롭게 할 수 있도록 하되, 부모 자신의 긍정적인 감정을 증가시키고, 스트레스를 줄이기 위한 다양한 방법을 실행해야 한다. 일을 가정에까지 가지고 와서 자녀에게 집중하지 못하는 오류를 범한다든가, 자녀에게 전념하지 못하기 때문에 오는 죄책감은 또다시 부모를 우울하게 만든다. 따라서 가정에서는 자녀와 함께 보내며 관계 향상을 최우선에 두는 것이 현명하다.

때때로 일하는 부모들은 자녀와 보내는 시간이 적어 자녀가 무슨 놀이를 재미있게 하는지, 최근의 관심사가 무엇인지, 도전하려는 과제에 대한 성취수준은 어느 정도인지 알지 못하는 경우가 있다. 이러한 부모들과 상담을 할 때에는 자녀에 대한 정보뿐만 아니라 부모와 함께 할 만한 놀이자원을 제공하는 것이 자녀와 부모에게 도움이 된다. 또한 대리양육을 하는 경우 대리양육자와 협력 관계를 유지하며 정보를 충분히 공유하도록 노력한다.

(2) 한부모가족

전통적인 가족 형태와 달리 오늘날 많아진 가족의 형태 중의 하나가 한부모가족이다. 한부모가족이란 부모 중 사망, 이혼, 유기, 별거로 인해 편부 혹은 편모와 자녀로 이루어진 가족을 말한다. 한부모가족이 겪는 자녀양육의 어려움은 대개 경제적 어려움과 가정관리의 어려움에서 출발한다. 대다수의 편모가정은 아버지의 부재로 인한 경제적 문제로 인하여 양육의 어려움을 겪고, 많은 수의 편부가정은 가정관리의 부실로 인한 양육의 어려움을 겪게 된다. 경제적으로 열악한 경우 부모의 고통이 더 증가되어 자녀들에게 심하게 대할 수 있다.

가족의 형태가 어떠하든지 갈등이 많은 가족과 함께 지내는 아동은 그렇지 않은 가족의 자녀보다 공격성, 불복종, 행동 문제들과 함께 우울, 불안, 위축과 같은 내현적인 문제들, 저조한 학업성취의 문제, 자신과 세상에 대한 분노와 부정적인 시각을 발달시킬 위험이 크다. 유아기에 이러한 가족 갈등을 경험한 남아, 여아 모두 자제력이 약하고 대인관계 기술이 빈약하며, 남아의 경우 인지적 기능의 어려움을 보이기도 한다. 특히 신체적·정서적·언어적 폭력이 있는 가족 간의 갈등 속에 영유아기 자녀가 지속적으로 노출되는 것보다 이혼을 했더라도 조속히 안정된 환경에서 지내도록 하는 것이 더 바람직할 수 있다.

한부모가족의 보호요인 중에 사회적 관계의 영향력은 매우 긍정적인 예방적 효과가 있다. 한부모와 아동 그리고 그들의 조부모로 이루어진 삼대가 함께 생활하는 가족은 한부모와 자녀만으로 이루어진 가정보다 안정적인 양육을 할 수 있다. 어머니 없이 조부모와 생활하는 아동은 저조한 교육적 성취를 보이고, 18세 이전에 가출할 확률이 높다. 반면 조부모 그리고 어머니와 함께 사는 아동은 대조적으로 더 큰 안정성을 경험하고 더 높은 학력을 갖는 것으로 나타났다고 한다(Brooks, 2006).

이러한 현상은 조부모를 비롯한 사회적 체계가 한부모자녀양육의 지원체계가 될 수 있다는 증거이다. 따라서 자녀를 매개로 관계를 맺고 있는 영유아교육기관과 한부모가족의 협력적 관계 형성은 자녀의 발달에 긍정적인 영향을 미치게 됨을 알 수 있다. 따라서 한부모가족의 자녀가 영유아교육기관의 가족행사나 부모참여 프로그램에서 소외되지 않도록 설계하는 배려가 필요하다.

한부모가족의 부모상담 시에는 신뢰감 형성과 함께 부모 자신이 가지고 있는 욕구를 충족시켜 주기 위해 적극적으로 공감하는 자세가 요구된다. 아동의 위기를 극복하는 탄력성이 더 증진될 수 있도록 교사와 또래들과의 친밀한 관계 형성에 더 많은 노력을 기울여야 한다. 특히 편부와 함께 지내는 어린 아동은 교사와 더욱 긴밀한 애착을 보이며 모성적 돌봄을 받고자 하는 경우를 볼 수 있다. 사제지간이라 하더라도 특별한 놀이 시간을 정하여 엄마와 아기 놀이를 하며 놀이 속에서 모성적 돌봄을 경험하도록 돕는 것도 좋은 방법이 될 수 있다.

(3) 조손가족

조손가족이란 부모의 맞벌이·이혼·가출·약물중독·질병·사망 등으로 조부모가 손자녀양육의 일차적 책임자가 되어 손자녀와 동거하는 가족 형태를 말한다(이원영·이태영·강정원, 2008). 대리부모로서 조부모들은 경제적 어려움, 건강 문제, 법적 문제, 일상생활의 변화와 사회적 소외 등을 경험한다. 자신의 체력 저하와 노화의 문제에 손자녀 전담 양육이라는 연령에 맞지 않는 역할까지 감당해야 하는 어려움을 가지고 있다. 육아로 인한 사회 활동 제한이나 고립감 등의 심리적 부담을 느낄 수 있다. 우리나라 조손가족의 증가는 가족 갈등으로 인해 도시지역보다는 농어

촌지역에서 더 많은데, 발달의 결정적 시기를 보내고 있는 아동들의 필요와 자극을 채워주기 어려운 문제를 안고 있다(박창기, 2002).

이와 같은 어려움을 안고 있는 조부모와 상담 시에 교사는 조부모의 불충족된 욕구와 아동에게 필요한 자극과 요구가 함께 충족될 수 있도록 하는 것에 목표를 두도록 한다. 손자녀를 양육하느라 지친 심신의 노고를 위로하고, 함께 할 수 있는 사회적 자원과 복지 정보를 제공하는 상담이 바람직하다.

3) 부모 유형에 따른 상담전략

부모상담 시 개별적인 부모의 특성을 잘 파악하고, 요구를 잘 이해하여 공감대를 형성하면 부모와의 신뢰 관계를 발전시키는 데 유익하다. 일반적으로 영유아교육기관에 자녀를 보내면서 느끼는 불안, 요구, 태도 등은 다음과 같이 분류할 수 있다. 부모의 유형에 따른 상담전략을 살펴보면 다음과 같다.

(1) 믿지 못하고 불안해하는 부모

기관과 교사를 믿지 못하고 불안해하며, 사소한 일에도 예민한 부모들이 있다. 이들은 쉽게 넘어갈 수 있는 작은 일도 크게 확대하여 생각하기 쉽기 때문에, 부모를 안심시키는 것이 요구된다. 교사가 꼼꼼히 하나하나 설명하며 주도면밀하게 대처하는 모습을 보여 주는 것이 필요하다. 문제나 현상에 대해 부정적으로 사고하는 경향이 강하기 때문에 가능한 한 정확하고 객관적인 정보를 제공하는 것이 필요하다. 무엇보다도 중요한 것은 교사와 기관에 대한 신뢰감을 형성하는 것이며, 친밀한 관계 형성과 부모가 요구하는 불안 요인들을 해결하고자 노력하는 태도를 보여 교사가 협력자라는 사실을 주지시킨다.

(2) 경험과 정보가 많은 부모

부모가 알고 있는 지식이나 정보를 경청하는 자세가 신뢰감을 준다. 부모의 의사를 존중하면서 아이의 문제와 부모가 쏟아낸 정보를 관련지어 정리하며 상담을 한다. 부모의 양육에 대한 의지나 열의를 적절히 존중하면서 자녀에게 나타난 점과 부모의 정보 등이 가지고 있는 긍정적인 측면을 부각시킨다. 이러한 부모는 적극적인 자세를 취하기 때문에 부모의 경륜과 정보로 기여할 수 있는 참여의 장과 기회를 제공한다.

(3) 까다로운 부모

융통성이 부족하고 자신의 논리대로 문제를 해결하고자 하는 자기주장이 강한 부모들이 있다. 이런 경우 부모가 예민하게 여기는 부분을 먼저 수용적인 태도로 듣는다. 교사가 아동에 대해 긍정적으로 이야기하거나 부정적으로 이야기하기보다는 부모의 생각을 듣고 그것에 초점을 맞추는 것이 중요하다. 부풀려 말하거나 과장한 표현은 오히려 신뢰감을 떨어뜨릴 수 있다.

이러한 부모는 자녀의 긍정적인 강점보다 고쳐야 할 것이라고 여기는 문제와 불편감에 초점을 맞추기 때문에 부모의 문제의식을 먼저 듣는 것이 필요하다. 발달적으로 적합한 기대를 할 수 있도록 자녀와 비슷한 연령대의 아동들에 대한 전형적인 행동특성에 대해 언급하고, 문제 해결을 위해 함께 대안을 찾는 협력적 자세를 취한다. 부모가 어떻게 하기를 원하는지에 대해 들어보고 교사가 실행 가능한 방안을 제안한다.

(4) 의사표시에 소극적인 부모

처음부터 부모에게 많은 이야기를 듣는 것보다 시간을 두고 이야기하는 것이 필요하다. 일상적인 유아에 대한 이야기로 자주 접촉하여 교사와 친밀감을 형성하고 부모가 유아에 대한 어려움을 이야기할 수 있도록 분위기를 조성한다. 이러한 부모의 경우 반응이 없는 듯하지만, 신중하기도 하고 주관적인 생각이 많거나 강할 수 있기 때문에 먼저 친밀해지는 과정이 필요하다. 부모의 의견을 묻기보다는 서로 공감할 수 있는 자녀의 일화, 자녀가 즐기는 것, 자녀의 관심사와 개성 등에 대해 이야기를 나누는 것이 효과적이다. 서신이나 카드를 통해 교류하는 것도 좋은 방법이다.

(5) 방어적인 부모

교사의 조언이나 의견에 대해 공감하거나 수용하기보다는 반대의견을 표시하거나 방어적인 태도를 취하는 부모들이 있다. 다른 의견을 가질 수 있는 이야기를 먼저 나누기보다는 서로 공감할 수 있는 이야기를 나누는 것이 바람직하다. 가정에서의 생활과 관련된 정보를 구하거나 기관에서 보이는 행동에 대해 이야기를 나눌 때에는 유아의 상태에 대한 구체적인 자료와 유아의 장점을 공유해야 한다. 부모가 유아에게 가지는 긍정적인 양육태도나 관심의 정도를 지지하되, 부모가 문제를 인정하기 어려워하는 부분은 부모의 입장에서 그 마음을 공감해주고 교사와 부모가 아동을 위한 협력자라는 사실을 상기시키며, 학급에서 교사로서 어떻게 자녀를 지도하면 좋을지 의견을 구하고, 이를 바탕으로 계획을 세운다. 아울러 가정에서 도와주어야 할 부분에 대해서는 도움을 구하는 자세로 부탁하여 상담한다.

4) 전문가와의 협력

교사로서 아동의 부적응행동 문제를 해결하기 위해 교실 밖의 전문가의 지원을 받아야 할 때가 있다. 생활지도의 영역에서 해결될 수 없는 치료와 상담이 필요한 경우에는 부모상담을 거쳐 의료전문가, 임상가, 상담심리사 등의 전문가와 협력을 위한 절차를 밟아 도움을 받게 된다. 교사로서 전문가와 함께 하는 협력의 형태는 다음과 같다.

(1) 의뢰인의 역할

교사는 부모의 동의를 얻어 전문가에게 아동의 행동양상을 보고한다. 교사로서 학급에서 행동지도 시 대처전략에 대해 조언을 구할 수 있고, 더 나아가 아동에게 적합한 상담과 치료의 형태에 대해 정보를 얻을 수 있다. 또한 기관에서 할 수 있는 앞으로의 개입방향에 대해 조언을 구할 수 있다.

(2) 보고자로서의 역할

교실에서 아동의 부적응 양상을 관찰·기록한 자료를 전문가에게 참고하도록 보고할 수 있다. 아동을 처음 만났을 때부터 교사의 평정과 아동과 경험했던 에피소드들을 있는 그대로 정리하여 보고하면 전문가는 이를 통해 가족의 보고 이외에 다른 사회적 상황에서 아동의 행동양상에 대한 정보를 얻어 더 정확한 진단과 개입 형태를 정할 수 있다.

(3) 전문적 지원과 지도의 역할

상담 전문가는 부모와 교사에게 그동안 그들이 이해하지 못했던 아동에 대한 정보와 어른이 취해야 할 상호작용의 방법, 환경적 지원 등에 대해 조언한다. 이러한 조언을 받아 교육적 입장에서 해석·적용하여 아동에게 도움이 되는 방법으로 지원해주고 지도해야 한다. 상담전문기관과 교육기관 그리고 가정에서의 접근이 맥을 같이 하여 아동을 일관성 있게 적극적으로 지원하는 것이 효과적이다.

(4) 교사의 자기관리 지원

아동의 부적응 문제를 지도하다 보면 교사들은 교수적 스트레스를 받거나 에너지가 소진하여 좌절하거나 교수 효능감을 느끼기 어렵다. 부적응 아동을 지도하느라 다른 아동들에게 관심을 적게 주는 것에 대한 죄책감이나 부적응 아동에게 적합한 지도와 지원을 해주지 못하는 것에 대한 자책감으로 인해 심리적으로 위축되기 쉽다. 전문가들의 도움을 받아 교사로서 가져야 할 태도와 자세에 대해 안내받거나 그동안의 노고에 대해 부모가 위로를 받듯이 교사도 위로를 받을 수 있게 된다. 부적응행동에 대한 구성주의적 태도를 가지고 아동의 현 상태를 수용하면서도 아동이 익혀야 할 지식·기술·태도를 파악하는 것은 중요하다. 뿐만 아니라 이를 잘 수행하기 위한 교육계획, 교수과정 그리고 평가에도 전문가의 도움을 구할 수 있다.

강민정(1997). 교사가 지각한 유아의 기질과 유치원 부적응행동과의 관계. 한국교원대학교 대학원 석사학위논문.

강정원(2002). 치료놀이를 통한 부적응행동 유아의 사회적 관계 증진 과정. 중앙대학교 대학원 박사학위논문.

강정원·홍기묵·안지영(2009). 영유아교사를 위한 아동상담. 경기: 정민사.

강흥조·이명희(1997). 게임놀이치료가 선택적 함묵아의 사회성 변화에 미치는 효과. 발달장애 학회지. 제1권 1호. pp.1-16.

고인숙·이숙희 공저(2010). 아동상담. 서울: 동문사.

곽금주·박혜원·김청택(2001b). K-WISC-III(한국 웩슬러 아동 지능검사) 지침서. 서울: 도서출판 특수교육.

곽금주(2002). 아동심리평가와 검사. 서울: 학지사.

김갑선(2006). 독서치료관련 학위논문의 연구 경향 분석: 1984-2006. 독서문화연구 6호. pp.153-187.

김경희(1998). 교사용 유아 정서 지능 평정 척도 개발에 관한 연구. 연세대학교 대학원 박사학위논문.

김계현(1997). 상담심리학. 서울: 학지사.

김광웅·유미숙·유재령(2004). 놀이치료학. 서울: 학지사.

김광웅(1998). 교육기관에서의 놀이치료 활용방안, 교사를 위한 아동 놀이 치료 워크숍. 한국 놀이치료 학회. 제1회 놀이치료 워크숍.

김민경·신민섭(1995). 벤더-게스탈트 검사에 대한 한국 아동의 발달적 규준 및 인상적 유용성에 대한 예비연구, 한국임상학회지, 임상, 14(1), pp.149-160.

김순혜(2001). 현대아동상담. 서울: 학지사.

김승국·김옥기(1985). 사회성숙도검사. 서울: 중앙적성출판사.

김영숙·이재연(1993). 아동을 위한 상담 이론과 방법. 서울: 교육과학사.

김영태·김경희·윤혜련·김화수(2003). 영유아언어발달 선별검사. 서울: 도서출판 특수교육.

김춘경·문혁준·신유림·심미경·옥경희·위영희·이경희·이정희·정계숙·정현숙·제경숙·조성연·천희영(2002). 아동학 개론. 서울: 학지사.

김춘경(2004). 아동상담-이론과 실제. 서울: 학지사.

김태련·서봉연·이은화·홍숙기(1976). 한국판 아동용 회화 통각검사. 이화여자대학교 인지발달 연구소.

김태인(2008). 부적응 유아를 위한 교사 놀이치료(Kinder Therapy) 과정의 교육적 의미. 중앙대학교 대학원 박사학위논문.
김현희(2000). 독서치료. 서울: 학지사.
김현희(2000). 아동을 위한 독서치료: 상호작용의 과정, 교육개혁과 유아교육. 한국유아교육학회 2000년도 춘계학술대회. pp.79-87.
김혜수(1995). 어머니의 교사가 인식한 유아의 기질과 유치원에서의 행동 및 적응과의 관계. 이화여자대학교 교육대학원 석사학위논문.
남경화(1991). 유아교육기관의 놀이치료 사례, 교사를 위한 아동 놀이치료 워크숍. 한국놀이치료학회. 제1회 놀이치료 워크숍.
독서치료연구회(2002). 독서치료. 서울: 학지사.
문경여(2006). 또래 관계 향상을 위한 독서치료 동화 선정 및 프로그램효과. 명지대학교 대학원 석사학위논문.
문수백 · 변창진(1997). 교육 심리측정도구(K-ABC 해석 요강). 서울: 학지사.
박성수(1993). 청소년상담 정책연구, 청소년상담연구 2권. 서울: 청소년대화의 광장.
박영숙(1993). 심리평가의 실제. 서울: 하나의학사.
박혜원 · 곽금주 · 박광배(1996). 한국 웩슬러 유아지능검사 지침서. 서울: 도서출판 특수교육.
송명자(1995). 발달 심리학. 서울: 학지사.
송영혜(1996). 선택적 함묵아의 심리검사 사례분석. 한국심리학회지발달. 9(1). pp. 88-98.
송영혜(2007). 또래 관계: 진단과 치료. 서울: 집문당.
안동형(2004). 아동 · 청소년 정신보건사업 – 연구조사. 서울: 한양대학교 정신건강연구소.
안동형(2005). 영유아기 정신건강. 2005년 삼성복지재단 학술대회 자료집: 영유아 정신의 성장과 보육. p.143.
양명희(2003). 아동의 선택적 함묵증에 대한 교육현장연구 사례분석. 한국정서학습장애아교육학회. 19(1). pp.1-28.
염숙경(2002). 아동상담과 놀이치료. 서울: 상조사.
오경자 · 이혜련 · 홍강의 · 하은혜(1997). K-CBCL 아동 청소년행동평가척도. 서울: 중앙적성출판사.
유미숙(1997). 놀이치료의 이론과 실제. 서울: 상조사.
이경하 · 이정자(2006). 아스퍼거장애 유아의 집단놀이치료 프로그램 사례연구. 놀이치료연구. 10(2). pp.87-103.
이상금(2003). 어린이와 그림책. 서울: 샘터.

이숙 · 정미자 · 최진아 · 유우영 · 김미란(2004). 아동상담. 경기: 양서원.

이장호(1994). 상담면접의 기초. 서울: 중앙적성출판사.

이재연(2001). 아동 문제해결을 위한 독서치료의 적용과 전망. 아동연구. 제15권. 제1호.

이정희(2008). 부적응 유아의 사회적 관계 적응을 위한 교사의 공감적 태도 지원 프로그램 개발 및 적용: 교사에 의한 놀이치료를 활용하여. 부산대학교 박사학위논문.

이형득(1997). 상담의 이론적 접근. 서울: 형설출판사.

장미경(2000). 유아교사의 민감성 증진과 아동의 행동 문제 개선을 위한 Kinder Therapy의 효과. 놀이치료연구. 3(2). pp.63-73.

장혜순(1997). 아동문학론. 서울: 창지사.

조수철(1993). 주의력결핍 과잉운동장애아의 기질적 특성. 소아청소년정신의학. 4(1). pp.114 -123.

조용태(2003). 한국통합교육성공예언검사(K-SPSI). 서울: 도서출판 특수교육.

채수경 · 장효성(2002). 선택적 함묵아의 놀이치료사례. 한국아동심리재활학회. 6(1). pp.79-94

천희영(1993). 기질과 어머니의 양육태도에 따른 아동의 사회적 능력. 아동학회지. 14(2), pp.17-34.

최윤정(2001). 문학적 접근에 의한 통합적 사회교육 활동, 변화와 적응-유아의 사회적 능력 함양. 한국어린이 육영회. pp.150-170.

허진(2006). 집단치료놀이 프로그램이 부적응유아의 유아교육기관적응에 미치는 효과. 전북대학교 대학원 논문.

홍은숙(2006). 탄력성의 개념적 이해와 교육적 방안. 특수교육학연구. 41(2). pp. 45-67.

Achenbach, T. M.(1990). *Conceptualization of developmental psychopathology*. In M. Lewis &. S. M. Miller(Eds), Handbook of development psychopathology(pp.3-14), New yok: Plenum.

Achenbach, T. M.(1995). *Evelopmental issues in assessment, taxonomy, and diagnosis of child and adolescent psychopathology*. In D. Cicchetti & D. J. Cohen(Eds), Developmental psychopathology. Vol.I: Theory and methods (pp.57-80). New York: Wiley.

Ainslie, R. C., & Anderson, C. W.(1984). "Maternal perception of their infants, daycare.". Infant Mental Health Journal, 3(2), Summer, p.198.

Albane, A. M., Chorpia, B. R, & Barlow, D. h.(1996). *Childhood anxiety disorder*. In E. J. Mash & R. A. Barkley(Eds), Child psychopathology (pp.196-241). New York: Guilford.

American Psychiatric Association(APA).(1994). *Diagnostic and statistical manual of mental disorders*(4th ed.: DSM-IV), Washington, DC: Author.

American Psychiatric Association(APA).(2000a). *Diagnostic and statisticalmanual of mental disorder*(4th ed.: DSM-IV), Washington, DC: Author. and Counseling, 24(4).

Arsenio, W. F., Cooperman, S., & Lover, A.(2000). Affective predictors of preschooler' aggression and peer acceptance: Direct and indirect effects. Developmental Psychology, 36. pp.438-448.

Asher, S. R., Parker, J. G., & Walker, D. L.(1993), *Distinguishing friendship from acceptance: Implications for intervention and assessment*. In W. m. Bukowshi, A. F. Newcomb, & W. W. Harrtup(Eds.), the company they keep: Friendship during childhood and adolescence (pp.366-405), NY: Cambridge University Press.

Axline, V.(1969). *Play therapy*. Boston: Hough-Mifflin.

Bandura, A.(1974). Behavior theory and the models of man. American Psychologist, 29, pp.859-869.

Barkley, R. A.(1998), *Attention-deficit/hyperactivity disorder*. In E. J. Mash & R. A. Barkley(Eds.), Treatment of childhood disorder(2nd ed., pp.55-110), New York: Guilford Press.

Barlow, D. H.(1988). *Anxiety and its disorders: The nature and treatment of anxiety and panic*. New York: Guilford Press.

Beck, A, T.(1976). *Cognitive Therapy and the Emotional Disorders*. New York: International Universities Press.

Bellak, L., & Bellak, S.(1949). *The children's appereception test*. New York: C.P.S. Company.

Bender, L. V.(1938). *A visual motor gestalt test and its clinical use*. New York: American Orthopsychiaitrc Association.

Berk, L. E., & Potts, M. K.(1991). Development and functional significance of private speech among attention-deficit hyperactivity disorder and normal boys. journal of abnormal Child Psychology, 19, pp.357-377.

Bettelheim, B.(1975). *The Use of Enchantment*. 옛이야기의 매력(김옥순·주옥 역). 서울: 시공주니어.

Bowlby, J.(1973). *Attachment and loss*. Vol.2: Separation, anxiety and anger. New York: Basic Books.

Brems, C.(1993). *A comprehensive guide to child psychotherapy*. Boston: Allyn & Bacon.

Brent, D. A., Bridge, J., Johnstron, B. A., & Connolly, J.(1996). Suicidal behavior runs in family: a controlled study of adolescent suicide victims. Archives of General Psychiatry, 53, pp.1145-1152.

Brody, V. A.(1978). Developmental play: A reationship-focused program for children. In Children Wefare, Volume L VII, No.9, November.

Camp, B. W., & Bash. M. A.(1981). Think Aloud: Increasing social and cognitive skills-A problem solving program for children(Primary Level), Champaign, IL: Research Press.

Carter, A. S., Pauls, D. L., & Leckman, J. F.(1995). *The development of obsessionality: Continuities and discontinuities*. In D. Ciccherti & D. Cohen (Eds.), Handbook of developmental psychopathology(vol.2, pp.609-632), New York: Wiley.

Cohen, P., Cohen, J., & Brook, J. S.(1993). An epidemiological study of disorders in late childhood and adolescence: II. persistence of disorders: Journal of Child Psychology and Psychiatry, 34, pp.869-877.

Coie, J. D., & Dodge, K. A.(1997). *Aggression and antisocial behavio*. In W. Dawon & N. Eisenberg(Eds.), Handbook of child psychology: Vol.3. Social, emotional, and personality development(5th ed., pp.779-862), New York: Wiley.

Denham S. A & Burton, R.(1996). A social-emotional intervention for at risk 4 year olds, Journal of school psychology. 34(3), pp.225-245.

Developmental psychopathology: Vol. 2. Risk, disorder, and addaptation(pp.69-161). NY: Wiley.

Dreikurs, R.(1964). *Children: The Challenge*, Hawthorn Books.

Dumas, J, E. & Nilson, W, J.(2005). *Abnormal Child and Adolescent Psychology*. 청소년이상 심리학(임영식 · 김혜원 · 설인자 · 조아미 · 한상철 공역). 서울: 시그마프레스.

Dupaul, G.J.(1991). Parent and Teacher Rating of ADHD Symptoms: Psychometric Properties in a Community-Based Sample.

Eisenmajer, R., Prior, M., Leekam, S., Wing, L., Could, J., Welham, M., & Ong, B.(1996). Comparison of clinical symptoms in autism and Asperger's diorders. journal of the American Academy of Child ans Adolescent Psychiatry, 35, pp.1523-1531.

Elicker, J., Englund, M., & Sroufe, L. A.(1992). *Predicting peer competence and peer relationships in childhood from early parent child-relationships*. In R. Parke & G. Ladd,(Eds.), Family-peer relationship's: Modes of linkage(pp. 77-106), Hillsdale, NJ: Erlbaum.

Enzer, N. B.(1988). *Overview of play therapy. Paper presented at the annual meeting of the American Academy of Child and Adolescent Psychiatry*. Seattle, WA.

Eric J. Mash, Russell A. Barkley.(2001), *Child Psychology*. The Guilford Press. 이현진 외 역(2004). 아동정신병리. 서울: 시그마프레스.

Erickson, M. F., Sroufe, L. A., & Egeland, B.(1985). The relationship between quality of attachment and behavior problems in preschool in a high risk sample. In I. Bretherton and E. Waters(Eds.), Child Development Monographs, 50(1-2), pp.147-166.

Esman, A.(1983). *Psychoanalytic Play Therapy*. In C. E. Schafer, & K. J. O' Connor (Eds.), Handbook of Play Therapy, pp.21-64. New York: Wiley.

Fields, M, V. & Fiels, D(2006). *Constructive Guidance and Discipline for Early Childhood Education*. 4th Ed., NJ: Pearson Education, 이희영 · 허승희 역.

Fletcher, T. E.(1996), *Childhood posttraumatic stress disorder*. In E. J. Mash & R. A. Barkley(Eds.), Child psychopathology(pp.242-276), New York: Guilford Press.

Garmezy, N.(1996). Reflections and commentary on risk, resilience, and development.

Ginott, H.(1959). The theory and practice of "therapeutic intervention" in child treatment. Journal of Consulting Psychology, 23, pp.160-166.

Ginott, H.(1961). *The and practice of play therapy.* New York: McGraw-Hill

Goldstein & Brooks.(2005). *Handbook of Resilience tn Children.* New York: Kluwer Academic/Plenum Publishers.

Greenspan, S. I.(1986). *The Clinical Interview of Child.* Donelly & Sons, Inc.

Guerney, B. G., Jr., & Flumen, A. B.(1970). Teachers as psychotherapeutic agents forwithdrawn children. Journal of School Psychology, 8(2), pp.107-113.

Guerney, B.(1964). Filial therapy: Description and rationale. Journal of Consulting Psychology, 28(4), pp.304-310.

Guerney, L.(1983). *Play therapy with learning disabled children.* In Schaefer, C. E.(Ed.), The therapyeutic use of child's play, pp.617-621. Northvale, NJ: Jason Aronson.

Gumaer, J.(1984). *Counseling and therapy for children.* 아동상담과 치료(이재연·서영숙·이명조 공역. 1997). 경기: 양서원.

Hammer, E. F.(1958). *The clinical application of projective drawings.* Springfield, IL: Charles Thomas.

Hartup, W. W.(1983). *Peer relations.* In P. H. Mussen(Series Ed.), & E. M. Hetherington(Vol. Ed.), Handbook of Child Psychology: Vol. 4. Socialization, personality, and development(pp.103-198), NY: Wiley.

Hernandez, D. J.(1993). *America's Children · Resources from Family, Government and the Economy.* New York: Russell Sage Foundation.

Hinshaw, S. P., Heller, T., & McHale, J. P.(1994). Covert antisocial behavior in boy with attention-deficit hyperactivity disorder: External validation and effects of methyl-phenidate. Journal of Consulting and Clinical Psychology, 60, pp.274-281.

Howes, C.(1999). 'Attachment relationships in the context of multiple caregivers', in J. Cassidy and P. R. Shaver(eds), Handbook of Attachment: Theory Research, and Clinical Applications, New York: Guilford, pp. pp.671-87.

Howes, C., and Hamilton, C. E.(1992). Children's relationships with caregivers: mothers and childcare teachers, Child Development 53, pp.859-878.

Howes, C., and Hamilton, C. E.(1993). 'The changing experience of child care: changes in teachers and in teacher-child relationships and children s social competence with peers', Early Childhood Research Quarterly, 8, pp.15-32.

Hynes, A. M. & Hynes-Berry, M.(1994). *Biblio/poetry Therapy-The Interactive Process: A Handbook*. St. Cloud, MN: North Star Press of St. Cloud.

In R. Haggerty, L. R. Sherrod, N. Garmezy., & M. Rutter(Eds.). Stress, risk, and resilience in children and adolescents: Processes, mechanisms, and interventions(pp. 1-18). Cambridge, England: Cambridge University Press.

Jacobson, J. W.(1982). Problem behavior and psychiatric impairment within a developmentally disabled population: I.Behavior frequency. Applied Research in Mental Retardation, 3, pp.121-139.

Jergen, R.(2004). *The little Monster*. 리틀몬스터(조아라·이순 공역). 서울: 학지사.

Kagan, J., Reznick, J. S., Clarke, C., Snidman, N., & Garcia-Coll, C.(1984). Behavioral inhibition to the unfamiliar. Child Development, 55, 2212-2225.

Kaufman, A. s.(1979). *Intelligent testing with the WISC-R*. NY: John Wieley & Sons.

Keat, D, B.(1990). Change in child multimodel counseling. Elementary School Guidance.

Kelly, G. A.(1955). *The psychology of personal constructs*. New York: Norton.

Klinger, L. G. & Dawson, G.(1996), Autistic disorder. In E. J. Mash & R. A. Barkley(Eds), Child psychopathology(pp.311-339), New York: Guilford.

Kottman, T. Chaefer, C.(1983). *Play Therapy in Action. Paterson Marsh Ltd.* 놀이치료사례집(김은정·정연옥 공역). 서울: 학지사.

Kovas, M., & Devlin, B.(1998). Internalizing disorders in childhood. Journal of Child Psychology and psychiatry, 39, pp.47-63.

Landreth, G. L.(1991). *Play Therapy: The Art of the Relationship*. Texas: Accelerated Development Inc. 놀이치료-아동중심적 접근(유미숙·이영미·장미경 공역, 1999). 서울: 상조사.

Landy, S.(2002). *Pathways to competency: Encouraging healthy social and emotional development in young children*. Baltimore: Paul H. Brooks Publishing Co.

Last, c. G., & Strauss, C. C.(1989b). Panic disorder in children and adolescents. Journal of Anxiety Disorder, 3, pp.87-95.

Lowenfeld, V.(1957). *Greative & mental growth*(3rd ed), New York: Macmillan.

McCall, C.(1990), The Concepts of Person Avebury: Aldershot/Brookfie.

Milich, R., & Lorch, E. P.(1994). *Television viewing methodology to understand cognitive processing of ADHD children.* In T. h. Ollendick & R. J. Prinz (Eds), Avances in Clinical Child Psychology (Vol. 16, pp.177-202). New York: Plenum.

Moustakas, C.(1959). *Psychotherapy with children, The living relationship.* New York: Harper and Row.

Nader, K., Pynoos, R., Fairbanks, L., & Frederick, C.(1990). *Children's PTSD reactions one year after a sniper attack at their school.* American Journal of Psychiatry, 147, pp.1526-1530.

Naumburg, M.(1928). *The child & the world.* New York Harcourt, Brace.

Nelson, J. N.(1987). Child temperament, gender, and teacher-child interactions: An Observation Study. Early Child Development and care. 29, pp.343-365.

O' Conner, K.(1991). *The Play therapy primer.* New York: Wiley.

O' Connor, K. & Ammen, S.(1997). *Play therapy treatment planning and interventions: The ecosystemic model.* San Diego: Academic press.

O' Connor, K. & Braverman, L.(1997). *Play therapy: theory and practice.* New York: Wiley.

O' Connor, K. & Schaefer, C.(1994). *The handbook of play therapy.* Volume II: Advances and innovations. New York: Wiley.

Oppenheim, D., Sagi, A., & Lamb, M. E.(1988). Infant-adult attachments on the kibbutz and their relation to socioemotional development four years later. Developmental Psychology, 24, pp.427-433.

Oster, G. D., & Montgomery, S. S(1995). *Helping your depressed teenager: A guide for parents and caregivers.* New York: Wiley.

Parker, J. G., & Rubin, K. H., Price, J. M., & Derosier, M. E.(1995). Peer relationship, child development, and adjustment. In D. Cicchetti, & D. J. Cohen(Eds.).

Parkes, C. M.(1991). *Attachment, bonding, and psychaitric problems after bereavement in adult life.* In C. M. Parkes, J. Stevenson-Hinde, & P. Marris(Eds.), Attachment across life cycle(pp.268-292). London: Tavistock.

Pavlov, I. P.(1928). *Lectures 0n conditioned reflexes.* New York: International Publishers Pehrsson, D. & McMilllen, P.(2001). Biblio-Therapeutic analysis tool. Oregon State University Counseling Dept. unpublished manual.

Pianta, R. C., Steinberg, M. & Rollins, K.(1995). The first two years of school: Teacher-child relationships and deflections in children's classroom adjustment. Development of Psychology, 7, pp.295-312.

Pianta, R. C., Steinberg, M.(1992). Teacher-child relationships and the process of adjusting to School. In New directions for Child Derelopment, 57. pp.61-80.

Riordan, R. J., & Wilson, L. S.(1989). Bibliotherapy: Does it work? Journal of Counseling and Development, 67, pp.506-509.

Ritvo, S.(1978). The psychoanalytic process. Psychoanalytic Study of the child, 33, pp.295-305.

Rogers, Carl R., & Axline, V. M.(1945). "Teacher-Therapist Deals with a Handicapped Child", Journal of Abnormal and Social Psychology 40(2), pp.119-142.

Rubin, J. A.(1999). *Art Therapy: An Introduction.* 미술치료학개론(김진숙 역). 서울: 학지사.

Rubin, R. J.(1978). *Using bibliotherapy: A guide to theory and practice*. Phoenix, AZ: Oryx Press.

Saifer, S.(1990). *Practical Solutions to Practically Every Problem: The Early Childhood Teacher's Manual*. Revised Edition. Redleaf Press.

Schaefer, C. E.(1993). *What is play and why is therapeutic?*. In C. E. Schaefer(Ed.), The Therapeutic powers of play(1-6), Northwale. NJ: Jason Aronson.

Segal, H.(1999). 멜라니클라인-멜리니클라인의 정신분석학(이재훈 역). 서울: 한국심리치료연구소.

Skinner, B. F.(1938). *The behavior of organisms: An experimental analysis*. New York: Appleton-Century.

Swedo, S. E., Rapoport, J. L., Lenoard, H., Lenane, m., & Cheslow, D.(1989). Obessive- compulsive disorder in children and adolescents: Clinical phenomenology of 70 consecutive cases. Achives of General Psychiatry, 46, pp.335-341.

Terr, L. C.(1983). Chowchilla revisited: The effect of psychic trauma four years after a school-bus kidnapping. American Journal of psychiatry, 140, pp.1543-1550.

Thomas, A., Chess, S., & Birch H, G.(1968). *Temperament and Behavior Disorders in Children*. New York University Press/ University of London Press.

Traver-Behring, S & Spagna, M. E.(1998). *School counselor's and full inclusion for children with special needs*. Professional School Counseling, 1, pp.51-57.

Van Ijzendoorn, van der Veer, & van Vliet-Visser(1987). Attachment three years later: Relationships between quality of mother-infant attachment and emotional / cognitive development in kindergarten In Attachment in social networks, eds. L. W. C. Tavecchio & van Ijzendoorn, pp.185-224. North-Holland, Netherlands: Elsevier.

Volkmar, F. R., Klin, A. Schulta, R., Bronen, R., Marans, W. D., Sparrow, S., & Choen, D. J.(1996). Asperger's syndrome. Journal of the American Academy of Child and Adolescent Psychiatry, 35, pp.118-123.

Werner, E., & Smith, R.(1992). *Overcoming the odds: High-risk children from birth to adulthood.* New York: Cornell University Press.

Wertheimer, M.(1923). Studies in the theory of Gestalt psychology. Psychologische Forschung, 4, pp.301-350.

찾아보기

가족 상호작용 50
가족구조 52
가족체계 50
감정의 고립 97
강박행동 173
강화 123, 297
개방적 질문 115
개방형 질문 80
개인화 134
객관적 검사 210
객관적인 실재 133
거부-보호 51
결과 146
경청 72
고전적 조건형성 121
고착 96
공감 77
공동체 적응 292
과잉 일반화 134
과제분석 302
과제화법 286
관계 109
관계 형성하기 70
관용성 148
구강기 39, 91
권리박탈 305
권위형 51
극단적 사고 134
근육 이완 307
꿈의 해석 104

난화기 276
남근 선망 92
남근기 43, 92
내담자 중심 상담 106
내면 탐색 76
내적 준거체계 108
논박 147
놀이실 233
놀이치료 227
놀잇감과 도구 234

다양한 가족 유형 15
단독면담 61
단순한 수용 113
대기실 관찰 64
대리적 강화 299
대상항상성 99
도당기 279
도식기 278
독단적 신념 144
독서치료 308
독서치료이론 308
동일시 95, 317
동적 가족화검사 221
동정 77
동화 318
뚜렛장애 196

라포 70
로르샤흐검사 223
리비도 89
리허설 148

맞벌이가족 333
명료화 114
명칭화 134

모델링 122
모래놀이치료 288
모순적 신념 144
모형물 293
무의식 90
무조건 자극 121
무조건반응 121
무조건적인 긍정적 관심 111
문장완성검사 222
문제행동치료 303
물질적 보상 299
미술치료 272

반동 형성 96
반사회적 신념 144
반영 77, 114
반응대가 305
반응성 애착장애 184
반항성장애 165
발달놀이치료 258
방어기제 93
배설장애 202
벌 125
보상 298
부드러운 눈맞춤 73
부모-자녀 놀이치료 264
부모면담 60
부모상담 323
부모상담의 기본원리 332
부인 110
부적 강화 123, 297
부적 처벌 300
부적절한 정서 142
부정 95
분리개별화 과정 99
분리불안장애 170
분화기 100
불안 노출 307
불안 위계 307
불안장애 168
불안치료 306
불확실성 수용 149
비합리적 신념 143
비현실적 신념 144
빈곤 문제 16

사회분위기 및 가치관 변화 16
사회적 강화 299
사회적 관심 148
사회적 미소 40
삼자관계 98
상담 9
상담기록 60
상담문의 단계 57
상담불참 60
상담시간 59
생식기 93
생태학적 놀이치료 270
생활지도 11, 22
선택적 추론 134
선택적 함묵증 177
성격발달이론 91
소거 121, 123, 303
수용 71
스키너 상자 122
스트레스 다루기 138
승화 98
시지각 발달검사 211

신경증 93
신념체계 146
신뢰감 39
신체화 97
심리검사 207
심리상담 22
심리적 건강 19
심리적 문제 108
심리치료 11, 22
심리평가 205

아동 문제 유형 31
아동면담 64
아동상담 27
아동정신병리 151
아스퍼거장애 192
애정-적대 51
양육태도 51
억압 95
억제형 185
엘렉트라 콤플렉스 92
역량강화 83
역연쇄 302
역전이 84
역할놀이 83
연습기 100
영아기 40
오이디푸스 콤플렉스 92
완전하게 기능하는 사람 109
왜곡 110
외상 후 스트레스 장애 175
외적 현실 108
요약 81
욕동 88
우울장애 178
원초아 89
위험수용 149
유아기 42
윤리강령 37
윤리적 자질 35
융통성 148
의사소통장애 197
의식 90
이완훈련 306
인간중심 상담 106
인간중심적 접근 106
인지매개 가설 133
인지적 왜곡 134
인지적 중재 138
인지치료 131
인지행동 놀이치료 255
인지행동적 접근 131
인지행동치료 131, 181
일관성 298
일반상담 10
임의적 추론 134

자극변별 121
자극일반화 121
자기 패배적 신념 144
자기관심 148
자기교시훈련 138
자기노출 116
자기대화 138
자기수용 148
자기실현 110
자기주입 148
자기지시 148

자기책임 149
자기표현 훈련 129
자동적 사고 133
자아 89, 108
자유연상 103
자유화 286
자율-통제 51
자폐성장애 187
잠재기 46, 93
재접근 단계 100
저항 다루기 104
적응력 향상 18
적절한 정서 142
적합성 297
전도식기 277
전문가적 자질 34
전문상담 10
전사실기 279
전의식 90
전이 83, 96
전인적 발달 18
접수면접 58
접수면접자 59
정서 142
정서행동적 접근 139
정신병리 93, 125
정신분석이론 88
정신분석적 놀이치료 251
정신분석적 접근 87
정신에너지 89
정신지체 181
정적 강화 123, 297
정적 처벌 299
정화 104
정확한 공감적 이해 111
조건자극 121
조손가족 336
조작적 조건형성 122
주관적 실재 108
주관적-개인적 실재 133
주목하기 72
주의력 결핍 및 과잉행동장애(ADHD) 159
중기 단계 75
즉각성 297
즉시성 116
지각적 장 108
지능검사 213
지배형 51
지배-복종 51
지시 따르기 훈련 302
직면 84, 115
진단 154
진실성 111
질문 80
집-나무-사람검사 287

참여 149
처벌 299
체계적 둔감법 128, 306
초기 단계 69
초자아 90
촉발사건 146
충분성 298
취소 97
치료 11
침묵 82, 117

타인의 참조틀 77
타임아웃 303
탈억제형 185
태내기 39
토큰경제 124
통찰 84, 104, 318
퇴행 96
투사 95
투사검사 208
틱장애 194

퍼펫 83
폐쇄형 질문 80
포화 305
플래시백 현상 175

학교 문제 17
학령기 44
한국 유아용 웩슬러 지능검사 215
한부모가족 335
합리적 신념 143
합리적 정서행동치료 139
합리화 94
항문기 92
행동계약 130
행동수정 129
행동연쇄 302
행동연습 129
행동적 중재 138
행동조성 301
행동주의적 상담 119
행동주의적 접근 119
행동치료 295
허용형 51
현대사회에서의 적응 17
현상학적인 장 108
현실적 이상 149
홍수법 307
확대와 축소 134
활동적 보상 299
효과 147

ABCDE 단계 146

BGT검사 212

CAT 224

DC: 0-3 157
DSM 155
DSM-IV 진단체계 156

ICD 진단체계 155

KEDI-WISC 216
KFD 221
K-ABC 214

REBT 139

저자소개

류현수

한양대학교 교육학 석사(유아교육전공)
한양대학교 가정학 박사(가족·아동학전공)

현 숭실대학교 교육대학원 겸임교수
한양사이버대학교 아동학과 강의
백석예술대학교 유아교육과 겸임교수
재원몬테소리 원장

전 사단법인 가정생활개선회 이사
한국아동심리치료학회 평이사
대학평생교육협회 방과후아동지도 출제위원

아동상담 개정판

초 판 1쇄 발행 / 2014년 2월 20일
개정판 1쇄 발행 / 2018년 5월 30일

•

저 자 / 류 현 수
발행인 / 이 중 수
발행처 / **동 문 사**

•

서울특별시 서대문구 홍제원 1길 12
(홍제동 137-8)
Tel: 02)736-3718(대), 736-3710, 3720
Fax: 02)736-3719
등록번호: 제9-17호
가격: 18,000원

•

ISBN: 979-11-6328-001-9 (93370)
E-mail: dong736@naver.com
www.dongmunsa.com

저자와의 합의하에 인지는 생략합니다.